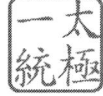

道德學의 근원탐색

太極
一統

道德學의 근원탐색

勸老 徐正淇先生 儒敎大全

卷 9 論

서정기 著

ksi 한국학술정보㈜

머리말

　넓고도 거친 세상에 살면서 끊임없이 생멸하는 현상의 도덕적 근원(根源)을 탐색(探索)하지 않으면 허망한 인생으로 전락할 위험이 있다.

　세상은 보기 나름이고 인생은 살기 나름이다. 색깔과 모양으로 나타난 형이하(形而下)의 물질세계에서 일어나는 힘의 작용은 수시로 변화하여 흥망성쇠의 도수가 있으므로 여기에서 꽃과 단 꿀만을 추구하다가는 만사가 부질없고 허망한 세월의 흐름에 일장춘몽(一場春夢)으로 사라질 수 있는 것이다. 그러나 냄새도 없고 소리도 없이 숨겨진 형이상(形而上)의 진리세계에서 완전하게 갖추고 있는 이치의 본체는 영원히 변하지 않은 까닭에 여기에서 뿌리와 샘을 찾으면 만물이 가치 있고 진실한 것임을 발견하여 인생의 보람을 노래하는 것이다.

　만물이 뿌리가 없는 것은 표류하여 방황할 뿐이고 만사가 원천이 없으면 고갈하여 소멸하는 것이므로 모든 씨앗이 발아함에는 먼저 뿌리부터 비옥한 땅에 박아 몸체를 고정하는 것처럼 학문도 먼저 선근(善根)을 싹트게 하여 진리의 땅에 박아 한 몸의 주체를 확립하여야 된다.

샘물의 수맥(水脈)이 거대하면 수량이 많아서 멀리 흐르고, 나무의 뿌리가 깊고 넓게 뻗으면 줄기와 가지가 무성하듯이 학문에 있어서도 선근(善根)이 대우주의 만상에 깊이 틀어박힌 도맥(道脈)을 통해야만 대성(大成)할 수 있는 것이다.

이 『도덕학의 근원탐색(根源探索)』은 나의 60년 학문과정에서 단계적으로 탐색했던 연구제목으로 학부시절의 신진예기(新進銳氣)가 번뜩이는 논제(論題)로부터 장년기의 용왕정진(勇往精進)하던 의욕이 넘친 주제(主題)까지를 간추려 엮었으니 내가 정학(正學)으로 입문(入門)했던 이정표를 후학에게 보여서 쉽게 바른 길로 인도하기 위함이다.

자고로 도학(道學)을 공부하는 사람은 우모(牛毛)처럼 많았지만 성공한 학자는 인각(麟角)처럼 드물다고 하였으니 그 이유는 도학으로 들어가는 문을 알지 못하여 이리저리 방황하다가 마침내 길을 잃어 중도에 포기하거나 요행히 근접하였어도 소성(小成)에 만족해서 중지한 사람이 대부분이기 때문이다.

이제 이 책을 통하여 선근(善根)과 도맥(道脈)을 쉽게 찾아 뿌리를 더욱 깊이 박고 샘물을 더욱 크게 터지게 한다면 천하학(天下學)의 도통(道統)을 다시 중흥하여, 명랑하고 부지런한 민중이 일어나고, 활달하고 번듯한 선비가 생기고, 장중하고 엄숙한 군자(君子)가 나오고, 성대하고 훌륭한 현인(賢人)이 나타나고, 아름답고 거룩한 성인(聖人)이 곧 또한 출현하리로다. 곧 또한 출현하리로다.

乙酉光復一周甲. 4. 27.

北岳洞天에서 五經勳老 徐正淇 序

道德學의 근원탐색

목 차

1부

하늘이 다스리는 원리와 법칙

인류는 오랫동안 이상세계를 건설하려고 노력했다. 전체가 공유하는 통일적 이념과 목적을 가지고 아름다운 질서 속에 두루 화합하면서도 또한 개인의 기능과 역할을 인정하는 보람 위에 독자적 사업과 방법이 있어서 지극히 자유롭고 평등한 세계를 개척하는 것이 역사적 과제였다.

이에 동양철학에서는 가장 먼저 사랑, 정의, 예절, 지혜, 믿음으로 충만한 하늘에 주목하였다. 하늘에는 만물을 창조하여 동서남북과 중앙에 상대적으로 펼쳐놓은 자연의 존재원리가 대단히 조화롭고 또한 해와 달을 운행하여 춘하추동의 4철이 차례로 돌아가는 자연의 변화법칙도 아름다움으로 이러한 천리(天理)를 본받아 국가 사회의 경영체제를 만들어서 인류의 안녕과 발전을 보장하려고 일찍이 요순(堯舜)은 쾌활한 하늘의 실체를 관측하였다.

그리하여 대우주의 무한한 공간에 존재하는 상대적 안정의 원리와 세월의 무궁한 시간에 발전적 변화의 법칙을 발견하고 하늘이 통일하여 주재(主宰)하는 구조를 확인해서 마침내 태극(太極),

음양(陰陽), 오행(五行)체제의 우주론을 정립하였던 것이다.

하늘이 세상을 다스리는 권능은 실로 방대하므로 그 구조적 특성에 따라 각각 분별하는 이름을 지었으니 만물을 창조하여 주재한 것은 황천상제(皇天上帝: 거룩한 하늘의 윗 하느님)로 대우주를 다스리는 최고 유일의 권능을 가진다는 뜻이고 만물의 근원으로써 절대본체는 태극(太極: 한 덩어리)으로 태초의 통일원리라는 뜻이며, 형상으로 나타나서 조화(造化)하는 것은 천(天)으로 자연의 물리적 하늘이라는 뜻이요, 변하여 바뀌고 흘러가는 길은 도(道)인데 자연히 변화하는 진리라는 뜻이며, 우주를 대통일하여 강력한 지도력을 발휘한 것은 건(乾)이니 강건, 순수한 양기(陽氣)로 충만한 하늘이라는 뜻이다.

황천상제는 그 밑에 시간을 담당하는 천종제(天宗帝: 천종하느님)와 곡식을 담당하는 신농제(神農帝: 신농하느님)를 두어서 전체를 관장하면서 또한 하늘을 다섯 방면으로 나누어 각 방면을 자치적으로 관리하는 하느님을 세우고 위임해서 적성에 따라 교대로 춘하추동을 분담하여 다스리게 하였으니 동쪽 하늘은 사랑을 주장하는 창천(蒼天: 푸른 하늘)으로써 한 해를 시작하는 봄을 주관하고 남쪽 하늘은 예절을 주장하는 호천(昊天: 넓은 하늘)으로써 여름을 형통하게 하며 서쪽 하늘은 정의를 주장하는 민천(旻天: 아롱진 하늘)으로써 가을을 이롭게 하고 북쪽 하늘은 지혜를 주장하는 상천(上天: 오르는 하늘)으로써 겨울을 바르게 끝내며 가운데 하늘은 믿음을 주장하는 균천(鈞天: 고른 하늘)으로써 사계절의 중간을 균평하게 주관하는 것이다.

지극히 불가사의한 권능을 가진 하느님이 세상을 다스림에는 직접 다스리지 않고 그 전문적 직무에 신통한 작용능력을 발휘하는 초월자(超越者)로서 가장 영험한 신(神)을 밑에 거느리고 그 도움을 받아서 사무를 처리하는데, 동쪽 하느님은 태호제(太皞帝: 따뜻하고 밝은 하느님) 또는 청제(靑帝)라고 하는바 나무를 관장하는 구망신(苟芒神: 새 싹을 돋게 하는 신령)을 부리고, 남쪽 하느님은 염제(炎帝: 불꽃 하느님) 또는 적제(赤帝)라고 하는바 불을 관장하는 축융신(祝融神: 불길을 위로 오르게 하는 신령)을 부리며, 중앙의 하느님은 황제(黃帝: 고른 하느님)라고 하는바 땅을 관장하는 후토신(后土神: 흙을 관리하는 신령)을 부리고, 서쪽 하느님은 소호제(少皞帝: 서늘하고 밝은 하느님) 또는 백제(白帝)라고 하는바 쇠를 관리하는 욕수신(蓐收神: 자릿값을 거두는 신령)을 부리며, 북쪽 하느님은 전욱제(顓頊帝: 어둔 하느님) 또는 흑제(黑帝)라고 하는바 물을 관장하는 현명신(玄冥神: 검은 신령)을 부린다.

이와 같이 전체와 부분을 분담하고 시간과 공간과 능력에 따라 적기에 임무를 교대하는 하늘이 다스리는 원리와 법칙을 본받아야 국가사회의 모든 구성원이 시대 발전에 기여해서 큰 보람을 느끼는 이상세계를 건설할 수 있는 것이다.

※ 사마천은 「사기(史記)」를 엮으면서 다섯 방면의 하느님과 신령을 인격신으로 격하하여 고대의 신화로 조작하였기에 내가 자연천과 자연신으로 바로잡았음을 밝혀둔다.

2부

열락론

    유도(儒道)에는 스스로 쾌족한 도가 있다. 옛날의 성현은 반드시 즐겨하는 일이 있었던바 순(舜)은 흔연히 천하의 근심을 잊어버림이 있었고, 이윤(伊尹)은 번연히 천하의 즐거움을 즐거워함이 있었으며, 공자는 그 가운데 있는 즐거움이 있었고, 안연(顏淵)은 그 근심을 잘 견디었다.

    무릇 사람이 살아감에 누군들 즐거운 것이 없을 것인가? 다만 성현과 범인이 즐거워하는 바의 실정이 같지 않으니 대인은 인욕(人欲)을 막아서 천리(天理)를 보존하는 까닭으로 자연히 떳떳한 덕을 좋아하여 도의를 즐거워하며, 소인은 천리를 잃어버리고 인욕을 베풀므로 필연이 식색(食色)을 좋아하여 공리(功利)를 즐거워하니 이에 그 즐거워하는 바가 판연히 두 갈래로 나뉘어 합칠 수 없는 까닭이 있다.

    순(舜)이 즐거워하는 바는 오직 고수가 기쁨에 이르는 데 있었고, 이윤이 즐거워하는 바는 오직 요순시대의 군민(君民) 같은 사회를 이룩하는 데 있었으며, 공자의 즐거워하는 바는 천지성명(天地性命)에서 말미암아 왔는바 스스로 말씀하시기를 '거친 밥 먹고 물마시고 팔을 베고 누웠어도 즐거움이 그 가운데 있나니 불의로서 부하고 귀함은 나에게 뜬구름과 같다'고 하시며, 안연의 즐거워하는 바는 자신의 도의에서 근원하였으니 공자가 칭찬하여 말씀하시기를 '어질도다! 안회여! 한 대바구니의 밥과 한 바가지의 물로 더러운 뒷골목에 사는 것은 사람이 그 근심을 이겨내지 못하거늘 안회는 그 즐거움을 고치지 아니하니 어질도다. 안회여!'라고 하였다.

이와 같이 즐거워하는 사물이 비록 다르나 즐거워하는 실정인즉 모두 같으니 인의(仁義)를 즐거워하여 효제(孝悌)를 행할 따름인 것이다.

대저 군자에게 세 가지 즐거움이 있나니 성인은 낙천(樂天)하고, 현인은 낙도(樂道)하며, 선비는 낙지(樂志)한다.

하늘을 즐거워한다는 것은 하늘의 성명(性命)을 즐기는 것이다. 하늘과 더불어 틈이 없이 혼연(渾然)하게 돈화(敦化)하여 조용히 도에 맞고, 자연히 예에 합치는 것인바 맹자는 이것을 일컬어 만물이 모두 나에게 갖추어진 것이라 하였고, 또 부모가 갖추어 계시고 형제가 무고한 것이 제1락(第一樂)이라고 하였다.

도를 즐거워한다는 것은 인간의 인의(仁義)를 즐기는 것이다. 인성과 더불어 어그러짐이 없이 찬연하게 광화(光化)하여 도의에 화순(和順)함으로써 당연히 절중(節中)하는 것인바 맹자는 이것을 일컬어 자신에게 돌이켜서 성실하면 즐거움이 이보다 큰 것이 없다고 하였고, 또 우러러 하늘에 부끄러움이 없고, 구부려 사람에게 부끄러움이 없는 것이 제2락(第二樂)이라고 하였다.

뜻을 즐거워한다는 것은 자기의 의리를 즐기는 것이다. 뜻과 더불어 서로 따라 탁연(卓然)하게 자립하여 충서(忠恕)를 힘써서 반드시 도리에 따르는 것인바 맹자는 이것을 일컬어 서(恕)를 힘써서 실행하면 인(仁)을 구함이 이보다 가까움이 없다고 하였고, 또 천하의 영재를 얻어서 교육하는 것이 제3락(第三樂)이라고 하였다.

염계(濂溪) 선생이 말하기를 "성인은 하늘 되기를 바라고 현인은 성인 되기를 바라며 선비는 현인 되기를 바라나니 이윤(伊尹)과 안연(顔淵)은 대현(大賢)이다. 이윤은 섬기는 임금이 요순같이 되지 못하고 다스리는 백성이 한 지아비라도 마땅한 자리를 얻지 못하면 마치 시장에서 매 맞는 것처럼 부끄러워하였고, 안연은 분노를 옮기지 아니하고 과실(過失)을 두 번 저지르지 아니하며 석 달간이나 인(仁)을 어기지 아니하였으니 누구나 이윤이 뜻하였던 바를 뜻으로 세우고, 안연이 배웠던 바를 배우면 뛰어나면 성인이요 거기에 미치면 현인이며 비록 미치지 못하더라도 또한 꽃다운 이름에서 빠지지는 아니할 것"이라고 한바 선비가 열락하는 원리도 또한 이것을 벗어나지 아니한다.

공자는 말씀하시기를 "배우고 늘 익히면 또한 기쁘지 아니하랴, 벗이 있어 먼 곳으로부터 오면 또한 즐겁지 아니하랴, 사람이 알아주지 아니하여도 성내지 아니하면 또한 군자가 아니랴."라고 하여 지인용(智仁勇)이 갖추어지는 곳에 군자의 열락(說樂)이 있음을 밝혔다.

모름지기 학습하는 가운데 덕(德)이 밝혀지는 것을 즐거워하고 교육하는 가운데 도(道)가 닦여지는 것을 즐거워하고 강론하는 가운데 인(仁)이 북돋아지는 것을 기뻐하게 되나니 천하의 현사(賢師)를 좇아가 인의를 학습하면 지성이 날로 밝아져 미혹되지 않을 것이요, 천하의 영재(英才)를 얻어서 인의를 교육하면 인덕(仁德)이 달로 들리어 걱정스럽지 않은 것이며 천하의 선비가 와서 인의를 토론하면 용기가 때로 충만하여 두려웁지 아니할 것이니, 미혹되지도 아니하고 근심스럽지도 아니하며 또한 두렵지도 아니하면서 즐겁지 아니한 사람이 없다.

의혹이 있으면서도 학문을 좋아하지 아니한 까닭으로 마침내 절망하여 요행을 바라고, 우척(憂戚)이 있으면서도 행실을 힘쓰지 아니하면 마침내 불안하여 사술(邪術)로 들어가고, 두려움이 있으면서도 부끄러움을 알지 못하면 마침내 공포에 빠져 광패(狂悖)로 나아가게 되나니 이것이 일컬은바 소인은 오랫동안 검약한 데 머물지도 못하고, 길이 즐거움에 살지도 못하는 것이다.

대개 인정은 먼저 즐거워하고 뒤에 근심하나니 즐거움은 정에서 나오고 근심은 생각에서 일어난다. 그러므로 즐거움은 정취(情趣)로써 옮겨가고, 근심은 생각으로서 깊어진다. 정감이 있어서 즐거워하면 윤리에 순하여 기체가 화할 것이요, 생각도 없이 근심만 하면 사욕이 일어나 형체가 마른다.

군자는 우락(憂樂)이 하나인 까닭으로 슬퍼하면서도 몸을 훼상하지는 아니하고, 즐거워하면서도 음란하지는 아니하지만 소인은 우(憂)와 락(樂)이 두 가지인 까닭으로 즐거우면 거기에 들어가 돌아올 줄을 모르고 슬프면 그 속에 빠져 헤어나지 못한다.

군자의 화락(和樂)한 마음은 오직 도의(道義)의 중정(中正)한 공명(公明)에 매어 있고 소인의 집착하는 생각은 오직 공리(功利)의 득실에 대한 사욕(私慾)에 붙어 있다. 이런 까닭으로 군자의 우락(憂樂)은 천하가 함께 하고 소인의 우락은 한 사람이 홀로 하는 것이다.

나라의 훌륭한 선비는 진실로 아침저녁의 의식(衣食)에 대한 걱정은 없는 것이나 마땅히 천하의 도덕에 대한 근심은 있어야 하는 것이다. 그러므로 맹자는 말하기를 천하에 도가 있으면 도로써 자신을 살리고 천하에 도가 없으면 자기 몸을 희생하여 도를 살리라고 하였으며 주자는 말하기를 오늘날 선비들은 도보다도 가난을 더 걱정하니 통탄한다고 하였다.

범문정공(范文正公)은 어려서부터 대절(大節)이 있어 부귀나 빈천이나 훼예(毁譽)나 환척(歡戚)에 한결같이 그 마음을 움직이지 아니하고 개연(慨然)히 천하에 뜻을 두고 스스로 말하기를 "선비는 마땅히 천하의 근심은 앞서서 근심하고 천하의 즐거움은 뒤에 즐겨야 한다"고 하였으니 이것이 그 준적(準的)이다.

몸을 닦은 선비는 비록 천하의 근심이 있다 하여도 그러나 또한 반드시 한 몸의 즐거움이 있는 것이다.

한 몸의 즐거움이란 외물(外物)에 기다림이 없는바 인의예지(仁義禮智)가 마음속에 뿌리박혀 그 살아난 빛깔이 부드럽게 얼굴에 나타나고 등허리에 넘쳐흘러 손발에 퍼져서 손발이 말없이 춤추는 것이니 비록 큰 뜻을 얻었다 하여도 더 보태어지는 것도 아니고 비록 뜻을 이루지 못하여 곤궁하게 산다 하여도 줄어든 것도 아닐 것이니 낙천열명(樂天悅命)하고 지족안분(知足安分)하는 까닭이다.

군자는 현재의 위치에서 살고 그 밖에 것을 바라지 아니하나니 성명(性命)하는 선비는 하늘을 즐길 것이요, 중정(中正)하는 선비는 도를 즐길 것이며, 교학(敎學)하는 선비는 뜻을 즐길 것이다.

3부

이상과 현실

현실이란 현재의 실존이요, 이상이란 이성을 상상함이다. <註,
이성이란 말은 하늘이 이로써 만물에게 준 바요, 만물이 성(性)으
로서 하늘로부터 받은 바로 곧 천지인물(天地人物)의 진리이다.
이 이성은 스스로 운용 조작함이 없는 까닭에 이성이 상상할 수
는 없는 것이며 다만 정신(精神)의 지각으로 이성을 상상할 수
있을 뿐이다.> 현실은 이상에 의하여 발달하고 이상은 현실을 말
미암아 실현된다.

인생이 위대한 까닭은 정신의 지각을 가지고 사유를 통하여 현
실을 정확히 통찰하고 이를 바탕으로 입지(立志)함으로써 힘써서
이상을 완전히 구현하는 데 있다.

그러므로 선비는 누구나 현실자각이 요구되고, 이상확립이 필요
한바, 현실자각이 철저하지 못하면 높은 이상에 도달하기가 어렵
고, 이상확립이 지극하지 못하면 현실을 개선하기가 어렵다.

사리(事理)의 본말이 이러한 까닭에 옛 성인은 현실자각의 방
법과 이상확립의 법도를 밝혔는바, 밝은 지성으로 현실을 판단하
고, 넓은 인덕(仁德)으로 이상을 설계하여 힘찬 용기로 끊임없이

매진하여야 됨을 가르쳤다.

현실을 자각하는 방법은 천시의 운행도수(運行度數)를 살펴서 흥망성쇠의 이치를 밝게 통달하여 때를 알고, 처지의 변화형세(變化形勢)를 보아 치란성패(治亂成敗)의 조류를 깊이 분별하여 사물을 알고, 자기의 지능도량(知能度量)을 반성하여 진퇴거취(進退去就)의 절도를 크게 깨달아 자신을 아는 것이다.

때를 알면 가히 천의(天意)의 소재를 알 것이요, 만물을 알면 가히 현상(現象)의 소귀(所歸)를 알 것이니, 이에 자신을 알면 현재의 소위(所爲)를 알 수 있는 것이다.

천의의 소재는 지선(至善) 진미(盡美)한 까닭에 곧 소위 이상인 것이며, 현상의 소귀는 현재의 형세인 까닭에 곧 소위 현실인 것이라, 이에 현상의 조류를 바로잡아 천시(天時)의 도수(度數)에 합치케 하는 것이 바로 현재의 내가 할 일이 되는 것이다.

따라서 성현의 사업도 마침내 명덕수도(明德修道)하여 광세속구당시(匡世俗救當時)함에 지나지 아니할 따름이다.

그러므로 현실을 완전히 지각하지 못하면 완전한 이상도 세울 수가 없으며, 고상한 이상이 없으면 현실체계도 갖출 수가 없음을 명심하여야 된다.

이상을 확립하는 법도는 천도의 원형이정(元亨利貞)하는 자연원리를 살펴 시대적 사명을 인식하여야 정명(正命)에 이르러 갈 수 있으며, 물리의 수화목금토(水火木金土)하는 상생(相生) 상극(相剋)의 필연법칙(必然法則)을 밝혀 사물의 성질을 연구하여야 정리(定理)를 이용할 수 있으며, 인성의 인의예지(仁義禮智)를 말미암아 희노애락(喜怒哀樂)하는 당연절도(當然節度)를 깨달아 중화를 이룩하여야만 본성을 다 발휘할 수 있다.

천도를 모르면 절대지선(絶對至善)의 이상을 세울 수가 없고, 물리를 모르면 보편타당한 방법을 활용할 수가 없으며, 인성을 모르면 전체가 합심협력(合心協力)할 수가 없다.

사명을 다하여 천시에 적중하는 시중지도(時中之道)와, 정리(定理)를 다하여 척도에 알맞게 하는 혈구지도(絜矩之道)와, 본성을 다하여 중화에 이르러가는 중용지도(中庸之道)가 유도의 최고이상인데, 이것은 이상을 미리 기약한 것이 아니며, 현실을 잊은 것도 아니며 억지로 조장함도 아닌바 현재 위치에서 최선을 추구함인 것이다.

성인의 이상은 먼 미래에 있는 것이 아니라 차시(此時)에 일치하는 데 있으며, 높은 별천지에 있는 것이 아니라 사세(斯世)에서 함께 사는 데 있으며, 다른 데서 얻어오는 것이 아니라 스스로 다듬는 데 있는 것이다.

사도(斯道)는 현실과 이상이 틈이 없는 것이니 현실 속에 이미 이상이 간직되어 있고, 이상 아래 장차 현실이 엮어지는바 현재의 궁극적 실존은 오히려 성리요, 이성을 구체적으로 상상함은 도리어 실사(實事)라 인간의 고유한 실존을 깨달으면 바로 거기에 이상의 원리인 인(仁)이 있는 것이요, 인생의 절대적 이상을 관찰하면 바로 거기에는 현실의 원칙인 의(義)가 있는 것이라 인에 살면서 의를 말미암는 것이 곧 현실을 바탕으로 하여 이상을 이룩하는 길이다.

그러므로 현실을 떠날 때에 이상이 나올 수가 없고 이상을 잊어버릴 때 현실이 가꾸어질 수 없으니 참으로 성리를 아는 선비가 아니면 불안과 공포와 절망이 없는 이상을 세우지 못하고 실사(實事)를 천행하는 군자가 아니면 우환과 의혹공구가 없는 현실을 이룩하지 못한바 순수하고 중정하며 강건한 지성이 없기 때문이다.

최고의 이상은 절대세계이어야 하니 인(仁)이 아니면 전체를 혼연히 돈화(敦化)할 수가 없고 최선의 현실은 상대세계이어야 하니 의(義)가 아니면 개체를 찬연히 광화(光化)할 수가 없다.

인과 의는 천성으로 인간의 실존임과 동시에 또한 인도로서 인생의 지선(至善)이다.

그러므로 천성을 말미암아 인도를 확립하는 것이 곧 현실을 자각하여 이상을 수립하는 길이 된다.

세간 사람들은 고원(高遠)한 이(理)와 절박한 현실이 서로 모순관계(矛盾關係)에 있는 것처럼 착각하여 이상을 절단하고 현실만 강조함으로써 마침내 공리설(功利說)에 떨어져 자전자용(自專自用)하기도 하며 현실을 부정하고 이상만을 주장함으로써 드디어 허무설(虛無說)에 빠져 자포자기하기도 하니 이와 같은 화란(禍亂)은 모두 현실과 이상을 처음부터 분리하는 데서 나왔다.

그러므로 성인은 고명함이 극치에 이르렀으면서도 현재의 위치를 벗어나지 아니 하나니 만일 한순간이라도 자기의 분수를 벗어나면 이것은 곧 자기의 의리를 잊어버린 망상에 떨어진 것이라 현실과 이상을 함께 잃은 것이다.

때를 따라 도(道)와 일치하는 것은 이(理)에 밝음이요 사물에서 옳은 것을 추구하는 것은 의(義)를 지킴이니 이 의리(義理)는 시비(是非)를 밝게 분별하고 선악(善惡)을 세밀하게 살펴 비(非)와 악(惡)을 물리치고 시(是)와 선(善)을 취하는 까닭에 전체를 혼연히 돈화하는 원리요, 개체를 찬연히 광화하는 원칙이다.

사람이 의리에 밝으면 스스로 성실하여 살신성인(殺身成仁)하고 사생취의(捨生取義)하는 데 이르러 갈 수 있는바 누구나 각각 자기의 의리를 지킬 때에만 현실과 이상을 다 같이 떠나지 아니할 수가 있을 뿐이다.

이상주의자의 말폐는 이러한 이치를 정밀하게 지각하지 못하고 현실을 이상화한다고 하여 현실을 광정(匡正)하고 이상을 구현하려는 데만 눈이 어두워 비현실적 방법으로 진취하다가 크게 실패하게 되고, 현실주의자의 병근(病根)은 저러한 원리를 한결같이 체찰(體察)하지 못하고 이상을 현실화한다고 하여 이상을 낮추어 현실에 타협하려는 데만 귀가 멀어서 무이상적(無理想的) 원칙으로 보수하다가 깊이 좌절하게 된다.

이것은 모두 이상과 현실이 일치관통(一致貫通)하고 있는 것을 요해(了解)하지 못함이니 이상을 낮추어도 안 되고 현실을 가볍게 여겨도 또한 안 된다.

4부

인생론

천지의 정기를 타고, 건곤(乾坤)의 진리를 받아 이 몸이 생겨나 그 가운데 사니, 나의 본성은 천리(天理)를 갖추고, 나의 몸은 정기로 가득 찼다. 뿌리에 바탕을 두니 처음부터 둘이 아니요, 있는 것을 간직할 때 스스로 착하다. 근본을 깨달아 시원을 밝히면, 하늘은 나의 아버지요, 땅은 나의 어머니며, 사람은 나의 동포요, 만물은 나의 더부살이다.

선각자(先覺者)는 후각자(後覺者)를 깨우치고, 선지자(先知者)는 후지자(後知者)를 가르쳐 어른을 높이고, 어린이를 사랑하여, 천성(天性)을 기르며, 천정(天情)을 다스리며, 천관(天官)을 바로 하며, 천륜(天倫)을 다하게 하나니, 성인(聖人)은 그 덕을 이룬 사람이요, 현인(賢人)은 그 뛰어난 사람이다.

언제나 본심을 간직함은 사람의 도리요, 즐거워서 근심하지 아니함은 효자의 윤리며, 착하고 아름다움은 드날려주고, 추하고 악함을 숨겨주는 것은 어른의 의리다.

온 세상에 병들고 다친 사람과 홀아비, 과부, 자식 없는 노인, 고아는 우리 형제의 쓰러져서 하소연할 데 없는 사람이다.

교만하면 멍청이요, 인색하면 바보라, 온공경손(溫恭敬遜)하여 위에 있어도 분수를 지키고, 아래에 있어도 본분을 다하니, 수고스러워도 자랑하지 아니하고, 홀로 있어도 부끄럽지 아니하다.

자연의 조화를 알면 어버이의 일을 잘 이룰 것이며, 인간의 정신을 찾으면 어버이의 뜻을 잘 이을 것이니 집안에서는 윤리를 바로 하여 가정을 가지런히 하고 나라에 나아가서는 도덕을 밝혀 지치(至治)를 이룩하는바, 큰 것도 없고 작은 것도 없는지라 원망이 없다.

펴고 감추는 건 나에게 있으니 걱정이 없고, 쓰이고 버리는 건 때를 따르니 바쁘지 않다.

때가 오면 세상에 나아가 사명을 다하고, 천운이 지나가면 세간에 숨어 법도를 지키니 마침내 지덕(至德)을 이룬다.

책상에 숨어서 공부를 하는 것은 위대한 일이요, 성내서 소리치며 사업을 벌이는 것은 쉬운 일이니, 공리(功利)에 팔리면 물질의 노예가 되고, 영대(靈臺)를 받들면 만물을 통어(統御)한지라, 시청(視聽)에 성실하여 사려를 안정하고, 사려에 경건하여 언동이 방정(方正)하다.

기름진 음식은 아래턱을 괴롭히고, 어여쁜 자태는 국가를 기울게 함으로 흥성할 때는 쇠퇴할 것을 헤아리고 안락한 곳에서는 위태함을 생각한다.

길흉화복(吉凶禍福)이 모두 자기가 부른 바이니 복길(福吉)은 아껴서 뒤로 물려주고, 화란(禍亂)은 바로 받아 여얼(餘孽)이 없게 할새, 기미(幾微)를 밝게 보아 천하의 즐거움은 나중에 즐기고, 나라의 근심을 먼저 생각한다.

인생은 의기(意氣)에 감격하나니 명리(名利)를 어찌 다툴 것이며, 하늘은 정성에 감동하나니 곤궁을 어찌 피할 것인가?

구차하게 살려고만 하는 것은 자연의 도리가 아니요, 가볍게 죽는 것도 인생의 본의가 아니니, 모름지기 종말을 신중히 하여, 돌아갈 곳을 알아서 인사를 다하고 천명을 기다릴 뿐이다.

선비는 항상 공경하여 근본을 세운 까닭에 사물의 마땅한 바를 알며, 물리를 밝혀서 지성을 높인 까닭에 이치의 소이연(所以然)을 깨달으며, 자신에게 돌이켜 진실을 실천한 까닭에 도의의 자연한 바를 따른지라, 의지가 고결하므로 성현을 저버리지 아니하며, 재능이 통달하므로 자기를 그르치지 아니하며, 도량이 광대하므로 후생을 어지럽히지 아니한다.

따라서 한평생에 일을 하여도 먼지를 일으키지 아니하고, 온 세상에 말이 퍼져도 허물을 끼치지 아니한다.

5부

우주론

　우주가 변역(變易)하는 것이 시간이며 천지가 개벽하는 것이 공간이니 시간은 공간의 존재형식이요, 공간은 시간의 변역내용이다.

　그러므로 우주의 생성이란 곧 존재의 변화인데 개벽이 없는 선천(先天)의 시간은 동정(動靜)의 형식일 따름이요, 변역이 있는 후천(後天)의 공간은 음양(陰陽)의 내용으로 선천의 동정하는 원리를 도(道)라 하고, 후천의 음양(陰陽)하는 원기(元氣)를 태허(太虛)라고 한다.

　이 변역하는 원리에 따라 태허진원(太虛眞元)의 기가 동정승강(動靜昇降)함으로써 음양의 천지와 양의(兩儀)의 건곤이 나누어져 서로 그 근원이 되고 음양양의(陰陽兩儀)가 변화합산(變化合散)하여 4상5행(四象五行)이 갖추어지니 5기가 구비하여 4시(四時)가 운행하고 상형(象形)이 나타난다.

　5행(五行)의 원질(原質)은 음양에서나 왔고 음양(陰陽)의 2기(二氣)는 태허의 진원(眞元)에서 생겼으며 4시의 원상은 양의에서 나왔고, 양의의 원리는 도에서 말미암았으며 도(道)의 본체는 태극(太極)이니 태극은 태허의 주체이다.

이기(理氣)가 묘합(妙合)하니 음양과 동정이 둘이 아니요, 4상과 5행이 다르지 아니한 까닭에 본체계(本體界)의 형이상의 도와 현상계의 형이하의 기(器)가 틈이 없다.

따라서 도가 나란히 진행하여도 서로 어그러짐이 없으며 만물이 함께 자라도 서로 해침이 없는바, 그 무궁한 전체를 구체적으로 말하면 조물주재(造物主宰)하는 것을 상제(上帝)라 하며, 절대본체(絶對本體)인 것을 태극(太極)이라 하며, 형상조화한 것을 천(天)이라 하며, 변역유행하는 것을 도(道)라 하며, 전체대통(全體大統)한 것을 건(乾)이라 하는바 혹 선천(先天)의 무형(無形)으로 은미독립(隱微獨立)하기도 하며, 혹 후천의 유상으로 광대주류(廣大周流)하기도 하나니 모두 우주의 보편자이다.

양의4상의 진리와 음양5행의 정기가 신묘하게 합쳐 엉겨서 건도(乾道)는 남(男)이 이루어지고 곤도(坤道)는 여(女)가 이루어지니 남교여감(男交女感)하여 만물이 화생(化生)한바 만물이 생생함에 변화가 끝이 없다.

그 무한한 실체를 구조적으로 말하면 공능묘용(功能妙用)한 것은 신(神)이며, 문리관통(文理貫通)한 것은 이(理)이며, 허령진원(虛靈眞元)한 것은 기(氣)이며, 자연운행(自然運行)한 것은 명(命)이며, 생장발육(生長發育)한 것은 덕(德)인바, 혹 변하지 아니한 때가 없어서 현상을 측량할 수 없고, 혹 있지 아니한 곳이 없어서 미묘하게 감통(感通)하며, 혹 간직하지 아니한 사물이 없어서 스스로 이루나니, 모두 만물의 일반자이다.

오직 사람은 그 우수한 것을 받아 가장 신령(神靈)하니 형체가 이미 탄생함에 정신이 지각을 발휘한다.

따라서 천리가 곧 사람의 본성이요, 천지의 정기가 곧 사람의 호연한 기이니, 천도(天道)는 음양의 동정이요, 지도(地道)는 강유(剛柔)의 마탕(磨蕩)이며, 인도(人道)는 인의(仁義)의 애경(愛敬)으로 그 이(理)가 둘이 아니라, 그 도가 다르지 아니하다.

천도(天道)는 그침이 없으니, 그침이 없는 까닭은 성(誠)이요, 지도(地道)는 틈이 없으니, 틈이 없는 까닭은 경(敬)이며, 인도(人道)는 거짓이 없으니, 거짓이 없는 까닭은 직(直)이다.

그러므로 지성(至誠)한 도는 고명(高明)하고, 지경(至敬)한 덕은 광대하며, 지직(至直)한 성은 유구(悠久)하여, 성인은 천지와 더불어 덕을 합치며, 우주와 더불어 기를 합치며, 백성과 더불어 삶을 합치며, 만물과 더불어 공을 합치나니, 군자는 이것을 닦은지라 날로 강건하고, 소인은 이것을 버린지라 날로 방사(放肆)하다.

시원을 밝히고 종말을 살피면 만 갈래 길이 한 곳으로 돌아가고, 나타난 것을 더듬어 숨은 것을 찾아내면, 한 뿌리에서 만 가지가 벌어진 것을 알 것인바, 음정양기가 모여서 만물이 생성하고, 혼유백강(魂游魄降)하여 흩어지면, 만물이 변화하니, 이에 유명(幽明)의 진상(眞相)을 알 것이다.

무릇 현인군자(賢人君子)는 음양의 변화하는 도를 명찰(明察)하고, 강유의 마탕하는 덕을 달관하여, 자연의 도덕에 화순함으로써 예의의 체계를 세워 마침내 사물의 이치를 남김없이 인식하고, 인간의 본성을 모두 발휘하여 정명(正命)에 이르러 가나니 이에 살아서는 즐겁고, 죽어서도 편안하다.

6부

동양인식론의 일반원리

1. 진리의 파악

일반적으로 지와 행을 분리시키지 않으려는 동양 사상에서는 진지
(眞知)의 인식에 관한 이론은 체계가 없는 것처럼 보이나 행(行)이 지
(知)와 불가분의 관계를 가진 것이므로 정행(正行)을 강조할 때에 스스
로 진(眞)의 인식을 주장하는 것이 되며 수양설(修養說)은 곧 인식논
리를 내포하고 있는 것이다.

비록 선천적인 양지양능설(良知良能說)을 주장하여 소학(小學)
에서 선행후지(先行後知)를 말했다고 할지라도 대학(大學)에서
그러한 행위가 어떻게 보편타당한 정행(正行)이 되며 객관적 사리
(事理)와 일치할 수 있는가를 논할 때에 진(眞)의 인식은 다시 문
제가 된다.

인식이란 「앎」이요 「지(知)」이므로 지행합일(知行合一)을 주장
하는 고중대(古中代) 동양사상에서는 박식진지(博識眞知)로 도의
인식을 최고의 학문적 이상으로 하여 인식을 강조하였으나 지행

을 상호 독립적으로 분리시키지 않으므로 지만을 독립하여 체계화하는 지식학은 크게 발전하지 못했다.

따라서 인식론의 일반원리는 확고하고 명백하게 논리화되지는 못했다. 그러나 광대한 천도(天道), 지도(地道), 인도(人道) 등을 논하고 그러한 도의 인식을 설(說)할 때에 내외가 상통하는 인식론도 그 속에 들어 있는 것이다.

고대 동양의 중국에서는 참을 찾으려는 관찰이 신비성에 의존하고 있는 것처럼 보인다. 태초의 도서(圖書)인 주역(周易)의 원리는 하도(河圖)와 낙서(洛書)에서 기원하는데 하도낙서(河圖洛書)는 다 같이 인간이 작도(作圖)한 것이 아니라 하수(河水)에서 용마(龍馬)가 도(圖)를 지니고 나오고 낙수(洛水)에서 신귀(神龜)가 서(書)를 지니고 나오니 성인(聖人)이 그를 모범하였다고 한 것은 도의 인식을 인간의 이성으로 파악하는 것이 아니라 신비적인 절대자의 암시에 근거한 것이다.

그러나 인지가 발달하면 객관적 절대자의 암시에 의한 도의 인식은 그 진위에 대한 설명을 안 할 수는 없는 것이다.

그러므로 복희씨(伏羲氏)가 천하에서 왕정(王政)을 할 때에 우러러 하늘을 관상(觀象)하고 아래로 땅을 관법(觀法)하며 새와 짐승의 무늬와 지방의 적의(適宜)한 바를 관찰하고 가깝게는 자신에서 취의(取義)하고 멀리는 중물(衆物)에서 취상(取象)하여 비로소 8괘(八卦)를 만들어 그로써 신명의 덕에 통하고 만물의 정에 유(類)하였다고 한 것은 구진(求眞)의 방법이 신비성에 의존하는 것이 아니라 천지인물(天地人物)의 현상을 관찰하여서 비로소 얻은 것이다.

하도낙서는 주관적 자기를 무시하고 절대자의 권위에 의존하는 것이나, 복희씨는 8괘를 그릴 때 자기의 주관을 가지고 외물을 관찰하는 것이므로 사리를 비판, 인식하는 태도를 가지고 있는 것이다.

이러한 복희씨의 인식태도는 진리의 존재를 긍정하고 진리를 찾아 알려고 하는 것이며 참된 행위를 밝히려는 것이다.

그러나 아무리 심박한 관찰이라 할지라도 통찰 그것만으로는 진리를 인식했는지는 다시 의문인 것이다. 주역계사(周易繫辭)에 '寂然不動 感而遂通'이라 하였으나 고요하여 움직이지 않는다는 상태나 표준은 역시 불명(不明)한 것이고 또한 천하의 이치를 감통(感通)했다고 할지라도 우리는 그것이 객관적인 보편타당성을 갖는 것인지의 여부는 다시 알 수 없는 것이다.

공자는 이와 같은 무척도(無尺度)의 무규정적(無規定的)인 진(眞)의 개념 속에 「일이관지(一而貫之)」라는 진의 표준을 세웠다. 일이관지를 인(仁)이라고도 하고 충서(忠恕)라고도 하나 일이관지는 동서고금(東西古今)과 전후상하(前後上下)를 하나로 꿰뚫는 표준이므로 인이나 충서도 이러한 표준하에서 가치와 의미를 가지게 되는 것이라고 할 것이다.

진리란 만사만물에 일치되는 것이고 절대의 영역에 있어서 상대의 세계를 관통하여 세계의 존재근거가 되어야 하는 것이므로 진리의 기준도 무한무궁의 일이관지가 아닐 수 없다.

따라서 공자는 진리 자체를 이야기하기 전에 먼저 척도가 되는 '일(一)'로 기준을 세워서 거기에 나타난 정도에 따라 이야기하는 것이요 먼저 기준을 체득할 것을 가르친다. 그러므로 공자는 학을 강조함과 동시에 사색할 것을 요구한다. '學而不思則亡 思而不

學則殆'(論語), 구도자에게 학(學)과 사(思)를 겸하여 가르치는 것은 학을 통한 진리의 기준을 알지 못하고서는 사색만으로 진리 자체만을 홀로 탐구하는 것은 관념의 노예로 전락할 수 있다는 것을 의미한다.

노자는 '爲學日益 爲道日損 損之又損 以致於無爲 無爲而無不爲(道德經四十八章)'이라고 하여 학(學)을 부정해 버리고 어떤 기준이나 한계를 인정하려 하지 않으며 외계의 대상을 규정하려는 의욕을 부정할 뿐만 아니라 以身觀身 以國觀國 以天下觀天下(五十四章)라고 하여 대상의 분석이론화를 거부하고 자증자득(自證自得)의 방법으로 자기자신(自己自身) 내에서 일어나는 사태를 체험하려는 내부감각적인 체험만을 주장한다.

이것은 진리를 확실하게 인식하기 위해서는 아상(我象)이 혼입되어 있는 기왕의 지식에 의한 판단은 허위의 오류를 범하므로 판단을 일으키는 주체인 지적 활동을 중지하여 물자체상(物自體象)의 인식을 방해하는 아의식(我意識)의 근본을 관찰할 것을 요구한다.

현 의식 활동은 외계자연사물의 인식을 오히려 방해하기 때문에 그 활동을 정지 억압하지 않은 한 물자체상의 인식은 불가능하다는 것이다. 그러므로 「無思 無慮 始知道」(莊子知北游)라고 하여 학과 동시에 사려를 부정하고 진리의 기준을 인정하지 않고 판단 자체도 부정하여 버린다.

더욱이 知者不博 博者不知(八十一章) 知者不言 言者不知(七十二章)라고 하는 것으로 언어문자로 설명하는 지식은 자기무지의 폭로로 인정하여 버린다.

왜냐하면 언어자신이 시공간의 이중적 제한을 받는 피제약체(被制約體)이며 이해의 표현수단으로서 언어를 사용하는 한 언어는 반대로 사유의 이해작용을 거꾸로 구속하게 되고 언어는 동시동소성(同時同所性)을 규정할 수 없는 것이기 때문이다.

내(內)라는 언어규정에 대하여 동시동소에 외(外)라는 규정을 할 수 없다. 그러므로 언어규정은 진사태(眞事態)와 위배에 빠지지 않을 수 없고 언어의 의미는 따라서 근본적으로 애매(曖昧)와 다변(多辯)을 면할 수가 없다는 것이다.

이와 같이 언어자신의 이중적 제약성은 곧 언어규정상의 허위로 나타나지만 그것은 언어의 시공적(時空的) 제약성이 근본적 허위가 아니고 그것의 사용에 의한 규정이 허위로 되는 것이므로 허위의 근본은 언표자(言表者)이게 된다는 것이다.

그러므로 노장(老莊)은 '불언(不言)'으로 언어규정태도를 포기할 것을 요청하고 존재를 이해하려는 자기반성을 통해서 언표를 규정할 것을 바란다. 따라서 존재를 이해하는 진인(眞人)이라야 진지(眞知)를 체득한다는 것이며, '有眞人而後有眞知'(莊子大宗師) 인간에서 지식을 결정하는 것이지 지식으로 인간을 평가하는 것은 불가하다는 것이다.

노장(老莊)의 이러한 진리 찾기의 태도는 내실의 진(眞)을 이해하려는 것이나 무념무사(無念無思)하고 절학기지(絶學棄知)하여 모든 형식과 규정을 부정하여 버리면 진리 자체도 규정될 수는 없는 것이므로 진리를 인식한다는 말도 결국 무의미한 것이다.

그러나 공자는 군자가 되기 위해서는 먼저 지명(知命) 지례(知禮) 지언(知言)해야 한다고 말한다. 왜냐하면 진리가 우리의 일상

생활 속에 있는 것이요 만일 인간생활과 관계가 없는 진리라면 그것은 인식할 필요도 없고 또 그것은 엄밀한 의미에서 진리도 아니기 때문이다. 「道也者 不可須臾離也 可離 非道也」(中庸)

진리를 찾는 것은 자기가 바른 행위를 하고자 함에서요 바른 사람이란 현실에서 객관적 정당성을 가져야 하는 것이므로 사물의 진리를 인식하여 지식을 넓힐 것을 요구한다. 「致知在格物」(大學)

이와 같은 현실관계 내에서의 진리 인식의 태도는 동양사회의 일반적인 인식방법이 되어 왔으며 인격완성을 위한 가장 합리적인 인식이론이라 할 것이다.

2. 인식의 방법

외계사물의 진사태(眞事態)를 인식한다고 할 때에는 물자체(物自體)와 인식하는 자와의 둘이 있는 것이고 이 양자간의 거리가 있게 된다. 이 거리를 제거하고 물자체를 인식하기 위해서는 먼저 자기의 인식기관을 알지 않으면 안 된다.

사람이란 무엇인가? 인간이란 성(性)을 천(天)으로부터 받고 그 본성을 따라서 사는 명덕(明德)을 가진 존재라고 대학과 중용에서 말한다. 이것은 선천적인 idea를 소유한 인간이다. 이러한 성은 이중(理中)이므로 인간이 자기의 성을 파악할 때 진리를 체득한 것이라고 할 수 있고 진리는 자기에게 있다고도 할 수 있으나 인간이란 이성만을 소유하고 있는 것이 아니요 감각을 가지고 감각계에 사는 존재로 안이비설신의(眼耳鼻舌身意)가 없으면 이성도 있을 수가 없는 것이다.

노자는 감각작용을 부정하는 것이나 인간의 이성과 감각은 어느 일방(一方)을 완전히 부정해 버릴 수는 없는 것이다.

감각은 여하한 경우에도 한계가 있는 것이고 또한 때로는 허위의 가상으로 속이기도 하는 것이기 때문에 진리의 인식을 방해하기도 하는 것이다. 그러나 감정을 부정하는 멸정(滅情)이나 무욕(無欲)의 상태로 돌아갈 수는 없다. 왜냐하면 감각기관은 인식기관인 것이요 인식기관이 없이는 진자체도 인식할 수는 없기 때문이다.

더욱이 감각의 허위성은 감각기관에서 온다기보다는 감각의지의 오류에서 기원하는 것이다.

감각기관은 표상(表象)을 받아들일 뿐인 것이고 인상(印象)을 판단하는 감각의지 즉 마음이 오류(誤謬)를 범하는 것이다.

이러한 오류를 제거하기 위해서 감각의지의 판단중지를 요구한다.

'知止而後에 有定이니 定而後에 能靜하며 靜而後에 能安하며 安而後에 能慮하며 慮而後에 能得이니라'(大學)

감각의지의 판단에서 오류가 발생하는 것을 알고 감각의지의 작용을 중지할 때에 인상의 판단은 이성에 호소하게 되고 이성으로 진사태를 인식할 때에 감각작용도 안정을 회복한다는 것이다.

자기가 외물을 인식하는 데는 무엇보다도 먼저 자기 마음의 안정이 필요한 것이고 사물의 표상을 흐림 없이 받아들일 수 있는 자세를 갖춰야 한다.

그러나 모사(模寫)된 인상이 외물(外物)의 진사태인지 허상인지는 일이관지(一而貫之)라는 기준으로 사려하여 보아야 하는 것이다.

주염계(周濂溪)는 그의 태극도설(太極圖說)에서 '聖人定之以中正仁義而主靜'이라고 하고 특히 무욕고정(無欲故靜)이라고 자주까지 하였으나 경험적인 감각을 너무 무시한 태도는 인간의 선천적 이성에만 의존하는 것으로 인의중정(仁義中正)을 진리의 기준으로 하는 것이다.

그러나 진리의 기준은 주관적인 척도로써만은 불가한 것이요 인식주(認識主)와 외물(外物)과의 일관된 척도이어야 하는 것이므로 물(物)을 이해하지 않으면 안 된다.

인의중정(仁義中正)이 선천적인 것이라 할지라도 성의정심(誠意正心)이 되지 않고는 밝힐 수가 없는 것이고 성의와 정심은 격물치지(格物致知)를 하지 않고는 불가능한 것이므로 물자체상(物自體象)을 파악하는 것이 선행해야 된다.

외물의 진상을 인식하기 위해서는 먼저 자기의 자세를 안정하도록 감각의지의 판단중지를 요구하면서 또한 반대로 성의정심을 하기 위해서 물의 진상을 파악하여야 한다는 것은 순환논리에 빠진 것 같으나 이것은 선지후행(先知後行)과 선행후지(先行後知)의 주장이 분류되는 계기가 된다고 할 수 있을 것이다.

그러나 동양적인 지행합일(知行合一)을 이상으로 하는 사고원리는 지와 행을 분리시키지 않으므로 상반된 두 가지 방법을 동시에 말하는 것이다.

더욱이 여기서 진의 기준인식이 문제이므로 물(物)의 성격을 파악하기 위하여 격물치지의 이론을 전개하지 않으면 안 됨으로 이물관물(以物觀物)로 물자체상을 파악해야 한다.

이물관물이란 물자체로서 물을 관찰한다는 것으로서 진리를 인식하는 방법이라 할 수 있는 것이다. 인식이란 내가 물을 보는 것으로 즉 이아관물(以我觀物)하는 것인데 이렇게 나의 주관을 가지고 물을 파악해 보니 오류를 범하는 까닭으로 물자체상을 인식할 수가 없게 되었다. 고로 아상(我象)을 버리고 물자체로써 물을 보아야 된다는 것이다.

물자체에서 물을 본다고 할 때에는 다시 그 물의 성격을 인식하여야 되는데 물이란 무엇인가?

동양에서는 유물유칙(有物有則)이라든가 물각유리(物各有理)라고 하여 개개의 사물이 하나의 통일된 일리(一理)로 관계가 맺어진 것으로 본다.

만사만물이 만수(萬殊)의 독자적인 조리(條理)를 가지고 존재한다 할지라도 일관되는 내적 통일된 원리의 바탕 위에 있다고 존재론과 생성론으로 一生二 二生三 三生萬物(道德經) 또는 易有太極是生兩儀 兩儀生四象 四象生八卦(周易)라고 설명한다.

그러므로 물자체는 물성(物性)인 그것이고 나타난 형상이 아니며 물의 진상의 인식도 물리의 파악이라는 것이다.

따라서 이아관물은 나의 감각기관을 통한 물의 형상의 관찰에 불과한 것이고 물자체의 인식은 나와 물(物)을 일관하는 이(理)를 파악함으로부터 시작한다.

邵康節은 황극경세(皇極經世)의 관물편(觀物篇)에서 물을 관찰한다는 것은 외적인 감각기관의 눈으로 보는 것이 아니라 마음으로 보는 것이며 마음으로 보는 것이 아니라 이(理)로 보는 것이다. 천하의 물이 이가 있지 않는 것이 없으며, 성이 없는 것이 없으며 명이 없는 것이 없다. 그런데 어떻게 이와 같은 이성명(理性命)을 아느냐 하면 이(理)는 궁구한 후에 알 수 있고 성(性)은 극진한 후에 알 수 있으며 명(命)은 이른 다음에 알 수 있다고 하고 궁리(窮理), 진성(盡性), 지명(至命)의 3지자(三知者)는 천하의 진지라고 하였다.

감각과 의지를 부정하고 허심이부동(虛心而不動)을 주장하는 태도는 노장적이라 할 수 있으나 그는 1리의 일관된 기준을 인정하여 그 기준을 얻은 자는 하늘을 대신하는 것이라 하여 1심(一心)으로 만심(萬心)을 볼 수 있고 1신(一身)으로 만신(萬身)을 볼 수 있고 1세(一世)로 만세(萬歲)를 볼 수 있으며 심(心)으로 천의(天意)를 대신할 수 있고 입으로 천언(天言)을 대신할 수 있고 수공(手工)으로 천공(天工)을 대신할 수 있고 신(身)으로 천사(天事)를 대신할 수 있다고 하는 것은 유가의 인극사상(人極思想)에서 나온 것으로 그의 이물관물론(以物觀物論)도 노장과는 다른 것이다.

더욱이 그는 자기의 본성을 따르기 위하여 반관(反觀)하여야 된다고 하며 반관이 즉 이물관물이라고 한다.

반관이란 공자의 극기(克己)나 맹자의 자반(自反)에서 나온 것이라 할 것이다.

이물관물의 인식방법은 1리(一理)의 내적인 통일성을 이해할 뿐만 아니라 일이관지의 기준을 체득함으로써 가능한 것이다. 따라서 인격의 완성과 진지(眞知)의 인식은 병행되는 것으로 본다.

3. 주객의 동이성

이물관물(以物觀物)은 1리(一理)에 의한 idea적인 주객(主客)의 동일성을 인정하는 인식방법으로 선천적인 이성을 인식의 원천으로 하고 있다.

그러나 우리는 경험적인 일상생활의 다양성을 부정할 수가 없다.

자기와 대상과의 차이뿐만 아니라 궁리 진성(窮理盡性)하여 얻은 지(知)도 자기에게는 천하무비(天下無比)의 진지가 될는지 모르나 타인에게도 그렇게 보편타당성을 언제나 똑같이 갖게 되는지는 의문인 것이다.

물(物)은 본말(本末)이 있고 사(事)는 시종(始終)이 있는 것으로 광범위한 과학적 지식이 없다면 1리(一理)의 존재도 인식할 수는 없는 것이다.

주자(朱子)는 따라서 학문의 태도에서부터 경(敬)할 것을 말한다. 일이 있거나 없거나 항상 일관하는 활경(活敬)을 주장함과 동시에 궁리하여 넓게 사사물물(事事物物)의 이를 궁색(窮索)하며 치지(致知)하여 나가서 오늘 1건(一件)을 잘하고 명일 또 1건을 잘하여 점점습숙(漸漸習熟)하면 비로소 1단에 활연관통(豁然貫通)할 수 있다고 하였다.

진리 인식에서 가장 위험한 것은 독단인 것이고 독단을 주장할 때 학문의 발전은 없는 것이므로 그는 거경(居敬)과 궁리의 불가분성을 말하여 사람의 두 다리와 같다고 하였다.'能居敬則窮理工夫日益密 能窮理則居敬工夫日益進'(語類九)

고매한 진리도 부사세물(溥事細物)의 미소한 경험적 사실로부터 이해하여 나가야 하며 남이 한번에 파악할 때, 나는 수천 번이라도 노력하여 파악함으로써 널리 사리를 체득하여 주관적인 인식이 아니라 초개인적인 주관으로 물자체를 관찰하여야 된다.

넓게 배워야 천하의 견문을 종합하여 사물의 리를 두루 알 수 있고, 자세히 따져 물어보아야 배운 것에 대한 의심을 바르게 하며, 신중히 사색하여야 학문에서 얻은 것을 자세히 연구하며, 마음속에 스스로 얻은 것이 있고 밝게 판별하여야 공사(公私), 의리, 시비, 진망(眞妄)의 사이에 조그마한 착류(差謬)도 없게 된다.

이와 같이 박학(博學), 심문(審問), 신사(愼思), 명변(明辨)은 사물의 진상을 인식하는 데 있어서 기본이 되는 태도이다.

멀리 가는 것이 반드시 가까운 것에서부터 비롯하고, 높은 곳에 오르려면 반드시 낮은 곳으로부터 시작하는 것처럼 고명한 진(眞)의 인식도 은미(隱微)한 것에서부터 이해하여 나가지 않을 수 없다.

그러므로 모든 사람은 다 같이 자기의 수신(修身)에서부터 학문을 시작할 것을 요구한다.

고매한 진리의 인식이 학문에만 그치는 것이 아니고 생활하기 위한 인식이요 가정생활, 사회생활을 올바로 하기 위해서 진리를 인식하는 것이므로 자기와 가장 가깝게 관계되는 것에서부터 인식하여야 한다.

자기와 관계가 깊다는 것은 나와 그것 사이에 참이 있다는 것을 의미하며 나와 무관계한 것은 참이 없기 때문이다.

나와의 관계에서 절실한 참이 있다는 것은 성(誠)이 즉 나의 성실성이 관계함을 말하는 것이다.

성실성이 없으면 보아도 보이지 아니하고 들어도 들리지 않는 것이다. 그래서 성(誠)이 없으면 물(物)도 없다고 하였다.‘不誠無物’(中庸)

이와 같이 실질적인 인식의 경지에서는 인간은 성실할 수 있는 존재요 물(物)은 성실 속에서만 존재하는 것이다.

이물관물하는 경지에서는 주관을 버리고 물자체의 존재를 파악하는 것으로 내적 통일성의 1리(一理)에 의한 인식이기 때문에 주(主)는 자기의 외적 이질성을 포기하고 객(客)의 동일성 속으로 들어가 버리는 것이나 성(誠)의 인식관계에서는 외물은 자기의 성실성 속에서만 참인 것이요 성이 없을 때에는 물은 존재할 수 없다는 것이므로 객은 주 속에 내포되어 버리는 것이기 때문에 객의 이질성이 부정되어 버린다.

그러나 외물의 이질성을 부정하고 성실의 관계가 없으면 무물(無物)이라고 하여 외물의 존재가 인정되지 안 했다고 할지라도 외물자체의 부정은 의심스러운 것이다. 생각하면 있고 생각하지 않으면 없다고 할 수는 없는 것이요 존재하는 만물은 우리가 성실하게 생각할 때나 하지 않을 때나 똑같이 존재하고 있는 것이다.

남산은 내가 볼 때나 안 볼 때나 똑같이 거기에 있는 것이다.

이와 같이 성(誠)에 관계없이 외물의 존재는 여여(如如)한 것이므로 성의 인식에 있어서는 자기의 성실성을 무한히 넓혀 천도(天道)와 일치하게 될 것을 요청한다.

즉 자기의 성(誠)을 천지와 같이 무한하고 영원하게 넓힐 때 오히려 만사만물(萬事萬物)은 똑똑히 자기의 진상을 나타낸다는 것이다. 그러므로 성의 인식은 외물을 부정하기 위한 것이 아니며 오히려 자기의 성을 무한히 넓힐 것을 바란다.

"천하의 지극한 성(誠)이어야만 자기의 본성을 다할 수 있고 자기의 성(性)을 다하면 인간의 성(性)을 다할 수 있으며 인간의 성(性)을 다하면 물의 성(性)을 다할 수 있고 물의 성(性)을 다하면 천지의 화육(化育)을 도울 수 있고 천지의 화육을 도우면 천지와 더불어 참여한다"(中庸)는 것으로 자기의 성실성이 무한히 넓혀져서 천지와 합할 때 천지간의 만물은 참된 본연의 자태로서 자기와 관계한다는 것이다.

이러한 성(誠)으로 맺어진 참된 인식이 아니고 자기를 버리며 자기와 무관계한 진사태의 인식은 무의미한 것이며 진상을 파악했다 할지라도 자기와는 무관계한 것이다. 자기와 무관계한 인식은 성실성이 없는 것이요 참다운 지식이 되지 못한 형식적 파악으로서 행위에 도움을 주지 못한 위지(僞知)가 된다.

이와 같은 위지(僞知)를 방지하기 위해서 인간은 자기의 현실을 먼저 확실하게 파악할 것을 요청한다.

공자는 사(死)를 인식하려고 하기 전에 생을 인식하라고 하며 더욱이 생활 속에서 나타난 예(禮)가 아니면 보지도 말고 듣지도 말며 말하지도 말고 행동도 하지 말라고 하여 인(仁)하는 방법이라고 하였다.

성(誠)으로의 인식은 인식의 근원이 주관에 있는 고로 주관적 인식이라 할 수 있고 이물관물의 인식방법은 주관을 부정하는 객관의 인식임으로 객관적 인식이라 할 것이다.

따라서 주관적 인식에 있어서의 내적 동일성은 성(誠)이요 외적 이질(異質)은 형식인 것이요, 객관적 인식에 있어서의 내적 동일성은 이(理)요 외적 이질성은 질료(質料)이다.

이와 같은 주객의 동이성(同異性)에 따라서 지(知)의 개념이 달라지는 것이고 행동의 태도가 구별되는 것이나 동양에서는 유가(儒家)와 도가(道家)의 상호교류에 따라 혼합적인 인식방법을 사용하기도 했다.

4. 도(道)의 인식

동양에서는 인식의 최고 대상은 도(道)의 인식이다. 진리를 논하는 천언만어(千言萬語)도 결국 도를 파악하려는 데 뜻이 있었다. 도란 관계이며 관계는 상통이요 교통이다.

천도(天道), 인도(人道), 지도(地道)는 인간과 천(天)의 관계, 인간과 인간의 관계 인간과 지(地)의 관계에서 나타난 개념으로 도라고 할 때에 단순한 진(眞)과는 구별된다.

단순한 진은 선(善)이나 미(美)에 대한 상대개념인 것이나 도는 진선미의 개념을 포괄하고 행(行)을 직접 수반하는 것이다.

행을 직접 수반하는 만큼 추상적 이론이나 사색이 아니라 실생활에 있어서 실천궁행(實踐躬行)하여야 하며 현실의 행위는 이래도 좋고 저래도 좋은 것이 아니므로 도란 일용의 사물에서 당행(當行)하는 길이라고 한다.

존재론적인 의미에서의 도란 물론 우주만물의 근원인 것이요 태극이며 최고원리인 것이나 이러한 도의 인식과정은 신체적 언어적 제약을 가진 인간이기 때문에 후천적이고 의식적인 당위에서 시작하지 않을 수 없는 것이다.

따라서 외계일반의 자연의 도를 인식하기 위해서 인간은 당위의 특수적 관계를 파악하여 자기의 내적 관계구조를 반성하고 이러한 구조의 이해에서 자기 자신의 자의식을 추출하며 나가서 인간전체의 공통적인 일반성의 인식으로 외계 자연일반성을 인식하는 것이다.

도의 인식은 자기의 내부구조를 파악하지 않고는 불가능한 것이므로 노자는 자지자명(自知者明)이라고 하고 공자는 극기복례(克己復禮)를 말한다.

극기복례란 내적 반성으로 자기의 내적인 관계구조를 파악하여 자기의 본래적인 욕구의 목표로 돌아감을 말한다.

인간이 자기의 내부구조를 반성할 때 자기가 절실히 의욕하고 있는 것이 의(義)요 그 실현하는 차례가 예(禮)이며 이러한 본연의 의욕과 욕구를 아는 것이 지(知)이며 이러한 인간순연(人間純然)의 심정이 인(仁)이며 내적 존재구조 자체가 성(性)이며 이러한 자의식과 존재구조가 일반적인 것이 이(理)이며 일반적 의식이 자의적이 아니고 구속적일 때 이것을 명(命)이라 하며 이러한 전체를 내적 관계로 가지고 있는 개체의 행위가 능동적일 때 이것을 도(道)라고 한다는 것이다.

따라서 도의 인식을 위한 자기내부 관계구조의 반성은 행(行)을 수반하는 것이고 사유적 반성은 아니며 오히려 사유를 버리고 나에게 주어진 덕(德)을 밝혀 참된 행으로 들어감으로써 된다.

그러므로 논리가 앞서서는 안 되는 것이다. '개념이란 다만 두 개의 다른 사물을 식별하는 것이고 판단이란 것은 두 개의 다른 사물의 개념을 합하여 한 개의 의의를 논의하는 것이요 변론이라는 것은 마음의 의사를 표상하는 것이요 마음은 도(道)의 주재자(主宰者)요 도는 치사(治事)의 경리자(經理者)다. 마음이 도에 합하고 말이 마음에 합하고 판단이 또 말에 합하면 개념을 정당히 하여 사물을 인식할 수 있다'고 순자(荀子)는 말하여 사실에 의거한 판단을 강조한다.

이러한 성덕양성(成德養性)으로서의 도의 인식은 격물치지(格物致知)의 목적이 구도하는 데 그치는 것이 아니라 습작과 수신의 구도(求道)에까지 나가게 함으로써 인격을 완성하는 데 있다.

그러므로 도의 인식은 자기수양과 병진(並進)하는 것이요 언어 논리로 이루어지는 것은 아니라고 한다.

자기를 부정하는 이물관물(以物觀物)의 인식방법이나 자기의 성을 무한히 확장하여 자기의 주체성을 드러내는 성(誠)으로의 인식방법이나 다 같이 언어, 논리의 형식성을 부정하는 것이다.

동양 인식방법의 원리는 인격완성을 위한 도의 인식에 목적이 있고 따라서 도의 인식은 천근(淺近)하고 간이(簡易)한 일상 사물 가운데서 자기의 인문주의적 이성과 경험의 비판으로 명석 판명한 천하의 이치를 얻는다고 하는 극히 보편적인 이론을 전개하였다.

이것은 인본주의의 현실을 부정할 수 없는 인간으로서 자기의 현실을 정확히 파악하는 것을 중요시한 것이고 일이관지의 진(眞)의 척도에 의한 주객일치 관계 속에서 중용(中庸)의 도(道)를 실현하려고 하는 것이다.

주객일치의 조화관계를 높이 평가하고 중용의 덕을 밝히는 도의 인식방법은 인간 본연의 자태를 파악하려는 성리학(性理學)에 치중하게 되어서 진(眞)만을 연구하려는 과학적 지식의 발달은 가져오지 못했다.

그러나 동양의 도(道)는 광범위한 의미를 가진 것으로 진을 과소평가하지는 않았으며 항상 과학이 인간의 선성(善性)과 관계를 가져 인류의 행복을 위한 수단으로 사용될 것을 주장한다.

다만 도는 idea인 것이고 이 도의 인식은 자기 안에 있는 성성(誠性) 즉 중(中)을 먼저 파악함으로써 가능하다고 하는 것이요, 역사적 사회적 일상생활에서 중용의 도에 맞는 행위를 함으로써 점진적으로 실제적인 도가 이해되어 진다는 것이다.

중국을 중심으로 하는 이상과 같은 인식이론은 오늘날 좁은 의미의 동양이라고 할 수 있으나 고중대(古中代) 동양의 중심사상이었으며 전(全) 동양에 강력한 영향을 주는 동양의 인식이론이다.

종합적으로 살피건대 도(道)란 천리(天理)의 진실체인 태극(太極)을 파악하고 물리(物理)를 통달하며 사리(事理)에 능통하여 자연과학적 합리주의에 정통하여 천하를 유익하게 하는 길이고, 덕(德)은 성리(性理)의 착한 인의예지를 길러 심리(心理)를 바르게 간직하며 정리(情理)를 곧게 지켜 인문과학적 합리주의에 달통하여 인간미를 두텁게 하는 인격의 실체이며, 예(禮)란 5륜의 윤리(倫理)를 아름답게 실천하여 천륜(天倫)의 공명정대한 도리(道理)와 인륜(人倫)의 정당한 의리(義理)를 지켜 사회과학적 합리주의에 철저한 행동강령이니 도의 인식은 결국 자연과 인간과 사회를 모두 꿰뚫어 활연관통하는 것이라고 할 것이다.

7부

용(勇)의 연구

유교경전을 중심으로

1. 용(勇)의 본질

인간은 본질적으로 자유로이 결단하고 그 결단에 따라 행위할
수 있는 독립적 주체이다. 그러나 그 주체는 전능한 조물주의 경
지에 있는 것도 아니며 의지가 없는 동물과 같은 것도 아닌 덕성
을 가지고 있는 주체이다.

주체적인 덕성에 의하여 주관적인 마음으로 자유로이 사고하여
의지를 결정해서 그에 따라 행위하려고 할 때에 용(勇)이 요청된
다. 따라서 용기는 독립적인 주체자에서 볼 수 있는 것이요 주종
관계에서 불필요하게 된다.

모든 것은 조물주의 명(命)에 의한다거나 자연적으로 되는 것이
라고 해서 인간의 만사를 천시(天時)나 자연에만 맡겨버려도 되는
것이라면 구태여 사람에게 용기를 말하지 않아도 될 것 같다.

또한 모든 것은 공허한 것이며 현상의 모든 것은 인연의 소생
이라고 한다면 주체는 객체를 부정하여 버림으로 용(勇)은 나타나

지 않는다. 용기란 대상의 사물과 나와의 관계를 맺는 곳에서 요구된다.

일체 사물을 그 본질로서의 주체성을 인정하여 주고 또 그 독립체와 나와는 주종관계로서가 아니라 독립적 조화의 관계를 맺으려 할 때에 용기가 필요하다. 대체로 우리에게 있어서 관계가 없는 일이라면 또한 소용이 없는 일이라면 그 일에 대해서 신경을 쓸 필요도 없고 더구나 용기를 발휘할 것은 없다. 유교에서 용기를 강조한 까닭은 이와 같이 인간을 자유·독립적 관계자로 파악했으며 더욱이 인간의 덕성에서 용기를 밝혀냈기 때문이다.

공부자(孔夫子)는 '사람이 능히 도를 넓히는 것이지 도가 사람을 넓히는 것은 아니다'(論語 衛靈公)라고 말씀하심으로써 인간의 자발성을 근거로 하고 그 자발성의 실체로는 지(知)·인(仁)·용(勇)의 세 가지 덕성을 으뜸으로 들어 말씀하셨다.

공자가 말씀하시기를 '지자(知者)는 불혹(不惑)하고 인자(仁者)는 불우(不憂)하고 용자(勇者)는 불구(不懼)니라'(子罕)

이 세 가지는 사람이 사람답게 살아 참된 사람의 구실을 하는 데 절대필요조건이 된다. 지성이 없을 때에는 진리를 분별하지 못하고 인성이 없다면 선을 인식하지 못하며 용이 없다면 미(美)를 파악할 수 없게 되는 것으로 지인용(智仁勇) 3자(三者)는 지정의(知情意)를 대표하는 것이기 때문에 지인용은 인간심성 자체가 되는 것이며 하나의 덕성으로 집약된다.

더욱이 성리학적으로 볼 때에 지(知)는 사유하는 이성에 속하고 용은 충만하는 기질에 속하며 인(仁)은 사랑하는 마음에 속한다. 지는 이성적 사고를 통하여 행위하는 데 이롭게 하는 것이요 용은 생명적 행위로 나타나는 것이나 지가 그 자체만으로써는 무력한 것처럼 용도 그 자체만으로써는 맹목적인 것이 되어버림으로 지와 용을 조화하여 더욱 발휘케 하는 것이 인이다. 그러므로 인은 지행합일이나 언행일치를 요구하는 것이요 지언(知言), 지인(知人)과 유덕자(有德者) 필유언(必有言), 인자필유용(仁者必有勇)(以上 論語)으로 표현되어지는 것이다. 지가 행과 관계를 할 때에 비로소 지성의 의미가 나타나고 인을 하는 데 도움이 될 수 있는 것이요, 용이 지성과 관계할 때에 그 용은 맹(猛)이나 역(力)과 구별되는 참다운 강용(剛勇)이 가능하다.

이와 같이 지인용이 개별적인 것이 아니라 상관상보적인 것이기 때문에 유교에서는 인간의 본성을 천하의 대본(大本) 즉 '중(中)'이라고 하고 그 성에 따라 자기의 내적 관계나 외적 세계와의 관계에서 주종이나 동일이 아닌 조화와 중절의 관계를 '화(和)'라고 하여 천하의 달도(達道)라고 하는 것이요 이 '중'과 '화'의 가능 근거로는 지인용의 3자로 보는 것이기 때문에 이것을 천하의 달도이라고 하며 이 3자를 1자(一者)로 조화가 가능한 소이(所以)는 성(誠)함으로 된다고 하는 것이다.

'喜怒哀樂之未發을 謂之中이요, 發而皆中節을 謂之和니 中也者는 天下之大本也오 和也者는 天下之達德也'니라(中庸)

자기가 자기로서 자유·독립적으로 존재하려는 사실은 전능하지 못한 인간으로서 객관적 이법을 따라야만 된다는 사실과는 일견 모순된 것처럼 보인다.

본래적인 이성으로서의 자기와 생명적 개체로서의 마음을 가진 자기와의 사이에는 이율배반(二律背反)의 관계에 있는 것처럼 생각되지만 인간의 진면목은 '사람다움'에서 찾을 것이요 양자택일 (兩者擇一)의 문제는 아닌 것이므로 자기가 참사람으로 있으려고 할 때에 모든 것은 스스로 해결되는 것이니 이 참사람이 되려고 함에서 용(勇)은 나타나고 또 필요한 것이다.

따라서 용기란 인간만의 것이요 용기의 본질은 인간자체를 떠나서는 파악될 수도 없는 것이며 오직 지정의(知情意)의 인간이 자유 독립적으로 관계하여 진선미(眞善美)를 밝히려는 성실성 속에서 이해할 수 있는 것이다.

2. 용(勇)의 두 가지 방향

용기는 크게 향내적(向內的)인 용과 향외적(向外的)인 용으로 구별된다. 향내적인 용은 의리(義理)의 용이요 향외적인 용은 혈기의 용이다.

향외적인 혈기(血氣)의 용이란 상대적인 것을 말한다. 다시 말하면 지인용이나 또는 인의예지와 교섭하여 하나의 덕성으로 중화(中和)되어 나타난 절대적인 용이 아닌 지인용 3자의 동위(同位) 개념으로서의 용을 말한다. 내적 덕성과 교섭함이 없이 객관적 대상의 직감에 도출되었다는 의미에서 향외적 혈기의 용이라고 한다. 이러한 용은 지식이 굳어서라기보다는 역(力)이 강한 것이므로 강용(强勇)인 것으로 극기(克己)를 하는 것이 아니라 극인(克人)하는 것이다. 맨주먹으로 범을 잡으려 하고 배도 없이 강을 건너려다가 죽어도 뉘우침이 없는 사람이나 송곳으로 살과 눈을

찔러도 눈동자를 움직이지 않는 사람처럼 죽음을 두려워하지 않고 생명을 초개같이 버릴 수 있는 강용이지만 곧 후회가 따르기도 하고 허탈감에 떨어지기도 하는 것은 천리(天理)를 고려하지 않고 자존했거나 생명을 너무 과소평가하고 자포자기했기 때문이다.

혈기의 용은 시간과 공간에 따라 변하여 일관성이 없으며 지나쳐서 흘러버리기도 하여 사납고 무섭고 위험한 용이 되기 쉬우므로 유교에서는 용과 더불어 학(學)을 강조한다. 물론 혈기의 용을 부정하는 것이 아니고 오히려 그것을 잘 길러 한층 고차적인 의리의 용을 밝히도록 하는 것이다.

지대지강(至大至剛)한 용기를 가지고 용자체(勇自體)를 반성하여 내적인 직심(直心)과 지성(知性)으로 사사로운 자기를 비판하여 본래적인 참된 자기가 되도록 자반(自反) 극기의 결단을 내리고 용감하게 탈피하며 유혹과 감정을 이겨 오직 의리를 떠나지 않도록 경계를 꾸준히 함으로써만 의리의 용은 가능한 것이다.

그러므로 향내적인 용은 의지가 강하여야 되는 것이요 이것을 강용(剛勇)이라 한다. 따라서 강용(剛勇)은 부동심(不動心)을 말하며 부동심은 개체로서 존재하지 않고 전체 대용(大用)과 더불어 살며 전체의 성리(性理)를 대표하는 존재로 있기를 결단함으로써이다.

이것은 지기일체(志氣一體)이니 나아가 지(志)로서 난폭하려고 하는 기(氣)를 제압하여 이기(理氣)의 분리를 막고 이기동진(理氣同進)으로 성덕양성(成德養性)하려는 것이다.

맹자는 이러한 의리의 용을 호연지기로 표현했다.「曰我知言, 我善養吾浩然之氣」(孟子) 맹자는 그 기(氣)를 말로 설명할 수는 없는 것이지만 그 기(氣)됨이 지극히 크고 강하니 곧게 길러 방해하지 않으면 천지 사이에 가득 차는 것이고 의(義)와 도(道)를 쌓았을 때 생기는 것이지 갑자기 습취된 것이 아니며 행위하고 나서 마음에 쾌함이 없으면 대의가 아닌 것이다. 그러므로 반드시 하여야 될 일이 있으니 꾸준하게 하여 잊어버리지 말고 억지로 조장하지 말아서 호연지기를 체득할 때에 그 사람의 용기는 금강석보다도 단단하여 천하의 그 무엇으로도 깨칠 수 없는 것이고 폭군이 해를 서쪽에서 뜨게는 할 수 없는 것처럼 용자의 뜻은 굽힐 수 없는 것이다.

천하의 가장 넓은 곳에 거(居)하며 천하의 가장 바른 자리에 우뚝 서며 천하의 가장 큰 도를 실행하면서 뜻을 얻으면 백성과 더불어 살고, 뜻을 얻지 못하면 홀로 그 도를 실행하여 부귀(富貴)도 그 마음을 흐리게 하지 못하며, 빈천(貧賤)도 그 절개(節槪)를 굽히지 못하며, 위협과 무력도 그 뜻을 변화시키지 못하는 것 그 앞에서는 어떠한 것도 무력하게 되는 것으로 이러한 용체가 있는 사람을 맹자는 대장부(大丈夫)라고 하였다.

의리의 용은 이렇게 천지를 꿰뚫는 대용(大勇)인 것이고 그 가치는 천지와 같으며 그것은 천(天)과 내가 합일경지(合一境地)에 이르렀고 동서고금을 통한 정의가 나에게 있을 때에 나타나는 용체(勇體)이다.

이러한 강용(剛勇)은 시공에 관계치 않고 일관하는 것이요 영원히 빛을 내는 금강의 용이다. 용은 본래 향외적인 것이다. 그러나 용이 용의로서 완전한 힘을 발휘하기 위해서는 극기하는 향내적인 용으로 돌아가지 않으면 안 된다. 그러나 향내적인 용은 외향을 부정하는 것이 아니라 또 다시 향외적인 용으로 나타나야만 하는 것이다. 그렇게 함으로써 노자처럼 원수를 덕으로서 갚는 향내적인 강용만도 아니요, 묵자의 갑옷을 입고 병기를 머리에 쓰고 죽어도 원한이 없다는 것과 같은 불속에 뛰어들고 칼날을 밟는 향외적인 강용만도 아닌 중용의 용을 밝히는 것이다.

유교의 용(勇)은 화(和)하여 흐르지 않고 중립하여 편벽되지 않으며 나라에 도가 있으면 달하지 못한 것을 변하지 않으며 나라에 도가 없으면 죽음에 이르러도 평생에 간직한 뜻을 변하지 않는 중화의 용이므로 원수도 직심(直心)으로 갚는다.

이러한 양극단으로 흐르지 않는 유교의 용은 사회적으로나 국가적으로나 종교적으로나 정치적으로나 또는 그 어떤 관계에서 살펴보아도 인간성의 가장 아름다운 용기이다. 자기의 양심에 비추어 곧음이 없으면 미약한 사람에게도 얼굴을 쳐들 수가 없는 것이요 자기에게 정의가 있으면 비록 수천만 사람 앞이라도 가서 상대하는 것이다. 이러한 용기가 없이는 인간사회는 조금도 발전, 창조할 수는 없는 것이고 정의의 실현도 불가능할 것이다.

8부

동양의 천명(天命)사상

동양에 있어서 철학적으로 가장 중대하고 고차적인 문제는 천(天)의 인식이다.

우주만상 최고, 최대의 지상옥좌(至上玉座)에 있는 저 하늘은 어떠한 권능을 가지고 어떠한 조화를 하고 있는가? 하는 문제는 고대로부터 인간에게 가장 큰 관심을 가졌던 것이다. 왜냐하면 사람들의 인생관은 여하한 경우에라도 우주의 지상원리자와 관계가 있는 것이므로 천리의 밝힘 없이는 자기를 달성시키는 정도를 찾을 수가 없기 때문이다.

그런데 하늘과 인간은 직접 동체로서 관계하는 것이 아니요 객관적 위치에 있는 하늘과 주관적 위치에 있는 인간과의 상대적인 관계에 있는 것으로 하늘이 우주관적 문제라면 인간은 인생관적 문제의 중심으로서 물론 하늘과 사람이 내적으로 일관하는 원리가 있다고 할지라도 천(天) 즉 인(人), 인(人) 즉 천(天)이라고 하지는 못하는 것이다.

다만 명(命)이라는 다리[橋]를 통해서 서로 교통하게 되는 것으로 하늘과 사람의 사이에서 주고받게 되는 명으로 인해서 서로 관계하는 것이다.

천수명(天授命) 인수명(人受命)의 사상은 동양 고중대에 있어서 지배적인 사상이었다. 그러나 명의 내용이 무엇이냐? 하는 명의 규정의미가 천과 인의 관계를 의미 지어주게 됨으로 명의 개념 규정이 중요하게 되는 것이다. 그러나 명의 사상은 제자가 각각 다른 것이고 따라서 서로 다른 제자백가의 다양한 사상이 출현하게 되었던 것이다.

주역(周易) 건(乾) 괘의 원형이정(元亨利貞)이 명(命)인 것이요, 이 원형이정을 어떻게 해석하느냐에서 제가학설(諸家學說)의 소중(所重) 소종지로(所從之路)가 갈라지는 것이라고 할 것이다.

공자는 지명(知命)을, 노자는 복명(復命)을, 묵자는 비명(非命)을, 맹자는 입명(立命)을, 장자는 안명(安命)을, 순자는 제명(制命)을, 열자는 신명(信命)을, 동자는 순명(順命)을, 왕충은 정명(定命)을 말하였다.

이러한 명의 사상의 차이에 따라 천을 경지(敬之)할 것이냐, 계지(繼之)할 것이냐, 또는 외지(畏之)냐, 지지(知之)냐, 비지(非之)냐, 안지(安之)냐, 입지(立之)냐, 지지(至之)냐 하는 문제가 있는 것이다.

1. 공자의 지명(知命)사상

논어(論語) 가운데는 여러 곳에서 공자가 지명(知命)을 말한 것을 볼 수 있다. 스스로 50세에 천명을 알았다고 하였으며(五十而知天命) 명을 모르면 군자가 될 수 없다고 논어의 종장(終章)에 不知命 無以

爲君子也라고 하였을 뿐만 아니라 天命을 알지 못하면 두려움이 없다고 하였다. 공자 이전에는 천명(天命)이란 알 수 없는 것으로 알았고 따라서 알 수가 없는 것이기 때문에 두려운 존재물이었다. 그러나 알지 못해서 두려운 것은 공포심을 가져다주기 때문에 될 수 있는 대로 기회만 있으면 피하여 외면하려는 태도를 취하게 되는 것이다.

공자는 이러한 인간의 태도를 전환하여 우리가 천명과 사귀어 서로 상통하는 길을 말하였다. 그러나 천인이 상통한다고 해서 천인(天人)을 동등시하는 것이 아니요 외천명(畏天命)할 것을 말하였다. 왜냐하면 천명이 없으면 나[自己]도 존재 근거가 없기 때문이다.

'나'를 '나'이게 해주는 천명은 「나」의 근원자요 자기의 직계근원자(直系根源者)에게 대하는 태도는 경(敬)이 아니고 외(畏)인 것이다.

따라서 경로(敬老) 경대형(敬大兄)하는 것이나 혈통적인 직계존속이나 정신적으로 직결한 존자(尊者)에게는 경의 경계를 넘어서 외의 경지에 들어가게 되는 것이다.

2. 노자의 복명(復命)사상

노자(老子)는 의도적으로 명을 항거해서 억지로 무엇을 하려고 함을 싫어한다. 道可道 非常道, 名可名 非常名이라고 하는 것이나 도(道)는 항상 하는 것이 없으면서 하지 않은 것도 없다고 하면서 만물은 스스로 화육하는 것이라고 말한다. 이와 같이 노자는 인간이 자연을 법(法) 받아 자연으로 돌아가서 참으로 자연스럽게 운명과 더불어 살 것을 주장하는 것으로 그의 인생관이 이러한 그의 명사상(命思想)에서 나온 것이라 하겠다.

3. 묵자의 비명(非命)사상

묵자(墨子)는 명에 대한 인식이 공자나 노자에 비하여 대단히 부족하다고 하겠다. 공자가 말하는 명은 천명(天命, 성명(性命))을 말하는 것인데 묵자는 우주 최고 원리로서의 명이 아니라 단순히 운명(Fate)으로서 이해하고 있을 뿐이다.

따라서 인간의 노력을 중시하는 그로서 운명을 부정하는 것은 당연하다고 하였다.

그는 비명하(非命下)에서 이제 왕공대인(王公大人)이 아침 일찍 조정에 등청하고 저녁 늦게 퇴청하는 소이가 무엇이냐? 정치를 잘하기 위한 노력이 아니겠는가? 만일 운수가 이미 정해져 있다면 누가 부지런히 정사를 하고 농사를 짓겠느냐? 모든 사람이 운명만 믿고 게을리 한다면 천하가 어지러워진다. 그러니 명을 믿지 말고 부지런히 일하라고 하였다.

물론 이와 같은 묵자의 사상은 어느 정도 그 뜻을 짐작할 수 있으나 명을 부정함으로서 인간이 노력하여야 되고 선행을 하여야할 까닭이 그러면 어디에 있느냐? 하는 문제를 해결하기 위해 천지(天志)라는 말을 하였다. 즉 천지(天志)가 있는데 순천기자

(順天氣者)는 겸상애(兼相愛) 교상리(交相利)하여 필득상(必得賞)하고 그렇지 않고 반천의자(反天意者)는 벌을 받는다고 하였다. 그러나 묵자는 공자의 지천명(知天命)을 이해하지 못함으로써 수고가 많았다고 하겠다.

4. 맹자의 입명(立命)사상

맹자는 공자의 지명(知命)에서 한 걸음 더 본원(本源)으로 들어가 입명(立命)을 말하였다. 맹자의 명사상은 지극한 근원 원두처를 인식하여 논술한 것으로 지명에서 정명(正命), 지명(至命) 그리고 지명에서 입명의 경지를 이야기하였다.

만장상(萬章上)에서 함이 없이 하는 것은 천이요 이름이 없이 이르는 것은 명이라고 하여 그 실(實)에 있어서 천과 명이 하나임을 말하고 진심상(盡心上)에서 그 마음을 곡진하게 하면 그 성을 알고 성(性)을 알면 천을 알 뿐 아니라 존기심(存其心) 양기성(養其性)이 곧 하늘을 섬기는 원리라고 하는 것이며 하늘이 나에게 주는 것 즉 천명을 수신(修身)으로써 온전히 하는 것을 입명이라고 했다. 이와 같은 맹자의 명은 운수(運數)의 명이 아니요 더욱이 기적(氣的)인 것이 아니다.

이와 같이 일반개념으로 논하는 맹자의 명은 성선설(性善說)을 말하는 원본이 되는 것이요 천과 명과 성은 형이상학적 본체계를 말한 것이다. 따라서 맹자의 성선설을 논할 때 반드시 성(性)과 명(命)을 동시에 논하게 되는 것이요 성명을 다 같이 태극리아(太

極理也)의 이일(理一)로써 설명하게 되는 것이다. 만일 맹자의 성을 논하면서 성(性)은 이(理)적인 것으로 그리고 명(命)은 기(氣)적인 것으로 말한다면 이것은 맹자의 고명한 명을 이해하지 못한 것이요 다만 막비명(莫非命)이나 순수기정(順受其正)이라고 하는 현상계를 설하는 말단처의 명을 이해한 데 불과하다. 맹자의 성이 외에서 구하는 것이 아니요 내에서 구하는 것과 마찬가지로 그의 명도 구칙득지(求則得之)하고 사칙실지(舍則失之)하는 것이며 구지유도 득지유명(求之有道 得之有命)이라고 하는 명은 천과 같이 있는 본체의 명이 아니다.

5. 장자의 안명(安名)사상

장자(莊子)는 천지가 비록 크나 그 화(化)는 균하고 만물이 비록 많으나 그 치(治)는 하나라고 권5천도(卷五天道)에서 말하고 생생(生生)하는 물(物)은 말이 달리는 것과 같이 움직여 변화하지 않음이 없고 이동하지 않은 때가 없다. 무엇이 그렇게 시키느냐? 그것은 본래부터 스스로 화하는 것이라고 하여 유한한 인생이 무한한 우주계의 이치를 인식할 수는 없는 것이니 차라리 미소한 인생으로서는 천명에 따라 편안히 자족하여야 괴로움이 없다고 이야기한다. 아마도 내가 나 아닌 줄도 모르는 것이니 생성화육(生成化育)되는 운수에 안분(安分)하여야 한다는 것이다.

그는 그래서 대화(大化)를 특히 강조하는데 이 화(化)라는 것은 결국 기(氣)의 운동인 것이며 따라서 그의 명(命)도 기적(氣的)인 것에 국한된다고 하겠다. 이에 그는 통천하 1기이(通天下 一氣耳)라고 하여 물(物)과 화(化) 또한 피(彼)와 시(是)는 모두 1기(一氣)의 변화 내에 있는 것으로 본다. 그래서 장자는 진인(眞人) 또는 지인(至人) 신인(神人)이 되어 변화함이 없는 데서 머물기를 바라고 물이 물러갈 수 없어 다 존재하여 있는 곳에서 소요하고자 한다. 이러한 말의 뜻은 만물의 변화는 마침내 1기(一氣)에서 도피하여 나올 수 없으므로 만물은 항상 변화하는 운명 속에 있지마는 이 1기로 말하면 변화하는 일이 없는 것이다. 그러므로 항상 변화하는 물과 함께 화하면 한번도 화한 일이 없다고 하는 것이다.

6. 순자의 제명(制命)사상

순자(荀子)는 장자와 반대적 견해이다. 장자가 지천이부지인(知天而不知人)이었다면 순자는 구지인이불구지천(求知人而不求知天)이었다. 순자는 그의 천명편(天命篇)에서 明於天人之分 則可爲至人矣라고 하여 천과 인의 한계를 구분하고 천을 존대하게 여기고 또 이것을 사모하는 것보다는 물을 축적하여 이것을 제재하는 것이 낫고 하늘에 순종하고 또 찬송하는 것보다는 천명을 제재하여서 사용하는 것이 낫고 천시(天時)를 기다리고 있는 것보다는 천시를 응용하는 것이 낫고, 물이 자연대로 많아지는 것보다는 물을 잘 요리하여 잃어버리지 않는 것이 낫다.

또 물(物)이 생기는 이치를 알려는 것보다는 어떻게 이루어지는가를 아는 것이 낫다. 그러므로 인간을 하늘으로 잘못 생각하면 만물의 실정을 잃어버린다고 말하였다.

그의 이러한 사상은 예절과 학습을 강조하게 되는 이점을 가지게는 되었지만 이중(理中)의 천과 명을 이해함이 없이 오히려 제재하려고 하였기 때문에 성까지도 본체성(本體性)을 부정하고 성악설을 주장하게 되었다고 하겠다.

순자 역시 이(理)의 명을 보지 못하고 기적(氣的)인 명(命)만을 보았다고 하겠다.

7. 열자의 신명(信命)사상

열자(列子)는 그의 역명편(力命篇)에서 죽고 사는 것이 자명(自命)이요 빈궁(貧窮)도 자득(自得)한 것임을 알아야 한다. 이를 망각하고 요절(夭折)을 원망하거나 빈궁을 저주하는 자는 명(命)과 시(時)를 모르는 자이다.

사지(死地)에 임해서도 두려워하지 않고 궁지에 처해서도 구차하거나 슬퍼하지 않은 자는 천명을 알고 시세(時勢)를 아는 사람이라고 하였다. 그는 인사물정 만물일체(人事物情 萬物一切)는 모두 천명의 결정에 말미암은 것으로 이것은 인력으로 어찌할 수 없는 것이니 가장 평안하고 좋은 방법은 다만 운명에 순종해서 천명을 믿고 사는 것이라고 하는 것이다.

그는 명을 믿으라고 했는데 그러면 천은 어떠한 것이냐 하면 천명 즉 우주 대자연의 운행은 지공무사(至公無私)한 법칙으로 시종 끊임없이 순환, 운회(運會)하고 있다. 때문에 이 속에 생멸

변화(生滅變化)하는 여하한 존재도 이 자연법칙 즉 신명에 의하지 않은 것이 없다고 하는 것이다.

열자도 천명을 강조하였지만 결국 기적(氣的)인 명을 벗어나지 못했다.

8. 동자의 순명(順命)사상

동중서(董仲舒)의 천명사상은 한대(漢代)의 음양5행 사상을 인간구조 내에 적용하는 당시의 조류 속에서 인지형체화천수(人之形體化天數)라든가 충기수어천자(忠其受於天者)라고 말하며 또 인지수명어천야(人之受命於天也)라는 말을 많이 쓰고 있다.

그의 천명사상은 도지대원(道之大原)이 출우천(出于天)이라고 하며 천을 도적(道的)인 입장에서 이해하였고 또 이도수명(以道受命)(順命)이라고 하여 천명을 도로 연결하는 것이다. 이러한 그의 천명관은 고차적인 것이라고 하겠으나 '諸侯受命於天子, 子受命於父, 臣受命於君, 妻受命於夫, 諸所受命者, 其尊皆天, 雖謂之順命於天亦可.'(順命)라고 하며 천도천명의 관계를 인간사회에까지 적용하려고 하는 것은 의미내용은 이해할 수 있으나 형이상학적 논리체계를 형이하학적(形而下學的) 세계에 직접 적용하려고 함은 아직 부족한 것이라 할 것이다.

왜냐하면 천도의 이치에 대한 순명하는 자세와 천자(天子), 군(君), 부(父), 부(夫)의 사업에 대한 순명의 태도는 같을 수가 없는 까닭이다.

9. 왕충의 정명(定命)사상

왕충(王充)의 과학적 사고는 증명할 수 없는 도의 경계를 논하지 않고 증명 가능한 기(器)의 영역을 논하였다. 그는 '人生受性則命矣 性命俱禀 同時並得', '用氣爲性 性成命定'라고 하여 성이나 명을 모두 기로 보았다. 성이 이루어지고 명이 정하여졌다고 하는 것은 명을 운수로 본 것이라 하겠다. 따라서 그가 성(性)은 스스로 선악이 있고 명(命)은 스스로 길흉이 있다고 하는 그의 사상이 하늘을 과학적 천으로 이해하게 되었다고 할 것이다.

따라서 그는 신선이나 장생불사(長生不死)를 구하는 것은 아무 가치가 없는 것이라고 하였다.

이상 동양고대에 있었던 저명한 천명사상을 더듬어 보았다. 높은 천명을 인식한 사람은 높은 것을 얻고 낮은 천명을 보는 자는 낮은 것을 얻었다고 하겠다.

송대(宋代)의 천명사상은 공자의 지명과 맹자의 입명을 계승, 발전시켰고 특히 자사의 중용에서 밝힌 천명사상은 유가의 정통적인 천명사상으로 인정받으며 우리나라의 조선조 한남당은 명을 주역(周易)의 계지자선(繼之者善)으로 성을 성지자성(成之者性)으로 보아 '繼善在天 成性在物'이라고 분석함은 명쾌한 이론이라 할 것이다.

9부

성리학의 논리적 연구

— 유학의 현대화 모색 —

1. 종래의 성리학

형이상학이 여하히 형이하학과 조화되어 존재, 생성, 운동이 가능하며 이러한 객관적 원리가 인간의 주관적 실존 속에서 합일이 성립되는 소이를 밝히는 철학적 학문이 성리학(性理學) 또는 이학(理學)이다.

이러한 천도[형이상학(形而上學)]를 문제로 삼는 학문이 송대 신유학파의 6군자(六君子)들에 의하여 깊이 밝혀졌다고 해서 전적으로 송대 성리학 또는 정주학의 전유물이라고 할 수는 없는 것이요 그 연원은 선진유학(先秦儒學)에 나타나 있는 것이다.

공자의 논어를 볼 때에 전편에 흐르는 하나의 사상을 볼 수 있는 것이며 송대 성리학은 그 근본사상을 체계적으로 밝혔다고 할 것이다.

따라서 유교의 근본사상을 논할 때에 필연적으로 성리학이 문제가 되는 것이고 성리학의 무극이태극 이여기 심성정(無極而太極 理與氣 心性情)을 설명할 때에 유(儒)·노(老)·불(佛) 등의 백가제설(百家諸說)이 분류·구별된다.

유가의 생성이론은 주역에서 기원한다고 볼 수 있고 주역에는 '역유태극(易有太極)하니 시생양의(是生兩儀)하고 양의생4상(兩儀生四象)하고 4상(四象)이 생8괘(生八卦)하니 8괘(八卦)가 정길흉(定吉凶)하고 길흉이 생대업(生大業)하나니라'고 하여 1생2(一生二), 2생4(二生四), 4생8(四生八)의 양극조화(兩極調和)로 이루어진 우수적(偶數的) 생성원리를 설명했다. 이것은 양극 외에 제3의 중간치를 부정하는 모순 대당(待當)의 원리로서 근원자(根源者) '1(一)'을 이(理)로 보고 이러한 질서의 체계에서 현상의 존재를 상대적 조화관계로 파악한 것이다.

그러나 노자는 도덕경에서 '道生一 一生二, 二生三, 三生萬物'(42장)이라고 함으로써 현상의 반대적 중간치를 인정하는 기수적 생성원리를 파악하여 '1(一)'을 우주만상의 유일한 형식으로 보는 것이 아니라 질료인으로 보기 때문에 유생어무(有生於無) 또는 무극생태극(無極生太極)이 가능하게 되는 것이요 존재하는 현재를 문제로 하기보다는 생성하는 미래를 사고하게 되는 것이다.

유가에서는 존재하는 형식인(形式因)을 우주의 근원자로 보는 것이므로 '아(我)는 비아(非我)가 아니다'라는 모순율의 사고로부터 분석추리에 의하여 진리를 추구하는 반면, 도가에서는 생성하는 질료인(質料因)을 우주의 근원자로 보기 때문에 아(我)는 동물이라는 동일률의 사고로써 종합추리에 의하여 본질을 추구한다. 그러므로 노장(老莊)에 있어서는 우주의 대자연이 문제이고 유전

변화에 따라서 일시적으로 형체화된 현재의 '나'라는 존재를 내세우려 하지 않는다.

이와 같이 궁극적 유일자(窮極的唯一者)인 태극(太極)을 이(理)로 보았느냐, 기(氣)로 보았느냐에 따라 인생의 태도가 상이하게 된다.

그러나 1생2(一生二), 2생4(二生四), 4생8(四生八)의 우수적(偶數的)인 생성원리나 1생2(一生二), 2생3(二生三)의 기수적(奇數的)인 생성원리에 있어서나 다 같이 생생하는 동적 원리인 것이요 동정의 상대개념을 초월하며 동정의 '기(幾)'를 가능하게 하여 주는 적연부동처(寂然不動處)의 '적(寂)'을 설명했다고는 볼 수 없는 것이다.

이러한 초근원자(超根源者)를 설명하기 위하여 열자(列子)는 그의 천서편(天瑞篇)에서 태역(太易) 태시(太始) 태초(太初) 태소(太素) 등을 태극의 상위에 첨부하였으나 무극생태극의 '생'이란 개념을 떠나지 못하므로 오히려 생성변화의 의미만 강화하였다.

그러나 유가(儒家)에서는 생성변화하는 원리를 설명함과 동시에 생성을 초월해서 변화를 가능하게 해주는 존재일반자를 설명함에 있어서 무극이태극(無極而太極)이라고 하여 시간적 생성 개념의 '생'자가 아니요 초시간적 동시인과 인과(因果) 개념인 '이(而)'자를 가지고 무극과 태극을 관계연결함으로써 무극은 태극의 상위개념도 동일개념도 아닌 것으로 태극의 일반성을 규정하여 준다.

주염계(周濂溪)는 그의 태극도설(太極圖說)에서 '無極而太極 太極動而生陽 動極而靜 靜而生陰 靜極復動 一動一靜互爲其根 分陰分陽兩儀立焉 陽變陰合而生水火木金土 五氣順布 四時行焉

五行一陰陽也 陰陽一太極也 太極本無極也'라고 하여 1생2(一生二) 2생5(二生五)의 생성원리로 기수와 우수의 종합적 생성원리라 할 수 있을 것이나 4상 8괘의 체계 대신 5기(五氣)를 말하게 된 소이는 음양5행사상의 영향이라 할 것이므로 순수 유가의 이론에 어긋난다고 할 수도 있을 것이다.

그러나 무극생태극(無極生太極)이라든가 자무극이위태극(自無極而爲太極)이라고 하지 않고 무극이태극(無極而太極)이라고 한 것은 유가의 우주론적 근원 존재자인 태극의 개념을 손상함이 없이 오히려 그 개념을 구체화하였다고 할 것이다.

주자(朱子)도 태극도설주자해(太極圖說朱子解)에서 '無極而太極此五字添減不得'이라고 논하면서 무극지진(無極之眞)과 25지정(二五之精)에 있어서 진자이야 정자기야(眞者理也 精者氣也)라고 하여 태극은 이(理)라고 확신하는 것이다.

그러므로 주염계의 태극원리가 1생2 2생5의 기수와 우수의 종합원리이라고 할지라도 생성의 질료인적(質料因的)인 원리는 아닌 것이요 적어도 형이상학에 있어서는 중간자를 부정하는 모순원리인 것이며 수화목금토(水火木金土)의 5기(五氣)는 형이하학적인 원소질(原素質)이라고 할 것이다.

이와 같이 유교의 생성이론은 태극과 음양이라든가 진(眞)과 정(精) 또는 이(理)와 기(氣)라는 형식과 내용을 겸비하는 것으로써 유생어무(有生於無)나 제법무아(諸法無我)를 주장하여 형식을 부정하는 도불(道佛)과는 근본적으로 다른 것이다. 형식은 공간개념을 수반하고 내용은 시간개념을 형성한다.

그래서 공간형식은 일체를 긍정하며 시간 내용은 일체를 부정하게 된다. 그러나 공간과 시간은 분리해서 사유할 수 없는 것이 므로 도가나 불가가 공간형식을 부정하는 태도는 부분적이라 할 것이며 양극의 중화를 주장하는 유가의 원리가 천인합일지도(天人合一之道)로서 가장 정곡을 뚫었다고 할 것이다.

2. 체용론

체용(體用)이란 본체와 작용으로서 선중이후화(先中而後和) 또는 선리이후기(先理而後氣)의 우주원리를 밝히기 위한 철학용어이다.

체(體)란 형식 또는 형이상자의 의미이며 용(用)이란 내용 또는 형이하자를 말하는 것이라 할 수 있다. 따라서 그렇게 나타남을 용이라 할 때에 그렇게 나타나게 된 소이연(所以然)을 체라고 하므로 체를 정적(靜的) 공간형식이라고 하면 용은 동적 시간내용이라고 할 수 있는 것이다. 그러므로 역(易)의 원리를 극(極)과 기(幾)의 원리라고 한다면 3재(三才)로서 6위(六位)를 형성하는 불역(不易), 변역(變易), 간이(簡易)의 극체계(極體系)는 체라고 보는 것이며 기(幾)의 발전에 따라 4상에서 8괘로 8괘에서 64괘로 형성되어 가는 교역(交易)과 변역(變易)의 기체계(幾體系)는 용으로 본 것이다. 이와 같이 체용의 개념은 형이상자와 형이하자를 포괄하는 것이므로 주자가 말한 전체대용(全體大用)이란 말은 우주의 존재생성의 일체를 총칭하는 개념이 된다. 그러나 이렇게 이야기 하는 것은 범범한 것이요 절실한 문제는 태극원리에 있어서의 체용구별(體用區別)이다.

유가에서 태극을 체로 보고 음양을 용으로 보는 데는 대체로 이의가 없으나 태극을 이(理)로 보고 음양을 기(氣)로 볼 것이냐? 이기(理氣)를 혼연일체(渾然一體)로 보고 이 이기가 초시간적 상태일 때는 태극으로 보고 시간내적 동정일 때는 음양으로 볼 것이냐 하는 문제가 생긴다. 전자는 존재일반성에서 파악하는 관점이요 후자는 생성변화성에서 이해하는 견해이다.

유가에서는 물론 전자(前者)를 주장하는 것이나 그렇다고 해서 이기이원론(理氣二元論)을 주장하는 것은 아니요 이기(理氣)를 종합한 이일원론(理一元論)을 설파하는 만큼 전후양자를 종합한 원리라고 보아야 할 것이다.

정명도(程明道)는 성(性)만을 논하고 기(氣)를 논하지 않으면 불비(不備)하고, 기만을 논하고 성을 논하지 않으면 불명(不明)하니 그것을 둘로 하면 옳지 않다. (遺書卷六)하여 기역도 도역기(器亦道 道亦器)의 건원일원론(乾元一元論)을 말하며, 정이천(程伊川)은 역전서(易傳序)에서 '至微者理也 至著者象也 體用一源 顯微無間'이라 하여 음양을 떠나서는 곧 도(道)도 없다고 하였다.

또한 주자는 시공을 떠난 절대적인 이(理)를 말할 때는 '無方所無形狀 以爲在無物之前而未嘗不立於有物之後 以爲在陰陽之外而未嘗不行乎陰陽之中   以爲通貫全體無乎不在則又初無聲臭影響之可言'(文集36)이라 하여 그 소종래(所從來)를 추찰(推察)할 때에는 유시리후생시기(有是理後生是氣)라고 말하는 것이나 생성의 상대적 고찰에서는 '天地之間 有理有氣 理也者 形而上之道

也 生物之本也 氣也者 形而下之器也 生物之具也'(文集58)라고
하여 이기의 차이성과 태극과 음양의 동의성(同義性)을 논한다.

그러므로 역(易)의 원리는 태극을 체(體)로 음양의 양극을 용
(用)으로 보는 일체양용(一體兩用)과 일음일양지위도(一陰一陽之
謂道)(繫辭上)라고 하는 도의 원리에 의한 1체1용(一體一用)의
두 가지 사상이 있다고 할 것이다.

인간의 성정을 분석할 때에 성(性)은 체(體)요 정(情)은 용(用)
으로 이해되는 것이다. 그러나 이것은 감어물이동(感於物而動)하
는 시간적 감동관계에서 오는 일체일용의 원리인 것이요 감동 이
전의 동지미즉기(動之微卽幾)에서 볼 때에는 성자체(性自體) 내
에 있는 본연성과 기질성의 양극으로 분리되는 것이며 그 작용이
달라진 것이다. 이것은 초시간적 형식으로 보는 것으로 일체양용
의 원리이다.

체용관계는 존재생성관계로서 상호교체도 가능한 것이므로 개
념의 포섭관계는 아닌 것이다. 유가는 이러한 원리로서 1이2(一而
二), 2이1(二而一)의 이론을 전개할 수 있었으나 도가나 불가는 1
이1(一而一) 또는 1인1과(一因一果)의 생성원리에 치우쳐 존재형
식을 부정하고 만 것이라 할 것이다.

3. 치중론(致中論)

성기성물(成己成物)하는 수신제가치국평천하(修身齊家治國平天下)
가 유교(儒教)의 근본이상이라면 천지(天地)가 정위치로 되게 하

며 만물이 발육하도록 중화(中和)를 이루지 않으면 안 된다. '致
中和면 天地位焉 萬物育焉'(中庸)

　중(中)은 미발처(未發處)를 말하는 형이상학적인 중(中)이므로
어떻게 중(中)이 형성되며 치중(致中)이 가능한 소이를 밝힘으로
써 중용지도(中庸之道)를 이해할 수 있을 것이다.

　중은 극에 대한 반대개념이다. 그러므로 극의 성격을 파악함으
로써 중의 본질은 나타난다 할 것이다. 그런데 극이란 역에서 음
양의 양극을 형성하고 있으므로 즉 음극과 양극의 관계가 문제가
된다.

　음양(陰陽)의 대립이 모순대당(矛盾對當)인가 반대대당(反對對
當)인가에 따라서 중의 개념이 달라진다.

　음양은 존재형식(存在形式)으로 볼 때에는 음극(陰極)과 양극
(陽極) 이외에 제3의 중간자를 인정치 않는 모순대당이다. 이와
같은 음양의 동시인과성(同時因果性)은 음양 자체 내의 중(中)을
배척하고 고차의 태극을 음양정립의 근원, 즉 중으로 취한다. 이
것은 곧 1체양용의 형식으로서 태극을 이중(理中) 또는 이일(理
一)이라고 하는 원리가 된다. 태극이 없으면 음양이 존재할 수 없
는 것이고 태극은 곧 중이므로 중은 천하의 근본이 된다.

　그러나 음양에는 시간적인 동(動)의 개념을 가지고 있어서 1합1
벽(一闔一闢)의 변화성을 가지고 있고 음양의 원리에서 구성되는
모든 피구성체(被構成體)는 모두 반대대당이다.

　8괘의 구성도 3효(三爻)씩으로 이루어지고 64괘가 상호 중간자
를 인정하는 반대대당의 관계에 있는 것이다.

　형이상적으로는 모순원리를 전개하였으나 형이하적으로는 반대

원리를 전개한 것은 현상에서의 모순대당은 투쟁과 사멸을 가져오기 때문에 생생지역(生生之易)을 전개하는 음양의 생성원리에서는 반대대당의 이론을 전개하고 조화화육지도(調和化育之道)를 밝히는 것이다.

생성하기 위해서는 중을 잃지 말아야 하고 중이 정위에 처해야 하므로 한 괘의 6효(六爻) 중에서도 내괘(內卦)의 중효(中爻)와 외괘(外卦)의 중효(中爻)를 가장 중요시하게 된다.

이것은 1체1용의 원리로서 태극이 동(動)하여 양(陽)이 생기고 동극이정(動極而靜)하여 음(陰)이 생기며 정(靜)이 극(極)에 이르면 다시 동하여 양(陽)으로 변하는 것이기 때문에 무한이 변하는 가운데에 있어서는 중도 중이라고 고집할 것이 못 되니 군자는 시중(時中)할 것을 요구하게 된다.

그러면 왜 1생2(一生二), 2생4(二生四), 4생8(四生八)의 모순분석적인 우수적(偶數的) 생성원리가 형이하의 세계에서는 1생2(一生二), 2생5(二生五)의 반대종합적인 기수의 원리로 전개하느냐 하면 음양의 존재형식은 모순대당이지만 음양의 실질내용이 양(陽)은 다음(多陰)하고 음(陰)은 다양(多陽)하여 양은 분석적이요 음은 종합적 성질을 가지고 있다. '양괘(陽卦)는 다음(多陰)하고 음괘(陰卦)는 다양하니 기고(其故)는 하야(何也)오 양괘(陽卦)는 기(奇)하고 음괘(陰卦)는 우(偶)일새니라'(繫辭下) 그래서 음양이 형식상으로는 모순관계에 있으나 내용적으로는 서로 화합하여 서로의 근원을 상대자 속에 가지고 있는 까닭에 서로 종합하고자 하는 것이다. 그런데 생성변화란 무형한 형식의 변화가 아니요 유형한 내용의 변화이기 때문에 생성의 원리는 종합적인 기수의 원리를 취하는 것이다.

이와 같이 종합적인 원리를 현상에서 전개하기 때문에 양극에 있어서 일편으로 치우쳐버린 것을 반대하고 양극의 중으로 조화화육(調和化育)할 것을 요청한다.

서양적인 헤겔의 발전이론은 정(正)·반(反)·합(合)의 변증법 체계가 이율배반의 대립구성으로 편(偏)에서 편(偏)을 구하는 것이므로 발전도 현재의 발전이 아니라 차후(此後)의 발전인 것이다. 동양의 역학적 발전이론은 중을 구하여 대립의 조화통일을 찾으므로 발전도 현재의 발전이다.

이러한 동양적 발전이 진정한 발전이 되는 소이는 생성변화에서 구하는 중이 시공적인 중만이 아니라 태극의 이중(理中)과 관계 맺어진 중이요 관계를 맺으려는 중이기 때문에 영원하고 무한하며 성실한 발전인 것이다.

4. 운동론

태극 이기설에서 형식인(形式因)과 자료인(資料因)은 명확하게 밝혀졌다고 하겠으나 운동인(運動因)에 대해서는 명석판명하게 밝혀놓지 못했다.

태극동이생양(太極動而生陽)이나 양동음정(陽動陰靜)이라고 동정에 관해서 논하지 않는 바는 아니나 태극이나 양이 동하는 소이연을 이해하기는 곤란하다.

서화담(徐花潭)은 선천(先天)에서 후천(後天)이 전개되는 논리를 "갑자기 약동이 생기고 홀연히 개벽이 생기는데 이것은 누가 그렇게 시키는 것이 아니고 '機'가 스스로 그렇게 된 것이다"(原理氣)라고 하였다.

그러나 문제는 '스스로'라고 하는 데 있는 것이니 1이2((一而二), 2이1(二而一)을 아무리 설명해도 근본문제는 해결될 수 없다.

이와 같이 근본운동인이 밝혀지지 않았기 때문에 이발(理發), 기발(氣發)이라든가 이발기수지(理發氣隨之), 기발이승지(氣發理乘之)의 4단7정(四端七情) 논쟁이 이퇴계(李退溪)와 기고봉(奇高峰) 사이에서 일어났던 것이요 이율곡이 기발이승지(氣發理乘之)의 합리성을 밝혔다고 하더라도 운동인을 밝히지는 않았고 다만 이기(理氣)의 1이2(一而二), 2이1(二而一)을 설하면서 '動靜無端 陽陰無始 理無始 故氣亦無始也'(栗谷全書卷十)라 하고 또 '大抵發之者氣也 所以發者理也 非氣則不能發 非理則無所發'이라 하고 이상 23자는 성인이 다시 나와도 고칠 수 없는 말이라고 확신하는 것이나 기(氣)가 발지(發之)하고 이(理)가 소이발(所以發)하는 운동인은 무엇인가? 따라서 운동인을 밝힐 때 4단7정(四端七情) 논쟁은 스스로 해결될 것이다.

운동의 본질은 힘(力)이요 힘은 모순대립에서 나타난다. 힘은 모순대립관계에서 독립적으로 존재하려는 형식에서 나타난다.

태극은 음양양극의 관계 속에 있는 절대적이므로 분석적인 것이며 음양양극의 형식도 중간자를 부정하는 모순대당관계를 형성함으로써 일체양용의 원리 또는 우수적 생성이론에 의한 독립존재형식을 취함에 의하여 힘(力)이 성립된다. 그러나 이 힘은 존재형식으로서는 생성하는 운동을 발생시키지는 못한 것이요 담연청허(淡然淸虛)한 일기(一氣)로 돌아가려는 생성내용의 반대 대당 1체1용의 원리 또는 기수적인 종합생성원리와의 극(克)이 생길 때에 비로소 운동이 일어난다. 극이란 물론 상극으로 모순대립자의 동시인과가 부정당함으로써 일어나는 시간적 인과인 것이다.

그러나 이때에 모순대립의 동시인과성이 탈락될 수 없는 것이므로 생성은 중화의 생성이 전개된다. 중화의 생성이란 음양조화를 이루게 되는 것이요 음양의 조화에서 생명이 기원한다.

생명은 음양조화에서 기원하고 음양조화는 태극의 실현인 것이므로 생명은 현중(現中)이며 즉성(卽性)이다. 따라서 생명체는 1음1양(一陰一陽)의 도를 솔순(率循)해서 1합1벽(一闔一闢)의 운동변화로 생성한다. 이와 같은 생명체의 운동은 음양의 조화 즉 태극(太極)의 실현여부에 따라서 인물의 차이가 나타나는 것이며 기(氣)의 운동이 이(理)의 형식에 적중하여 중정을 성취하였음을 최고 덕행자라 한다.

주염계도 그의 태극도설(太極圖說)에서 성인정지이중정인의(聖人定之以中正仁義)라 하고 특별히 주를 해서 성인지도는 인의중정(仁義中正)일 뿐이라고 하였다.

이(理)는 운동의 형식적인 힘(力)일 뿐이고 기(氣)는 이(理)의 형식에 쫓음으로써 운동이 일어나는 것이므로 이발, 기발의 호발설(互發說)은 부당한 것이며 운동변화에서 편정(偏正)의 차가 있는 것은 이발(理發), 기발(氣發)에서 오는 것이 아니라 기(氣)가 음양조화를 통해서 이를 실현하였느냐 못하였느냐 에서 오는 것이다.

생성 운동하는 시간적 인과성에서는 이기(理氣)란 절대로 분잡 (分雜)시킬 수 없다. 그러나 생명체의 감동작용은 기(氣)가 발한 것이요 인간의 자유의지의 발로도 기(氣)의 발(發)이라고 한다. 왜 냐하면 이(理)는 힘의 원천이지 운동자는 아니기 때문이다. 따라 서 기가 운동할 때 중을 잃지 말아야 독립적 존재가 가능한 것이 요 중을 잃을 때에는 담일청허(淡一淸虛)한 1기(一氣)로 환원된 다. 그런데 생명체는 스스로의 중을 가지고 있어서 스스로의 태극 의 생생지도를 실현하려 하므로 개체의 기질에 따른 운동이 조화 를 얻어 발전하게 된다. 이것이 기질변화론인 것이요 만물의 생육 하는 도(道)이다. 중용의 성자성(性自性), 도자도(道自道)라든가 치중(致中)의 원리는 모두 기질을 변화시켜 이를 실현하는 발전적 운동이론이다.

유교의 형이상학이론은 원리나 이론으로 끝난 것이 아니고 현실 인간의 덕업을 밝히고 행위의 방향을 제시하며 생명의 존엄성을 가르치는 데 위대성이 있는 것이라 할 것이다.

10부

퇴계와 율곡의 인성론

1. 이퇴계의 심성정론

송대(宋代)의 태극도설이나 이기론 등의 우주론적 이론은 우리 나라 조선조에 미쳐서는 성리철학의 전성기를 가져왔다.

그 가운데서도 태극이기(太極理氣)의 우주론적 연구는 서화담의 기1원론(氣一元論) 같은 독창적 발전을 가져오게 하였다.

그러나 조선조 성리학의 특이성은 송대 우주론적 논리체계와 이론을 직접 인성론적이며 윤리적 원리에 적용하여 논리를 전개하는 데 있다고 할 것이다.

퇴계는 주자의 학설을 그대로 본받은 학자로서 그의 모든 주장은 주자의 학설에 근거하여 말하였던 것이다.

그러므로 그의 심성정론(心性情論)은 과거 어느 학자보다도 심원한 체계를 가지고 있다. 그의 인성론(人性論)의 문제는 심성정(心性情)을 이기(理氣)와 어떻게 관계 짓느냐 하는 것이다.

우선 퇴계는 이(理)가 없는 기(氣)도 없고, 기(氣)가 없는 이

(理)도 없다고 하여 주자의 이기불상리설(理氣不相離說)을 인정한다. 그러나 나아가 지적하여 말하면 같지 않으니 둘 사이에는 분별이 없을 수 없다고 하는 것이다.

「固未有無理之氣 亦未有無氣之理 然而所就而言之不同 則不容無別」(退溪集卷16)이라고 하여 주자 이기설의 존재론적 이론에 더욱 중점을 두고 있다.

이와 같은 이기2분적(理氣二分的) 견해를 인정함과 동시에 태극은 이(理)라고 하는 주리적(主理的) 이1원론(理一元論)을 주장하고 있다.

즉 공자는 계선성성론(繼善成性論)이 있고 주자(周子)는 무극태극설(無極太極說)이 있다. 이것은 대개 이기가 상순(相循)하는 가운데서 척발(剔撥)하여 홀로 이(理)만을 말한 것이요 공자가 상근상원(相近相遠)의 성을 말하고 맹자가 이목구비(耳目口鼻)의 성을 말한 것은 이것이 다 이기(理氣)가 서로 이루어진 가운데서도 편지(偏指)하여 홀로 기를 말하는 것이라고 하여 이(理)는 태극으로서 전선(全善)한 것으로 보고 기(氣)는 형이하적 요소로서 편색선악(偏塞善惡)을 모두 함유하고 있는 것으로 본다.

그래서 맹자의 4단(四端)과 7정(七情)을 말하는 데 있어서 4단은 개선야(皆善也)어니와 7정은 선악미정야(善惡未定也)라고 하였는데 한 걸음 더 나아가 4단이발기수지(四端理發氣隨之)와 7정기발이승지설(七情氣發理乘之說)을 주장하여 이(理)도 발하고 기(氣)도 발하는 호발설(互發說)을 주장하였다.

그리고 이와 같이 말한 것은 인성의 본원처(本源處)를 말하는 것이고 체용론(體用論)에 있어서 체(體)의 존재구조를 말하는 것이다.

인간의 성정에 있어서 성(性)은 체요 정(情)은 용(用)인데 체(體)인 성(性)의 경계에 있어서 '발(發)'이란 시공상(時空上)의 발이 아니요 형이상적 논리전개상의 발(發)임을 인정하여야 한다. 퇴계는 4단7정이 다 같이 실제발용(實際發用)에 있어서 정(情)임을 말한다.

「夫四端七情也 何以有四七之異名耶 來由所謂所就以言之者 不同故也.」(退溪集卷十六)

이와 같은 4단7정이 정(情)임에는 틀림이 없지만 순선(純善)의 4단을 이발(理發)이라고 하지 않을 것 같으면 수신설(修身說)에 있어서 개과천선의 길이 막히게 되기 때문이라 할 것이다.

그러므로 인성에 있어서도 본연지성(本然之性)과 기질지성(氣質之性)으로 구분하지 않을 수 없는 것이다. 4단7정이 모두 정인데 이정(二情)이 있으면 체도 이성(二性)이 있지 않으면 안 된다. 이(理)는 → 본연지성 → 4단으로 발하고, 기는 → 기질지성 → 7정으로 발하게 된다고 한다.

또한 여기에서 더 나아가 인심도심설(人心道心說)에도 이러한 사상을 적용하여 인심(人心)은 7정이요 도심(道心)은 4단이라고 하였다.

「人心七情是也. 四端道心是也 非有兩箇道理也.」(退溪集卷三十六)

이와 같이 4단을 이발이라 하고 7정을 기발이라 하였으므로 태극을 이(理)라고 말하는 퇴계의 학설에서는 모든 개체는 각기 태극원리의 실현을 최고 덕성으로 하는 것이기 때문에 인간은 인의예지의 4단을 실현하는 것을 최고 덕성으로 또 목적으로 수신(修

身)하여야 한다는 것이다.

이러한 인식하에 퇴계의 가장 중요한 이론은 심통성정설(心統性情說)이다.

그의 성학십도중(聖學十圖中)에 심통성정도(心統性情圖)를 보면 '이(理)와 기(氣)', '본연지성과 기질지성', '4단과 7정', '인심과 도심' 등으로 상대적인 2원적 분석의 결과가 생기는 문제는 우주론에 있어서 무엇이냐 하는 것이다. 즉 본연의 성(性)과 기질의 성(性) 또한 성과 정을 하나로 함유하고 있는 것이 있어야 하는데 퇴계는 이것을 '심(心)'이라고 하였다.

따라서 퇴계는 심을 가장 주동적 차원에 있다고 보았고 심은 성정을 통합하고 있다는 심통성정론(心統性情論)을 찬성하였다. 이기(理氣)를 합하고 성정을 통일하여 일(一)이면서 만화(萬化)의 근원이 되는 것이 심(心)인데 허령지각(虛靈知覺)하여 인의예지신(仁義禮智信)의 본연성과 청탁수박(淸濁粹駁)으로 인한 기질의 성을 다 가지고 있는 것이다. 이것에 발하면 정이 되는 것이나 리가 발하여 기가 따르면 4단이 되고 기가 발하여 이가 승하면 7정이 된다고 하였다.

심성정(心性情)의 관계는 심(心)의 체(體)가 성(性)이요 심(心)의 용(用)은 정(情)이므로 심은 성정을 통섭(統攝)하는 까닭에 인간의 수신공부(修身工夫)는 경(敬)으로 주(主)하여 기질을 버리고 본연을 따라야 한다고 하였다.

이상 퇴계의 이기본연기질(理氣本然氣質) 등의 2분적 철학체계는 태극의 이(理)와 인성의 본연도 성에만 최고의 가치를 부여하여 이1원론(理一元論)을 주장하는 바이었다.

이러한 퇴계의 사상은 모든 인간으로 하여금 성현을 법(法) 받게 하고 자기의 몸을 수양하는 이론으로는 매우 타당한 이론이라고 하겠다.

그러므로 퇴계는 그의 학설을 몸소 실천하였다는 데 더욱 고귀한 점이 있다고 하겠다.

2. 이율곡의 인심도심설

이율곡의 명은 이(珥)이고 자는 숙헌(叔獻)이며 율곡(栗谷)은 호이다. 중종 31년(1536)에 강릉에서 출생하여 선조 17년(1584)에 서울에서 졸하시니 나이 49세요 퇴계보다 30년 후이다.

율곡의 우주론과 인성론은 존재론적 관점에 역점을 둔 퇴계와는 달리 주자의 생성론적 관점에 중점을 두고 서화담의 고차적 기1원론(氣一元論)과 퇴계의 이1원론(理一元論)을 종합하여 생성론의 이론을 전개함에 있어 2원적(二元的) 1원론(一元論)을 제기한다.

그는 우주론에 있어서 이(理)와 기(氣) 관계를 규정함에서 이(理)는 기(氣)의 주재(主宰)요 기는 이가 승(乘)한 것이다. 이가 없으면 기가 근저(根著)할 바가 없고 기가 없으면 리가 의착(依著)할 곳이 없는 것이다. 이미 2물(二物)도 아니면서 또한 1물(一物)도 아닌 묘합(妙合)하는 가운데 있다고 하였다.

'夫理者氣之主宰也 氣者理之所乘也 非理則氣無根 抵非氣則理無所依著 卽非二物又非一物 故一而二 非二物故二而一 非一物者

何謂也　理氣雖相離不得而妙合之中　理自理氣自氣不相挾雜故非
一物也. 非二物者何謂也　雖曰理自理　氣自氣而混淪無間無先後
無離合　不見其爲二物　故非二物也. 是故動靜無端　陰陽無始　理
無始故氣亦無始'(栗谷全書卷十)

이와 같이 이기(理氣)가 둘이면서 하나요, 하나이면서 둘이라고
하는 묘합지중(妙合之中)에 있지만 이(理)는 하나일 뿐이라 본래
편정통색청탁수박(偏正通塞淸濁粹駁)의 차이가 없는 것인데 승하
는 기가 승강비양(半升飛揚)하여 일찍이 그치지 아니하며 잡유참
치(雜糅參差)하여 이에 천지만물을 생하는 까닭에 혹 정편색통청
탁수박(正偏塞通淸濁粹駁)이 생기는 것이고 비록 이(理)가 1(一)
이나 이미 기를 승하면 그 나누임이 만 가지로 될 수 있으므로
천지에 있어서는 천지의 이(理)가 되고 만물에 있어서는 만물의
이(理)가 되며 오인(吾人)에 있어서는 우리 인간의 이(理)가 된다.
그런즉 참치부제(參差不齊)한 것은 기의 하는 바라고 하였다.

이(理)는 전일(全一)할 뿐인데 모든 차별상과 이질상은 기의 운
사(運事)라고 보는 관점으로서 율곡은 이러한 사상에서 '이통기국
(理通氣局)'설을 주장하였다.

즉 이는 무형하고 기는 유형한데 형체도 없고 동정도 없으면서
유형유위(有形有爲)한 것의 주가 되는 것이 이(理)요 유형유위(有
形有爲)한 것의 그릇이 되는 것은 기(氣)인 것이니 이는 서로 통
하고 기는 국한될 뿐만 아니라 무형무위(無形無爲)한 이는 발할
수가 없는 것이다. 그러므로 율곡은 퇴계의 호발설을 부정하고 기
가 발하여 리가 승하는 길만이 있을 뿐이라고 하며 공자가 말한
'인능홍도(人能弘道)요 비도홍인(非道弘人)'이라 한 것이 이것을

뒷받침하고 있다고 생각하는 것이다.

 '苟論其大渠 則理無形而氣有形. 故理通氣局 理無爲而氣有爲. 故氣發而理乘, 無形無爲而爲有形有爲之主者, 理也. 有形有爲而爲無形無爲之器者, 氣也. 此是窮理氣之大端也.'(栗谷全書 卷二十聖學輯要)

 발동하는 까닭은 이(理)이지만 발동하는 것은 기(氣)뿐임으로 퇴계의 호발설을 잘못이라고 함과 동시에 퇴계가 내면본성에서 나오는 것을 도심이라 하고 외적 감응에서 작용되어 나오는 것을 인심이라고 한 것에 반대하여 그는 인심이나 도심이 모두 내면본성에서 나온 것이요 그 발동되는 것은 외적 감응에 말미암은 것이라고 하였다.

 인간의 마음 중에 인심[人心, 사심(私心)]과 도심[道心, 공심(公心)]의 두 개의 줄기가 있는 것이 아니고 심은 1심이 있을 뿐이요 2심이 있는 것은 아니다. 주자가 말한 혹원혹생(或原或生)이 다 같이 심(心)의 발(發)이요 또 심은 즉 기인 까닭에 혹원혹생이 모두 기의 발인 것이 아닌 것이 없다. 마음 중에 가지고 있는 바의 이는 곧 성이니 심이 발할 때에 성이 불발하는 이치가 없는 즉 이것은 이의 승이 분명한 것이고 다만 혹원(或原)이나 혹생(或生)은 각각 이기의 중요한 바를 지적하여 말한 것에 불과할 뿐이라고 한다.

 무릇 심지체(心之體)는 성이요 심지용(心之用)은 정인데 성정 이외에 따로 심이 있는 것이 아니므로 '성발위정(性發爲情)', '심발위의(心發爲意)'와 같은 말이 있다고 해서 2체2용(二體二用)이 있는 것을 말하는 것이 절대로 아니며 심의 체는 성이요 심의 용은 정이라고 하는 것을 인정할 뿐이다. 그러므로 선악이 갈라지는 소이(所以)는 이발기발(理發氣發)로서 갈라지는 것이 아니고 심이 발해서 중절(中節)이 되었는가? 과불급의 치우침이 있게 되었는가에서 선악이 갈라진다고 하였다.

그러면 성자체(性自體)는 어떠하냐 하면 성은 인의예지신(仁義禮智信)의 5성(五性)이 있을 뿐이요 5성 이외에 별다른 성이 있지는 않다.

그리고 정(情)도 또한 7정뿐인 것이며 따지고 보면 4단도 또한 7정 속에 포함되어있는 것이라고 하였다.

순선(純善)의 5성에서 여하히 7정의 선악이 생기는가? 더욱이 악의 근거는 어디에 있느냐? 하는 문제는 또 다시 기에 근원이 있음을 말한다.

정의 선악이 어찌 성에서 발하는 것이 아닐까마는 성의 적연부동시(寂然不動時)에는 그 악도 본래는 비악(非惡)인 것이라고 한다.

따라서 인심과 도심이 본래부터 구별되어 있는 것이 아니고 심이 감발해서 정공(正公)을 얻은 것을 도심이라 하고 편사(偏私)하게 된 것을 인심이라고 할 뿐이며 또한 인심도심과 4단7정이 다른 것이 아니며 4단7정도 동일한 본성에서 감발하여 나온 것으로 4단은 천리지공(天理之公)을 얻는 것을 말한 것이니, 7정의 개념 속에 내포되는 것이라고 하였다.

그러므로 4단과 7정을 상대적으로 논함은 잘못이요 이 모든 것이 근원은 하나요, 그 하나는 심이며 심은 즉 기라고 하였다.

그러면 성(性)은 이(理)요 이 심(心)은 기(氣)라고 하는 결론에 도달하게 되는데 심의 체가 성이라고 하는 만큼 참치부제(參差不

齊)하는 기에서 여하히 전선(全善)의 성과 합일하는 체로서의 심이 순선일 수가 있을까 하는 의문이 없을 수 없다.

여기에 대하여 율곡은 성에 본연지성과 기질지성이 있다고 하는 것처럼 기에도 본연지기(本然之氣)와 비본연지기(非本然之氣)가 있다고 하였다.

그의 답성호원서(答成浩源書)에서 기국(氣局)이라고 할 때의 기는 형태와 자취가 있고 본말이 있으며 선후가 있는데 본래의 본연은 담일청허(淡一淸虛)할 뿐이다. 오직 이러한 기가 승강비양(昇降飛揚)함을 일찍이 쉬지 않음으로써 여러 가지 차별이 있어 만상의 변화가 생기는 것이다. 이렇게 기가 유행할 때에 그 본연을 잃지 않은 것도 있고 그 본연을 잃어버린 것도 있는데 이미 그 본연을 잃어버린 것은 이미 그 본연지기(本然之氣)는 아닌 것이다.

편자(偏者)는 편기(偏氣)로 전기(全氣)가 아니며 청자(淸者)는 청기(淸氣)로 탁기(濁氣)가 아니다. 이런 기는 담일청허(淡一淸虛)한 본연의 기가 아니고 하나의 사물에 국한된 기(氣)이다. 심체로서의 기는 기국(氣局)의 기가 아니라 담일청허한 본연지기이고 이러한 본연지기는 윤리적 선악분리(善惡分離)의 이전 형이상적 무시무종(無始無終)의 기임을 말한 것이라고 하겠다. 그러면 인심도심과 4단7정이 하나라고 하였으니 인간의 수신하는 하수처(下手處)가 어디에 있어서 악(惡)을 버리고 선(善)의 길로 가겠는가 하는 문제에서 그는 맹자의 양기론(養氣論)을 설파하였다.

사람으로 하여금 그 기를 잘 검속(檢束)하여 기의 본연으로 돌아가도록 하는 것이 가장 중요한 것이라 말한다. 이것은 즉 기질변화론(氣質變化論)인데 기의 본연은 맹자가 말한 호연지기(浩然之氣)이며, 호연지기로 천지에 가득 차게 되면 즉 본선(本善)한 이(理)가 조금도 가려지지 않고 직접 발현될 수 있다고 하였다.

퇴계와 같이 기질을 버리고 본연성으로만 돌아가려고 노력하는 것이 아니라 먼저 기질을 변화시켜 담일청허한 기로 만들면 본연지성은 스스로 가림이 없게 되므로 호연지기를 기르는 데 노력하라고 한다.

11부

실학의 근본사상

　인간이 현실을 부정하여 도피하거나 초월하지 않고 현실의 처지와 시점의 제 사실을 구체적으로 긍정하며 현실을 직시하여 실실허허(實實虛虛)를 비판하고 건설적인 발전의 길을 모색하는 것이 실학이다. 인간은 사회 내적 존재임을 자각하고 성실하게 자기의 현실을 받아들일 때에 고원한 이상을 사고하기보다는 근소한 현실을 문제로 삼게 된다.

　공부자(孔夫子)는 사후의 귀신을 관념적으로 논하는 것이 아니라 생활하는 인간의 문제를 절실하게 이야기하며, 허무적멸(虛無寂滅)을 설교하는 것이 아니라 현실의 사회에서 시중(時中)할 것을 가르치는 것이다. 현실의 일체를 긍정하고 그 가운데서 시중지도(時中之道)를 모색하려고 할 때에 실제적인 문제에 착안하게 되고 사실을 중시하게 되며 현시점과 환경을 주시하게 된다.

　무욕(無慾)이나 멸정(滅情)으로 인간의 정감을 부정하는 노장은 현실에 있어서 희로애락(喜怒哀樂)의 인간의 상정(常情)을 무시하여 버린다. 그러나 인정을 중요시하는 유학에서는 인간의 본성을 천하의 대본(大本)으로 삼는 동시에 본성이 감발하여 나타나는 희로애락의 중절(中節)을 천하의 달도(達道)로 보는 것이므로 현상의 시공적 상황을 파악하려 하는 것이다. 현실의 실상을 정확히 인식하고자 하는 방법에서 성리학과 실학은 구분된다. 물론 성리학과 실학은 현실을 토대로 한 점에서는 넓은 의미의 실학의 개념에 내포되는 것이나 성리학은 내적인 주체의 성정(性情)문제를 중요시하고 형이상학적인 불변의 도를 먼저 이해코자 하는 것이며 실학은 외적인 객체의 사물문제를 중요시하고 형이하학적 가변의 법을 먼저 이해코자 하는 것이다.

향내적(向內的)으로 추구하는 성리학이나 향외적(向外的)으로 연구하는 실학이나 공허한 이론을 배척하고 실효를 귀중히 하는 것은 물론이다. 그러나 실이란 실증으로 나타나야 되는 것이므로 외실이며 내적인 실성은 성이다. 따라서 성리학에서는 성경(誠敬)을 주로 하고 실학에서는 실효를 주로 삼는다. 그러나 유학이 내성외실(內誠外實)을 추구하는 것이므로 성리학과 실학은 배타적인 것이 아니요 상호연관을 가지고 있게 된다.

외적 사물의 실재를 파악하고 실용성을 연구하며 실효를 실증하려는 실학은 절실하게 민생문제와 관련된 정치, 경제, 문화 등에 비판을 가하여 현실에 맞는 제도로 개혁할 것을 주장하게 되므로 필연적으로 현실과 결부되어 있는 역사, 지리, 언어 등에 대한 연구를 하게 되는 것이다.

지리, 역사, 언어 등에 대한 연구에 있어서도 실용, 실효성을 문제로 하기 때문에 실증을 기초로 하는 귀납적 방법을 사용한다. 이러한 과학적 지식을 추구하는 태도는 광범위한 외적 지식을 욕구하고 진실성을 추구하기 때문에 우상적 권위를 부정하여 버린다. 우상적 권위의 부정은 유교에서 미신을 적극 배격하게 되었고 고대의 불가지적인 외구(畏懼)의 천(天)에 대해서 공자는 가지(可知)의 천명(天命)을 말함으로써 우상신격화(偶像神格化)를 배척하였고 '五十而知天命'(論語)

자사(子思)는 천명지위성 '天命之謂性', (中庸)으로 천명과 인성의 관계구조에서 서로 합치되는 것을 말하여 인간의 존엄성을 밝혔으며 맹자는 '盡其心者知其性也 知其性則知天矣'(盡心上)라 하여 천을 인식하는 방법이 존심양성(存心養性)에 있는 것이라 함으로써 민심을 떠난 천심은 있을 수 없는 것이어서 정치는 민심을 반영해야 되고 따라서 민중이 중하고 왕이 경한 것이라고 하는 민본사상을 밝혔다. 이와 같은 천명과 인성의 문제는 물론 성리학의 범주에 속한 것으로 의리와 도덕의 경계를 논한 것이라 할지라도 현실에서 생활하는 인심을 중하게 생각하고 인간의 기본적인 욕망을 달성시킴이 인간의 행복과 관련있다는 사실을 인식하여 전체인민의 행복된 생활을 바탕으로 치국평천하의 이상을 실현시키려고 할 때에 경세치용(經世致用)의 실학사상은 천명이나 인성을 논하는 성리학과 불가분의 관계 속에 있다.

경세치용의 학(學)은 인간의 기본적욕망인 '이(利)', '부(富)'를 문제로 한다.

이(利)는 이익을 말하는 것이고 자기의 처지에서 본 것으로 이기이용(利己利用) 공리국리(功利國利) 등을 의미한다.

이러한 이(利)의 개념은 애인(愛人)하는 인(仁)의 개념과 표면상 극히 배치된다고 할 수 있다. 공리주의(功利主義)나 이기주의(利己主義) 또는 실리주의만을 극단적으로 주장함은 물론 인의사상과는 상이한 것으로 맹자는 양혜왕(梁惠王)이 이(利)를 물었을 때 인의(仁義)가 있을 뿐이라고 잘라 답하며 더 나아가 사생취의(捨生取義)를 말했다. 그러나 실학에 있어서는 실리 또는 이용후생(利用厚生)을 극히 강조하면서도 인의를 망각하는 것이 아니라 오히려 인의의 근본사상을 밝히려고 노력했다. 천하의 평화를 이상으로 하는 유교사상은 의(義)와 이(利)를 2원적으로 보아 어느 한 편만을 주장하는 것이 아니요 사회정의와 공공의 이익은 근본적으로 일관되어 있는 1원적인 것이나 다만 본말(本末)과 경중(輕重)이 있음을 가르친다.

'君子는 先愼乎德이니 有德이면 此有人이요 有人이면 此有土요 有土면 此有財요 有財면 此有用이니라 德者는 本也오 財者는 末也니 外本內末이면 爭民施奪이니라.'(大學)

덕(德)과 이(利)는 다 같이 우리 생활에 중요한 관계를 가지고 있지만 덕은 체(體)요 이는 용(用)임을 밝힌다. 즉 이는 의(義)의 화(和)로써 나타나야 되는 것이요 의리를 망각하고 실리만을 추구함을 금하는 것이다.

이와 같이 의와 이를 1원으로 보는 사상은 묵자(墨子)의 겸애(兼愛)와 경제학설에서도 볼 수 있다. 그는 「義利也」(經上)라고 하면서 의는 곧 이(利)와 동일하다고 하였을 뿐만 아니라 '兼相愛 交相利'(兼愛), '愛人者人亦從而愛之 利人者人亦從而利之'(兼愛中), '衆利之所生何自生 從愛人利人生'(兼愛下), '忠信相連 又示之以利 是以終身不厭'(節用中)이라고 하여 겸애사상과 실리주의를 경세의 중심학설로 하였다. 그는 그의 논리학에서도 본지 원지 용지(本之原之 用之)의 3표사상(三表思想)을 말하여 고대성왕의 사업에서 증명할 것과 백성의 이목지실(耳目之實)을 관찰하여 민중의 반응을 볼 것 또 실제로 형정(刑政)을 베풀어서 공효(功效)를 징험(徵驗)할 것을 말하여 귀납추리(歸納推理)를 주장하기도 하였으나 결국 그는 겸애를 강조한 나머지 근원적인 자애(自愛)를 무시했고 실리를 적극적으로 주장함으로써 절검이 지나쳐 절장(絶葬) 망례악(忘禮樂)에까지 이르러 인간의 순정을 폐색하게 됨으로써 맹자와 장자로부터 양방비난을 받게 되었다.

순자(荀子)는 그의 천론편(天論篇)에서 천을 존대하게 여기고서 사모하는 것보다 물(物)을 저축하여 제재(制裁)하는 것이 낫고, 순종하여 찬송하는 것보다 천명을 제재하여 이용하는 것이 낫고, 때를 바라보고 기다리는 것보다 때를 응해서 부리는 것이 낫고, 물이 자연히 증대하는 것보다 능력을 발휘해서 변화시키는 것이 낫고, 물(物)을 생각하기만 하는 것보다는 물을 처리해서 잃어버리지 않는 것이 낫고 물이 발생하는 소이를 알려고 하는 것보다는 물이 육성하는 소이를 아는 것이 낫다. 고로 인간의 실정에 어긋나서 천(天)을 생각하면 만물의 실정을 잃어버린다고 말하여 인간의 실정에서 실제적 사실을 추구하고 현실의 경제적 경험을 중요시하는 것이다.

그는 또한 그의 논리학설에서 개념이라는 것은 서로 다른 사물을 구별하는 것이요, 판단이라는 것은 두 개의 다른 사물의 개념을 합하여 한 가지 의의를 논술하는 것이요, 변설(辯說)이라는 것은 의사를 표상하는 것이요, 마음은 도의 주재자요, 도는 치사(治事)의 경리자(經理者)다. 마음이 도에 합하고 말이 마음에 합하고 판단이 또 말에 합하면 개념을 정당히 하여 사물을 인식할 수 있다 하여 사실에서 이탈한 개념과 판단에만 현혹되어 언변을 우롱하는 명가들의 공담을 준열히 비판하기도 했으며 '以養人之欲給人之求 使欲必不窮乎物 物必不屈於欲 兩者相持而長 是禮之所起也'(禮論篇)라고 하여 재물과 인욕은 예(禮)로써 한계를 넘지 않도록 하여 상호조장(相互助長)하는 것으로 설명하여 의(義)와 이(利)의 중화(中和)를 말하였다. 이것은 그의 성악설과 객관적인 예론(禮論)을 합리화는 했다 볼 수 있으나 인성의 의리를 밝히는 것이 아니고 사회의 혼란을 공리적으로 합리화하려는 것에 불과한 것이라 할 것이다.

한대(漢代) 왕충(王充)은 허망한 이론을 극력 배척하고 실효(實效)와 실증(實證)을 통한 과학적 연구방법을 주장했다.

'事莫明於有効 論莫定於有證'(論衡) 또한 말이 인사에만 합하여 도의에 들어가지 못하고 도만을 따르고 사물에 따르지 않으면 유가의 사상에 어긋난다고 하여 천도(天道)와 인사(人事)의 내외겸달(內外兼達)을 말하기도 하나 '天地合氣 萬物自生', '萬物之生 俱得一氣'(論衡)라고 하여 1원기설(一元氣說)을 주장함으로써 유학의 근본사상과는 어긋났고 따라서 유교의 실학사상을 밝혔다고는 할 수 없다. 실학사상은 인간을 중심하여 자연과 사회를 현실적으로 해석하는 사상이므로 인도(人道)와 지도(地道)와의 관계를 밝히게 된다. 일반적으로 천도와 상대적인 지도는 형이하학을 문제로 삼게 되어 기질을 중요시하지만 유학의 실학사상은 천도, 인도와 더불어 일관된 지도이다.

그러므로 실학사상은 기와 리가 혼융무간(混融無間)함을 말하면서도 이(理)는 기(氣)의 주재자로 보는 것이다.

청대(淸代) 고증학(考證學)의 개창자 고염무(顧炎武)는 송명(宋

明)의 이학(理學)을 비판하면서도 '古今安得別有所謂理學者 經學卽理學也 自有舍經學以言理學者 而邪說以起'(全祖望亭林先生神道表) 경학(經學)이 곧 이학임을 맹렬히 공격한다. 그리고 그는 '近代文章之病 全在模倣卽使逼肖古人 己非極認'(日和錄)라고 하여 모방을 비난하고 창조를 주장하며 따라서 박증(博證)과 치용(致用)의 실학사상을 밝혔다.

고증학 전성기의 대표자인 대진(戴震)도 맹자자의소증(孟子字義疏證)에서 '君子之治天下也 使人各得其情 各遂其欲勿悖於道義 君子之治天下也 情與欲使一於道義 夫遏欲之害甚於防川 絶情去智充塞仁義'라고 하는 것으로 경세지무(經世之務)란 민정(民情)을 체(體)로 하여서 민욕(民欲)을 이루어주는 것이요 '聖人之道 使天下無不達之情 求遂其欲而天下治'(東原文集卷八)뿐만 아니라 민생의 정욕과 성인의 도가 일관함을 밝혀서 실학의 근본사상으로 하는 것이다.

우리나라의 실학은 청대고증학의 영향을 받았다는 것은 대부분의 실학자들이 사신의 일행으로 연경을 다녀온 젊은 학자들이며 더욱이 북학파(北學派)를 이루었다는 것으로 알 수 있고 그들의 사상도 이용후생(利用厚生)에 힘써 경세제민(經世濟民)하자는 것이었다. 유반계(柳磻溪)는 민심을 후하게 하여 예악을 부흥하고 국가를 부강케 하기 위해서는 먼저 정전법(井田法)을 시행하여야 된다고 했다.

토지제도의 개혁을 주장한 그의 반계수록(磻溪隧錄)은 지도(地道)를 방정히 할 것을 주장함과 동시에 천도의 원만함이 지도의 방정함에서 이루어짐을 말했다.

박제가(朴齊家)는 북학의재부론(北學議財賦論)에서 재화를 잘 조리한 자는 위로 천시(天時)를 잃지 않고 아래로 지리(地利)를 잃지 않고 가운데로 인화(人和)를 잃지 않는다. 기계와 용법이 편리하지 못하여 남은 하루에 하는 것을 나는 1, 2개월에 이르게 되면 이것은 천시를 잃어버림이요, 밭 갈고 씨 뿌림이 법식이 없어서 비용이 많고 수확이 적으면 이것은 지리를 잃은 것이며, 상매(商賣)가 상통하지 않고 놀고먹는 사람이 날로 많아지면 이것은 인화를 잃은 것이다. 이와 같이 3자를 모두 잃어버림은 중국의 산업기술을 배우지 못함에 있다고 하면서도 천도 지도 인도의 관계 하에서 조리를 밝히고 있다.

홍담헌(洪湛軒)은 오팽문답(吳彭問答)에서 학(學)에는 의리지학(義理之學), 경제지학(經濟之學), 사장지학(詞章之學)의 세 부류가 있으나 의리(義理)를 버리면 경제가 공리에 빠지고, 사장(詞章)이 부조에 빠지며, 경제가 없으면 의리가 둘 곳이 없을 것이요 사장이 없으면 의리를 밝히지 못한 것이다. 이와 같이 3자는 하나라도 부족하면 안 되는 것이나 본말을 말하면 의리가 근본이 되는 것이라고 하였다.

정다산(丁茶山)은 목민심서(牧民心書)의 자서에서 '君子之學 修身爲半 其半牧民也'라고 하였다.

이상과 같이 조선왕조 후기 실학의 근본사상은 의리를 밝히는 성리학을 근본적으로 부정하는 것이 아니라 오히려 실사구시(實事求是), 이용후생(利用厚生), 경세택민(經世澤民)의 실학을 통하여 의리를 실현코자 함에 있는 것이다. 한국의 실학사상은 유교를 국교로 정한 조선조 초기 정인지(鄭麟趾) 양성지(梁誠之) 서거정

(徐居正) 등 소위 훈구학파의 사상에서도 볼 수 있다. 그러나 실학의 근본사상을 유감없이 밝힌 것은 성리의 심원한 근원을 밝힌 송대 성리학의 이해를 통하여 정통유학사상의 체계를 체득한 조선조 후기 실학자들이라 할 것이다.

실학(實學)의 용어가 처음 출현한 것은 송(宋)나라시대에 정이천(程伊川) 선생이 중용(中庸)의 내용을 해설하면서 하나의 이치가 전편을 관통하여 한 마음속에 갖추어 있음을 설파하고 그 묘미가 무궁하니 모두 실학(實學)이라고 하는 말에서 기원하였다. 그리고 주자(朱子)가 대학(大學)의 서문에서 속유(俗儒)가 문장만 암기하는 학습이 소학공부보다 배나 많이 하지만 쓸모가 없고, 이단(異端)이 허무(虛無), 적멸(寂滅)을 가르침이 대학(大學)공부보다도 지나치지만 실천이 없다는 무용(無用), 무실(無實)을 지적하고, 범사구시(凡事求是)를 주장함에서 보편화된 것임을 밝혀둔다.

12부

백이(伯夷)의 청렴사상

1. 서론

천지에는 정기가 있는 까닭에 산천초목이 아름답고, 사회에는 예의염치가 있어야 천하국가가 아름다운 것이다.

사람에게는 본래 지공무사한 인(仁)과 지정무사(至正無邪)한 의(義)가 있는바 사욕을 막고 탐심을 버리면 곧 천리의 공명정직(公明正直)함이 드러나 의식이 청결고상(淸潔高尙)하게 되고, 행실이 청렴강직(淸廉剛直)하게 되는 것이다.

모름지기 선비는 여기에 뜻을 세워 사욕을 제거하여서 한 몸을 더럽히지 아니하고, 탐심을 제압하여서 본심을 잃지 아니하는 것으로 일을 삼아야 되는 까닭에 맹자는 인의(仁義)로서 뜻을 고상하게 하는 것이 선비의 일이라고 하였을 뿐만 아니라 더 나아가 사생취의(捨生取義)를 말하였고, 공자는 살신성인(殺身成仁)을 하는 것이 지사인인(志士仁人)이라고 하였다.

이와 같은 유도의 의리는 마침내 동방 수천 년의 역사에 많은 청유염사(淸儒廉士)를 배출하여 늠렬(凜洌)한 절개는 천지를 감동케 하여 도덕을 일월(日月)처럼 밝혔고, 고상한 기품은 인심을 감화케 하여 인륜(人倫)을 태산처럼 세워 놓았다.

옛날 선비는 천리의 인의(仁義)만을 받아들였던 까닭에 모두 자연스럽게 천리(天理)에 일치하였다. 따라서 모든 성인이 한결같이 청렴강직하였으나 그 가운데서도 가장 곤궁한 절개를 이룩하여 만세에 청풍을 드날리는 사람으론 단연코 백이를 첫째로 꼽지 않을 수 없다.

공자는 그 뜻을 낮추지 아니하고 그 몸을 더럽히지 아니한 사람은 백이(伯夷)와 숙제(叔齊)인저(微子)라고 하였고, 맹자는 성인 가운데서도 청렴하다고 하였다.

성인의 무궁한 의리의 행적을 후학이 구구(區區)하게 감히 억탁(臆度)할 바 아니나 오늘날 사도가 회맹(晦盲)하고 공리설이 횡행하야 축타(祝鮀)의 녕언(佞言)과 송조(宋朝)의 미태가 없이는 이 세상을 살아가기 어려운 때에 백이의 청렴한 사상을 밝혀 인격을 고상하게 기르고 인간의 고귀함을 깨우치는 일은 사인(斯人)에게 가장 중대한 사명일 것이다.

공자는 말씀하시기를 어진 사람은 세상을 피하고 그 다음은 땅을 피하고 그 다음은 안색(顔色)을 피하고 그 다음은 말을 피한다고 한바 소위 선비가 천하 대중들과 부귀공명을 다툰대서야 어떻게 지조를 지키고 신분을 보존할 것이며 누가 그 사람을 우러러 경애할 것인가?

오늘날 사도(斯道)가 진작(振作)하지 못한 까닭은 선비의 기개가 저상(沮喪)되어 사회의 기강(紀綱)이 해이하였기 때문이다.

이제 백이의 백절불굴의 정신을 본받아 뜻을 원대하게 세우고 몸을 청결하게 간직하여야만 사림(士林)의 옛 영광을 회복할 수 있을 것이다. 청(淸)은 천리의 순수성을 드러낼 때 이룩되고 염(廉)은 사욕을 막아 오염되지 아니할 때 이룩된다.

2. 사실

백이는 본래 인인(仁人)인 까닭에 부귀공명과 생사를 돌아보지 아니하고 은둔을 자처하였으므로 그 행술이 사책(史冊)에 전하여 온 것이 없었던바 공자에 이르러 그 의리가 인정되고 그 절개가 밝혀져 천하에 백이가 있는 줄을 알게 되었고, 맹자에 이르러 성인으로 받들게 됨으로써 백이의 청렴사상은 인류의 사표가 되었던 것이다. 이에 사마천(司馬遷)이 사기(史記)를 지을 때, 열전제1(列傳第一)에 올렸고 한퇴지(韓退之)가 백이송(伯夷頌)을 짓고, 정주(程朱)가 백이를 칭송함으로써 필부필부까지도 백이의 사적을 모르는 이 없게 되었던 것이다.

그러나 그 깊은 데 미쳐서는 백이숙제와 문무 주공 태공망(文武周公太公望) 및 주(紂)와 미자 기자 비간(微子箕子比干)의 관계까지 연구하지 않으면 안 된다.

사마천은 한시외전(韓詩外傳)과 여씨춘추(呂氏春秋)를 고찰하여 백이열전(伯夷列傳)에서 다음과 같이 기술하였다.

백이와 숙제는 고죽군(孤竹君)의 두 아들인데 아버지는 숙제를 임금으로 세우고자 하였다. 마침내 돌아가시니 숙제는 군위(君位)

를 맏형인 백이에게 사양(辭讓)하였으나 백이는 아버지의 명령이라고 하여 받지 아니하고 도망하여 고국을 떠나버렸다. 숙제도 또한 군위에 오르기를 거부하고 도망하여 버리니 고죽국의 인민은 그 가운데 아들을 임금으로 옹립하였다.

이에 백이와 숙제는 주(紂)의 난정(亂政)을 피하여 북해의 바닷가에 숨어살다가 서백 창(西伯 昌, 문왕)이 늙은이를 잘 받든다는 말을 듣고 어찌 가서 의지하지 아니할 것이냐 하고 주(周)나라로 가서 살았다.

서백(西伯)이 돌아가시니 무왕이 목주(木主)를 싣고 서백의 덕치를 내세워 호를 문왕이라 하고 동으로 주(紂)를 정벌(征伐)하려 할 새 백이와 숙제가 말고삐를 붙잡고 간하여 말하기를 아버지가 돌아가셨는데 매장도 아니하고 이에 전쟁을 일으키면 효(孝)라고 하겠는가? 제후로서 천자를 시살(弑殺)하는 것을 인(仁)이라고 하겠는가 하고 말했다. 이때 좌우의 신하들이 칼을 빼거늘 태공이 말하기를 이 사람은 의로운 사람이다 하며 붙들어 내보냈다.

무왕이 이미 은란(殷亂)을 평정하고 천하가 주(周)나라를 종주국(宗主國)으로 받드니 백이와 숙제는 그것을 부끄러워하며 주나라 곡식을 먹지 않고 수양산에 숨어 고사리를 캐어먹다가 굶어서 죽는 것이 옳다 하고 노래를 지었는데 그 가사에 말하기를

저 수양산(首陽山)에 올라가리!
고사리나 캐리로다.
폭력(暴力)으로 포악(暴惡)을 가라치우느냐!
잘못을 알지 못함이로다.
옛 성왕(聖王)들의 선양(禪讓)하는 도(道)가 홀연히 없어졌네.

나는 어디로 갈까?
아! 떠나가야지,
명(命)이 다하였도다.

라고 하고서 드디어 수양산에서 굶어 죽었다.

또한 사기 은본기(史記 殷本記)에 보면 제주(帝紂)는 자질과
사변(思辨)이 민첩하며 듣고 보는 것이 매우 달통하고 재주와 힘
이 뛰어나 손으로 맹수를 잡고 지식은 넉넉히 간(諫)하는 말을 물
리치며 말은 족히 거짓을 꾸밀 뿐만 아니라 주색을 좋아하여 달
기(妲己)를 사랑하는 데 빠져 부세(賦稅)를 과중하게 하며 포락지
형(炮烙之刑)으로 양민을 학살하였다고 하였고, 사기 송미자세가
(史記 宋微子世家)에서는 이 사실을 더욱 구체적으로 설명하기를
다음과 같이 하였다.

주(紂)의 아버지는 제을(帝乙)인데 장자로 미자(微子)가 있었으나
천모소생이라 사자(嗣子)가 되지 못하였고, 주의 백숙부로 기자(箕子)
와 비간(比干)이 있어 모두 주(紂)를 보필하였다. 그러나 주가 폭정을
하므로 미자는 이를 간하여 서백 창이 덕을 닦으니 화가 이르러 오는
두려움이 있다고 하였으나 주가 듣지 아니하므로 마침내 간(諫)할 수
없음을 알고 종사(宗嗣)를 보전하기 위하여 떠나가 버렸으며, 기자는
주가 상아저(象牙箸)를 쓰는 것을 보고 장차 사치가 극도에 도달할
것을 알고 이를 간하였으나 마침내 주의 악(惡)이 드러날 것을 염려하
여 머리를 풀고 미친 척하여 포로가 되었으며, 비간(比干)은 임금이
잘못을 저질러도 간하지 아니하면 충(忠)이 아니요, 죽음이 두려워 할
말을 못하는 것은 용(勇)이 아니라고 하며 나아가 간하여 3일을 떠나
지 아니하니 주가 성이 나서 죽여버렸다고 하였다.

또 사기 주본기(史記 周本記)에는 무왕 11년에 주(紂)의 혼란 포학(昏亂暴虐)이 자심(滋甚)하여 왕자 비간을 죽이고 기자를 가두며 은나라 태사자(太師疵)와 소사강(少師彊)이 악기를 안고 주나라로 도망 온 것을 듣고 이에 무왕이 널리 제후들에게 알려 은나라에 중죄가 있으니 불가불 정벌해야겠다고 하고 전차 3백 승과 호분(虎賁) 3천 인 갑사 4만 5천 인을 통솔하에 동으로 주를 정벌하니 제주(帝紂)는 무왕이 오는 것을 듣고 장병 7만 인을 풀어 무왕을 항거하였으나 주의 병사는 수(數)가 많음에도 불구하고 모두 싸우려는 마음이 없을 뿐만 아니라 마음속으로 무왕이 빨리 오기만을 기다리면서 주의 사졸들이 모두 무기를 거꾸로 잡고 싸워 무왕에게 길을 열어주었다. 이에 무왕이 달려가니 주병은 모두 무너져 주를 이반하므로 주는 패주하여 도망가다가 마침내 자살하여 버렸다. 이렇게 하여 천하가 평정되므로 무왕이 천리에 순하고 인심에 응하여 천자가 되었다. 이때 무왕을 도운 이로는 주공(周公)과 태공망(太公望)이었음은 말할 것도 없다.

이상의 사실로 미루어 백이숙제의 나라를 사양함과 정벌을 간하다가 아사(餓死)한 사실을 알 수 있고, 주(紂)가 잔학무도하여 심지어 서형(庶兄)인 미자는 떠나가고 제부(諸父)인 기자는 미친 척하고, 비간은 간하다가 죽임까지 당하였음을 알 수 있으며, 무왕은 주공과 태공망의 보필과 천하제후의 협력으로 폭군을 제거하여 인민을 도탄에서 건져주는 정벌의 사명을 완수하였음을 알 수 있다.

3. 청렴

군자가 쉬운 길을 버리고 어렵고 험난한 길을 걷는 것은 장차 자기의 몸을 청결하게 지키고자 함이다.

백이와 숙제는 나라를 사양(辭讓)하지 아니하여도 될 자리에서 사양하고 도망하여 버렸으며, 간(諫)하지 아니하여도 될 자리에서 간하고 또한 굶어 죽었다.

이러한 사실은 마침내 백이에게는 요순(堯舜)의 도를 흠모하는 고상한 이상이 있었음을 알 수 있는바 요순의 도는 인간의 순순한 본성의 선을 말미암아 일호(一毫)의 사욕이나 일리(一釐)의 사심(邪心)이 없는 청렴한 사상을 가지고 있는 것이다.

백이와 숙제는 이러한 청렴사상을 용기 있게 실천하여 시종일관하였으니 바야흐로 천하에서 가장 깨끗한 일생을 산 것이다. 그래서 공자는 말하기를 백이와 숙제는 구악(舊惡)을 생각하지 아니하므로 원망이 이에 드물었다고 하여 백이와 숙제의 마음이 깨끗한 것을 밝혔고 더 나아가 인(仁)을 추구하여 인을 얻었다고까지 극칭(極稱)하였으며 맹자는 말하기를 백이는 눈으로 악한 색깔을 보지 않으며 귀로 악한 소리를 듣지 아니하여 훌륭한 임금이 아니면 섬기지 아니하고, 선량한 백성이 아니면 부리지 아니하며 치정(治政)에는 나아가고 난정에는 물러나와 횡정(橫政)이 나오는 곳과 횡민(橫民)이 나오는 곳에는 차마 살지 못하며 향인(鄕人)들과 섞이는 것을 마치 조의조관(朝衣朝冠)으로서 도탄에 앉은 것처럼 생각하는지라 주의 난정을 당하여 북해(北海) 가에 숨어살며 천하가 맑아지기를 기다렸다고 하여 그들의 청렴함과 강직한 의지를 칭송하였다.

이제 백이의 행적을 분석하여 동기와 방법과 목적을 살펴 그 의지와 재능과 도량을 터득함으로써 공자와 맹자가 칭송하는 바를 살펴보면

첫째, 두 사람은 나라를 헌신짝처럼 버리고 달아났다. 숙제는 감히 부형의 명령을 따름으로써 적서(嫡庶)의 천륜을 어길까 두려워한 마음에서 나온 것이니 그 동기가 천리의 순수함에서 나왔고, 백이는 감히 적장(嫡長)의 신분에 편안(便安)함으로써 군부의 명령을 어길까 두려워한 마음에서 나온 것이니 그 동기가 순수한 충효심(忠孝心)에서 나왔다. 이와 같이 둘 다 그 동기가 순수하였고, 그 방법도 상대를 위하여 도망하였으므로 깨끗할 뿐만 아니라 왕위를 헌신짝처럼 버리고서도 다시 돌아보지 아니하였으니 미련이 없었음을 알 수 있다.

둘째, 두 사람은 주의 난정을 피하여 북해의 바닷가에 숨었다가 문왕의 치정(治政)을 듣고 주나라로 갔다. 이것은 불의를 지극히 싫어하고, 인덕을 지극히 친(親)하는 것인바 시종 인의(仁義)를 추구하였다.

셋째, 무왕이 주를 정벌하는 것을 간하였다. 이 의리는 매우 난해한바 주가 포학잔적(暴虐殘賊)하여서 이미 민심이 배반하고 친척까지도 이산하여 천명이 옮겨져서 주(紂)는 천하의 3분의 1밖에 지배하지 못할 뿐이요, 무왕은 문왕의 성덕을 이어 천하인심을 얻었으니 주의 학정에 시달리는 생민을 해방시켜 구원하여야만 되는 천명이 있다. 따라서 무왕의 정벌은 요순의 도덕원리에 어그러짐이 전혀 없는 까닭에 주공과 태공망까지도 정벌에 참여하였던

것이다.

그렇다면 백이와 숙제는 간할 이유가 없는데도 불구하고 죽음으로써 간하였다.

이것은 무왕의 제폭구민(除暴救民)하려는 정벌동기와 천하의 장병을 발동하는 정벌방법과 발란반정(撥亂反正)하려는 정벌목적이 순수(純粹)하거나 정당(正當)하거나 충실(充實)하지 못하여서 간한 것이 아니라 무왕이 불효불충(不孝不忠)할 것을 두려워하여 간한 것이라고 아니할 수 없다.

무왕이 비록 높은 덕으로 만민에 대한 책무가 있고 천명에 대한 사명이 있어서 부득이 정벌하지 않을 수 없는 의리가 있지만 개인으로 보면 문왕과의 부자 사이에서 해야 할 효(孝)가 있고 전통으로 보면 군신 사이에 지켜야할 충(忠)이 있는 것이다. 그러므로 개인으로 보면 돌아간 아버지를 매장도 아니 하고 무기를 들고 정벌을 한다는 것은 이치가 그러하나 아름답지는 못한 것이다. 그러므로 백이는 무왕을 위하여 간한 것이요, 높은 도덕을 이룩하기 위하여 말린 것이다.

넷째 두 사람은 무왕이 천자의 자리에 나아가고 주나라가 천하를 둠에 수양산에 들어가 굶어 죽었다. 이것은 백이의 청결정신의 극치인바 비록 천하 사람들이 모두 독부 주(獨夫 紂)를 제거하고 무왕이 덕치를 베푸는 것을 옳다고 생각하지만 자기만은 오로지 이 사실을 깨끗하다고 보지 않고 차라리 생명을 버릴지언정 뜻을 낮추지 아니한 것이다.

그러나 여기에도 높은 의리가 숨어 있다. 백이와 숙제는 무왕의 덕정(德政)하에서는 주나라 곡식이 더럽다고 먹지 아니하였으면서

도 왜 주의 학정(虐政)하에서는 그래도 곡식을 먹었는가? 또한 폭군(暴君)에게는 한 말도 간한 사실이 없었는데 왜 무왕에게는 간하였는가?

백이가 주(紂)의 난정(亂政)하에서 곡식을 먹었던 것은 천도의 순환원리를 믿었던 까닭이다. 즉 혼란이 극도에 도달하면 다시 치세가 돌아오는 것은 천도의 상리(常理)인 까닭에 천하가 다시 맑아질 때를 기대하였던 것이라 조급하게 죽을 필요가 없을 뿐더러 이미 악이 극도에 이른 사람에게 간할 여지도 없었던 것이다.

그러나 무왕은 문왕의 성덕을 이어서 환연히 일월을 씻고 민심을 쇄신하여 생령을 고무한 덕군인 까닭에 서슴없이 나아가서 간하였던 것이요 천도가 바뀌어 새로운 세상이 돌아옴에 백이의 뜻과 같이 요순의 선양하는 도로 이루어지지 못함을 부끄럽게 여겨 주나라의 곡식은 먹지 않은 것이며 더 이상 세도(世道)가 맑아질 수 있는 기대가 이제는 없으므로 생명을 버려서 이상(理想)을 지킨 것이다.

이와 같은 청렴정신은 지(知)와 인(仁)과 용(勇)을 겸비하지 못하면 아니 되는 것으로 백이는 불의를 싫어하는 지성이 있었으며 천리를 좋아하는 인덕이 있었고 높은 이상을 힘차게 주장하는 용기가 있었다.

그래서 마침내 마음을 청렴하게 간직하였고 몸을 고결하게 지켰다.

4. 영향

선비와 군자가 부귀와 명리와 생사를 초월하여 오로지 뜻을 높이고 몸을 깨끗하게 간직하는 것은 사학(斯學)의 기본이다.

그런 까닭에 공자는 거친 밥 먹고 물마시고 팔을 베고 누웠어도 즐거움이 그 가운데 있나니 불의(不義)로써 부(富)하고 귀(貴)한 것은 나에게는 뜬구름과 같다고 하였으며, 맹자는 선비는 항산(恒産)이 없어도 항심(恒心)이 있다고 하였을 뿐만 아니라 선비는 곤궁하여도 의리를 잃지 아니한 까닭에 자기의 뜻을 세울 수가 있으며, 영달하여도 도를 떠나지 아니한지라 백성을 실망시키지 않는다고 하였다.

이와 같은 선비와 군자의 의리를 가장 철저하게 실천한 사람으로는 단연히 백이와 숙제를 꼽을 수 있는 까닭에 공자와 맹자는 인인(仁人)이요 성인이라고 받들었던 것이다. 이로써 후세의 선비와 군자는 이를 사표로 삼아 스스로 청수고절(淸修苦節)하여 독립특행(獨立特行)한 전통을 2천5백여 년의 역사에 뚜렷하게 세웠다.

굴원(屈原)은 어부사(漁父辭)에서 이 뜻을 밝혔고, 사마천은 사기열전제1에다 표창하였으며, 도연명은 귀거래사(歸去來辭)를 지어 이를 흠모하였고, 한퇴지(韓退之)는 백이송(伯夷頌)을 지어 천자도 신하로 삼을 수 없고 제후도 벗으로 할 수 없는 만고에 오직 용기 있는 한 사람이었다고 칭송하였으며, 정자(程子)는 부귀에 물들지 않고 빈천(貧賤)에도 즐거워야만 영웅호걸이라고 할 수 있다고 하면서 안자(顏子)는 일생을 누항에서 살면서도 즐거웠고, 백이는 청풍을 천고에 떨쳤으나 가난하였으며, 이윤(伊尹)은 세 번이나 폐백(幣帛)으로 초빙하여도 굽히지 아니하였고, 1만 섬의 곡식으로도 맹자의 가난을 바꾸지 못하였다고 노래하였다. 주자는 이상의 글들을 높은 뜻이 있다고 해설하였고, 문천상(文天祥)은 정기가(正氣歌)를 지었다.

이와 같은 청렴절의사상은 성리학과 더불어 우리나라에 들어와 열렬한 충의절사와 고결한 청백염리를 끊임없이 배출하여 황금을 돌같이 보고 의리를 하늘처럼 받드는 국풍(國風)이 이루어졌던 것이다.

포은(圃隱) 선생은 죽음으로써 충절을 세웠고, 성삼문(成三問) 등 사육신은 세조의 녹(祿)을 먹지 않았으며, 매월당(梅月堂) 김시습(金時習) 등 생육신은 은세(隱世)하였으며, 정암(靜菴), 퇴계(退溪), 율곡(栗谷), 우암(尤庵) 선생은 청렴직간(淸廉直諫)하였고, 화담 선생은 청빈낙도(淸貧樂道)하였으며, 이순신, 조헌 장군은 원기를 잃지 아니하였고, 3학사는 불의에 타협하지 아니하였으며, 화서 이항로 선생은 청개정립(淸介正立)하여 부잡교유(不雜交遊)하였고, 면암 최익현 선생은 왜국의 물도 먹지 아니하여 아사하였으며, 간재(艮齋) 전자명(田子明) 선생은 피세(避世)하였다.

대저 의리는 다단(多端)하여 당한 때와 처한 곳과 자기의 신분에 따라 다를 뿐 아니라 이 세 가지 조건이 비록 동일하다 하여도 또한 의지의 고하, 재능의 다소, 도량의 광협에 따라 또 달라지는 것이다. 그러므로 사람을 일률적으로 평할 수 없는 바가 있는 것이다.

그러나 백이의 확고불변(確固不變)하는 청렴절의는 인간의 위대함을 남김없이 발휘한 성사(盛事)라 아니할 수 없다.

천하의 만민이 모두 옳다하는 것도 돌아보지 아니하며, 무왕 주공 태공의 성현이 옳다고 하는 것도 마침내 돌아보지 아니하고 끝까지 죽음으로 반대한 용기는 천하에 오직 한 사람으로서 영원히 영웅호걸의 가슴속에 살아 있는 것이다.

태산보다도 소중한 생명이지만 인의(仁義)를 위하여서는 홍모(鴻毛)보다도 가볍게 버리는 의리와 일의 성패리둔(成敗利鈍)을 돌아보지 아니하고 오직 천리에 일치할 것만을 꿋꿋하게 지켜 마침내 털끝만치도 변함이 없는 절의는 또한 영구하게 지사(志士)와 용사(勇士)의 정신 속에 살아 있는 것이다.

봉황(鳳凰)은 주려도 밭에 앉지 않고, 기린(麒麟)은 고달파도 풀밭에 눕지 아니한다.

선비는 모름지기 뜻을 고상하게 하여 성인 이하에서는 추구하지 말고, 도를 독신하게 좋아하여 경전 이외에서는 말미암지 아니하여 지성을 높이고, 인덕을 넓히며, 용기를 굳세게 길러 호연한 인간성의 위대한 기상을 이룩하여 천하에 청풍을 일으켜야 한다. 그렇다면 청풍고절(淸風高節)의 백이를 두고 어디로 갈 것인가?

13부

문성공 안유 선생의 공적

─ 성리학의 수입과 정착 ─

　1977년 10월 23일 화성군 반월면 월암3리 산록에 안자묘(安子廟)를 낙성하고 다음날 음력 9월 12일 선생의 기일을 맞이하여 신사우(新祠宇)에서 후손 천여 명과 경향유림 2백여 명이 참사(參祀)한 가운데 엄숙한 제례를 거행한바 선생의 공덕이 높고 커서 세월이 오래 갈수록 더욱 빛나는 까닭이라 하겠다.

　선생의 사우(祠宇)는 본래 황해도 연백군에 있는바 1·4후퇴시 사손(嗣孫)이 남하함으로써 그동안 서울 마포구 서강에 사우를 세우고 향사(享祀)하였으며 너무 협소하였기에 늘 걱정하던 중 1976년 3월에 종친회의 결의에 따라 사우를 이건(移建)키로 하여 그간 안경모 건립위원장과 안균섭 추진위원장의 헌신적 노력으로 이와 같이 청아단장(清雅端莊)한 아홉 칸의 사우를 세우게 된 것이다.

　이에 우리나라에 성리학을 수입하여 정착시킨 위대한 선생의 공적을 기리고 오늘날의 선비로 하여금 반성의 거울로 삼고자 하는 바이다.

1. 생애

선생의 성은 안(安)씨요 이름은 유(裕)인데 뒤에 향(珦)으로 고쳤으나 조선 문종의 어휘를 피하여 처음 이름으로 일컬으며 호(號)는 회헌(晦軒)이요 시(謚)는 문성공(文成公)이니 순흥인(順興人)이며 밀직부사(密直副使) 부(孚)의 아들로 고려 고종 30년(서기 1243)에 탄생하여 충렬왕 32년(1306)에 졸(卒)하시니 나이 예순넷이었다.

선생은 어려서부터 학문을 좋아하였으나 그의 생장기는 바야흐로 북적(北狄) 몽고의 내침(來侵)이 시작되어 조야(朝野)가 어지러울 뿐만 아니라 마침내 국도를 강화로 옮기고 항쟁하던 때로 학풍이 쇠퇴하고 학교가 위축되었는데도 글을 좋아하여 글 읽기를 그치지 아니하였다.

고려는 마침내 몽고의 침략을 물리치지 못하고 태자를 파견하여 강화를 요청하자 몽고의 군대는 돌아갔다. 이 해에 고종이 세상을 떠나고 태자가 돌아와 왕위에 오르니 이가 곧 원종이다.

원종 원년에 문과에 올라 교서랑이 되니 나이가 18세였다. 원종11년에 삼별초의 난을 만나 그들에게 잡힌 몸이었으나 역순의 의리를 밝혀 빠져 돌아옴에 왕이 의롭게 생각하여 내시원으로 불렀다.

충렬왕 원년(1275)에는 상주판관을 배수하였는데 이때에 여자 무당 셋이 요신을 빙자하여 대중을 현혹시키며 합천으로부터 와서 여러 군현을 돌아다니는데 이르는 곳마다 사람이 소리를 공중에다 질러 은은하게 도를 계시한 것처럼 하여 듣는 사람이 달려가 제(祭)를 베풀게 하였던바 이들이 상주에 왔을 때 잡아 곤장으로 때리고 묶어둔즉 무당들이 신언(神言)을 가장하여 화복(禍福)으로 앙탈 저주하니 주인(州人)이 모두 두려워하였으나 선생은 움직이지 아니하였다. 며칠 뒤에 무당이 용서하여 주기를 애걸하므로 석방하니 그 뒤에는 그런 미신이 없어졌다고 한다.

충렬왕 3년에는 감찰어사로 옮겼다가 국자사업에 올랐으나 왕이 선불(禪佛)에 빠져 학교가 더욱 퇴패하여 떨치지 못하므로 이에 홀로 개연히 감상하여 시를 지었는데

"향등(香燈)은 곳곳마다 부처를 빌고
피리젓대는 집집마다 귀신을 섬기는데
두어 간 부자묘에는
봄풀만 가득 사람은 없네"

라 하였다.

충렬왕 15년엔 유학제거(儒學提擧)가 되었는데 이때 왕이 원나라와 더불어 합병(合兵)하여 외구(外寇)를 토벌하기 위하여 정동행성을 설치하고 원나라에 가게 되므로 왕을 따라 원나라에 갔다. 다음해(1290) 연경에 머무르면서 주자서(朱子書)를 처음 보았으나 공문(孔門)의 정맥임을 깨닫고 좋아하여 마침내 그 글을 손으로 쓰고 공자와 주자의 진상을 모사하여 와서 주자서를 연구하였다.

충렬왕 23년 선생 55세 시에는 집 뒤에 정사(精祠)를 세워 공자와 주자의 진상을 봉안하고 아침저녁으로 배알하여 경모하고 이어 호를 회헌(晦軒)이라 하였으며 59세 때엔 광정대부(匡靖大

夫) 찬성사(贊成事)에 올랐다가 다시 벽상삼한삼중대광(壁上三韓
三重大匡) 도첨의중찬(都僉議中贊) 수문전태학사(修文殿太學士)
제수국사(提修國史)를 더해 치사하였다.

다음해에 학관 야율희일(耶律希逸)이 차사로 와서 문묘배알을
청하였는데 이때에 국자감이 여러 번 병화(兵火)를 겪어 다만 몇
칸의 집만 남아있을 뿐인지라 예관이 부득이 선생 댁의 정사를
가리켜 성묘(聖廟)라 하고 인도하며 배알케 하니 희일이 전우(殿
宇)가 너무 좁아 반궁(泮宮)의 제도를 잃었다고 하면서 왕에게 신
건(新建)할 것을 권하였다. 이에 선생이 집을 조정에 헌납하여 새
학교를 짓게 하고 또한 국학에다 봉전과 노비를 바쳤으며, 충렬왕
29년에는 백관으로 하여금 각각 은(銀)이나 포(布)를 내게 하여
양현고(養賢庫)에 보내서 교육비로 쓸 것을 청함과 동시에 박사
김문정을 송나라 문물이 아직 남아 있는 남경에 보내 선성(先聖)
과 72자의 소상(塑像)을 모셔오게 하고 또한 제기(祭器), 악기(樂
器)와 육경(六經), 제자(諸子), 사(史)와 주자신서(朱子新書)를 구
입하여 오게 하였다.

충렬왕 30년에 백관이 낸 은포로 섬학전(贍學錢)을 설치하고
대성전(大成殿)이 낙성하니 선성상을 봉안하며, 교수를 추천하여
학생 수백 명을 가르치게 되니 유제생문(諭諸生文)을 지었다.

충렬왕 32년에 졸하니 시를 문성이라 하고 장단부 송림현 대덕
산에 장사지내고 충숙왕 6년에 문묘(文廟)에 종사(從祀)하였으며
조선 중종 37년(1542)에 풍기군수 주세붕이 순흥 백운동에 서원을
건립하고 선생의 진상을 봉안하였으며 뒤에 퇴계 선생의 상서에
의하여 소수서원(紹修書院)이란 편액과 경적(經籍)을 하사받았다.

2. 공적

전(傳)에 말하기를 영원토록 불후한 것은 세 가지가 있는데 첫째가 덕을 온전히 한 것이요, 둘째가 공을 세운 것이며 셋째가 학문을 이룩한 것이라고 하였다.

그러나 천하에 바른 학문이 없으면 불후한 공을 세울 수도 없을 뿐더러 지극한 덕도 밝힐 수가 없게 되는 까닭에 바른 학문을 인식하고 이를 밝혀 후세에 전해주는 것은 선비의 본분임과 동시에 사학(斯學)의 공로라고 할 것이다.

회헌선각(晦軒先覺)은 공맹의 적전(嫡傳)인 정주의 학문을 우리나라에 수입함으로써 획기적인 학문의 발전을 가져오게 하는 대공적을 이룩하였다.

물론 도의 흥망과 학문의 성쇠는 천명의 하는 바요 인간의 지력으로 미치는 것 아니나 당시 고려조는 본시 불교를 숭상하였고 민속은 미신이 성행하여 학풍이 쇠미한 데다 밖으로는 외침이 잦았고 안으로는 전제통치로 말미암아 학교까지 퇴패하여 서력 기원후 1000년경으로부터 송나라 6군자에 의하여 세워지고 서력 기원후 1200년까지 주자에 의하여 완성된 도학(성리학)이 거의 1세기가 지날 때까지 바다를 사이에 두고 우리나라에 수입되지 못한 실정에서 회헌 선생의 도학(道學) 수입은 우연한 일이라 할 수 없는 것이요 이보다 먼저 고려 예종과 인종 때(1100년대)로부터 송나라에 파견한 사람이 한두 명이 아니며 서적을 수집한 것이 한두 번이 아니로되 주염계(周濂溪), 장횡거(張橫渠), 정명도(程

明道), 정이천(程伊川), 소강절(邵康節), 사마군실(司馬君實)의 6
군자(六君子)가 있는 줄은 알지 못하고 한갓 당송(唐宋) 8대가(八
代家)만이 있는 것을 알았을 뿐이며 더군다나 8가 중에서도 한퇴
지 구양수 등의 정통 유문(儒文)보다는 노불(老佛)을 합작한 소동
파의 문풍을 즐겨 시부사장(詩賦詞章)에 빠진 시기에 주자의 거
경궁리(居敬窮理)의 학을 인식하고 이것이 공자의 박문약례(博文
約禮)의 진수임을 깨달아 수입하여 국학으로 정착시킨 것은 참으
로 선생의 학식이 깊고 도량이 넓은 까닭이라 아니할 수 없는 것
이며 우리나라 학문발전에 불후한 공적이라 할 것이다.

선생은 유제생문(諭諸生文)에서 말하기를 '성인의 도는 일상윤
리에 지나지 아니하니 아들은 마땅히 효도하고, 신하는 마땅히 충
성하며, 예(禮)로써 가정을 제도하고 신(信)으로써 벗을 사귀며 몸
을 닦음에 반드시 공경하고 일을 함에 반드시 성실할 따름인데
저 불자(佛者)는 어버이를 버리고 집을 나가 인륜(人倫)을 저버리
며 의리를 그르치니 곧 이적(夷狄)과 동류이다. 근년에 병화를 만
나 학교가 무너져 선비가 학문을 알지 못하고 학생들은 불서(佛
書) 읽기를 즐겨 그 아련한 공적(空寂)의 요지를 숭상하여 믿으니
내가 매우 통탄하노라.

나는 일찍이 중국에서 주회암(朱晦菴)의 저술을 읽어보니 성인
의 도를 발명하고 선불(仙佛)의 학을 물리쳐 공덕이 족히 중니(仲
尼)에 짝하는지라 중니의 도를 배우고자 할진대 먼저 회암을 배
우는 것 같음이 없을 지니 제생(諸生)은 새로운 글을 읽고 실천
하여 마땅히 학문에 힘써 소홀함이 없게 하라'고 하였다.

주자는 당시의 유학이 노불의 영향에 물들어 공맹의 사상이 들

어나지 못한 것을 보고 노불과 합작되어 의리가 불명한 소동파의 학설을 배척하며 선불과 조화되어 심성이 불명한 육상산(陸象山)의 학설을 공격하여 사문(斯文)에 이단의 독소를 제거하고 4서5경(四書五經)을 바탕으로 성인의 도체를 밝히며 현인의 학설(學說)을 모아 사문의 본의를 확연히 들어내니 격물치지의 학과 인의중정(仁義中正)의 덕과 효제충신의 도이다. 이 학문은 멀리서 보면 단순한 생활규범으로 너무 얕고, 가까이서 보면 무궁한 의리 정신으로 너무 높아 스스로 두터이 좋아하기가 어려운데도 불구하고 선생이 이와 같이 깊이 깨달아 저와 같이 힘써 가르쳤으니 어찌 스스로 힘쓴 바가 아니겠는가!

더욱이 문인(門人) 권부(權溥) 우탁(禹倬) 이진(李瑱) 이조년(李兆年) 백이정(白頤正) 辛天 제현과 더불어 의리를 강론하고 정학(正學)을 창명하야 여말(麗末)의 문운을 일으키는 연원이 되어 이제현(李齊賢), 이색(李穡), 권근(權近), 변계량(卞季良) 등의 대현을 배출하였을 뿐만 아니라 드디어 동방이학(東方理學)의 조인 포은 정몽주 선생이 나옴에 이르러서는 인생의 의리와 국가의 대의까지 밝혀져 주자가례에 의한 관혼상제례를 실천하여 문화를 일신한 데 이르고, 백여 년간의 원나라에 대한 굴욕적 자세를 청산하여 북호를 섬겼던 국치(國恥)를 설욕(雪辱)하고 중원의 명(明)나라와 친함으로써 국체를 바로 하는 데 이르렀다.

또한 포은 선생은 이성계에 의하여 고려가 멸망하게 될 때에도 죽음으로 절의를 굽히지 아니함으로써 만대에 민족정기를 진작시켰으니 여계(麗季)의 성리학이 안으로는 문화주의와 주체사상을 싹트게 하였고 후세에는 청렴강직한 사상과 절의순도(節義殉道)정신을 남겼다.

회헌 선생이 정주(程朱)의 학문을 수입한 때로부터 포은 선생이 순절하기까지 백 년도 못되는 사이에 새로운 학풍이 불길처럼 일어나 저와 같이 많은 학자를 일시에 배출하고, 마침내 고려조를 장렬한 충절로서 마치게 하였으니 이것이 천명의 소치인가 인력의 소위(所爲)인가?

14부

문충공 정포은선생전

하늘이 동방에 한 철인을 탄생시키니, 만리강산이 그로부터 더욱 아름다웠고, 백세생령(百世生靈)이 이로 말미암아 다시 거룩하였다. 하늘은 천지를 창조할 때 먼저 인간에게 빼어난 성명(性命)을 주었으므로 단군 이래로 대동에 어찌 성신현철(聖神賢哲)한 영걸(英傑)이 없을까마는 문헌의 내려옴이 없으니 후인으로 하여금 헌장이 되지 못하며, 비록 기자의 아름다운 법이 있다 하여도 그 심술의 묘리를 밝힘이 없으니 백대에 학문을 말미암아 도체(道體)를 확립하는 길이 있는 줄을 아는 사람이 없었다.

더욱이 나려(羅麗)의 불교숭상은 5륜의 도덕을 세속의 비천한 일로 여기는 데 이르러 학자로 하여금 부질없이 공적(空寂)한 데로 나아가게 하니 이에 인물이 시들고 이어 호로(胡虜)의 습속까지 끼어드니 대도(大道)를 지키는 아름다움도 살아져 선비가 다투어 부화뇌동한지라 사기(士氣)가 병들어 바야흐로 동국반만년에 착한 천성으로 호걸이 된 사람은 많았으나 아름다운 학문으로 영웅이 된 사람은 포은 선생으로부터 비롯하였을 따름이다.

선생의 성은 정(鄭)씨요 휘(諱)는 몽주(夢周)이며 자는 달가(達可)요 호(號)가 포은(圃隱)이며 시호는 문충(文忠)이다.

연일인(延日人)으로 상조(上祖)는 습명(襲明)인데 여조(麗朝)의 명유(名儒)로서 관이 추밀원지주사(樞密院知奏事)에 이르렀고 증조는 인수(仁壽)요 조(祖)는 유(裕)이며 부(父)는 운관(云觀)이요 모(母)는 이씨로 서승약(署丞約)의 따님이다.

고려 충숙왕 복위 6년 정축(서기 1337) 12월 무자일에 선생이 탄생하니 태어날 때부터 좋은 징후가 있어서 초명을 몽란(夢蘭)이라 하였고 자람에 천분이 영매하여 호걸특립의 자질이 있었는바 성현의 학문을 존신하고 성리를 연구하여 스스로 깊이 얻은 바가 있어 부모 돌아가심에 홀로 선생이 탁연히 자립하여 세속의 백일탈상례(百日脫喪例)를 따르지 않고 여묘(廬墓) 3년상으로 마치니 비록 예(禮)의 정제(正制)는 아니나, 당시 세속의 밥 먹고 비단옷 입으면서 부처에 빌고 중에게 의뢰하는 시류(時類)들에게 스스로 정성을 다하는 효도가 있음을 보여주었고 처음으로 주자의 가례를 따라 집에 사당을 세우고 신주를 모셔 제사지내니 당시 습속의 기일(忌日)에 절에 가 중을 찾으며 시제(時祭)에 제수를 갖추지 아니한 사람들에게 추원보본(追遠報本)의 예의와 성경엄숙(誠敬嚴肅)의 절도를 알게 하였다.

선생은 학문을 토론하고 이치를 연구함에 한결같이 주자(朱子)의 학리를 준칙으로 하니 횡설수설이 공맹의 정의에 일치하지 않음이 없으므로 이로부터 고주(古註)의 지리(支離)한 것이 사람을 오도(誤導)할 수가 없었고 소동파의 부화지설(浮華之說)과 육상산(陸象山)의 자고지론(自高之論)이 이 땅에 발붙이지 못하게 되었다.

조정에 나아가서는 친명(親明), 배원(排元), 어왜(禦倭)의 정책을 주장하여 백 년의 국치를 이미 설욕하고, 억조의 환난을 미연에 방지하는 경륜을 펴서 바야흐로 국체(國體)를 바로 세웠으니 이것은 맹자의 사소(事小)와 사대(事大)의 의리를 통달하여 국가는 모름지기 천하의 의주(義主)를 섬길 뿐이요, 불의한 나라와는 불가불 항쟁하지 아니할 수 없는 대계(大計)를 밝힌 것이다.

그러므로 복제(服制)를 고쳐 호원(胡元)의 습속(習俗)과 누습(陋習)을 제거하였으며, 서울에 5부학당을 세우고 지방에 향교를 세워 문풍을 진작케 하였으며, 우리의 법령을 대명률(大明律)과 참작하여 신율(新律)을 만들어 기강을 정립케 하였으며 사전(私田)을 혁파하고, 의창(義倉)을 세우게 하며, 수참(水站)을 설치케 하였으니 모두 백성을 이롭게 하고, 사람을 편안케 하는 것이었다.

이로서 춘추의 대의가 이 땅에 일성(日星)과 같이 밝아져 삼척동자까지도 예의를 숭상하고 전장(典章)을 준수하며 문명을 애호하였으니, 떳떳하게 허무지교와 적멸지학을 벗어나며 시원하게 호속(胡俗)과 누습을 멀리하고 꿋꿋하게 난신적자와 탐관오리를 미워하게 되었다.

선생은 불행하게도 어지러운 고려조 말에 태어나 저와 같은 굉강대법(宏綱大法)을 열매 맺지는 못하였으나, 다행하게도 이로 말미암아 요순우탕의 왕도덕치와 공맹정주의 인의성경(仁義誠敬)의 도통이 인방(仁方)으로 건너온 연원이 되었으니 혼란이 극도에 이르면 바로잡는 하늘의 뜻이 아니겠는가!

요순우탕문무(堯舜禹湯文武)의 왕도는 도덕정치, 문화정치, 민본정치이니, 선생이 이미 사업으로 그 대체를 뚜렷하게 보인 바이요, 공맹정주(孔孟程朱)의 인의성경은 사욕(私慾)을 제거하고 천리(天理)를 보존하는 학문과 자기몸을 닦은 뒤에 남을 다스리는 도리와 의리를 높이고 공리(功利)를 물리치는 사업인바, 선생의 저술이 많지 아니하여 비록 학리를 두루 밝힌 것은 없으나, 군자는 먼저 실천으로 보이고 말은 뒤에 따른 것이며, 더욱이 학문의 공은 언사가 넘치고 성경(誠敬)이 모자란 것보다는 차라리 성경이 넘치고 언사가 모자라는 것이 나은 것이요, 무릇 학문의 어려운 것은 사욕(私慾)을 극복하는 것보다 어려움이 없고, 사욕을 막는 길은 시청언동(視聽言動)을 신중히 하여 만물의 도리를 깨닫는 데 있으니 그의 하는 바가 이미 여기에 이르렀다면 그의 학문하는 바가 벌써 뚜렷한 것이다.

선생은 척약재명(惕若齋銘)에서 말하기를

"하늘의 운행함이여
하루에 9만리길이로다.
잠깐이라도 그침 있으면
만물은 곧 살지 못하리.
가는 것은 이와 같아
넘실넘실 쉼이 없나니.
한 생각이라도 병이 나면
혈맥이 중도에서 막히네
군자는 그것을 두려워해
저녁에도 조심하고 힘써.
공력을 쌓음이 지극하면
위에 계신 하늘을 만나리라."

라고 하였으니 여기에서 그 학문의 자태를 알 수 있는 것이요. 더

욱이 경연계사(經筵啓辭)에서 말하기를

　"유자의 도는 모두 일상생활에서 평범하고도 항구적인 일로 밥 먹
고 물마시고 잠자는 것이 일반 사람들과 같은 바요 지극한 도리를 간
직하였으니 요순의 도도 또한 이에서 벗어나지 아니하여 동정어묵(動
靜語默)에 그 바름을 얻으면 곧 이는 요순의 도라 처음부터 매우 고
원하고 실행하기 어려운 것이 아닙니다.
　저 불씨(佛氏)의 가르침은 그렇지 아니하여 친척을 버리고 남녀를
끊어 홀로 바위틈에 앉아서 풀을 걸치고 나뭇잎을 먹으며 공계(空界)
를 찾아 의식을 끊은 것으로 종지를 삼으니 이것이 어찌 평범하고도
항구적인 길이겠습니까?"

라고 하였다. 여기에서 그 학문의 내용을 알 수 있는 것이요. 또
한 주역(周易)을 읽으라는 시에서 노래하기를

　"어지러운 사설(邪說)이 생령을 그르치네
　누가먼저 일어나 깨우쳐줄까
　듣건대 그대 집에 매화 피려한다니
　함께 가 세심경(洗心經)을 다시 읽을까?
　참으로 마음은 허령(虛靈)하지만
　씻어야만 본래의 빛 새로 알지니
　간괘(艮卦)의 여섯 획을 자세히 보면
　화엄경 한 권쯤 읽는 것에 비기랴!"

라고 하였다. 학문에의 성의가 저와 같고 행실에의 궁리가 이와
같다면 이미 그 학문의 도저를 알 수 있는 것이다.
　그러므로 송자(宋子)는 선생의 신도비명(神道碑銘)에서 밝히기를

　"오직 그는 유자(儒者)의 학문으로써 자기의 소임을 삼으니 그 학

문이 반드시 주자(朱子)로서 종주(宗主)를 삼아, 후세의 학자로 하여 금 모두 경(敬)을 주체하여 근본을 세우고 이치를 연구하여 지식을 이루며 자기 몸에 돌이켜 진실을 실천할 줄을 알게 하였으니, 이 세 가지는 성학(聖學)의 체요(體要)인즉 그 공적을 누구와 더불어 비길 것이냐!"

라고 하였다.

이미 그 학문의 공력이 이와 같으니 조정에 나아가 출처진퇴 (出處進退)하는 의리와 사업을 맡아 멸사봉공(滅私奉公)하는 도 량은 남은 일에 지나지 않는 것이다.

선생이 비록 호원침릉(胡元侵陵)의 치욕기에 등제취관(登第就 官)하였고, 우왕과 창왕을 섬겼으며, 고려조의 위망한 형세를 지 켜 천명(天命)과 인심(人心)의 돌아가는 바를 어겼다 하나 어찌 출처의 의리를 의심할 것인가?

이윤(伊尹)은 걸(桀)의 벼슬도 달라 하였고, 백이는 무왕의 하 는 바도 어겼으며, 두 왕은 궁중의 은밀한 일이라 나중에 알고 바 꾸었으니 뜻이 높고 생각이 깊으며 도량이 넓은 군자가 하는 바 를 무궁한 의리를 아는 선비가 아니면 누가 감히 헤아릴 것인가?

하물며 백장노도(百丈怒濤)를 두려워 아니하고 일엽편주에 몸 을 맡겨 서쪽으로 명나라를 어지러이 찾아가 황제의 노여움을 풀 게 하고 동쪽으로 섬나라에 수고롭게 건너가 왜주(倭主)에게 교린 의 예법을 깨우쳐 도적을 보내지 않도록 하였으니 국가와 생민을 위하는 마음과 노력이 이와 같음에 이르렀음에야!

그러므로 고려조가 망하던 임신년 4월 4일에 선죽교(善竹橋)에 서 조용히 56년의 일생을 던져 순국하시니, 바야흐로 거룩한 충혼

장백(忠魂壯魄)은 황천상제(皇天上帝)의 감동한 바요, 열성중조(列聖衆祖)의 감탄한 바요, 산천귀신의 감격한 바요, 백만생령(百萬生靈)의 감개하는 바라, 숭고한 충절은 만고에 떨치고 장렬한 의기는 태산처럼 높아 한 마음이 나옴에 마치 해와 달이 하늘에서 나온 것 같아서 삼한(三韓)에 보지 않은 이가 없고 한 일을 이룸에 마치 우레와 번개가 땅에서 울리는 것처럼 조선에 듣지 못하는 이가 없으니 이로부터 경(敬)의 한 글자가 군자에게 마음을 간직하는 근본원리임을 알게 하였고 의(義)의 한 글자가 선비에게 몸을 다스리는 기본원리임을 알게 하였다.

경과 의가 확립되면 덕(德)이 외롭지 아니하니 선생의 장의순절(仗義殉節)로부터 이 나라에 진유를 숭모하고 예절을 준수하며 의리를 밝히고 청렴을 즐기는 풍기가 일어나 정치적으로는 존왕천패(尊王賤覇)의 정신으로 공리설(功利說)을 물리치고 도의를 밝히게 되었으며, 사회적으로는 존양이화(尊華攘夷)의 정신으로 미신을 타파하고 문명을 숭상하게 되었으며, 교육적으로는 존성학척사설(尊聖學斥邪說)의 정신으로 이단을 물리치고 효제충신을 깨닫게 되었다.

따라서 후세의 사림(士林)은 선생을 동방 이학(理學)의 종(宗)으로 추대하여 나라의 포상이 끊이지 않고 문묘에 종사하여 향화(香火)를 거르지 아니하며 어진 사람의 나옴에 반드시 선생을 숭모하였으니 퇴계 선생은 말하기를 '포은의 정충대절은 천지의 경위처럼 명백하고 우주의 동량처럼 꿋꿋하다고 말할 수 있다'라고 하였으며 율곡 선생은 말하기를 '성리를 연구하는 선비가 고요하여 들을 수 없더니 고려 말 정문충(鄭文忠)에 이르러 비로소 도학을 창명하니 명유가 이어 나와 조선조에서 크게 성행하였다'라고 하였으며 송자는 말하기를 '문명으로서 야속(野俗)을 변화시키는 데 마음을 쓰고 호원(胡元)의 사신을 물리치는 데 이르러서는 그 평소의 말이 우뚝하여 푸른 하늘의 태양과 같은 것이다'라고 하였다.

옥이 산에 있으면 나무가 윤기 나고 연못에서 구슬이 나오면 못이 마르지 아니하나니 선생이 동방에 있음으로써 도학이 빛을 내고 동방에 선생이 나옴으로써 강산이 번쩍이니 어찌 하늘의 뜻이 아니랴!

그러므로 조선왕조가 건국한 뒤에도 어진 임금은 반드시 선생을 깊이 경모한바 공정대왕(恭定大王)이 즉위하여서는 '섬기는 바에 마음을 오로지 하였고, 그 지조를 고치지 아니함'으로써 문충(文忠)이란 시호를 주었고 시를 지어 말하기를

"고려가 쇠망하야 조선운수 일어나니,
어진 이들 떼 지어 꿈틀거렸네!
조용히 죽음 택한 오천(烏川)의 선비,
조선 땅에 절의를 일으켜 주었네!"

라고 하였고, 그 두 번째 시에서 말하기를,

"충의의 본심이야 사라질 수 없으나
평시에 갈고 닦음 아는 이 없네
모진 바람 견디는 풀 더욱 보기 어렵거든
모름지기 고려의 한 충신을 생각하소"

라고 하였고,

세종대왕은 일찍이 여러 신하들을 대하여 하교하기를, '고려 말에 옛 임금을 위하여 절의를 지켜 고치지 아니한 사람은 오직 정몽주(鄭夢周)와 길재(吉再)였던 까닭에 뒤에 모두 추증(追贈)하였다'라고 하였으며 선조대왕은 전교하여 말하기를 '우리나라는 예로부터 문헌의 나라로 일컬으나 사물의 이치를 끝까지 연구하고 지성을 이루며 뜻을 성실히 하고 마음을 바르게 간직하는 학문은 곧 전통이 없었다고 하겠다. 고려의 정몽주로부터 비로소 끊어졌던 학문을 창명하니 조선조에 이르러 김굉필·정여창·조광조·이언적 등이 서로 이어서 일어나 도의를 가르쳐 밝히고 경전의 뜻을 나타냈으므로 이 사람들은 사도(斯道)에 큰 공에 있다'라고 하였다.

이처럼 여러 임금들이 그 일을 잊지 못하고, 많은 어진 이들이 그 마음을 감추지 못하는 것은 곧 사람이 만사를 접응(接應)하여 나아감에 정밀한 의리를 잘 갖추어야만 아름다운 조리질서가 들어나기 때문이다.

이 만사를 접응하는 실체가 바로 마음이니 한 마음이 바로 서야만 한 몸이 바로 설 수 있고, 한 몸이 확고하게 서야만 외물(外物)의 내응(來應)에 흐트러지지 아니할 수 있다. 사람이 외물의 접응에 몸과 마음이 흔들리지 아니하면 정밀한 의리를 찾아 마침내 부귀에 물들지 아니하고, 빈천에 흔들리지 아니하며, 위무(威武)에 굴복하지 아니하여 몸을 지키고, 본심을 간직하는 대장부가 될 수 있는 것이다.

그러므로 공부자는 필부의 뜻은 빼앗을 수가 없는 것이라 하며,

맹자는 몸을 지키는 것이 선비가 지켜야 되는 가장 큰 것이라고 한바 이것이 유학의 기본이 된다. 그런데도 학자들이 심성(心性) 공부를 소홀히 하고 한갓 밖으로 나타나는 일에만 힘쓰니 학자는 많아도 도의가 밝혀지지 않고, 선비가 끊임없이 나와도 볼 만한 행실이 없게 된 것이다. 사람의 천성은 비록 착하지만 학문으로 말미암지 아니하면 윤리를 모두 들어내지 못하고 사람의 생명은 비록 큰 것이지만 의리를 지키지 아니하면 인간성을 밝힐 수 없는 것이라 선생의 충효절의(忠孝節義)를 실천하는 학문과 의리가 뒷사람들로 하여금 영원히 우러러 탄식케 하는 까닭이 여기에 있다.

15부

정암 조선생전

　천도(天道)에 소장(消長)하는 진리와 성쇠(盛衰)하는 정기가 있으니 인사에 흥망하는 운수와 치란(治亂)하는 형세가 있다. 천지가 창조된 지가 오래 되니 한 번 잘 다스려지면 한 번 어지러워지는바 천리를 어기고 인륜을 저버리는 혼탁한 때에 이르면 하늘은 반드시 어진 사람을 내어 한 몸으로 세도(世道)를 건져서 백세의 표준을 세우고 한마음으로 인심을 바로잡아 천성(千聖)의 심법(心法)을 잇는다.

　우리나라는 단군(檀君)의 홍대인덕(弘大人德)과 보익세간(輔益世間)하는 도덕정치와 기자(箕子)의 약법8조(約法八條)로 다스리는 예법행정이 있었으나 그 이후로 오래도록 인의(仁義)의 정치가 밝혀지지 아니하였던바 조선조에 들어와 세종대왕이 비로소 인의정치에 거의하였고 중종조에 정암(靜菴) 선생이 나옴으로서 환연히 왕도정치를 베풀게 되었다. 선생의 성은 조(趙)씨요 휘(諱)는 광조(光祖)며 자(字)는 효직(孝直)인데 스스로 정암(靜菴)이라고 호(號)를 하였으니 시호가 문정(文正)이다.

조씨는 한양의 저성(著姓)으로 고려총관인 양기(良琪)는 군공으로 원조가 내린 포대를 받았는데 이 분이 선생의 7대조이다.

총관의 증손인 휘온(諱溫)은 조선조 개국공신이 되어 한천부원군을 봉하였고 시호가 양절(良節)이니 선생에게는 고조가 된다.

양절이 의영고사(義盈庫使)인 휘육(諱育)을 낳으시니 증이조참판(贈吏曹參判)이요. 참판(參判)이 성균사예(成均司藝)인 휘충손(諱衷孫)을 낳으시니 증례조판서(贈禮曹判書)요. 판서가 휘원망(諱元網)을 낳으시니 벼슬이 사헌부감찰(司憲府監察)에 이르렀고 증이조참판(贈吏曹參判)인데 이 분이 선생의 아버지가 되신다. 어머니는 여흥 민씨로 현감 의(縣監誼)의 따님이시다.

성종 13년(壬寅年 서기 1482) 8월 10일에 서울에서 선생을 낳으시니 나면서부터 기질이 청수(淸粹)하고 용모가 단결(端潔)하여 사람들이 모두 특이하게 여겼다.

다섯 살이 되어서는 노는 모습에도 이미 성인의 면모가 있어서 예법을 익히기 좋아 하였고 잘못됨이 조금만 보여도 반드시 지적하여 그치게 하였다.

17세 되어서 비로소 한훤당 김선생문(金先生門)에서 배워 독서 수업할 줄을 알아 강개(慷慨)하여 대지(大志)를 품고 홀로 과거에 뜻을 둔 글에는 깨끗하게 여기지 아니하고 성현의 풍도를 흠모하여 널리 배우고 힘써 실행하여 성공하기로 기약하였다.

18세 때에 첨사인 윤동(允洞)의 따님 한산 이씨에게 장가들고 19세 때에 아버지 참판공이 돌아가시니 모든 곡읍상제의 예제와 음식기거의 절도를 한결같이 주자의 가례(家禮)를 따랐고 여묘함에도 반드시 묘를 향하여 앉았다.

복기(服期)를 마치고도 애통함을 다하지 못하여 무덤 아래에다가 초당수간(草堂數間)을 지어 기리 사모하는 곳으로 삼아 이사를 하고 어머니를 극진히 봉양하면서 소학과 근사록(近思錄)과 4서를 위주로 삼고 제경(諸經)과 성리군서(性理群書)와 통감강목(通鑑綱目)을 다음으로 하여 매일 닭이 울면 세수하고 머리 빗고 숙연히 꿇어앉아 마음을 화평하게 가지고 기운을 가다듬어 내려 읽고 우러러 사색하였으니 생각하여도 터득하지 못하면 비록 하루가 다가거나 날이 새어도 터득할 때까지 계속하여 절대로 포기하지 아니하니 참으로 노력을 함이 오래됨에 덕기가 성취되었으나 선생은 오히려 무자기(無自欺)와 근독(謹獨)으로 힘썼다.

25세 때에 중종이 반정하여 연산의 학정을 모두 개혁하니 사기(士氣)가 조금 일어나므로 선생이 비로소 도학(道學)으로서 제생을 교수하니 원근에서 오는 학생이 매우 많았다.

29세 되던 해 봄에 진사회시(進士會試)에 장원하였고 여름에는 송도 천마산과 성거산에 들어가 독서하며 사색하여 맹자의 호연장(浩然章)을 한 달 만에 깨달았다.

30세 때에 어머니 민(閔) 부인이 돌아가시니 슬픔을 다하고 예를 갖춤이 아버지 상 때와 같았다.

34세 때의 봄에 두서너 벗을 데리고 양평 용문사에 가서 책상을 만들어 서로 토론하였는데 밤낮으로 피로를 잊고 정력을 조성하였는바 제공(諸公)이 스스로 미치지 못하겠다고 하였다.

이해 6월에 전조(銓曹)에서 효렴(孝廉)으로 발탁하여 조지서사지(造紙署司紙)를 배수(拜授)하니 선생이 마음속으로 매우 불쾌하게 여겨 말하기를 '나는 항상 명리와 영달로서 마음을 갖지 아니하였는데 이와 같이 의외의 일이 있고 또한 오늘날은 옛날과 다르니 부득이 과거를 말미암아 도를 펴는 계제를 열어야겠다. 만약 헛된 성예(聲譽)가 세상에 드날리는 것으로서 벼슬하는 것을 나는 매우 부끄러워하노라' 하고 이해 가을에 중묘(中廟)가 선성을 배알함에 선비를 시험하였는바 선생이 이 과거에 응하여 을과 제1등으로 뽑혀 성균관전적(成均館典籍)을 제수(除授)받았고 사헌부감찰(司憲府監察)로 옮겼다.

11월에 사간원정언을 배수하여 언로전개(言路展開)에 진력하였는바 박상(朴祥) 김정(金淨) 등을 상소문 때문에 죄 줄 수 없음을 극간하였다.

35세 때 봄에 호조좌랑을 제수받았고 이어서 예조좌랑과 공조좌랑으로 옮겼다가 뽑혀서 홍문관부수찬 겸 경연검토관, 춘추관기사관을 배수하였다.

선생은 이미 이와 같이 발탁됨에 날카롭게 임금의 마음을 바로잡을 것을 생각하고 드디어 이 임금을 요순시대와 같은 사람으로 만들어 유도(儒道)를 흥기하는 것으로 자신의 책임을 삼아 늘 경연에 들어가 강의할 때마다 전날 저녁에 미리 제계(齊戒)하고 새벽이 되면 옷을 갈아입고 나아가 임금 앞에 이르면 한 마음이 엄숙하여 마치 신명(神明)을 대하는 것 같이하고 자상하게 설명하여 반드시 성청에 감동되게 하고자 하였으니 이에 천인성정(天人性情)의 분별과 왕패의리(王覇義利)의 판별로부터 수신치치(修身致治)의 도에 이르기까지 극론(極論)을 다하지 아니함이 없었으니 혹 해가 저물 때까지 이르렀으나 임금도 또한 허심하게 경청하여 조야가 태평시대를 이룰 수 있다고 기대하였다.

이에 수찬(修撰)을 올려 받고 36세 때 2월에는 홍문관교리 겸 경연시독관 춘추관기주관을 배수 받았는바 경연에 나아가 아뢰기를 임금이 당우삼대(唐虞三代)의 정치를 할 것으로 기약을 하더라도 반드시 그와 같은 치적을 곧 이루지는 못하는 것이나 다만 뜻을 이와 같이 세워서 격물치지와 성의정심에다 힘을 쓰면 점차로 그와 같은 치적에 이르러 갈 수 있다고 주장하였다.

7월에 응교(應敎) 겸 경연시독관(經筵侍講官) 춘추관편수관(春秋館編修官) 승문원교감(承文院校勘)에 올라 김굉필(金宏弼) 선생에게 작(爵)과 시(諡)을 내리고 문묘에 종사할 것을 청하였으나 허락받지 못하였고 또 성삼문과 박팽년 및 심원에게 포상증직(褒賞贈職)을 요청하였고 정몽주 선생을 문묘에 종사할 것을 논명(論明)하였다.

전한(典翰)을 더하였으나 선생은 너무 빨리 승진하는 것이 동료에게 미안하고 중책을 맡은 것이 학문에 힘쓸 수 없다고 하여 사양하고 외직을 달라고 요청하였으나 허락받지 못했다.

37세 정월에는 경연에서 강관(講官)도 앉아서 임금의 얼굴을 쳐다보면서 강의할 것을 논설하고 임금과 신하가 좀 더 가까워질 수 있도록 언제나 여러 신하를 불러서 만나볼 수 있게 하라고 요청하였다. 이에 특별히 통정대부 홍문관부제학 겸 경연참찬관 춘추관수찬관(通政大夫 弘文館副提學 兼 經筵叅贊官 春秋館修撰官)을 배수하니 말에서 떨어진 신병으로 사양하였으나 허락을 얻지 못하였다.

2월에는 동한당고사(東漢黨錮事)를 강론하고 사기(士氣)를 배양할 것을 요청하였고, 이어서 공물의 폐(幣)를 논하여 부세(賦稅)의 율을 감손(減損)할 것과 초인사관(初人仕官)의 선택법과 특지제관(特旨除官)을 삼갈 것과 회뢰(賄賂)를 엄금할 것을 논청(論請)하였다. 5월에 승정원동부승지 경연관참찬관 춘추관수찬관으로 옮겼다가 다시 홍문관부제학으로 돌아와서 소격서(昭格署)를 혁파할 것을 상소하여 뜻을 이루었고 야인(野人) 속고내(速古乃)를 속여서 잡지 말 것을 요청하니 왕이 따랐다.

11월에 사헌부대사헌으로 옮겨 원자보양관을 겸하니 현량과(賢良科)를 설치할 것을 청한바 왕이 따랐다.

38세시에는 동지중추부사로 옮겨 배수하였으나 4월에 다시 부제학으로 돌아왔고 6월에 다시 대사헌으로 돌아와서 대신(大臣)은 공론을 주장하여 시비를 명변(明辯)하여야 됨을 논명하고 임금은 종사대제(宗社大祭)에 친행할 것을 말하였다.

7월에 병으로서 계(啓)를 올려 두 번이나 사임을 요청하였으나 허락받지 못하였다.

이어 사화(士禍)의 길을 예방할 것을 요청하여 10월에 반정시의 정국공신(靖國功臣)을 개정할 것을 요청하고 남곤(南袞)이 피사(避事)한 죄를 논하였으나 허락받지 못하니 대간(臺諫)을 인솔하여 사직을 하자 비로소 임금이 개정의 청을 따랐다.

11월 을사(乙巳)에 남곤(南袞) 심정(沈貞) 홍경주(洪景舟) 등이 무고하여 하옥되고 능성(綾城)에 안치하였다가 12월 20일에 자진을 명령하니 이에 목욕하고 관복을 갖추어 안색을 변함이 없이 조용히 명에 나아가면서 말하기를 '愛君如愛父 憂國如憂家 白日臨下土 昭昭照丹衷'이라 하였다.

선생은 천성이 지극히 순수하여 도량이 광활하며 학술이 지극히 정밀하여 재식(才識)이 고명하므로 가정에서는 한 몸의 힘을 다하여 효성을 이루었고 국가에서는 천하의 공언(公言)을 다하여 충성을 이루었다.

일찍이 도학을 숭상하여 인심을 바로잡고 성현을 본받아 지선의 정치를 일으키기로 뜻을 세우니 학문에 털끝만치의 난잡함도 용납하지 아니하고 소학으로 근기를 만들고 4서로 체계를 세우며 근사록(近思錄)과 통감강목(通鑑綱目)으로 기상(氣象)을 길러 5경(五經)으로 완성하였으니 항상 일신이 정제 엄숙하였고 일심(一心)이 광대관평하였다.

선생은 임금에게 아뢰는 글에서 말하기를 모름지기 경(敬)으로써 내심을 정직하게 하고, 의(義)로서 외모를 방정하게 하여 내외를 서로 바꾸어 가며 길러야 하온바 안자(顔子)의 4물(四勿)이 공부의 하수처로서 극기를 잘하면 사욕이 없어지고 일심이 광명하여 판단이 공평하게 되므로 사물을 처리함에 마땅함을 얻을 수 있나니 마침내 언론이 예법에 적중하는 데 이를 것입니다.

어진 사람은 오직 의리만을 알 뿐이니 궁달수요(窮達壽夭)나 모든 사물에서 한결같이 그 마음을 움직이지 아니하고 다만 학문에 힘쓰고 도에 뜻을 가질 뿐이니 어찌 궁달에 생각을 둘 것입니까?

사람이란 천품(天稟)의 특이한 재질을 믿을 것이 못되니 재기가 뛰어난 사람은 선하게 되기도 쉽지만 또한 악하게 되기도 쉬운 것이라, 반드시 정학(正學)을 배워 박학(博學), 심문(審問), 신사(愼思), 명변(明辨), 독행(篤行)의 공을 쌓아야 시비선악을 명확하게 분별할 수 있다고 말하였다.

이와 같은 순일무잡(純一無雜)한 학문을 바탕하니 선생의 정치 이상은 자연히 인의도덕으로 다스리는 왕도정치를 주장하여 공리

무력(功利武力)으로 다스리는 패권통치를 물리쳤는바 명도(明道) 선생은 논왕패차자(論王覇箚子)에서 말하기를 '천리의 바름과 인륜의 지극함을 얻는 것은 요순의 도요 사심을 쓰면서 인의의 한 조각에 의지하는 것은 패자의 일이니 왕도란 인정을 근본으로 해서 예의로써 나아가는지라 마치 대로를 밟은 것 같아 구부러진 바가 없으나 패자는 구부러진 길 가운데서도 기구 반칙하여 마침내 더불어 요순의 도로 들어갈 수 없나니, 그러므로 성심으로 왕도를 실행하면 왕이 되고, 꾸며서 패권을 쓰면 패가 되는 것이나 두 가지는 도가 같지 아니하니 그 원초를 잘 가려 선택하는 데 있을 뿐입니다'라고 하였는바 원초란 심성(心性)으로서 인간의 본성과 인류의 양심이 없이는 왕도정치를 할 수가 없는 것이며 패권통치란 인간의 본성과 인류의 양심을 저버리고 부귀공리만을 추구하는 것이니 공문지하(孔門之下)에 비록 5척동자라도 패권을 입에 올리는 것을 부끄러워하였다.

그러므로 선생은 임금의 한 마음을 바로잡아 왕도정치를 시행하기로 뜻을 세우고 먼저 임금의 심성을 밝히는 데 진력하였으니 계심잠(戒心箴)을 지어 임금에게 올리면서 말하기를

"사람은 천지에서 강유(剛柔)의 기를 받아 형체가 되고 건순(健順)의 이(理)를 타고나서 성(性)이 되었으니 천기가 사시(四時)라 인심(人心)도 사덕(四德)입니다. 그러므로 기(氣)의 강대(剛大)함은 호연(浩然)하야 포용하지 아니함이 없고 마음의 허령(虛靈)함은 묘연하야 감통하지 아니함이 없거늘 하물며 임금의 한 마음은 하늘의 대도를 주체하였으니 천지의 기와 만물의 이가 모두 내 마음이 운용하는 가운데 있나니 하루의 날씨와 한 사물의 성질이라도 나의 법도를 따르지 아니 하야 그들로 하여금 어그러지고 사악하게 할 것입니까?

그러나 사람의 마음에 사욕이 있으면 영묘한 것도 침체(沈滯)되고 사정(私情)에 얽히면 유통할 수가 없어서 드디어 천리가 희미하여지고 기(氣)도 또한 막혀버리니 떳떳한 윤리가 어그러지고 만물이 살수가 없게 됩니다.

하물며 임금은 성색취미(聲色臭味)의 유혹이 날로 앞으로 모여들고 권세가 지극히 높으니 또한 교만하기 쉬운 처지이겠습니까?"

라고 하여 임금은 반드시 인의(仁義)의 성(性)을 길러 장경(莊敬)한 심(心)을 전일(專一)하게 간직할 것을 요구하고 소혜정치(小惠政治)를 반대하고 대덕정치(大德政治)를 주장하며 반드시 정도를 지켜 시정할 것을 알성시책(謁聖試策)에서 다음과 같이 밝혔다.

"옛날의 밝은 임금은 천변만화(千變萬化)가 한 가지라도 임금의 마음에 근본하지 아니한 것이 없는 것을 알아서 그 마음을 바르게 하야 그 도를 나아가지 아니함이 없었습니다.

마음을 바르게 하여 도에서 나간 까닭에 정치를 함에 인(仁)을 얻고 사물을 처리함에 의를 얻는 것이니 사사물물(事事物物)에 한번이라도 도(道)에서 나아가지 아니함이 없으므로 부자의 윤리와 군신의 본분이 각각 그 조리를 얻고 하늘의 경도(經度)와 땅의 윤강(綸綱)이 돌아갈 곳이 있었으니 이것은 요순우(堯舜禹)의 과불급(過不及)이 없는 중(中)을 잡는 도(道)입니다."

라고 하였다.

임금은 황극(皇極)을 잘 세워 하나의 원리로 만사를 통관하여야 됨을 밝혔고 치국의 도는 천리에 화순하고 정도를 수행하며 인심에 화응하는 것이니 하늘을 속여도 안 되고 사람을 속여도 안 된다고 이어 다음과 같이 역설하였다.

"더욱이 우리나라는 국토와 생민이 적으니 사기(士氣)를 배양하여
국맥을 무궁하게 이어나가도록 새롭게 해야 하는바 연산폐주(燕山廢
主)가 사기(士氣)를 모두 꺾어 종사(宗社)를 거의 위망(危亡)한 데 이
르게 하였는데 중종반정 이후에도 오히려 그 악법을 인순(因循)하고
있는바 잦은 사화(士禍)로 사림의 정직한 기개가 꺾였으므로 자신을
도모함이 깊고 세상을 살아가는 데 원활한 사람은 감히 직언으로 임
금의 뜻을 거역하여 원노(怨怒)를 부르지 않고 머리를 굽혀 위 아래
로 둥글둥글 사귀면서 그 몸을 보존하고 처자를 온전하게 하려는 사
람이 대부분입니다. 이는 모두 국가에 충성하는 사람이 아니니 대저
그 몸을 돌아보지 아니하고 오직 국가만을 위하여 일을 맡아서 용감
하게 하고 화환(禍患)을 계산하지 않은 사람이 정사(正士)의 마음 씀
입니다.
옛날로부터 충지(忠志)한 선비는 화환(禍患)을 만나도 후회가 없는
것이니 인(仁)이 좋은 줄을 알아서 차마 악(惡)을 하지 못하기 때문입
니다.
이런 까닭으로 성인은 교화(敎化)를 밝힘을 귀중히 여기나니 사람
이 강상(綱常)의 중대함을 알면 국가의 원기가 여기에 있는바 교화를
만약에 밝혀서 사람으로 하여금 유학을 숭상하고 예의에 힘쓰게 하면
평시에는 정사를 도와 문화를 높이고, 어려운 때를 만나면 절개를 바
쳐 의리를 지키는 것입니다.
이제 만일 사풍(士風)을 바로잡고 구습(舊習)을 개혁하지 아니한다면
인심을 어느 때에 변화시키고 지치(至治)를 어느 때에 볼 것인가? 천
하의 세(勢)는 전진하지 아니하면 후퇴하는 것이므로 이 기회를 당하
여 사습(士習)을 바로잡지 아니하고 민생을 풍후(豊厚)하게 아니하여
만세에 뽑을 수 없는 기초를 세우지 아니하면 후세자손이 어디에서 법
을 본받겠습니까?"

라고 하였다.

주자(朱子)는 말씀하시기를 천하의 일이란 대체로 빨리하려는 데서 실패하였다. 그러나 기미를 봄이 빠르지 못하여 미루기만 하고 시일을 늦추는 것도 또한 지자(智者)가 매우 두려워한다고 하였는바 선생은 임금에게 말하기를

"모름지기 시비(是非)에 분명하고 호오(好惡)에 마땅함을 얻어서 정사(政事)하는 사이에 지속완급(遲速緩急)을 모두 짐작하여야 됩니다. 지금은 바로 발란반정(撥亂反正)의 기회이니 자손만대의 사업이 모두 지금으로부터 시작합니다. 그러니 옛사람은 때를 알고 세(勢)를 깨닫는 것이 귀중하다고 하였습니다. 오늘날의 폐사는 한두 가지가 아니지만 다만 유학을 날로 고명하게 밝히면 사습(士習)이 스스로 바르게 될 것이니 만약 급박하게 하여 속히 변하기를 요구하면 병을 치료함에 독약을 쓴 것과 같아서 오히려 상하게 될 것이요 만약에 또 너무 느려서 유유범범(悠悠泛泛)할 것 같으면 마침내 반드시 진작시키지 못할 것이니 마땅히 때를 따라 기회를 살펴서 지속이 적중함을 얻어야 합니다."

라고 하였다.

이와 같이 선생의 학문은 왕고(往古)의 성현(聖賢)에서 이루지 아니한 것이 없고 선생의 사업은 상고의 성왕에서 나오지 아니한 것이 없어서 그 심법(心法)의 전일(專一)함과 그 언행의 정미(精美)함은 천하에 우뚝하며 고금에 드물다. 학문의 조예는 안자(顏子)와 같이 영민하였고 사업의 규모는 이윤(伊尹)과 같이 광대하였으며 처사의 주밀(周密)은 무후(武候)와 같이 주선(周旋)하였으니 선생이 비록 4년 동안 미관(微官)의 자리에서 행사하였으나 아는 것은 말하지 아니함이 없고, 말하는 것은 마땅하지 아니한 것이 없어서 통렬하게 사도(私途)를 막아버리고, 확연(廓然)하게 공도(公道)를 열어 명쾌하게 유신정치의

강령(綱領)을 보여주었으니 만세의 사법(師法)이 되었는바 어찌 여사(餘事)가 있으랴. 다만 용렬한 중종이 철리(哲理)를 얻어들음이 한두 번이 아니고 쾌사를 눈앞에서 봄이 하루 이틀이 아니거늘 암약(暗弱)하게도 허무맹랑한 사술(邪術)에 걸려 대업을 그르쳤으니 어찌 남곤이나 심정이나 홍경주 같은 소인배를 탓하겠느냐!

하늘의 뜻은 헤아릴 수가 없는 것이라 지난번에 중원에 안자(顔子)를 내었다가 일찍 꺾었지만 그로 말미암아 성인의 학문이 밝아졌고 나중에 조선에 선생을 내었다가 일찍 허물어 버렸지만 이로 말미암아 성왕의 정치가 밝혀졌으니 어찌 하늘이 영재를 내어놓고 부질없는 짓을 하였겠는가?

16부

청음 김상헌 선생의 의리정신

1. 청렴한 학풍

청음(淸陰) 선생의 성은 안동 김(金)씨요, 이름이 상헌(尙憲)이
며 자(字)가 숙도(叔度)이다. 청음은 호인데 또 석실산인(石室山
人)이라고도 하였으며 시는 문정공(文正公)이다. 선조 3년(서기
1570) 6월 3일에 한양의 성남에 있는 외가에서 탄생하여 효종 3
년(1652) 6월 25일 양주 석실에서 서거하니 향년이 83세요, 관직
이 대광보국숭록대부 의정부좌의정 겸령경연사 감춘추관사 세자
부(大匡輔國崇祿大夫 議政府左議政 兼領經筵事 監春秋館事
世子傅)이었다.

청음 선생의 생애는 청렴의 표본이요, 절의의 상징이었다. 서울
백악산 아래에 증조 서윤공(庶尹公)이 마련한 열 칸의 살림집이
있었는데 그 중문 밖에 서너 칸 되는 작은 집이 있어 외문도 없
었지만 청음 선생은 항상 이 소재(小齋)에서 거처하였다. 벽에는
한호(韓濩)가 쓴 '악록유거(岳麓幽居)' 4대자(四大字)와 '최락재

(最樂齋)' 3자(三字) 그리고 중국인 장만선(張萬選)이 쓴 '청음서실('淸陰書室)' 4자(四字)가 있었다. 또 '군은여산(君恩如山) 신심여수(臣心如水), 재차무역재피무오(在此無斁在彼無惡)' 8분자(八分字)가 있었다. 마당에는 오동나무 한 그루, 은행나무 몇 그루가 있었고, 동남쪽 섬돌 위에는 목단 여남의 줄기가 무성하였다. 그리고 작약 몇 포기와 자장미 한 떨기가 있었으며 그 밖에 다른 물건은 없었다. 항상 집 안팎을 깨끗이 청소하여 티끌 하나도 없었다. 석실 선영에는 서윤공의 묘가 있으므로 청음 선생이 묘막 하나를 얽었다.

"대단히 협소하고 누추하여 거처하기 어려웠는데도 조모상과 모상에 모두 여기에서 예법제도를 지켰고, 관도에 올라 벼슬함에 뜻을 얻지 못하면 즉시 물러나서 여기로 돌아왔다. 일찍이 여름 장마에 반찬거리가 떨어지면 텃밭에 줄을 뜯어서 밥반찬을 하였다."(淸陰遺集 卷七ㆍ遺事)

가정에 있어서 사생활의 검소질박함은 청백의 표본으로써 평생 소식(小食)하여 만년에는 점심을 걸렀으며 술도 절음(節飮)하였고, 집안 살림에는 전혀 상관하지 않고, 가인(家人)에게 맡겼다. 가인이 어려운 살림형편을 말할지라도 웃으면서 걱정하지 않았고, 간혹 지필묵을 다발로 구입하면 저장해 두지 않고, 반드시 자제나 친구에게 나누어 주었으며, 간혹 남이 얻으러 오면 조금도 아낌없이 주었다. 여름날 단오절이 돌아오면 부채를 사서 친척과 이웃 그리고 일꾼들에게 빠짐없이 나누어 주었다. 이렇게 청렴한 생애로 일관한 정신은 마침내 도덕으로 승화되어 절의(節義)의 상징이 되었다.

청음 선생이 서거한 지 10년 뒤에 현종은 다음과 같이 선생의 공덕을 기리어 그 절의정신을 표창하였다. "청음 김상헌 선생은 선조, 인조, 효종대왕 세 임금을 섬긴 원로로써 오직 한 마음으로 충성을 다하는 국가의 대신이었다. 정직공평한 공무자세는 모든 관료의 모범이었고, 문장학업은 일대의 기개를 뿜어냈다. 기상은 늠연(凜然)하여 바위기둥이 파도를 부수는 것 같았고, 마음은 맑아 청천백일(靑天白日) 같았다. 병자호란으로 나라의 윤리도덕이 무너지는 순간에 분연히 일어나 오랑캐에게 항복하는 문서를 찢어버리고 국가자주정신을 갈파하여 만고강상을 지켰고, 청나라에 잡혀가서 구류를 당함에도 엄연하여 천 길의 절벽처럼 우뚝 섰었다. 풍채는 사람을 격양시켜 국가와 민중의 희망이었고, 벼슬이 올라갈수록 탁월한 능력을 발휘하였다. 몸은 초야에 물러나 있어도 우국애민의 마음은 더욱 두터웠으니 국가의 안위가 선생의 출처거취에 매달렸었다."(淸陰先生遺集卷七附錄 · 配享孝宗廟庭頒敎文)

이러한 청음선생의 생애와 사상은 조선왕조 건국 이래 200년간 발전한 유교문화의 문명의식에서 출발한다. 조선왕조의 유풍은 대단히 고매한 인격을 숭상하였다. 학문은 의리를 밝히는 도학(道學)을 으뜸으로 알고, 행실은 중용을 지키는 예의를 제일로 쳐서 마음속에 털끝만한 사욕도 없는 양심의 천리(天理)를 보존하고 사업을 함에는 재능과 실력을 모두 발휘하여 완벽하게 성공하는 것을 아름답게 여겼다.

선비에 대한 기대는 높아서 국가사회를 위하여 헌신봉사해야 되는 사명을 가지고 있을 뿐만 아니라 또한 사생활에 있어서도 개인윤리에 철저해야 되는 책임이 주어졌다. 모름지기 선비라면 화평한 가정을 경영하여 생활의 안정을 보장하면서도 자기 자신은 청빈한 생활을 마다해선 안 되며, 부강한 국가를 경영하여 민생의 안정과 행복을 추구하면서도 청렴결백한 공무원의 수칙을 잊어서는 안 되고, 평화로운 세계를 경영하여 만방(萬邦)과 우호교린하고 인류문화의 발전을 도모하면서도 나라의 정통성과 주체성을 지키는 대의를 저버려서는 안 되는 것이었다.

하늘에는 영원한 진리인 천리(天理)가 있고, 나라에는 대경대법의 홍범(洪範)이 있으며, 사람에게는 모두 평등한 천부의 양심이 있고, 사물에는 각각 고유한 법칙이 있기 때문에 선비는 반드시 천리를 밝히고 인심을 바로잡아 문명한 국가를 건설하는 이상을 추구하였다. 그리하여 공자의 수기안인(修己安人)과 맹자의 겸선천하(兼善天下)를 공무(公務)의 모범으로 하고, 안연의 안빈낙도(安貧樂道)와 증자의 매일삼성(每日三省)을 사생활의 거울로 삼아 고결한 인격을 완성하는 것이었다.

이것은 인간을 고도로 개발하여 소아(小我)를 극복하고 대아(大我)를 체현하는 정주(程朱)의 도학이다. 개체의 소우주를 전체의 대우주와 밀착시킴으로써 하늘과 사람이 하나로 화합하고, 만물과 내가 한 덩어리로 결합한다. 이것은 인간성을 함양하여 삶의 질을 높이고, 마음을 개방하여 인생의 영역을 넓혀서 실현한다. 정자(程子)는 성경(誠敬)으로 인간성을 높이고, 학문으로 지식을 넓히라고 하였고, 주자는 뜻을 세우고 공부를 해서 실천하라고 하였다.

청음 선생은 바로 이러한 학문과 도덕을 배우고 실천한 것이다. 이때에는 이미 퇴계(退溪)와 율곡(栗谷)에 의하여 우리나라에도 자체적으로 학문적 논리와 체계를 정립하고 있었을 뿐만 아니라 또한 많은 학자들의 집중적 연구에 의하여 하나의 학풍을 조성하고 있었다.

도학자(道學者)는 천지도덕(天地道德)의 보편성 원칙으로 인하여 왕권을 두려워하지 않으며, 사물인식의 확실성 조건으로 인하여 귀신도 무서워하지 않는다. 그윽한 운치는 천지가 개벽하는 태초의 하늘에서 놀고, 날카로운 지혜는 만물이 변화하는 종말의 운수를 셈한다. 만일 나가서 장군이 되면 필승의 전략으로 적군을 정벌하고, 들어와 정승이 되면 덕치인정으로 지치(至治)를 이룩한다. 조용히 공부를 함에는 초가의 풍월에 만족하고, 공덕이 청사에 빛날지라도 죽음에 청산의 풀 무덤으로 만년이 편안하다.

청음 선생은 이러한 유교문화의 가치관에 의한 행동양식을 몸소 실증하면서 역사에 대한 유림의 책임을 완수하였다. 사상의 생명은 역사적 책무를 능동적으로 수행함으로써 민중을 감동시키는 것이다. 그러므로 민중을 감동시킨 사상이란 곧 현실에 정면으로 도전하여 시대적 사명에 성실했다는 것을 의미할진대 청음 선생의 절의정신은 다만 민중만을 감동시킨 것이 아니라 산천초목까지도 감동하는 것이었다.

2. 청백리정신

청음 선생은 50여 년의 벼슬길에서 절반은 벼슬을 버리고 물러나 초야에서 살았다. 벼슬에 나아가고 물러남을 오로지 의리로 판단하여 만일 정의롭지 못하거나 건의를 받아주지 않으면 반드시 사표를 내고 물러났으니 조금도 망설임이 없었다. 그리하여 여러 번 파직을 당하고, 또 자주 등용이 되었는데도 국가대사를 의논함에는 끝까지 변함없이 일정한 논리를 주장하여 개인적 이해(利害)나 화복(禍福)은 돌아보지 아니하였다.

관복을 입고 등청을 함에는 반드시 거울을 보고 향을 피워 의관을 바로 하여 엄숙경건(嚴肅敬虔)한 마음으로 출동하였고, 임금이 질병을 앓으면 퇴근하지 않고 공문 밖에 머물러 유숙하였으며 태묘의 제례(祭禮)에 집사가 되었을 때는 아무리 성하(盛夏)라도 반드시 관대를 풀지 않고 종일토록 재계하였다. 그리하여 일찍이 인조가 말하기를 '김 모가 도승지가 되니 대궐 안이 숙연하다'고 하였다.

그러나 평상시의 생활복은 가난한 선비처럼 검소질박하였다. 한 벌의 무명도포를 수십 년 입고도 바꾸지 않았으며, 무늬가 있는 것이나 명주옷은 거절하여 물리쳤다. 세숫대야도 오지그릇을 썼으니 세속의 동기나 유기는 사용하지 않았다. 그래서 거처가 지극히 청결하였지만 화려하거나 사치한 물건은 없었다.

가인이 혹시 기려(奇麗)한 물건을 사오면 반드시 물리치면서 말하기를 "이러한 물건을 집에 들여와서 아이들의 사치심을 조장하지 마시오."라고 하였다. 그리고 자제들의 옷이 조금만 화려해도 엄히 꾸짖어 다시 입지 못했다. 그러므로 부인들도 감히 주옥이나 비취로 사치하게 장식하고 나아가 보이지 못하였다.

사람을 대함에는 귀천을 가리지 않고 한결같이 공경하고 사랑하였으며 마을에 길흉사가 있으면 은혜롭게 도왔다. 친척종족에 대하여는 친소(親疎)를 따지지 않고 봉록(俸祿)을 받으면 모두 나누어 주어서 집에 남은 것이 없어야 그만 두었다.

사대부가에서 지나치게 사치하고 참람(僭濫)한 상제(喪祭)를 엄중히 경계하여 제찬(祭饌)의 그릇 수를 일정하게 만들어 준수하였다. 자손에게 길이 부탁하기를 "나는 오늘날까지 수졸안분(守拙安分)하였으니 우리 집안의 청백전가(淸白傳家) 8백 년의 유풍을 더럽히지 말라"고 하였다(淸陰遺集卷七·附石室雜錄)

청음 선생은 이와 같이 청백한 가풍을 계승하여 깨끗한 청백리 정신을 높이 드날렸다. 선생의 뚜렷한 행적은 이것을 확연히 증명하고 있다. 일찍이 어머니 정 부인이 회임한 지 12개월 만에 선생을 낳으니 아는 사람들이 매우 기이하게 여겼다. 아버지 도정공의 이름은 극효요 큰아버지 삼가공의 이름은 대효인데 도정공에게는 이미 장자로 상용(尙容) 호 선원(仙源)이 있고, 삼가공은 아들이 없이 일찍 세상을 떠나므로 선생은 3살 때에 삼가공(三嘉公)의 양자로 가서 어머니 이(李) 부인을 섬겼다.

선생은 아홉 살에 도정공에게 글을 배우기 시작하였고, 15세에 관례를 거행하였으며, 16세에 성주 이씨와 결혼하였다. 이어 월정 윤근수 선생에게 가서 수학하여 21세에 진사시에 합격하였다. 다음해에 조모 이 부인이 돌아감에 승중(承重)의 상복을 입고 양주 석실에서 상례제도(喪禮制度)를 지켜 근신하던 중 23세에 임진왜란을 만났다. 선생은 왜란을 피하여 조모신주를 안고 어머니를 모시고 처자와 함께 양주를 떠나 강원도로 갔다가 다시 강화도로 와서 배를 타고 서산으로 갔는데 험난한 피난길에 세 살 난 아들이 죽는 고통을 겪었다. 그리하여 24세에 서산에서 조모의 상복을 벗고, 다음해에 도정공의 임지인 자산(慈山)으로 가서 머물렀다. 27세에 정시문과에 합격하여 처음으로 승문원부정자의 종9품 임시직에 올랐다. 다음해에 정유재란이 일어나니 함종현(咸從縣)에 파견되어 본원비서의 일을 감수하였다.

전후 7년의 왜란이 끝난 다음 어머니 이 부인을 모시고 서울로 돌아왔다. 29세에 8품직인 저작으로 승진하고, 31세에 박사로 옮겼다가 통례원 인의라는 종6품직에 올라 정직하게 근무하였다. 여름에 예조좌랑 · 겸세자시강원사서를 제수 받으니 정6품직이었다. 다시 이조좌랑으로 옮겼는데 또다시 홍문관 부수찬 지제교 겸경연검토관 춘추관 기사관을 제수 받았다가 사간원 정언으로 옮겼다.

다음해 선조34년 봄에는 이조좌랑으로 되돌아 왔지만 선생이 강직방정(剛直方正)하므로 다시 배척을 받아 여름에 체직(遞職)되고 얼마 있다가 홍문관 부교리 겸경연시독관 춘추관 기주관을 배수하였다.(淸陰遺集卷八附錄二 國朝實錄)

이에 동료들과 춘추4전(春秋四傳)을 교정하여 올리고 여름에 병으로 체직되어 성균관 전적(典籍)을 제수 받았다. 그러나 가을에 안무어사가 되어 제주로 갔는데 선생은 32세의 강명한 선비요, 충직한 신하로서의 당당한 면모를 여기에서도 보였다.

당시 7년의 왜란은 전 국토를 유린하고, 전 국민을 도륙하는 왜군의 만행으로 산하에 1초1목도 온전한 것이 없는 참혹한 현실이었다. 그런데 제주는 이순신 장군의 해전 승리로 인하여 적군의 침입은 없었어도 도민의 피해는 오히려 자심(滋甚)하였다. 그것은 전쟁중에 중앙권력이 미치지 못한 틈을 타서 목사와 수령들이 포악하게 강압하고, 가혹하게 약탈하였기 때문이다.

이에 왜란 종전 후 3년 만에 제주에서 반란모의사건이 발생하였다. 그것은 선산인(善山人) 길운절(吉雲節), 익산인(益山人) 소덕유(蘇德裕), 해남승(海南僧) 혜수(惠修)가 제주에 잠입하여 도민 문충기 홍경원 등 20여 명을 모아 거사일(擧事日)을 약정하고, 전 제주도민이 의거하여 목사 이하 세 읍의 수령을 살해하려던 일이 사전에 누설하므로 주모자 20여 명이 서울로 압송되어 처벌을 받은 사건이다.(南槎錄 萬曆29年·濟州牧使成允文馳啓)

그러나 제주의 민심이 가라앉지 아니하므로 이에 조정에서는 어사를 보내서 사실의 본질적 문제를 규명하여 민심안정의 근본대책을 세우고자 하였다. 따라서 어사의 직무는 다음과 같이 중대한 사명을 받았던 것이다.

(1) 과거부터 현재까지 전현직 수령들의 현명함과 우악함을 현지의 주민에게 직접 찾아가서 조사하여 보고할 것.

(2) 제주에 체포, 구속되어 있는 죄인을 추문하여 보고하고, 그 가운데 혐의가 가벼운 사람은 즉각 석방할 것.

(3) 각 아문(衙門)에서 파견한 관리들이 공무를 빙자하여 사리를 추구한 행위를 적발해서 엄금시킬 것.

(4) 수령들이 사적으로 잡물을 제조하는 일을 엄금시키고, 오로지 궁전(弓箭)제조에만 전념하게 할 것.

(5) 산성의 형세와 민정의 편부를 직접 방문해서 조사, 보고할 것.

(6) 제주의 대변선(待變船)을 증감하는 문제와 그 편리점(便利点)과 불편한 점을 조사, 보고할 것.

(7) 국마(國馬)의 수를 실제와 대조하여 보고할 것.

(8) 목장관리인의 호수와 폐단을 조사, 보고할 것.

(9) 제주인이 내지로 이사를 간 사람은 호적을 통하여 조사보고 할 것.

(10) 제주로 정배(定配) 간 죄인들 가운데 현재 남아 있는 사람을 확인하여 보고할 것.

(11) 3읍의 군인호구를 조사 기록하여 보고할 것.

(12) 3읍의 군기, 군량, 성지(城池), 기계, 전선, 격군(格軍)을 아울러 사찰하여 보고할 것.

(13) 제주출신의 금군(禁軍)과 사병의 재능을 시험하여 보고할 것.

(14) 제주유생의 학문을 시험하고 시문(詩文)을 고시하여 등급을 보고할 것.

(15) 황어천(黃魚川)에 병사를 매복하여 나무를 태워 급변을 보고하는 시설을 다시 만들 수 있는지 살펴서 보고할 것.

(16) 제주도의 관속(官屬)과 인민공역을 명확하게 밝혀서 일정한 규칙을 만들 것.

(17) 수령이 통정대부 이상의 범죄에 대하여는 조정에 보고하여 치죄하고, 통훈대부 이하는 장(杖) 80까지만 스스로 판단하여 감읍에서 형벌하였는지 확인할 것.(淸陰遺集卷一 · 南槎錄)

이상 17개사항의 어사책무는 모두 민정과 직접 관련한 중대한 문제로서 고도의 행정수완이 필요할 뿐만 아니라 또한 지극히 청렴한 자세를 요구하였다. 청음 선생은 이 일을 수행함에 있어서 처음부터 끝까지 애민, 양민, 보민(保民)의 사상과 청백정신으로 일관하였다. 전 도민이 의거에 동조하려고 했다면 이것은 대단히 심각한 문제였기 때문이다. 물론 조정에서도 사태의 심각성을 인식하였기에 반란모의의 주동자 20명만을 의법처형하고 기타 동조자는 일체 불문에 붙이기로 함과 동시에 안무어사를 보내서 정부의 관대한 조치를 알리려고 하였다.

청음 선생은 서기 1601년 9월 22일 제주에 도착하여 당일로 즉각 교서를 발표했다. 그 내용은 춘추(春秋)의 법이 역당(逆黨)을 엄벌하는 것이지만 제왕의 인정(仁政)은 호생(好生)의 덕에 바탕을 둔 것이므로 반란모의의 주동자를 제외한 기타 연루자들의 죄는 일체 불문에 붙이겠다는 것이었다. 그리고 바로 한라산으로 올라가 25일 백록담의 북단에서 산제를 올려 제주도민의 무궁한 행복을 축원하였다.

9월 29일에 향교에 가서 알성하고 유생(儒生)들로부터 직접 민정을 청취했다. 이때에 유생들은 다음과 같이 직언했다. "조정에서는 본주의 수령으로 늘 무인(武人)을 보냈기 때문에 그들이 유생을 노예처럼 보았고, 각 아부(衙部)의 장이나 군관들이 마음대로 때리고 벌하여 토색질을 일삼아 못하는 짓이 없습니다. 이에 간혹 진정서를 서울에 보내려고 하면 수령들의 죄악상이 폭로될까 두려워하여 출입을 금지시켜서 때로는 종신폐고(終身廢錮)시킵니다. 이래서 후생소년이 유학을 버리고 무과로 가기 때문에 우리들만 백수(白首)로 늙어갈 뿐입니다"(南槎錄) 유생이 당한 고초가 이러하다면 민중들의 신고야 말할 수 없는 것이다.

청음 선생은 부지런히 민생고를 관찰했다. 크게 비바람 치는 날을 제외하고는 열심히 조사하였다. 그리고 10월 8일에는 유생들의 경사(經史)실력을 9일에는 작문능력을 시험했으며 29일부터 11월 4일까지는 관덕정에서 무인의 기예를 시험하였다. 그리고 서둘러 임무를 완료한 청음 선생은 12월 27일 제주객사를 출발하였다. 이때는 세모(歲暮)로써 풍파가 심하여 도해(渡海)할 수 없으므로 계속 객사에 머무르라고 주인고로(州人故老)들이 몰려와서 간청하였지만 청음선생은 어사의 일을 마쳤으므로 즉각 출발함이 옳다고 하면서 조천관(朝天館)으로 떠났다. 그러나 풍랑이 심하여 여기에서 다음해 정월 25일에야 출항하였다. 이것은 청음 선생이 명절(名節)로 인하여 민폐를 끼치지 않으려는 청백리정신의 극치라고 할 것이다. 그러므로 제주인은 이때의 기억을 잊지 않고 선생이 서거하자 1668년 제주귤림서원(濟州橘林書院)에 병향(並享)하여 추모했던 것이다.

3. 도학사상

청음 선생은 33세에 제주에서 돌아와 복명하고 예조정랑을 제수받았지만 정인홍의 축출을 당하여 고산도찰방(高山道察訪)으로 나아가서 주자의 소학을 열심히 읽었는데 거의 수백 번 독파하고 지경(持敬)으로 주장을 삼았다. 34세에는 사표를 내고 돌아왔고 36세에 경성도호부판관(鏡城都護府判官)을 제수받았으나 37세에 그만 두고, 38세에 개성부경력(開城府經歷)을 제수 받았다.

39세에 선조가 승하하고 광해가 왕위에 오름에 성균관직강으로 옮겼다가 겨울에 문과중시에 합격하여 사도시정으로 승진하고 사가독서(賜暇讀書)를 하였다. 40세에는 의정부사인을 정월에 제수받아 칙사태화가 옴에 원접사를 따라 의주까지 영송했고 7월엔 홍문관교리가 되어 8월엔 세자시강원 필선을 겸하고 사간원 사간으로 옮겼다. 9월에는 홍문관 부응교 겸경연시독관 춘추관편수관으로 승진하였다. 41세에는 홍문관응교를 배수하고 종부시정으로 바꾸었다가 10월에 홍문관전한 진겸보덕을 배수하고 12월에는 홍문관직제학이 되었다.

청음 선생은 42세에야 정4품인 통정대부 승정원동부승지 겸경연참찬관에 올랐다. 그러나 질여서(姪女婿)인 장유(張維)가 사관으로 있었으므로 관례에 의하여 춘추관의 직책은 겸하지 못했다. 이때에 5현의 문묘종사에 대하여 정인홍이 차(箚)를 올려 회재와 퇴계를 무저(誣詆)하였는데 청음 선생이 도학사상(道學思想)의 대의(大義)를 밝혀 동료와 더불어 계(啓)를 올려 정인홍의 논리를 통렬히 배척하였다.

"정몽주가 우리나라에 처음으로 밝힌 의리학(義理學)은 진리를 실천하는 순수한 도학이다. 이 학통을 계승한 사람은 김굉필, 정여창, 조광조, 이언적, 이황인데 이황은 더욱 특출하여 선유의 학설을 강명하고 후학의 연구방법을 개발하는 격물궁리(格物窮理)의 공부가 늙어갈수록 더욱 독실하였다. 참으로 노력을 오래 함에 조예가 깊어서 일세의 사림(士林)으로 하여금 이학(理學)을 높이고 이단을 물리칠 줄 알게 하였으니 동방의 주자라고 일컬어도 부끄럽지 않는 것이다."(淸陰先生集卷二十三 · 鄭仁弘誣詆兩賢時政院啓辭)

청음선생은 이 계사로 인하여 광해의 뜻을 거슬러 면직되었다가 다시 승문원부제조를 거쳐 광주목사로 나아갔으나 파직당하여 집으로 돌아왔다. 43세에 서서호군(西敍護軍)을 거쳐 연안도호부사로 갔지만 다음해에 파직되어 돌아왔다. 47세에 다시 서서호군이 되었으나 사황태자전(謝皇太子箋)을 지어 올린 것이 문제가 되어 삭탈관직(削奪官職)당했다.

야인으로 돌아온 청음선생은 이후 광해를 축출하고 인조반정이 일어날 때까지 8년 동안을 집에서 조용히 살았다. 인조 2년 6월에 이조참의를 다시 배수하고 8월에 사간원대사간이 되니 선생이 55세이었다. 이에 그 유명한 8점차자(八漸箚子)를 인조에게 올렸으니 반정한 지 1년도 못 되어서 구악(舊惡)이 점점 되살아나고 있는 현상을 지적하여 깨우치는 내용이었다.

첫째 성학(聖學)을 다시 점차 멀리하는 느낌이 있으니 임금은 온공자허(溫恭自虛)하여 학덕에 더욱 힘써서 지치(至治) 의 기초를 확립할 것.

둘째 공도(公道)가 다시 점차 무너지고 있으니 임금은 사심(私 心)을 버리고 정심(正心)을 회복하여 폐정(廢政)을 바로잡 고 어진인재를 등용하며 직언을 구하여 조정의 기틀을 세 우고 백관의 기강을 바로잡을 것.

셋째 언로(言路)가 다시 점점 막히고 있으니 조야에 상소문과 소 관(小官)의 언론을 모두 수용하고, 대신의 말이 귀에 거슬 려도 웃음으로 대하여 기절(氣節)이 조정에 넘치게 할 것.

넷째 요행으로 출세하는 문이 다시 점점 열리고 있으니 임금은 상벌을 광명정대하게 처리하여 사회정의를 구현할 것.

다섯째 탐관오리들이 다시 점점 고개를 드니 임금은 권간을 단속 하고 회뢰(賄賂)를 엄금하여 관리등용에 공론을 따를 것.

여섯째 궁중에 잡인들이 다시 점점 교통하고 있으니 임금은 궁

중을 단속하여 무녀나 승도가 출입하지 못하게 하며 귀
신을 섬기고 불사를 행하는 것을 금지시킬 것.

일곱째 그리하여 궁금(宮禁)이 점점 엄하지 못하는 현상이 있
으니 궁금을 엄하게 할 것.

여덟째 여알(女謁)이 장차 행해질 것 같으므로 여류의 궁중출
입을 엄금하고 궁녀들이 외인과 접촉하지 못하게 할
것.(淸陰集卷十七·諫院八漸箚子)

이것은 모두 도학정치의 기본사항이다. 도학사상은 격물치지의
과학적 지식과 성의정심의 합리적 사유를 통하여 인격을 완성하
고, 나아가 제가, 치국 평천하의 사업에서 모범을 보여 선도적 역
할을 수행하는 도덕정치요 인의행정이다. 청음 선생은 소학을 기
초로 한 실천력과 홍범의 정치체제, 주역의 사회구조를 달통하여
정치사회의 근본적 개혁을 요구한 것이다. 만일 반정을 하고도 개
혁을 달성하지 못한다면 그것은 결국 정변에 지나지 못할 것이기
때문이다.

이어 용양위부호군으로 교체되었는데 11월에 예조참의로 갔다가
다시 이조참의로 옮겼고, 또다시 12월에 승정원우부승지로 갔다가
곧 형조참의로 옮겼다. 선생이 56세 되던 정월에는 다시 대사간을
배수하였는데 2월에 또다시 이조참의로 가서 시폐를 다음과 같이
상소하였다.

"임금은 대신을 존중하고 언관(言官)의 사기를 꺾지 말며, 융통성
을 가지고 얽매이지 말며, 능수능변(能手能變)한 솜씨로 사업의 기
회를 잃지 말며, 붕당(朋黨)을 싫어하지 말고 다수 쪽을 따르며, 말을

많이 하여 아첨배(阿諂輩)를 가까이 하지 말고, 숭고함을 믿지 말지니 숭고한 것은 쉽게 무너지는 것이요, 소천(疏賤)한 것을 경멸하지 말지니 소천한 것이 반대로 단합하는 것입니다."(淸陰集卷十七·論時弊疏)

이 지성극간한 상소문이 끝내 인조의 뜻을 거슬러서 체직(遞職)되었다. 반정(反正) 초에 민심은 쉽게 안정되지 않고, 천재지변이 겹치므로 더 이상 반정과업을 천연해서는 안 되겠기에 청음 선생은 도학사상에 의하여 정도로 직간하여 한 몸의 안위는 돌아보지 아니하였다. 이렇게 투철한 정의감 때문에 불굴의 비타협정신으로 일관하여 여러 관직을 전전하는 시련을 겪었지만 선생은 조금도 꺼림이 없었다.

그리하여 4월에 형조참의를 배수하였으나 즉일로 우부승지로 옮기고, 특진하여 승정원도승지·겸경연참찬관 춘추수찬관 예문관직제학 상서원정이 되었다. 이에 동료와 함께 천재를 극복하기 위하여 임금이 체천행정(體天行政)하고 경천휼민(敬天恤民)의 뜻을 보이도록 요청하였다. 7월에 특별히 가선대부 병조참판을 배수하였다가 곧 사헌부대사헌을 배수하고 동료와 함께 차자(箚子)를 올려 천변에 시급히 대처할 것, 언로(言路)를 넓힐 것, 궁금(宮禁)을 엄히 하여 내족부인이 궁중의 일에 간섭하지 못하게 할 것, 세자 혼인을 신중히 할 것 등 4개조를 진술했다. 9월에는 또다시 차자를 올려 소재미방(消災弭謗)의 대책으로 죄기구언(罪己求言)의 교지를 내리라고 요청했다. 10월에는 홍문관부제학을 배수하였으나 석실로 돌아와 상소하여 사직하였다.

4. 충성의 의리

임금은 신하를 선택하고, 신하는 임금을 선택한다. 그러나 한 번 선택한 신하는 믿어 의심치 말고, 한 번 선택한 임금은 충성으로 섬겨서 배반하지 않는 것이 유학자의 길이다. 그러므로 불의무도(不義無道)한 임금을 섬기는 사람은 유교인이 아니고, 변절하여 두 임금을 섬기는 것은 충신이 아니다.

유학자가 훌륭한 임금을 섬김에는 애군여애부 우국약우가(愛君如愛父 憂國若憂家)하여 진충보국하는 까닭에 임금에게 근심이 있게 하는 것은 신하의 치욕이요, 임금까지 치욕을 당하면 신하는 죽어야 되는 의리를 가진다. 따라서 충성심은 국가의 위기에 무한 책임을 스스로 진다.

청음 선생은 석실에 물러온 지 반년도 못되어서 다시 명나라에 사신으로 가라는 명령을 받았다. 선생이 57세 되던 해 5월에 성절겸사은진주사로 명나라에 차견(差遣)함과 동시에 동일로 동지중추부사를 배수하였다. 이것은 당시에 명나라 장군 모문룡(毛文龍)이 가도(椵島)에 머물면서 우리나라를 헐뜯어 모함한 사건이 발생했기 때문이었다.

모문룡은 명나라 정부에다 다음과 같이 허위보고를 하였다. '조선인은 유순하지만 간교하고, 소리(小利)를 보면 대의를 저버리며, 공무를 가장하여 사리를 취하는 민족으로 이제 일본과 우호하고 청나라와 결합하여 명나라를 공격하려고 준비중이다.' 선생은 이에 대해여 북경에 가서 예부와 병부에 수차에 걸쳐 다음과 같은 해명서를 제출하였다.

　"조선의 형편은 국토가 좁고 인구가 적어 물산이 부족한 데다 임진 왜구를 겪은 뒤로는 3년의 양곡도 비축하지 못하여 오늘날 전 국민이 헐벗고 있는 현실인바 천금의 재화로도 일군(一軍)의 하루치 식량을 살 수 없으므로 식량을 구하는 대책을 거국적으로 합의하여 세밀하게 알아서 분별하여 피가 나도록 분담하고 있는데 만일 일 분이라도 여력이 있다면 하늘이 미워할 것이다.

　궁(窮)해서 우리나라로 온 요민(遼民)이 열심히 살아갈 길을 찾지 아니하고, 부질없이 우리 조정에만 번거롭게 하소연하고 있으니 이것은 다만 천자의 생육하는 은혜를 저버릴 뿐만 아니라 또한 하늘땅에 죄를 얻는 것이므로 신명도 돕지 않을 것이다.

　바야흐로 이제 요민이 우리나라에 와서 사는 사람이 모두 10만 명 이상인데 사방으로 흩어져서 골골이 가득하여 자리잡고 사는 이가 2～3이라면 떠돌이가 7～8이다. 처음에는 방옥(房屋)을 빌리지만 다음에는 밥을 빼앗고, 끝내 아낙네를 간음하거늘 사태가 여기에 이르면 인간으로써 그 누가 견딜 것인가? 약한 사람은 처자를 이끌고 내지로 이사 가고, 강한 사람은 칼을 갈아 으슥한 곳에서 보복하는 것이다.

　모문룡이 조선의 국법을 지키겠다고 약속하고도 확고하게 단속을 못함이 이와 같으니 큰 혼란이 일어나지 않을 수 없는 것이다. 혼란의 초기에는 조선만 화를 당하겠지만 혼란이 커지면 또한 명나라의 근심거리가 될 것이다."(청음집권9 조천록·례부병부정문)

　청음 선생은 이렇게 모문룡의 무능을 고발하고 아울러 조선은 예의의 나라로서 임진왜란 당시에 우리를 도와 일본을 물리친 은공을 잊지 않고 있으며 따라서 일본과 통혼(通婚)사실이 없을 뿐만 아니라 청나라와 연합하여 명나라를 공격한다는 것은 천만부당한 무고요 날조임을 밝혀서 결국 모문룡은 얼마 있다가 사형을 당하고 말았다.

1년 만에 사신의 임무를 완수하고 돌아오는 길에 조정에서는 공로를 인정하여 선생의 품계를 가의대부로 올리고 대사간을 배수하였다. 이에 청나라와의 절교를 요청하여 병조참판으로 옮겼다가 다시 도승지로 바꾸었다. 다시 부제학으로 갔다가 또 대사간으로 돌아와 동지춘추관사를 겸했다.

명나라 의종황제가 등극한 숭정(崇禎)원년은 청음 선생이 59세였다. 선생은 대사간으로써 인조에게 신하를 감정으로 처벌하지 말고 예의로 대우하라고 다음과 같이 차자를 올렸다.

> "인군(人君)이 신하를 부림에는 나아감도 예의로 하고, 물러감도 예의로 하여 귀하게도 할 수 있고, 천하게도 할 수 있으며, 살릴 수도 있고 죽일 수도 있지만 결단코 신하를 모욕할 수는 없는 것이다. 옛날의 제왕은 신하를 대우함이 이와 같으므로 아랫사람들이 염치를 스스로 지키고 명절(名節)을 스스로 존중하여 차라리 충직으로 죄를 받을지언정 구차하게 영합하여 부귀영화를 누리지 아니 하였기 때문에 고대의 청명(淸明)한 정치와 후덕(厚德)한 풍속이 길이 이어졌던 것이다.
> 후세에는 위에서 지략(智略)과 술수(術數)와 권위(權威)와 형벌로 아래를 통제하고, 아래는 아유구용(阿諛苟容)하여 보신만을 추구하므로 성신의 도덕이 사라지고 사위(詐僞)의 풍속이 일어나서 세상이 날로 각박하고 어지러워지는 것이다."(淸陰集卷十八・請虛心察理禮使臣下箚)

이어 부제학으로 갔다가 또 도승지로 바꾸고 자헌대부로 올라 8월에 형조판서를 배수하였다가 곧 대사헌으로 옮기고 또 의정부 우참찬을 배수하고 겨울에는 도승지를 특제하였다.

60세에는 4월에 동지중추부사를 배수하여 정치의 폐단을 지적하는 차자를 올려서 대동법을 설치했다가는 파하고 호패법을 시행하다가는 정지하여 백성이 정부의 행위를 어린애 장난처럼 본다고 지적하면서 국가의 중요한 급무를 확정하여 폐정을 개혁하고 민생을 안정하며 군병을 양성하라고 하였다. 7월에는 우참찬 겸 홍문관제학을 배수하고 차자를 올려 청나라의 사신을 두려워하지 말고 맹세코 대분발(大奮發)하고 대개혁하여 국가를 중흥해서 외침에 대비하라고 하였으나 채택되지 못하였다.(論金差招見禮講定錯謬箚)

청음 선생은 인조에게 반정사업의 완수를 위하여 대개혁을 요구하였으나 10년이 다 가도록 나타난 결실이 없고 오로지 유예고식(猶豫姑息)으로 일관하므로 벼슬에 별로 의미를 찾지 못하였다. 그리하여 61세부터는 자주 물러가기를 소원하는 상소사직의 뜻을 밝혔다. 가급적 관직을 줄이고 휴가를 많이 받았다.

61세 1월에는 홍문관제학과 동지성균관사 등의 겸직을 사임하고 휴가를 받았으며 겨울에야 예조판서가 되어 홍문관제학을 겸했다. 그러나 62세 3월에는 또 왕명을 받아서 영흥부에 준원전(濬源殿)을 봉심하고 겨울에야 대사헌을 거쳐 도승지를 배수하였다.

63세에는 형조판서를 배수하였다가 5월에는 대사헌으로 옮겼지만 이귀(李貴)를 탄핵한 사건으로 석실로 쫓겨났다. 그리고 64세에는 함경도관찰사 겸 병마수군절도사 함흥부윤으로 추천되었으나 상소하여 사양하였다. 66세의 3월에 대사헌을 또 배수하였지만 세 번 상소하여 사직하고 청평산을 유람하여 청평록(淸平錄)을 남겼다. 여름에 성균관대사성을 배수하였으나 사양하고 취임하지 않았다. 8월에 또 대사헌을 배수하여 재소역사(再疏力辭)하다가

11월에 대사헌 겸비변사제조를 배수하여 다음과 같이 양병선장(養兵選將)할 것을 주장하였다.

"비판가들은 반드시 적군도 오지 않았는데 군비증강으로 민심을 흔든다고 반대하지만 그러나 적군이 온 뒤에는 손을 쓸 틈이 없는 것이다. 세종 때에 김종서가 6진을 개설함에 일시의 반대여론이 물 끓듯이 하였지만 후일의 역사적 사실로 관찰하면 분분했던 논설들을 과연 믿을 수 있는 것인가? 오직 밝은 군주는 과감하게 결단하여 힘써 추진해야 되는 것이다. 모든 공직자는 장군감을 추천하고 마을마다 말을 길러서 군대를 양성해야 된다."(清陰集卷十九·請養兵選將箚)

그러나 이 건의안도 받아들여지지 아니 하였기 때문에 선생은 휴가를 얻어 물러났다가 이어 상소하여 사직하였으니 인조에게 대오각성을 촉구하는 뜻이었다. 신하가 끝내 사직으로 극간(極諫)함은 지극한 충성심의 표출이다.

5. 절의사상

유교의 절의사상(節義思想)은 인간의 본의를 밝히는 핵심이요, 사회의 정의를 구현하는 맥박이다. 그러므로 충신과 열녀 및 의사의 절개와 지조는 천추(千秋)에 사람의 마음을 감동시키고 의기를 격앙시켜서 백세(百世)에 청풍을 일으키는 것이다.

유교의 절의사상은 매우 철저하여 공적인 절의는 사적인 절의보다 앞서고, 죽음의 절의는 삶의 절의보다 숭엄하다. 그러므로 유교에 있어서 최고의 절의는 국가사회를 위하여 죽는 것인데 거기에도 책임의 소재와 관련하여 각각 분수가 있다. "국군(國君)은 국토를 사수하고, 대부(大夫)는 민중을 사수하고, 사(士)는 법제를 사수한다."(禮記・曲禮下)

더욱이 유교에는 국가의 전쟁에서 비굴하게 항복(降服)하는 의리가 없으므로 결사항전(決死抗戰)해야 되고, 불행히 전쟁에 져서 나라가 멸망하면 국토수호의 책임을 저버린 임금이나, 민중보호의 책임을 저버린 대신이나. 법제수호의 책임을 저버린 선비들이 모두 절의를 지켜 죽어야만 후세에 그 꽃다운 이름이라도 남길 수가 있는 것이다. 만일 이들이 끝내 절의를 지키지 않고 변절하여 구명도생(苟命徒生)의 길을 걷는다면 이는 책임을 저버린 죄악에다가 오욕(汚辱)의 이름을 더하여 비인간, 불의의 표본이 되는 것이다.

정의로운 인간으로 죽을 것인가? 불의한 짐승으로 살아야 하나? 여기에서 유교인은 거침없이 죽어서 사람이 되는 살신성인(殺身成仁)과 죽어서 정의를 지키는 사생취의(捨生取義)를 택한다. 그리하여 정 포은은 선죽교에서 죽었고, 사6신은 한강변의 노량진에 묻혔으며, 임진왜란에 사림의 의병이 8로(八路)를 메웠던 것이다.

청음 선생은 병자호란에 항복을 반대하여 결사항전을 주장한 절의파의 영수(領袖)이다. 선생은 67세에 공조판서 겸 홍문관대제학 예문관대제학 지경연춘추관성균관사 세자우빈객을 배수하고 얼마 있다가 예조판서로 바꾸었다. 3월에 정헌대부가 되어 즉각 관서에 3대진(三大鎭)을 설치하여 자모성에 도원수를 배치하고, 철옹성에 부원수를 배치하고, 안주성에 본도병사를 배치하고 만일 유사시에는 황해도장병은 자모성을 구원하고, 함경남도의 장병은 안주성을 구원하고, 북도의 장병은 철옹성을 구원케 하며 또한 평양에 대신을 파견하여 3진을 자체적으로 통어케 함과 동시에 도원수가 평양감사를 겸영(兼營)토록 해서 임전태세를 갖추라고 인조에게 요청하였다.(淸陰集卷二○ · 西路設鎭分兵便否箚)

여름에 대사헌으로 옮겼다가 이조판서를 배수하고 숭정대부에 올랐지만 8월에 사직하고 석실로 돌아왔다. 12월에 청나라가 침입하니 14일에 인조가 남한산성으로 들어갔다. 선생은 급보(急報)를 받고 17일 남한산성으로 인조를 찾아가서 국난극복의 대책으로 강화(講和)의 형식을 취하면서 사수(死守)의 실력을 갖추어 전쟁으로 대응하는(以和爲形 以守爲實 以戰爲應) 기본방침을 제시하였다.

19일에는 비변사제조로 임명되었고, 또 예조판서를 배수하여 인조에게 수비만 하지 말고 야간유격전을 전개하여 청군에 타격을 주는 것이 고수하는 계책이라고 극진(極陳)하였으나 채택되지 못하였다. 다음해 1월 16일에 최명길을 비롯한 주화파(主和派)들이 청나라에 항복하는 국서를 검토하는 묘당에서 청음 선생은 분격 통곡하면서 그 국서를 찢어버렸다. 그러나 최명길이 그 열서(裂書)를 다시 주어서 보철하여 올려 항복을 결의하므로 6일간을 불식(不食)하고 자결하려고 하였기 때문에 예조판서를 사임당했다.

그리하여 인조가 청나라에 항복하고 그믐날 출성하였지만 선생은 따르지 않고 성중에 남았다가 강화도에서 선원 선생이 순절하였다는 소식을 듣고 2월 7일 안동으로 갔다가 학가산(鶴駕山)서미동으로 들어갔다. 이와 같이 항복한 조정을 외면한 까닭에 10월

21에는 파직을 당했고, 11월 3일에는 삭탈관직을 당했다.

선생이 70세가 된 겨울에는 직첩(職牒)을 환급하므로 상소를 하여 인조에게 와신상담(臥薪嘗膽)한 지 3년에 충신의사의 뜻을 모아 설치복수(雪恥復讐)할 대계를 강구하지 못하고 도리어 청나라를 군사적으로 도와서 명나라를 침략하려고 하는 것은 임진왜란을 막아준 명나라의 은공을 악으로 갚는 배은망덕으로서 천지귀신에게 부끄러운 일임을 극렬히 비판했다.(淸陰集卷二一·請勿助兵瀋陽疏) 여기에서 선생의 그 유명한 '사망(死亡)은 인종(忍從)할 수 있지만 종역(從逆)은 도저히 할 수 없다'는 논리를 전개하였다.

이 파병반대의 상소문이 청나라에 알려지자 청나라에서는 청음 선생을 심양으로 압송하게 하였다. 선생이 71세의 노구를 이끌고 서울을 지나가는 날은 눈보라가 휘몰아치는 엄동 12월 9일이었다. 선생은 주권을 상실한 약소국의 비참한 운명을 한탄하며 시조일 수를 읊었다.

「가노라 삼각산아 다시 보자 한강수야

　고국산천을 떠나고자 하랴마는

　시절이 하수상하니 올동말동하여라」

심양에 도착하여 조금도 소신을 굽힘이 없이 만 4년의 구류를 살고 76세의 고령으로 석실로 돌아왔다. 망국의 신하는 정치를 의논할 자격이 없고 패군의 장수는 병법을 말할 자격이 없는 것이다. 그러므로 국가의 정통성과 주체성을 상실한 대신은 은둔자폐(隱遁自閉)하여 유구무언(有口無言)하는 것이 바로 자기절의(自己節義)이다.

청음 선생은 자기절의라도 지키기 위하여 비열하게 항복한 조

정에 끝까지 들어가지 않으려고 하였다. 77세에 인조가 대광보국
숭록대부 의정부좌의정 겸 영경연사 감춘추관사 세자부를 배수하
니 상소하여 간절히 사양하였지만 허락을 받지 못했다. 그러나 취
임하지 않고 계속 석실에 머물러 있을 뿐이었으니 사적인 삶의
절의라도 지키어 공적인 죽음의 절의를 지키지 못했음을 속죄코
자 하였다.

6. 설치복수

유교에서는 치욕을 깨끗이 씻는 방법으로 불공대천(不共戴天)
의 원수(怨讐)에게 보복하는 최후의 선택기회를 부여한다. 그러나
가급적 정직한 방법으로 복수를 해야 되는 까닭에 먼저 실력을
길러서 만전을 기해야 된다. 그러므로 살부지수(殺父之讐)는 9세
(九世)에 걸쳐 반드시 갚고 망국지수(亡國之讐)는 백세(百世)에
걸쳐 반드시 갚는 의리가 있다. 청나라는 가장 굴욕적인 방법으로
삼전도(三田渡)에서 항복을 강요했던 조선의 원수일 뿐만 아니라
또한 우리의 우방인 명나라까지 멸망시킨 불공대천(不共戴天)의
원수인 것이다. 이 원수를 갚지 않고는 조선의 역사란 오욕의 역
사로 점철되어서 추악하게 타락한 몰골일 뿐이다.

인조가 승하(昇遐)하고 효종대왕이 등극하자 선생을 좌의정으로
불렀다. 그러나 선생은 만절(晩節)을 보전키 위하여 역사불취(力
辭不就)하다가 효종의 북벌의지를 간파하고 80세의 나이로 영돈

녕부사가 되어 효종에게 말하기를 범사는 때가 있나니 시기를 놓치면 성공하기 어렵다고 하면서 바라건대, 임금은 밤낮으로 깊이 생각하여 확고한 자신감을 가지고 지용(智勇)이 겸비한 인재와, 모략이 출중한 재사(才士), 그리고 장사와 기예가 특출한 사람을 선발하여 중용하라고 건의하였다.

효종대왕은 북벌을 준비하기 위하여 초야의 신진사림을 대거등용(大擧登用)하여 김집, 송시열, 송준길과 같은 충량(忠良)이 일시에 용약(勇躍)하였다. 그러나 김자점 일당이 효종의 반청대사업 계획추진을 청나라에 밀고하였다. 청나라는 즉각 대군을 국경에 진주시키고 6명의 사신을 보내서 조사, 문책한 까닭에 효종은 부득이 새로 등용한 인재를 모두 해임하고 1차북벌계획을 중단하지 않을 수 없었다.

이에 청음 선생은 제3치사(再三致仕)를 요구하여 82세 5월에 상소하여 사직하고 석실로 돌아와 83세 6월에 장서하여 8월 18일 석실선영(石室先塋) 아래에 예장(禮葬)하였다.

역사에 있어서 대외적인 충격은 필연적으로 대내적인 변혁을 강요한다. 이러한 과정에서 사회적으로 제기되는 문제는 첫째가 외부의 충격에 대처하는 주체성 수호의 문제요, 다음이 내부의 변혁에 능률제고의 문제이다. 임진왜란은 7년이라는 장기전을 치렀으면서도 의병의 항쟁성과로 인하여 주권을 수호함으로써 주체성의 손상은 별로 크지 아니했다.

그러나 병자호란은 40여 일간의 기습포위에 성하지맹(城下之盟)이라는 굴욕을 당하여 국가의 정체성을 완전히 상실하는 천지번복(天地翻覆)이었던 것이다. 그러므로 임진왜란 종결 이후에 우리에게 남은 과제란 오로지 재건과 부흥이었지만 병자호란의 결과는 외교정책을 바꾸어야 되는 현실에 봉착했다.

명나라에 은혜를 배신하고 원수인 청나라를 섬겨야 되는 오욕의 조정은 허탈한 수치감으로 가득하여 민중이 완전히 외면하여 버렸다. 청음 선생의 절의는 이러한 시기에 민족의 기상을 밝히고 선비의 지조를 지키는 나라의 생광(生光)이었다.

의리를 생명으로 하는 사림은 북벌(北伐)을 주장하면서도 내정개혁을 반대하여 지방분권을 찬성하고 대동법시행을 저지하였다. 이에 선생은 사림의 북벌을 찬성함과 동시에 경세가(經世家)가 주장한 중앙집권과 대동법시행에 동조하였으니 명분과 실질을 모두 취한 것으로 가장 합리적인 노선이라고 할 것이다.

국가경영의 실패를 개인의 인격으로 포장해선 안 된다. 개인적 인품이 아무리 단아해도 민족과 국가를 오도(誤導)했다면 역사적 심판을 면치 못할 것이다. 그러나 청음 선생은 내우외환이 겹친 역사의 격변기에 국가의 중책을 맡아서 한번도 불의와 타협하지 않았고, 한 치도 임금을 오도한 일이 없었으며 오욕의 역사에 숭고한 민족정신을 높이 드날렸으니 길이 민중의 마음을 감동케 하는 의리의 상징이 되었다. 그리하여 후인들로 하여금 모두 염치를 알고 도의를 깨닫게 하여 조선왕조 후기 300년을 잇게 하는 명감(明鑑)을 확립하였다.

17부

송우암 선생의 학문과 사업

— 북벌론을 중심으로 —

1. 사상

선생은 성(姓)이 은진 송씨(恩津 宋氏)요, 이름은 시열(時烈)이며 자(字)는 영보(英甫)니 경헌공(景獻公) 갑조(甲祚)의 아들이다. 선조 40년(서기 1607) 11월 12에 옥천군 구룡촌에서 탄생하였으니 처음부터 어머니 곽씨 부인이 명월주(明月珠)를 삼키는 꿈을 꾸고 잉태하였고, 아버지 수옹공(睡翁公)의 성학도(聖學徒)가 집에 오는 꿈을 꾸고 출생하였다. 그리하여 어려서의 이름을 성뢰(聖賚)라고 하였으며 호(號)는 우암(尤菴)이요, 시(諡)는 문정공(文正公)이다.

우암 선생의 학문과 사업은 주자(朱子)의 성리학과 효종(孝宗)의 북벌대업(北伐大業)으로 집약된다. 선생이 제주도에서 유배생활을 하다가 다시 국문(鞫問)을 받기 위하여 서울로 가던 길에 숙종 15년(1689) 정읍에서 사약을 받았는데 선생은 임종(臨終)에

평생의 뜻을 제자에게 유언하였는바, '나는 항상 아침에 도를 들으면 저녁에 죽어도 좋다는 신념으로 살았으나 올해 내 나이가 여든이 넘었는데도 마침내 도를 들은 바가 없이 죽으니 이것은 나의 유한(遺恨)이다. 이러한 시대는 사는 것이 죽는 것만도 못한 세상이다. 나는 곧 웃음을 머금고 땅속으로 들어갈 터이니 이 뒤로는 오직 그대들이 도를 이루기 바라노라.'라고 말하고, 이어 다음과 같이 핵심내용을 밝혔다.

'학문은 마땅히 주자학을 위주로 하고, 사업은 효종의 북벌대업을 주장하라. 우리나라는 국력이 약소하여 비록 해야 될 바를 능히 할 수는 없지만 항상 고통을 견뎌내고, 원한을 삼키며 절박하여 어쩔 수 없어서 하는 <忍痛含冤 迫不得已> 여덟 글자를 가슴속에 간직하고 동지들에게 전수해서 복수설치(復讐雪恥)할 때까지 잊어버리지 말아야 한다.'고 당부하고, 또 이어서 말하기를 '주자학(朱子學)은 지식을 통하여 양심을 기르는 치지존양(致知存養)과 실천을 통하여 인격을 완성하는 실천확충(實踐擴充)이며 경(敬)은 처음부터 끝까지 관통하는 것이다. 이 점에 대하여서는 면재(勉齋)가 엮은 주자행상(朱子行狀)에 자세히 기록되어 있다.'라고 하였다.

또 말하기를 '하늘땅이 만물을 생산하는 원칙과 성인이 만사에 대응하는 원리가 직(直)일 뿐이니 공맹 이래로 서로 전해온 것이 오직 이 하나의 직자(直字)이며, 주자가 임종에 문인에게 유언한 것도 또한 이것밖에 없었다.'(宋子大全 附錄 卷十一年譜)라고 하였던 것이다. 이상의 유언은 선생이 83년의 인생행로에서 마지막으로 정리하여 제자들에게 남긴 간절한 말씀인즉 선생의 학문과 사업에 있어서 가장 크고 중요한 핵심이라고 보아야만 될 것이다.

실제로 선생은 아버지 수옹공(睡翁公)으로부터 '주자는 후세의 공자요, 율곡은 후세의 주자니 공자를 배우려면 마땅히 율곡으로부터 시작해야 한다.'는 교훈을 받으면서 학문을 시작하였고, 이어 율곡의 제자인 사계의 문하에서 수학하였다.

주자학의 특징은 거경궁리(居敬窮理), 독서수신(讀書修身)에 있는데 먼저 경건한 연구자세로 사물의 이치를 탐구하고, 열심히 글을 읽으면서 인격을 함양(涵養)하는 것이다. 따라서 주자는 대학(大學), 중용(中庸), 논어(論語), 맹자(孟子)를 주해(註解)하여 학자 필독의 4서(四書)로 하였고, 또한 소학(小學)을 편집하여 초학자에게 먼저 익혀야 할 교과과정으로 하였던 것이다.

주자는 소학에서 쇄소(灑掃), 응대(應對), 진퇴(進退)하는 예절(禮節)과 예악사어서수(禮樂射御書數)의 문자를 교육하여 일상적인 생활문화를 합리적으로 경영할 수 있는 자질을 기르도록 하였고, 대학(大學)에서 궁리(窮理), 정심(正心), 수기(修己), 치인(治人)의 도를 교육하여 인간의 고유한 성분을 깨달아서 자기의 당연한 직분을 자율적으로 완수할 수 있는 역량을 갖추도록 하였다.

총체적으로 주자학은 인간성, 합리성, 도덕성을 지극히 존중하는 학문인 까닭에 이른바 그것을 성리학(性理學), 이학(理學), 도학(道學)이라고 일컬어 왔던 것이다.

이 주자학은 고려 충렬왕 16년(1290)에 안유(安裕)가 연경에서 돌아오면서 우리나라로 수입(輸入)하였는데 그 학풍의 정직성과 실천력으로 인하여 많은 절의의 선비와 염치(廉恥)의 인물을 배출하였으니 정 포은, 길 야은을 비롯한 사6신과 생6신 그리고 사화의 명인(名人)과 임진왜란, 병자호란의 충신의사가 줄을 이었던 것이다.

선생은 이와 같이 지식인의 사명으로 정의를 수호하는 주자학의 전통을 계승할 것을 제자들에게 유언하였으니 이것은 곧 효종의 북벌대업을 추진하는 사상적 기초가 되는 것이다.

은혜를 배반하고, 치욕을 모르는 것을 인격파탄으로 멸시하는 주자학적 관점에서 병자호란시 이른바 삼전도항복의 역사를 본다면 주자학도로서는 진정 감내할 수 없는 국가민족적 수치가 아닐 수 없는 것이었다. 그러므로 우암 선생은 복수설치(復讐雪恥)를 위한 북벌의 정당성을 사상적으로 확보하기 위하여 주자학을 주장한 것이며, 주자학의 의리정신은 비단 국내적인 사기진작에만 알맞은 것이 아니라 또한 멸청복명(滅淸復明)의 대의명분을 세우는 데도 지극히 절절한 것이었다.

주자는 춘추대일통주의(春秋大一統主義)에 의거하여 스스로 자치통감강목(資治通鑑綱目)을 지어서 조조의 위(魏)나라의 정통성을 박탈하여 유비의 촉에다가 주었으니 그 이유는 간사도당(奸邪徒黨)의 허위정권에는 절대로 정통성을 부여할 수 없는 까닭에 오로지 정벌의 대상이 될 뿐이라고 역설하였다. 바로 이 야만정권 정벌론은 중원에 침입한 호로(胡虜)를 정벌하기 위한 대의명분을 확립하는 강력한 근거가 되는 것이었다.

따라서 우암 선생은 개인적인 학파에 있어서나 사회적 신분에 있어서나 전혀 꿀림이 없는 대도를 직행(直行)하였던 것이다. 주자학은 국내적으로 설치복수의 사기를 진작하며, 대외적으로 청나라를 멸망시키고 명나라를 광복(光復)시키는 북벌의 대의명분을 선명하게 하였으니 바야흐로 국가민족의 자주해방의식을 고취하였고, 북벌사업은 학자들에게 염치심(廉恥心)을 가지게 하고, 국가민족과 그 운명을 함께 하는 절의정신을 높이 선양하여 마침내 주자학의 절대적 권위를 확보하게 되었다.

우암선생의 사상은 주자학을 기본으로 하여 천하의 정의를 주장하고, 민족의 자주자존을 실현하는 것이었으므로 그 학문이 대단히 철저하여 조그마한 이단사설(異端邪說)도 용납하지 아니 하였으며 그 의지가 매우 단호하여 추호도 흔들림이 없었으니 우리나라 300년 의리정신의 표본이 되는 데 이르렀다.

2. 사적

(1) 북벌계획과 기축봉사

우암 선생은 임진왜란(1592)과 정유재란(1597)의 참화를 겪은 지 10년 뒤에 태어나서 병자호란(1636) 때에는 30세의 대군사부로서 남한산성에 호종(扈從)하여 인조의 항복을 직접 목도하였을 뿐만 아니라 세자와 대군이 청나라에 인질로 잡혀가는 마당에서 통곡하고 출성하여 귀향하였다.

삼전도(三田渡)에서 인조가 청에 항복한 조건에는 오랑캐 황제를 인정하여 칭신(稱臣)할 것과 청의 연호를 사용할 것, 매년 조공사신을 파견할 것과 같은 무리한 요구 이외에 도저히 감내할 수 없는 치욕을 강요하여 나라의 체통을 여지없이 짓밟아 버렸으니 곧 인조로 하여금 청나라 황제 앞에 고두사배(叩頭謝拜)하게 하여 굴복시킨 것과 세자와 왕자를 인질로 납치한 사실이다.

이와 같은 민족적 비극과 국가적 굴욕의 시대에 학자가 처신하는 길은 대개 네 가지였으니 첫째는 끝까지 싸우다가 죽어서 민족의 혼을 지키는 것이며, 둘째는 벼슬을 버리고 초야에 은둔하여 학자의 지조(志操)를 지키는 것이며, 셋째는 원통한 마음을 품고 분발노력(憤發努力)하여 내정을 개혁하고 국가를 재건설하여 복수설치(復讐雪恥)를 꾀하는 것이요, 넷째는 부득기(不得己)한 현실을 인정하고 능동적으로 국제질서에 적응하면서 새로운 변화에 적극 동참하는 것이다.

그리하여 김상용(金尙容)을 비롯한 3학사(三學士) 등은 죽음으로 국혼을 지켰고, 우암 선생을 비롯한 많은 강직한 학자들은 벼슬을 버리고 귀향하여 학문에만 전념하였으며, 뒤에 효종대왕이 된 봉림대군은 당시에 비록 심양에 인질로 잡혀 있는 몸이면서도 장차 복수설치할 방안을 강구하였고, 김육은 내정을 개혁할 대동법을 연구하였으며, 최명길은 청에 항복하는 문서를 스스로 초안하였고, 김자점은 계속 벼슬자리에 있으면서 청의 요구에 따랐던 것이다.

우암 선생은 10여 년 동안 모든 벼슬을 일절 사양하고, 산림(山林)에 들어가서 학문에만 전념하였다. 그러한 사이에 청나라는 명나라를 정복하고, 그 다음해(1645)에 소현세자와 봉림대군이 귀환하였다. 그런데 세자(世子)가 미구(未久)에 서거하므로 인조는 유위(有爲)한 임금이 필요한 시국임을 인식하여 세손(世孫)을 제쳐 놓고, 둘째아들인 봉림대군을 세자로 삼았다. 인조 27년(1649)에 인조가 승하하니 세자로서 왕위를 계승한 효종은 설치복수를 위한 북벌의 큰 계획을 품고 인재를 발탁하기 시작하였다.

이에 우암 선생은 신독재 김집, 동춘당 송준길 등과 같은 여러 학자들과 더불어 조정에 나아가 사헌부장령으로서 경연에 출입하며 내정을 닦아 외적을 물리치는 길을 모색하였다. 이때에 선생은 북벌의 대계를 추진하는 구체적인 방안을 제시하여 효종에게 기축봉사(己丑封事)를 올렸는데 그 내용은 대략 다음과 같은 목차로 되어 있다.(宋子大全 卷五 封事)

① 선왕(先王)이 종사(宗社)를 부탁한 중책을 자각하여 절애이보궁(節哀而保躬)할 것, 이제 왕위를 계승한 효종에게 있어서 가장 중요한 문제는 슬픔을 이기고, 건강을 회복하여 국체를 확립하고 민심을 안정시키는 일임을 엄중히 지적하였다.

② 인조의 장례절차는 예학의 대가들로 하여금 연구검토케 하여 결정시행함으로써 강례이신종(講禮以愼終)할 것, 이것은 비록 나라가 국내외적으로 어려운 여건에 처하여 있다고 하여도 예의만은 분명히 지켜야 남으로부터 비웃음을 면할 수 있음을 지적한 것이다.

③ 국가를 폐허에서 재건하고, 인민을 도탄에서 구원하기 위하여 위대한 천지화육(天地化育)의 정치를 하려면 면학이정심(勉學以正心)할 것, 부지런히 배워서 마음을 바르게 가져야만 훌륭한 영도자의 자질을 기를 수 있기 때문이다.

④ 수신(修身), 제가(齊家), 치국(治國), 평천하(平天下)는 고금의 진리인즉 수신이제가(修身以齊家)할 것, 스스로 가정의 모범이 되지 못하는 인격이라면 어떻게 국가의 모범이 될

것인가? 그러므로 자신이 먼저 가정의 모범이 되어서 모범 가정을 만들어야 된다고 하였다.

⑤ 말만 듣기 좋게 하는 아첨배를 물리치고, 공명강직한 사람을 등용하여 원편녕이근충직(遠便佞以近忠直)할 것, 이것은 조정의 관료가 부패하면 군주도 함께 타락한다는 사실을 지적한 것이다. 따라서 국가의 대의를 수호하기 위하여서는 군주가 항상 충직한 신하를 가까이 하여야 한다는 뜻이다.

⑥ 정치의 기강을 세우기 위하여서는 사사로운 소혜(小惠)의 정치를 베풀지 말고, 탕탕평평한 대덕으로 공명정치를 하여야 되므로 억사은이회공도(抑私恩以恢公道)할 것, 나라는 공기(公器)이므로 공도로 나아가면 흥성하고, 사문(私門)으로 들어가면 멸망하는 것이다. 따라서 나라가 위태로우면 위태할수록 더욱 공명정대한 도덕정치를 주장하여야 나라의 기강이 소생하는 것이다.

⑦ 현량하고 능력이 있는 대신을 선임하여 국가사업을 성공적으로 추진함으로써 나라의 체통을 세우고, 임금의 권위를 높이도록 정선임이명체통(精選任以明體統)할 것, 우암 선생은 이 대목에서 관료조직을 통한 행정체계의 수립을 역설하였다.

⑧ 예양(禮讓)의 풍(風)과 염치(廉恥)의 절(節)을 고취하고 시비선악(是非善惡)을 분명히 가리어서 진기강이려풍속(振紀綱以礪風俗)할 것, 명절과 예의를 숭상하면 신선한 사회기풍이 일어나서 나라의 풍속이 아름답게 된다는 것을 지적하였다.

⑨ 국가재정의 비용을 절약하여 민생의 안정을 도모하는 방안으로

절재용이고방본(節財用以固邦本)할 것, 현재 생민의 곤췌(困悴)가 극심한 상황에서 부렴(賦斂)의 횡포까지 겹친다면 도저히 국운을 회복할 길이 없다는 사실을 지적하였다. 따라서 부역(賦役)을 줄이고, 경리(經理)를 정확히 하며, 청탁(請託)을 엄금하여야 된다고 하였다.

⑩ 세종(稅種)을 줄이고, 세율(稅率)을 낮추어서 서민의 세금부담을 경감하기 위하여 정공안이서민력(正貢案以紓民力)할 것, 세율은 본래 10분의 1을 상법(常法)으로 하였거늘 오늘날은 10분의 4 내지 5를 취하니 이것은 연산군의 무도한 악법이므로 마땅히 개혁하여 국초(國初)의 상법으로 돌아가 국민의 경제력을 향상시켜야 된다고 하였다.

⑪ 질박검소한 물질문명을 보급하고 사치한 유행을 막기 위하여 숭검덕이혁사치(崇儉德以革奢侈)할 것, 상류사회의 사치가 하층서민들의 생활을 더욱 병들게 한다는 사실을 지적하고, 상류층의 의식주로부터 거마(車馬), 정원 화초에 이르기까지 엄격히 단속할 필요가 있다고 하였다.

⑫ 국가의 앞날을 위하여 왕세자에게 훌륭한 교육이 필요하므로 미리 어진 스승을 선택하여 학문을 익히도록 택사부이보저이(擇師傅以輔儲貳)할 것, 이것은 군주의 도량인 융사친우(隆師親友), 존덕락도(尊德樂道)의 심성을 길러서 불성실하고 오만하고 변덕스럽고 문란한 행동을 방지하고자 함이다.

⑬ 국내의 정치사업을 성공적으로 완수함으로써 민족의 자주역량을 배양하여야 청나라의 세력을 축출할 수 있는 까닭에 수정사이양이적(修政事以壤夷狄)할 것, 삼전도의 항복으로

나라가 청국에 종속한 현실은 국맥이 이미 끊어진 정통성의
위기에 처한 것이라고 하지 않을 수 없는 것이다. 따라서
조선왕조는 지극한 통한을 안게 되었으니 오로지 복수설치
의 길만이 사직보존의 의미를 찾을 수 있다는 것이다.

국가의 체통이 이미 손상되어 오욕으로 점철된 역사적 현실에
서 지상의 정치적 명제는 국가의 자주성을 회부하는 것과 북벌의
복수전밖에 없는 것이다. 그러므로 기축봉사에서 제시한 13개 조
항 가운데서도 우암 선생이 가장 중대한 문제로 특별히 다룬 것
은 바로 이 마지막 항목인 배청론(排淸論)이라고 할 것이다. 청나
라는 방자한 태도로 국제질서를 파괴하면서 무력을 앞세워 침략
전쟁을 일으켰으니 도덕질서를 문란하게 만든 책임이 있을 뿐만
아니라 조선의 당당한 예의문화를 철저히 유린하였고, 또한 임진
왜란 당시에 구원군을 파견하여 우리를 도왔던 명나라를 멸망시
킨 원죄가 있으므로 이에 도덕적 진리의 차원으로 보거나, 역사적
전통의 차원으로 보거나, 현실적 감정의 차원으로 보거나 도저히
용서할 수 없는 추로(醜虜)로 단정하였다.

따라서 이 청나라 오랑캐는 군부(君父)의 큰 원수(怨讐)로서 맹
세코 하나의 하늘 아래 함께 살 수 없는 존재로 보아야 하며 감
정을 축적하고, 원통함을 인내하여 적개심을 더욱 길러서 와신상
담하는 가운데 극비리에 우리의 힘을 굳건히 한 다음에 적이 허
약해진 틈을 타서 정벌하여 문죄하여야 된다는 것이다.

이상과 같은 자주적 복수설치의 당위적 논리는 효종의 북벌계획을
추진하는 기본적 방안으로 수용됨으로써 필연적으로 새로운 국제질서
에 안주하려는 조정의 현실주의자들과 대립하지 않을 수 없게 되었던

것이다. 이에 송준길(宋浚吉)을 비롯한 산림세력은 김자점(金自點) 일당의 축출을 건의하여 귀양 보내고, 김자점의 세력은 역관 이형장 (李馨長)을 시켜서 '효종이 산림의 신인(新人)을 등용하여 반청(反 淸)의 대사를 추진한다'고 밀고하게 하였다.

이로 인하여 청나라는 대병을 동원하여 압록강 변에 진주시키 고 6인의 사신을 보내어 사문(査問)하게 하였으니 효종이 의연하 게 모든 책임을 스스로 지면서 산림(山林)세력을 보호함으로써 일 단 위기는 넘겼으나 북벌계획은 부득이 중단되고 말았으니 신독 재(愼獨齋), 우암(尤庵), 동춘(同春) 등 산림자주세력은 모두 조정 에서 퇴각하였다. 결국 효종의 1차 북벌계획은 기축년 5월에 산림 의 신인을 등용하기 시작하여 경인년 2월에 그들이 모두 퇴각하 였으니 불과 9개월간의 거사이었다.

(2) 북벌의 정신과 정유봉사

비록 청국의 압력에 의하여 1차북벌계획은 중단되고 말았으나 효종과 산림세력은 북벌을 절대로 포기할 수 없었던 까닭에 지통 재심(至痛在心) 박불득이(迫不得已)의 자세로 현실에 순응하면서 또한 은밀히 북벌정신을 가슴속에 불태웠으니 효종은 조정을 숙 청하는 데 전력을 다하고, 산림은 초야에서 춘추대의를 강명하는 데 진력하면서 세월은 7~8년이 흘렀다.

이에 우암 선생은 효종 8년 8월에 정유봉사(丁酉封事)를 올려 효종에게 북벌의 정신을 다시 깨우쳤다.(宋子大全 卷五 封事) 정 유봉사는 전부 19조목으로 시정(時政)의 요무(要務)를 지적하였으니 기축봉사보다도 더욱 구체적으로 북벌의 대책을 제시하고 있는 것이다.

우암 선생은 1차북벌계획의 실패가 기밀의 누설에 있다고 판단하고 정유봉사에서는 스스로 특별한 보안에 힘써 손수 글을 쓰고 세 겹으로 봉하여 어전에서 개봉케 하였는바 그 내용은 대략 다음과 같다.

① 비상한 시국에 처한 현실을 직시하고, 일대영단(一大英斷)을 내려서 국가재건에 총력을 집중하여 분발할 것.

② 군주는 자중자애(自重自愛)하여 건강을 보존하고, 출입을 삼감으로써 弓矢, 馳騁, 전렵(佃獵), 기사(騎射) 등의 위험한 놀이를 즐기지 말 것.

③ 청나라에 패퇴하여 남방으로 밀려난 명나라 계왕(桂王)에게 은밀히 사신을 보내 위문함으로써 지난날의 은혜에 정성을 표시할 것.

④ 정책이 사전에 누설하면 실패하고, 사업은 주밀하게 도모하여야 성공하나니, 조정의 기강을 확립하여 지위의 고하를 막론하고 국가기밀의 누설을 엄중 단속할 것.

⑤ 왕자무사(王者無私)의 의미를 살려 내수사(內需司)를 혁파하고, 궁중의 비용을 줄이여, 공개함으로써 애민(愛民)의 실(實)을 보일 것.

⑥ 모름지기 정치에는 체통이 있어야 하고, 행정에는 순서가 있어야 하는바 어질고 유능한 대신을 선택하여 정권의 주체성을 확립할 것, 그러므로 세부적인 문제나 거론하고, 잡다한 분란만을 일삼는 무능한 관료를 모두 도태할 것.

⑦ 나라가 청국에 종속되어 국력이 위축되어버린 간고한 시기의 위박한 형세에서 민족정기를 되살리기 위하여서는 국난에 충성을 다 하였던 의열(義烈)을 높이 포장(褒奬)하여 애국심을 격동할 것.

⑧ 공자의 춘추대의(春秋大義)와 주자의 강목정신(綱目精神)의 '정의는 반드시 승리한다'는 역사발전법칙을 확신하고, 스스로 천리를 밝히어 인심을 바로 잡으며, 왕도를 밝히어 민도를 높이며, 사설(邪說)을 물리쳐서 사론(士論)을 통일함으로써 사필귀정(事必歸正)의 신념을 가질 것.

⑨ 제가(齊家)이후에 치국(治國)이요, 부자형제가 먼저 국법을 지킨 다음에 민중이 국법을 준수하는 것이므로 특별한 종친만을 유리하게 대우하지 말 것.

⑩ 듣건대 익(益)이 순(舜)에게 경계하여 말하기를 안일하게 놀지 말고, 쾌락(快樂)에 빠지지 말라고 하였으니 비록 궁중에서 자전(慈殿)을 위안하는 행사라고 하여도 일체의 오락(娛樂), 유희(遊戲), 해학(諧謔) 등의 잡희를 하지 말고 건실한 기풍을 몸소 실천하여 모범을 보일 것.

⑪ 덕성을 함양하고 감정을 억제하여 즉흥적으로 일을 처리하지 말고, 항상 인내심을 가지고 법률의 절차와 예도(禮度)의 기준에 의거하여 형벌을 시행할 것.

⑫ 언로(言路)를 광개(廣開)하여 직언하는 신하를 죽이지 말고, 중심(衆心)이 같은 곳에 바로 천의(天意)가 있는 것이니 항상 여론을 존중할 것이며 신료를 노예처럼 부리지 말고 예의와 염치로 대우할 것.

⑬ 복수설치하기 전에는 장려한 궁중건물이나 화려한 공주제택(公主第宅) 같은 것을 건축하지 말 것.

⑭ 강력한 군인정신은 군율(軍律)과 기강에서 근본하는 바 오늘날 군인교련(軍人敎鍊)은 매우 정예(精銳)로운데도 또한 교한(驕悍)한 습성이 생겨서 문관을 경모(輕侮)하고, 인물을 살해하는 사람이 있으니 이를 엄중히 단속할 것.

⑮ 국가가 어려울 때일수록 천하의 인망이 있는 인재를 등용하여야 함께 시국을 구제할 수 있는 것이므로 이유태(李惟泰), 유계(兪棨)와 같은 인물을 중용할 것.

⑯ 신용은 국가의 대보(大寶)인즉 전국의 도량형기를 엄밀히 통일하고, 세수시(稅收時)에 도량 이외에 더 징수하지 못하게 할 것.

⑰ 오늘날의 잦은 천재지변은 어찌할 수 없는 천지운수가 아니라 정치인사의 부조리와 행정사업의 부당성에서 기인한 것이므로 결연히 중정공명(中正公明)한 주체를 확립하여 상서로운 덕을 밝힐 것.

⑱ 옛날의 성왕은 모든 음식물을 해당 관사에서 공적으로 관리하였으므로 민폐를 방지하였으니 훈척대신(勳戚大臣)을 통하여 사사로이 성교(聖敎)를 빙자하여 물품을 토색질하여 바치지 못하게 금지시킬 것.

⑲ 청년기의 웅도대략(雄圖大略)도 세월이 흐르면 의욕이 감소하여 마침내 안일한 타성에 빠져서 현실에 안주하게 되어버리기 쉬우니 끊임없이 분발하여 초심(初心)을 확고히 지킬 것.

우암 선생의 정유봉사(丁酉封事)는 효종의 북벌의지를 더욱 격려한 것으로 그 준비과정에 있어서 직접적인 전략, 전술, 전투에 관한 문제도 중요하지만 또한 국력을 증진하고, 국민을 단결하며, 정부를 신임하도록 하는 간접적 전쟁수행 역량의 비축도 대단히 중요한 문제임을 지적하였다.

이것은 정의로써 불의를 정벌하고, 문명으로 야만을 징치하기 위해서는 자체적으로 월등한 문화저력을 배양하여야 되는 당위성을 밝힌 것이라고 하겠다.

(3) 북벌사업추진과 독대설화

정유봉사를 올린 지 1년 만에 효종은 우암 선생과 북벌사업을 본격적으로 추진하기 위하여 특지(特旨)로 우암 선생을 이조판서로 임명하였으니 효종 9년 9월이었다. 이해 겨울 효종은 선생에게 초구(貂裘)를 하사하였는데 그 뜻은 장차 북벌함에 요동과 북경의 눈보라 길을 같이 달리자는 뜻이라고 하여 그 결심을 보였다.

다음해 효종 10년 3월 12일 효종은 희정당(熙政堂)에서 제신(諸臣)을 멀리 물리고 홀로 우암 선생만을 독대(獨對)하여 바야흐로 북벌사업을 본격적으로 추진하기 위한 군신간의 최종결정을 밀담하였다. 조선왕조의 법도는, 임금은 아무리 친근하고 존경하는 신하라도 절대 단독면담(單獨面談)할 수는 없고, 반드시 승지와 사관이 입회하게 되어 있었는데 이 희정당 독대는 승지와 사관을 모두 내보냈을 뿐만 아니라 내시로 하여금 희정당의 문을 모두 열어 놓고 그 주변에 아무도 없도록 물리친 다음에 단 둘이서 밀담을 나누었으므로 그 기밀을 알 수 없는 것이다.

그러나 후일에 우암 선생이 기록한 악대설화(幄對說話)를 보면
대단히 구체적인 실천사항까지 논의하고 있는 것을 확인할 수 있
으니 효종은 대략 다음과 같이 말하였다.

① 효종은 국가의 운명이 걸린 북벌(北伐)사업을 극비리에 추
진하기 위하여 오늘의 독대를 결심하였다는 것.

② 당금(當今)의 대사(大事)는 북벌하여 복수설치하는 것이며
그 일을 실제로 추진하기 위해서는 정예포수(精銳砲手) 10
만을 양병하여 일시에 중원으로 진격해야 된다는 것.

③ 우리의 정벌군이 질풍노도처럼 산해관(山海關)으로 들어가
면 중국의 의사와 호걸 및 청나라에 포로로 잡혀 있는 우리
동포가 반청의 의거를 일으켜 우리와 호응하게 할 것.

④ 청국이 우리의 세폐(歲幣)를 요동과 심양에 두고 있으니 개
전 즉시 접수하여 우리의 군량으로 이용할 것.

⑤ 청국의 왕실과 조정이 점점 부패하고, 풍속과 기강이 차차
해이하여 무비(武備)를 소홀히 하고 있으므로 우리의 필승
을 확신할 수 있다는 것.

⑥ 북벌의 대업은 앞으로 10년 내에 성공하여야지 더 늦어지면
우리의 현실적 여건으로 볼 때 거의 불가능하게 될 염려가
있다는 것.

⑦ 가급적 양병(養兵)정책을 양민(養民)정책과 일치시켜서 민생과
군수를 다 같이 풍족하게 하는 방안을 강구할 것. 따라서 주례
(周禮)의 보오법(保伍法)을 연구할 것.

⑧ 북벌의 대임(大任)을 적극적으로 추진할 수 있는 인재를 선발하여
등용할 것.

⑨ 기밀의 누설을 방지하기 위하여 군신간의 비밀의논방법을 연구할 것.

이상의 밀담내용으로 볼 때에 이것은 효종이 북벌대업을 우암 선생과 함께 추진하기로 결심하고, 그 사업추진의 대임을 우암 선생에게 명령하는 중대의식이라고 할 것이다. 이로써 우암 선생은 이조판서의 관직으로서가 아니라 북벌사업 추진의 총책임자로서 국무를 수행하는 막중한 역할을 담당하게 되었다.

따라서 이 뒤로는 효종이 세자를 통하여 북벌사업추진에 관한 밀지를 내리고 우암 선생은 사업의 진전도를 세자를 통하여 보고하였으니 실제로 독대를 한 지 한 달 반쯤 지나서 효종이 내린 밀지를 보면 그러한 사실을 확인할 수 있다.

효종대왕의 밀찰(密札, 宋子書) 내용을 살펴보면 다음과 같은 난제가 추진과정 속에서 파생하고 있음을 알 수 있으니 계획의 실천이 얼마나 어려웠던 일인가를 짐작하게 된다.

① 어제의 봉계(封啓) 속에 들어 있는 한 장의 소봉서(小封書, 비밀보고서)는 잘 받아 읽었으니 주저 말고 자신 있게 북벌사업을 추진하라는 것.

② 독대는 국법에 없는 일이므로 여론이 나쁘니 또다시 독대를 할 수 없는 까닭에 앞으로의 북벌사업 추진논의는 세자의 손으로 전달할 것임.

③ 이제는 믿을 수 있는 대신들과도 북벌사업을 공동협의하여 세력기반을 확충할 것.

④ 독대 이후의 사업추진현황을 보고하고, 요청사항이 있으면 말할 것.

⑤ 김자점의 잔당이 또다시 청국에 밀고할까 몹시 두렵다는 것.

이상의 효종대왕 밀찰의 내용은 효종의 북벌 의지를 다시 확인하는 것으로 국내외적인 제반여건의 불리한 상황을 극복하고 기필코 성공하도록 만전을 다하라는 간절한 부탁이었다. 이로써 우암 선생은 대임완수를 위하여 조정 내에서 구체적인 방법을 가지고 체계적으로 사업을 더욱 힘차게 추진하였던 것이다.

(4) 효종대왕의 승하와 북벌계획의 좌절

북벌(北伐)준비의 기초작업이 한창 다져지기 시작할 무렵에 효종이 갑자기 승하하였으니 효종 10년(1659) 5월이었다. 이것은 독대를 한 지 2개월 만이요, 밀지를 내린 지 얼마 되지 아니한 시기이었다. 북벌론을 주도했던 효종의 승하는 바로 제2차 북벌계획의 좌절을 뜻하는 것으로 왕위를 계승한 현종은 선왕의 유업을 완수할 수 있는 역량이 없을 뿐만 아니라 바야흐로 조정이 뜻하지 않은 예론시비(禮論是非)에 휩쓸림으로써 북벌논의는 자파(自罷)하게 되었다.

예론시비는 효종의 장례절차에 있어서 과실이 있었다고 우암 선생을 탄핵하는 상소로 야기된 이른바 예송(禮訟)이라는 것이다. 이로 인하여 선생이 이조판서를 사임하게 되었으니 이로써 조정에서의 북벌논의는 자연소멸하게 되어버렸다.

우암 선생은 효종의 승하에 친히 염습례(斂襲禮)에 참여하여 복제를 정하고, 재궁(梓宮)을 만들고, 능호(陵號)를 지으며, 산릉(山陵)을 정하여, 지문(誌文)을 지어서 송종(送終)의 예를 극진히 하였는데 반대파들은 다음과 같은 미비점을 들어 성토하였다. 첫째 소렴(小斂)할 때에 교포(絞布)를 전부 묶지 아니 함으로써 시신이 부풀었고(얼굴부분에 두 가닥을 묶지 않았었는데 이것은 효자(孝子)가 열어 볼 수 있게 함이었다.), 둘째 재궁(梓宮)이 작아서 목판을 썼으며, 셋째 산릉을 수원으로 하지 않고 여주로 하였으며, 넷째 가장 큰 문제는 효종을 차자(次子)로 취급하여 대왕대비로 하여금 효종의 상에 기년복(朞年服)을 입게 하였다는 것 등이었다.

왕실에 있어서 의례문제는 대통(大統)에 관계되므로 범상한 일은 아니지만 그러나 임진왜란과 병자호란을 겪고 나서 북벌의 대사를 계획하는 중요한 시국에 이미 더렵혀진 나라의 치욕은 논하지 않고 한갖 임금의 장례절차나 아름답게 거행(擧行)하는 데만 마음을 쓰는 졸렬한 작태는 마침내 조선왕조의 역사를 오래도록 떨치지 못하게 하고 말았던 것이다.

이 예송으로 인하여 선생은 대단히 오랫동안 시달림을 당하였는데 마침내 숙종 원년 정월에는 이 문제로 유배까지 가게 되었으니 덕원, 장기, 거제, 청풍 등의 유배지에서 5~6개월을 보내다가 숙종 6년 6월에야 석방되어 환가하였다.

선생은 비록 초야에 있으면서도 항상 임금에게는 효종의 북벌정신을 고취하고, 관료에게는 절의를 역설하며, 학자에게는 벽사거피(闢邪拒詖)와 존성위도(尊聖衛道)의 뜻을 가르쳤는데 이것은 모두 정의로써 불의를 징치하는 논리로 일관한 것이었다.

숙종 15년(1689) 정월에 숙종이 숙원 장(張)씨를 총애하여 그가 낳은 지 겨우 서너 달 되는 왕자를 갑자기 원자로 봉하면서 장씨를 희빈(嬉嬪)으로 봉하였다. 이에 선생은 즉시 소(疏)를 올려서

민 중전(中殿)이 아직 나이가 젊으니 기다려 봐야 하고, 임금이 건강하니 세자책봉이 급하지 않으며, 열 살도 안 된 왕자를 원자로 봉하는 것은 너무 성급하다고 그 불가함을 논하였다. 이에 숙종의 노여움을 받아서 제주로 유배를 갔다가 4월 23일 왕비 민중전의 생일에 국모폐출(國母廢黜)을 명하고 선생의 사형문제를 의논하였다. 마침내 5월 4일 민 중전은 폐출당하여 대궐을 떠나갔고, 6월에 선생을 불러다가 국문하라는 명령이 내려옴으로 제주를 출발하여 정읍에 이르니 6월 8일 신시에 또다시 현재의 위치에서 사약(賜藥)을 받으라는 명령이 내려와 당일 83세를 일기로 사약을 마시고 서거하였다.

효종의 승하가 우암 선생의 고립화로 전개되었던 정국으로 인하여 북벌논의를 재연시킬 수 없었던 것이며, 외세에 종속한 상황에서 내정간섭을 자체적으로 극복하지 못함으로써 한갓 현실을 외면한 추상적 가치에 집착하게 되었던 불행한 시대에 선생의 서거는 북벌계획의 상징적 의미만을 남긴 채 실질적인 좌절을 확인한 것이라고 할 것이다.

(5) 북벌정신의 역사적 가치

국가 경영에 있어서 개화(開化)와 수구(守舊)라는 대내적인 사회정책의 선택과, 복수와 화해라는 대외적인 외교정책의 설정문제는 나라의 운명을 결정하는 지극히 중대한 정치적 과제이다. 내치(內治)와 외교(外交)의 두 수레바퀴에 의하여 국가사회의 안전을 보장하는 정치현실에 있어서 대내외적인 국가 기본정책의 선택은 바로 그 나라의 역사를 결정하는 것이다.

문물을 개화하고 적국과 화해할 것인가? 구제도를 고수하여 적국에 복수를 할 것인가? 이 두 갈래 길에서 번영과 몰락이 갈라지고, 영광과 오욕이 나누어지는 것이다. 만일 원수를 갚음이 없이 적국에 복종하여 화해하는 것은 도리어 치욕을 더할 것이며, 진정 원수를 갚고 적국의 죄악을 응징하는 것은 바야흐로 영광을 돌이켜 국위를 회복하는 길이다.

그러나 또한 국제사회의 발전과정에 있어서는 국가가 사회모순을 적극적으로 해결하면서 문물을 개화하고 진보적으로 정치경제 사회의 개혁을 추구하면 마침내 번영할 수 있으려니와 한갓 전통만을 묵수고집(墨守固執)하면서 현실의 안정만을 희망한다면 필경 세계발전의 역사대열(歷史隊列)에서 낙오하여 자멸하게 되는 것이다.

국가의 대내외적인 이와 같은 정책결정의 엄중성에도 불구하고 실제로 사회현실의 복잡한 내용과 국제세력의 다단한 관계로 얽힌 역사적 조건 아래에서 용감하게 하나의 정책을 선택하고 결정하여, 인내심을 가지고 박력 있게 추진하기란 결코 쉬운 일이 아니다. 그것은 비단 각계각층의 이해가 상충하는 문제일 뿐만 아니라 또한 국제세력에 직접 대항하는 문제이기 때문이다.

대체로 내치(內治)가 충실하면 외풍(外風)을 제압하기가 용이할 것이며, 외세가 강성하면 내정간섭을 받기 쉬운 것이므로 선왕은 항상 내정을 먼저 닦고 외교에 임할 것을 역설하였다. 그러나 궁극적으로 약소국이 살아남는 길은 강대국을 지혜롭게 섬기는 길밖에 없음을 맹자는 외천사대(畏天事大)의 도(맹자 양혜왕하)라고 인정하였으니 이것은 오로지 국가보존의 논리인 것이다. 이소사대(以小事大)의 실례로 태왕(太王)이 훈육(獯鬻)을 섬기고, 구천(句踐)이 오(吳)를 섬겼던 사실은 오히려 지혜로움으로 평가함으로써 이미 하나의 국가외교관례로 정착된 것이다.

따라서 인조가 삼전도에서 종사(宗社)의 보존을 조건으로 청 태종에게 항복한 사실은 조선왕조의 왕실에 있어서는 부득이한 위기탈출 방법으로 받아들이지 않을 수 없는 것이었다.

그러나 국가보존의 이와 같은 부득이한 사정에도 불구하고, 청렴한 선비에게 있어서는 고상한 지조를 끝까지 지켜야 하는 의리와 충신은 불사2군(不事二君)하는 충절의 개인 윤리가 있었으니 명나라의 은혜(임진왜란 당시의 구원병 파견)를 배반하고 추악한 호로(淸)를 섬기는 오욕의 조정(조선 왕실)에 남아 벼슬을 할 수는 결코 없었다.

따라서 조선의 왕실은 국가위란에 처하여 현량한 인재까지 잃게 되는 불행을 겪게 되고, 우암 선생은 국가를 위하여 조정에 참여하되 청나라에 종속한 현실은 인정하지 아니 함으로써 국가경영의 자체 역량을 거의 개발하지 못하게 되었던 것이다.

이와 같은 2중적 제약을 끝내 해탈하지 못함으로써 멸청복명(滅淸復明)의 북벌계획은 마침내 복수설치의 춘추정신(春秋精神)을 고취한 사상사적 의미만 남긴 채 좌절하고 말았으니 결국 국가의 외교논리와 개인의 청렴윤리(淸廉倫理)를 배합하려고 시도하였던 점에서 그 역사적 가치를 찾아야 할 것이다.

끝으로 북벌론을 근세조선의 역사적 맥락에서 비교하여 볼 때에 정 포은의 배원친명(排元親明) 정책이 이성계의 혁명을 통한 개혁, 개방으로 이어져서 성공하였고, 조선조 말에 불어 닥친 서구의 충격에 이화서(李華西)의 위정척사론(衛正斥邪論)이 대원군의 쇄국으로 이어짐으로써 왕조가 멸망하였으니 북벌론이 신속하게 개화와 개혁을 주장하는 실용학으로 전환하지 못했던 점이 길이 아쉬움을 남기게 하였다고 할 것이다.

18부

송자학과 사문의 동래

1. 유학을 집대성한 송자학

송자학(宋子學)은 독서(讀書)와 격물(格物)을 통하여 호연지기
(浩然之氣)를 기르고 중화지리(中和之理)를 이룩해서 천지를 바
로 세우고 만물이 생육할 수 있는 천하대의(天下大義)를 밝히는
것이다. 사물의 원리를 연구하여 지식을 이루고 생각을 성실히 하
여 마음을 바로잡아 스스로 진리의 주체가 되어서 천하국가를 정
의롭게 경영하는 학문이다. 이러한 학문사상은 물론 정통유학을
재정립해서 새로운 시대의 정의사회건설을 목표로 한 것이므로
문인 권수암(權遂庵, 서기 1641∼1721)은 일찍이 말하기를 "集群
儒而大成 蔚然爲百代之宗師" <宋子眞像贊>라고 하여 송자학의
유학사적 공적을 높이 규정했다.

군유(群儒)를 집대성한 송자학은 그 연구의 범위에 있어서나 사
상의 폭에 있어서 대단히 넓어서 가학(家學)이나 국학의 수준을
초월하여 천하학의 성격을 가질 뿐만 아니라 그 학문적 관심도 성

인의 도덕으로 천하를 화평하게 만들고 만방이 협력하고 화합하는 문명시대의 창조를 궁극적 목표로 삼은 것이 특징이다.「論語」,「大學」,「中庸」,「孟子」의 4서(四書)와「周易」,「書經」,「詩經」,「禮記」,「春秋」의 5경(五經)을 정밀하게 읽어서 도덕성명(道德性命)의 자연의 원리가 성실하고 명확함과 인의예지의 고유한 인간성이 효제충신으로 나타남과 심의정재(心意情才)를 신중히 하여 바르게 써야 함과 호연지기의 강대(剛大)함과 희로애락의 중화조절(中和調節)함과 중정공명(中正公明)의 대동태평(大同太平)함과 춘추대의(春秋大義)의 인류보존 논리를 알고, 이어서「小學」,「心經」,「近思錄」, 주렴계(周濂溪)의「太極圖說」및「通書」, 정명도(程明道)의「定性說」, 정이천(程伊川)의「易傳」,「春秋傳」과「二程全書」, 장횡거(張橫渠)의「西銘」및「正蒙」, 소강절(邵康節)의「皇極經世」, 사마온공(司馬溫公)의「自治通鑑」, 주자(朱子)의「易學啓蒙」과「本義」,「大全」,「語類」,「家禮」그리고 우리나라의「圃隱集」,「靜菴集」,「花潭集」,「退溪集」,「栗谷集」,「沙溪集」등을 빠짐없이 읽어서 천지의 무궁한 의리와 이기심성(理氣心性)의 천 갈래 논변을 완전히 풀어 한 치의 의혹이나 근심이나 두려움이 없는 인생의 대도(大道)를 뚜렷이 세우고, 마침내 제자백가(諸子百家)의 여러 가지 학설과「楚辭」,「史記」그리고 한퇴지(韓退之)와 구양수(歐陽修)의 고문(古文) 및「濂洛風雅」와 우리나라의「三國史記」,「高麗史」,「朝鮮王朝實錄」과 기타 국내외의 명문을 두루 읽어서 문사(文辭)가 순아(淳雅)한 경지에 이르러 강의목눌(剛毅木訥)의 문법을 체득하는 것이 송자학의 연구범위이다.

그리고 현실생활의 실용적 측면에서 철저한 합리주의와 중용사상을 추구한 송자학의 특징은 바로 춘추대의로 일관한다는 점이다. 본래 유교의 합리주의는 대단히 과학적인 논리이다. 그것은 천리에 밝고 물리에 정통하며 사리에 달통하는 자연과학적 합리주의를 추구할 뿐만 아니라 성리를 찾아 심리를 간직하여 정리를 바로 하는 인문과학적 합리주의를 추구하며 더욱 나아가서 윤리를 밝혀 도리를 다하고 의리를 지키는 사회과학적 합리주의를 추구하는 데까지 이르러 가는 것이다. 이러한 도덕과 사회사상에 기초하여 송자는 천하의 무도와 패덕을 토벌하고 불의와 부정을 성토하는 일에 앞장섰던 것이다.

또한 중용의 도덕에 의거하여 불편불의(不偏不倚)한 자주자립적 중심체를 확립하여 서로 모순 대립하는 양극단을 모두 수용해서 지나침이나 미치지 못함이 없는 완전한 화합통일의 진실체(眞實體)를 찾아서 밝히려고 노력 하였다. 이것은 곧 국론의 분열을 막고 사상의 대립을 지양해서 국력을 집중하고 문명의 신풍을 일으키려는 작업이었다.

"이(理)와 기(氣)는 오직 하나이면서 둘이요, 둘이면서 하나이다. 이를 중심으로 말할 수도 있고 기를 중심으로 말할 수도 있으며, 본체론(本體論)으로 말할 수도 있고 현상론으로 말할 수도 있다. 이와 기는 혼합융해(混合融解)하여 나눌 수 없지만 이는 스스로 이요, 기는 스스로 기이므로 서로 섞이지 아니 한다. 그러므로 이가 동(動)하고 정(靜)함이 있다고 말한 것은 이가 기를 주재하는 구조를 말함이요, 이는 동정(動靜)함이 없다고 말한 것은 기가 이를 운행하는 구조를 말함이며, 이와 기는 선후(先後)가 있다고 말한 것은 본체론적 설명이요, 이와 기는 선후가 없다고 말한 것은 현상론(現象論)적 설명이다."[1]

1) 理氣 只是一而二 二而一者也. 有從理而言者, 有從氣而言者, 有從源頭而言者, 有從流

송자는 사물의 구조를 개괄적으로 파악하지 않고 실제 사물의 본질적 구조를 전부 해명하여 그 보편적인 원리와 특수적인 현상을 모두 확인한다. 이퇴계(1501~1570)의 이(理)는 동(動)하고 정(靜)함이 있다는 이기호발설(理氣互發說)과 이율곡(1536~1584)의 이는 동(動)하고 정함이 없다는 기발일도설(氣發一途說)을 모두 평가하고, 또한 서화담(1489~1546)의 이와 기는 선후가 없다는 논리와 이율곡의 이와 기는 선후가 있다는 논리를 모두 인정해서 선유(先儒)들의 여러 가지 주의주장이 각각 조리가 있음을 승인하여 서로 배척하거나 공격할 이유가 없음을 증명했다. 모든 학설을 주체적으로 종합하여 표현상의 자구나 일방적인 논리에 집착하지 말고, 넘친 것은 덜어내고 모자라는 점은 보태서 활발하게 생동하는 우주만상의 실재를 간파하면 선유들의 각기 다른 시각에서 발명한 다양한 논리가 저절로 회통하는 것임을 밝혀서 사상계의 종파적 분열주의를 경계하였다.

종래 유학계에서 우주론이 곧 인생론이라고 안일하게 생각하는 풍조를 바로잡아 우주론과 인생론은 함께 논할 수 없는 바가 있으므로 학자는 모름지기 우주론을 정립했어도 다시 인생론을 정립할 것을 주장하여 천도가 흥망성쇠(興亡盛衰)하는 이치를 통달하였다고 해도 다시 인간은 우주를 경영하는 주체임을 자각해야 된다고 하였다.

> "태극(太極)은 음양의 주체가 되지만 도리어 음양(陰陽)의 운용하는 바가 되는 것이다. 무릇 태극, 음양에서 생성된 것은 모두 그렇지 않음이 없다."[2]

行而言者, 蓋謂理氣混融無間而理自理, 氣自氣, 又未嘗夾雜 故 其言理有動靜者 從理之主氣而言也, 其言理無動靜者 從氣之運理而言也, 其言有先後者 從理氣源頭而言也, 其言無先後者 從理氣流行而言也, <宋子大全 附錄卷19 韓元震記述>

2) 太極爲陰陽之主 而反爲陰陽之所運用也, 凡生於太極陰陽者 莫不皆然<宋子大全卷130 雜

태극은 음양을 생성하지만 음양은 도리어 태극을 경영한다는 사실은, 인간은 우주의 피조물이지만 그러나 인간은 세계의 경영자임을 설파한 것이다. 인간은 천명을 받은 독립적 인격체이기 때문에 스스로 세계를 경영하는 주체로서의 뚜렷한 인생론을 정립해야 된다는 것이다.

자녀는 부모가 낳았지만 그러나 부모는 자녀에게 의지하고, 국민은 나라의 지도자를 선출하지만 국민은 도리어 지도자에게 의지하며, 부부는 서로 골라서 만나 결혼하지만 서로 의지하는 것이다. 피조물은 영원한 종속자가 아니고, 성장하면 독립하고, 독립하면 스스로 자기의 삶을 경영하는 것처럼 학자도 학문을 완성했으면 독자적인 위대한 인생관을 정립해야 한다는 것이다. 따라서 독자적인 인생론을 정립하지 않고 우주론에 종속한 인간은 성(性)을 태극이라고 인식한 반면에, 우주론에서 해탈하여 독립적 인생론을 정립한 사람은 심(心)을 태극으로 인정함과 동시에 마음도 정신도 모두 기의 정상(精爽)임을 체찰(體察)하는 것이다.

"도체(道體)가 무궁한데 심(心)이 이 도(道)를 함양하였다. 그러므로 심체(心體)도 또한 무궁한 까닭에 말하기를 도가 태극이 되고, 마음이 태극이 된다고 하는 것이다."[3]

"과거에도 무한한 천지가 있었고 장래에도 무한한 천지가 있을 것이나 모두 이것은 도(道) 가운데의 일물(一物)이다. 이른바 도라는 것은 한계가 없고 시작도 끝도 없지만 성인이 이미 이 도를 방촌(方寸) 속에 담아 소유하였기 때문에 육합(六合)의 밖이라도 생각하면 즉각

著 浩然章質疑>

3) 道體無窮而心涵此道, 故心體亦無窮, 故曰道爲太極, 心爲太極<宋子大全卷131 雜著 看書雜錄>

이르나니 선천지와 후천지라도 앉아서 연구할 수 있지만 특별히 성인은 말을 하지 않았을 뿐이다."4)

인간의 마음은 기(氣)이고 정신도 기이지만 이 마음이 성리를 함양하고 도심을 간직하면 물아일체(物我一體) 천인합일(天人合一)의 완벽한 주체가 되는 길을 송자가 개척한 것이다. 이것은 군유의 학설을 종합한 송자학의 특질로서 종래에 성즉리(性卽理)만을 고집하여 인간의 자유의지인 마음의 가치를 종속적으로 평가했던 학설과 심즉리(心卽理)를 확대과장(擴大誇張)하여 만인 본유의 동등적 가치로 평가했던 학설과는 전혀 새로운 논리이다.

송자는 우주론적 차원에서는 성즉리, 심시기(心是氣)임을 분명히 확언한다. 그러나 인생론적 차원에서는 도위태극(道爲太極), 심위태극임(心爲太極)을 역설한다. 자연적 조건에서는 인간이 우주의 피조물로써 존재하지만 사욕을 극복하고 도덕심을 함양하면 뜻이 성실하고 마음이 바르게 되어서 심즉리의 상태로 복귀하기 때문에 진리의 세계를 완벽하게 경영할 수 있는 주체로 변화한다는 뜻이다.

따라서 성즉리만을 주장하는 교조적 논설이나 심즉리만을 설파하는 일방적 논설이나, 심시기(心是氣)만을 역설하는 피상적 논설을 더 이상 맹종하는 것은 무의미한 시간의 낭비일 뿐이고, 마음이 기라면 부지런히 양기(養氣)하여 지대지강(至大至剛)한 힘을 가지고 지언(知言), 명리(明理)해서 인의예지의 본성을 그 마음속에 함양해야 할 것이고, 사람이 한 마음속에 성리를 함축하면 그것은 바로 심즉리가 된 상태인즉 자유자재한 역량을 발휘해서 세

---

4) 過去有無限天地, 將來有無限天地, 皆是道中一物, 所謂道者無邊際, 無終始, 聖人旣闖此道於方寸之中, 故六合之外思之卽至, 先天地 後天地坐而致之, 特聖人不言耳<同上>

계를 공명정대하게 경영하는 주체로 나서야 할 것이며, 인류의 문명으로 지선(至善)의 세계를 건설하여 천연적 질서를 이룩하면 본성의 선이 모두 나타나는 아름다움의 극치에 이르도록 노력해야 하는 것이다.

우주는 변화하고 인간은 성장하는 것이므로 고정된 틀 속에 안주하려는 집착이야말로 역사의 발전을 가로막는 장벽인즉 하나의 사상이나 하나의 학설에만 매달려서 묵수고집(墨守固執)하는 것은 성인의 활발한 진리를 고목사회(枯木死灰)로 전락시켜 버리는 공허한 망상임을 크게 경계하였다.

송자가 심위태극(心爲太極)임을 주장하는 인생론은 우주론적 영역에서 주장하는 심위태극설과는 달리 우주변화에 대한 인식도와 자기의식의 성숙도에 따라서 그 진실성과 활발성의 폭이 넓어져가는 창조적 인생론이다. 그리하여 단연코 유한한 인생이기를 거부하고 무한한 인생이기를 주장하였으니 마침내 호연지기를 기르고 중화지리(中和之理)를 이룩하여 심리의 활연관통처(豁然貫通處)에 이르러서 천지의 중심에 우뚝 서는 인생관을 밝힌 것이다.

송자의 학문은 이와 같이 여러 설을 집약통일하고 세밀한 조리체계를 분석하여 동방 수천 년의 성학에 있어서 이기(理氣), 음양의 우주론적 문제와 심성, 성명(誠明)의 인생론적 문제가 완전히 밝혀져서 새로운 정론이 되었다. 그 가운데서도 우주론에 종속되었던 인생을 해방, 독립시켜서 활발한 자유의지로 충만한 인생론을 정립하여 무한한 인생의 활력을 스스로 개발하고 지극한 진리의 실체를 스스로 주체하게 한 것은 유학사의 발전에 획기적인 공적이라고 할 것이다. 그러므로 이화서(李華西)(1792~1868)가 송자학의 유학사적 위치를 다음과 같이 말하였다.

> "수암이 말하기를 '군성(群聖)을 집대성한 사람은 공자요, 군현(群賢)을 집대성한 사람은 주자이며, 군유(群儒)를 집대성한 사람은 송자[宋子, 우옹(尤翁)]이다.'라고 하였는데 이것은 권 선생의 말이 지극하지 않음이 아니라 참으로 백세에 바꾸지 못하는 정론이다."5)

송자학은 그 범위에 있어서 춘추학(春秋學)과 고문학(古文學)에까지 이르러 천하국가를 경영하는 의례와 제도를 구비했고, 도체(道體)의 큼에 이르러서는 하늘 땅 사이에 만물을 통일하는 주체가 바로 인간의 도덕심임을 밝혔다. 그 세밀한 공부에 대한 실천력은 정직, 성실, 명확을 위주로 하여 예절과 법도를 철저히 지켜서 조그마한 행실이라도 어그러짐이 없게 해야만 진정으로 공명정대할 수 있음을 역설했다. 이로써 공자의 극기복례의 인도(仁道)와 주자의 범사구시(凡事求是)의 실용학이 뚜렷하게 다시 밝혀졌고, 4분5열(四分五裂)하여 지리멸렬(支離滅裂)한 학술계에 새로운 바람을 일으켜 크게 떨치고 일어나게 하였다.

2. 춘추대의를 자임한 동도

유도(儒道)의 치국(治國), 평천하(平天下) 사상은 천하의 정의를 스스로 주체하여 문명의 중심 국가를 건설하는 것을 최고의

---

5) 遂庵曰 集群儒而大成者 孔子也, 集群賢而大成者 朱子也, 集群儒而大成者 尤翁也, 此非權先生道不到 眞百世不易之論也.<華西雅言 卷12 聖賢>

이상으로 한다. 그러므로 문명국의 지도자는 도덕적으로 인류의 사표가 되고 정치적으로 역사의 모범이 되어야 한다. 그리하여 동방은 상고로부터 요(堯)·순(舜)의 '윤집궐중(允執厥中)'으로 비롯하는 도통(道統)과 '협화만방(協和萬邦)'으로 시작하는 대통(大統)의 이념이 홍범구주(洪範九疇)의 황극사상(皇極思想)으로 정립되어 우(禹)·탕(湯)·문무(文武)로 계승, 발전하면서 위대한 도덕정치의 문화전통이 수립되었다.

요·순의 지치(至治)는 내성외왕으로 평가되는 완전한 도덕성과 완벽한 정치력을 겸비하였기 때문에 인류의 스승으로서 그리고 세계의 정치지도자로서 모두 후인(後人)의 이상이 되고 표적이 되었다. 그리하여 「서전」, 「논어」, 「맹자」, 「사기」 등에서 요·순의 도덕과 정치를 찬미하여 마지않았는데 그 내용은 중도(中道)와 평천하로 요약된다.

요·순의 중도는 첫째 도심(道心)으로 일관하는 길이요, 둘째 시대의 변화에 부응하는 길이며, 셋째 사회안정을 추구하는 길이다. 본래 요임금은 순에게 왕위를 선양하면서 그 중을 잘 잡아야 된다는 뜻으로 "윤집궐중"만을 말했다. 그러나 순임금이 우에게 왕위를 선양(禪讓)하면서 부연설명하기를 "인심(人心)은 오직 위태하고 도심(道心)은 오직 은미(隱微)하니 오직 정밀하게 살피고 오직 한결같이 지켜야만 그 중(中)을 잡으리라."6)라고 하여서 오직 자기 자신의 도덕심만이 중도를 실천하는 주체임을 밝혔고, 「中庸」에서는 군자이시중(君子而時中)을 말하여 군자의 도덕적 양식으로 경영해서 천도에 순응하고 시대에 부합하여 지나침도 미

---

6) 人心은 惟危하고 道心은 惟微하니 惟精惟一이라사 允執厥中하리라. <書傳·大禹謨>

치지 못함도 없는 진보성이 있는 것임을 논증했으며, 또한 공자는 말하기를 "순은 그 대지(大知)인저, 순(舜)은 묻기를 좋아하고 가까운 말을 살피기 좋아하되 악(惡)을 감추고 선(善)을 드날려 주며 그 양극단을 잡아서 그 중을 인민에게 쓰시니 그 이러한 점이 순임금다움인저!"7)라고 하여 현실사회구조를 정확히 살피고 모든 갈등과 모순대립을 빠짐없이 헤아려서 화합조절하는 사회통합의 기능을 발휘하여 그 중심극을 인민에게 쓰는 것임을 밝혔다.

이와 같이 인간성과 시대성 그리고 사회성을 구비한 중도(中道)는 인류발전의 지능과 사랑과 용기로 발굴한 최고의 도덕률로 평가되었기 때문에 이후 군성(群聖)이 흠모한 바 되어 도덕과 학문의 중심사상으로 자리잡으면서 도통의 정종(正宗)이 되었다.

요·순의 평천하사상은 중도의 정치적 결실로 세계만방을 대동통일하는 천하문명사상(天下文明思想)이다. 그러므로 이것은 모든 인류가 사람답게 살 수 있는 지선(至善)의 정치이념이며 한 사람도 낙오자가 없는 태평성대의 건설을 그 이상으로 하는 것이다. 이러한 세상을 일찍이 요·순이 건설하였기 때문에 이후 동방사회는 수천 년에 걸쳐서 요·순의 정치를 천하경영의 이상으로 삼았는데 그 내용은 「서전」에 다음과 같이 기록되어 있다.

"옛 요임금의 정치를 상고하건대 공훈(功勳)을 방류(放流)하였으니 공경하고 밝고 문채 나고 생각하심이 편안하고 자연스러우시며, 어여쁘게 공손하고 잘 사양하여 빛을 사방의 지역에 미치게 하고 위아래에 이르게 하시니라. 큰 덕을 잘 밝혀서 아홉 겨레가 친하게 하고, 아홉 겨레가 이미 친하거늘 백성을 평등하고 아름답게 하신대 백성이

---

7) 子曰 舜은 其大知也與신저 舜은 好問而好察邇言하시되 隱惡而揚善하시며 執其兩端하사 用其中於民하시니 其斯以爲舜乎신저. <中庸·第六章>

밝고 명랑하므로 만방이 협력하고 화합하게 하신대 모든 인류가 이에 변화하여 화락(和樂)하니라."8)

인류의 진화에 발맞추어 선사시대(先史時代)의 혼돈세계를 정리하고 문명세계를 개벽하여 정치, 행정, 교육, 문화, 경제, 과학에 있어서 합리적이고 실용적이고 인문적인 신질서를 창출하여 세계 만방에 보급해서 유사시대(有史時代)를 건설한 요·순의 치적은 인류 역사에 있어서 가장 획기적인 변화였던 것이다. 이러한 역사 발전의 정치력이야말로 인류의 희망이고 치국평천하의 목적으로 인식되었기 때문에 이후 성왕(聖王)의 헌장이 되어 정치문화의 핵심사상으로 떠오르면서 대통(大統)의 정체(正體)가 되었다.

중도(中道)의 최고선덕(最高善德)으로 이어 나가는 도통(道統)은 시간과 공간 및 인종을 초월한다. 그것은 모든 갈등과 대립을 중화하는 도덕률을 가지고 있기 때문에 학파나 교파에서 연원한 학통(學統)과는 엄밀히 구별해야 한다. 요·순의 중도는 도통의 기원이지 결코 학통의 출현이 아니다. 그리고 평천하의 대일통(大一統)으로 이어 나가는 대통(大統)도 또한 시대와 지역 및 민족을 초월한다. 그것은 박애(博愛), 정의(正義), 예악(禮樂), 제도(制度), 문장(文章) 등의 정체성이 있기 때문에 단순히 통치권만을 계승하는 왕통(王統)과는 엄중히 분별해야 한다. 요·순의 화평천하(和平天下)는 대통(大統)의 원조(元祖)이지 결코 왕통(王統)의 시조(始祖)가 아니다.

「서전」의 홍범(洪範)은 요·순·우가 지선(至善)의 정치를 이

---

8) 曰若稽古帝堯한대 曰放勳이시니 欽明文思가 安安하시며 允恭克讓하사 光被四表하시며 格于上下하시니라 克明俊德하사 以親九族하신대 九族이 旣睦이어늘 平章百姓하신대 百姓이 昭明하며 協和萬邦하신대 黎民이 於變時雍하니라<書傳·堯典>

룩한 대경대법(大經大法)을 밝힌 동방 정치문화의 대헌장이다. 이것은 도통과 대통을 배합통일(配合統一)하여 아홉 가지의 범주에 걸쳐서 치밀한 체계를 세우고, 그 구체적인 사업내용을 열거하여 일목요연하게 정치의 목표, 행정의 체제, 정책의 방침 등을 서술한 것인데 첫째는 5행(五行)으로 자연의 진리에 철저할 것이고, 둘째는 5사(五事)로 인간의 능력을 무한히 개발할 것이며, 셋째는 8정(八政)으로 정치와 행정을 분리하고 정책을 합리적으로 추진할 것이며, 넷째는 5기(五紀)로 기후와 풍토에 알맞은 사회기강(社會紀綱)을 세울 것이며, 다섯째는 황극(皇極)으로 임금이 최고지도자로서의 도덕적 모범을 세울 것이며, 여섯째는 3덕(三德)으로 정직, 활달, 유연한 국정운영으로 신선한 변화를 추구할 것이며, 일곱째는 계의(稽疑)로서 의심이 있으면 현인에게 묻고 민의의 소재를 찾으며 조정에서 논의하여 민주적인 공론(公論)을 따를 것이요 절대로 독재, 독단하지 말 것이며, 여덟째는 서징(庶徵)으로 정치사업의 결과를 반드시 확인하여 여러 가지 환경조건에 조금도 소홀함이 없도록 할 것이며, 아홉째는 5복(五福)으로 모든 인민으로 하여금 수(壽), 부(富), 강녕(康寧), 유호덕(攸好德), 고종명(考終命)의 복락(福樂)을 누리도록 인생의 행복을 국가가 보장해서 흉하게 단절하거나 질병에 시달리거나, 근심하고 가난하거나 악하거나 허약한 인생의 고통을 깨끗이 청산할 것이다.

홍범의 황극사상은 이와 같이 광범위하지만 그 중심요강은 최고정치지도자가 탕탕평평한 자세를 끝까지 견지하는 것으로 귀결한다. 즉 도통(道統)과 대통(大統)을 항상 보유하기 위해서는 중도(中道)의 탕탕성(蕩蕩性)과 평천하(平天下)의 평평성(平平性)을 항상 유지해야 하는 것이다.

> "치우침이 없으며 기울어짐이 없어야 최고지도자의 의무를 지키고,
> 좋아함을 두지 말아야 최고지도자의 도를 지키며, 미워함을 두지 말아
> 야 최고지도자의 길을 지키리라, 치우침이 없으며 당파가 없어야 최고
> 지도자의 도가 탕탕하고, 당파가 없고 치우침이 없어야 최고지도자의
> 도가 평평하며 돌이킴이 없고 뒤치락거림이 없어야 최고지도자의 도
> 가 정직하리니 그 지극함이 있음을 모아서 그 지극함이 있는 데로 돌
> 아가리라."9)

최고지도자가 공평정대한 자세로 문명세계를 건설하는 주체가
되고 사회를 하나로 통합하는 주역이 되어 지선(至善)의 극치를
건설해야만 비로소 요·순의 지극한 도통과 대통을 접속승계(接
續承繼)할 수 있다는 뜻이다. 이리하여 마침내 대통의 계승은 천
지가 바로서고 만물이 생육하는 정상적 정치사회가 되었음을 의
미하고, 도통의 계승은 천리가 밝혀지고 인간의 양심이 살아 있는
도의문명이 보존되고 있음을 뜻하게 되었다.

그러나 춘추시대(서력 기원전 722~481)에 이르러 도덕을 숭상
하는 왕도정치(王道政治)가 무너지고 무력을 앞세운 패권정치(覇
權政治)가 발흥하여 천하가 크게 어지러워진 까닭에 대통이 단절
되었다. 그러나 도통만은 「春秋」를 편수하여 당시의 정의를 밝힌
공자가 계승하였다.

이로부터 전국시대(戰國時代) 이후로는 홍범의 대경대법을 정
치의 헌장으로 받드는 국가가 천하에 다시 나오지 않으므로 도통

---

9) 無偏無陂하야 遵王之義하며 無有作好하야 遵王之道하며 無有作惡하야 遵王之路하
라, 無偏無黨하면 王道蕩蕩하고 無黨無偏하면 王道平平하며 無反無側하면 王道正
直하리니 會其有極하야 歸其有極하리라<書傳·洪範>

과 대통은 완전히 분리되어서 도통은 공(孔)·맹(孟)·정(程)·주(朱)로 이어 오는 유학의 전유물이 되었고, 대통은 한(漢)·당(唐)·송(宋)·명(明)이 계승했으나 원(元)·청(淸)의 정복자가 지배하는 시대에 이르러서는 완전히 단절되고 말았다. 이러한 역사적 사실을 송자는 다음과 같이 규명했다.

"3대 이후에는 습속이 비루하여 도학은 비현실적이므로 시행하기에 적절치 않다고 여기고, 정권을 유지하는 논리는 오로지 권모와 지략과 무력뿐이므로 이에 도학과 정사가 분리하여 두 갈래의 길로 나뉘어져서 도학은 쓸모없는 물건이 되었으니 지극히 통탄스럽도다."[10]

공자가 계승한 도통은 춘추대의(春秋大義)를 통해 계승했으니 그것은 천하의 대의를 자임한 것이다. 본래 천하의 대의는 천자가 자임해야 한다. 왜냐하면 대통을 계승한 최고통치권자가 천하대의를 자임해서 도통까지 아울러 계승해야만 황극을 건립할 수 있기 때문이다. 그러나 춘추시대의 천자들이 천하의 정의를 외면하므로 부득이 공자가 천하대의를 자임하고 역사를 심판하면서 말하기를 "나를 아는 것도 「春秋」이고 나를 허물할 것도 「春秋」이다."[11]라고 하였다.

춘추대의의 가장 큰 조목은 첫째 왕도정치를 높이고 패도정치(覇道政治)를 천하게 보는 존왕천패(尊王賤覇)이고, 둘째 선진국의 문명을 중심으로 하고 후진국의 야만문명을 종속으로 서술하는 내하외이(內夏外夷)이며, 셋째 충의효열(忠義孝烈)을 표창하고

---

10) 三代以後, 習俗卑陋, 以道學爲迂闊, 不切於施爲而所以把持牽架者不過權謀智力而已, 於是道學政事分爲二途, 而道學爲無用之物, 可勝歎哉<宋子大全卷7疏, 辭召命兼論聖學疏>

11) 孔子曰 知我者도 其唯春秋乎며 罪我者도 其唯春秋乎인저<孟子·滕文公下>

난신적자(亂臣賊子)를 징계하는 포선폄악(褒善貶惡)이다. 이것은 모두 인도주의에 기초하여 사회정의를 자임하고 부도덕한 정치와 야만적인 정복전쟁과 반인륜적인 폭력을 물리치고 응징하는 노력이다.

맹자는 공자의 춘추정신을 계승하여 인의예지를 역설하고 인류를 해치는 이단사설(異端邪說)을 깨끗이 물리쳤으며, 정자는 「易傳」과 「春秋傳」을 지어서 술수와 지력(智力)으로 다스렸던 진(秦)·한(漢)·당(唐)의 타락한 정치사를 고발하고 의리학(義理學)을 고취했으며, 주자는 「자치통감강목(資治通鑑綱目)」을 엮어서 천하의 대통을 뚜렷하게 밝히고 외적의 침략에 비타협적 복수론(復讐論)을 주장하였다.

송자는 청나라가 명나라를 멸망시키고 전통문화를 말살하는 도통단절(道統斷絶)의 위기에 분연히 일어나 천하정의를 자임하여 공자의 춘추대의를 선양하고 주자의 강목정신(綱目精神)을 고취하면서 효종에게 북벌을 권하여 청나라를 멸망시켜서 복수설치함과 동시에 명나라를 광복시켜서 천하문명을 다시 복원할 것을 주장하였다. 송자는 효종과 함께 북벌을 계획하고 준비하는 과정에서 다음과 같이 강력하게 건의하였다.

"이른바 정사(政事)를 닦아서 이적을 물리쳐야 한다는 것은 공자가 「춘추」를 지어서 천하후세에 대통일의 정의를 밝혔으니 무릇 혈기가 있는 사람들은 문화중심국을 높이고 야만적인 침략이 추악함을 알며, 주자가 또한 인륜을 논하고 천리를 밝혀서 설치(雪恥)의 의리를 주장하여 …… 국가와 집안의 원수는 하늘을 함께 이지 않는 것이라고 하였으니 …… 전하는 축감적원(蓄憾積怨)하고 인통함원(忍痛含怨)

하여 비사(卑辭)의 가운데 분노심을 더욱 뭉치고 금폐(金幣) 속에 와 신상담의 뜻을 더욱 간절하게 가져야 할 것."12)이라고 하였고 또

"「春秋」로부터 「綱目」에 이르기까지 한결같이 대통일사상(大統一 思想)을 주장했으니 대개 대통이 밝혀지지 않으면 인도(人道)가 어그 러지고 인도가 어그러지면 나라가 따라서 망하는데 우리나라는 병자 호란 이후로 인심이 점점 어두워져서 청나라의 허위정권을 진정한 국 가로 착각하고 참칭(僭稱)한 역적을 정통(正統)으로 오해한 사람이 대부분이다."13)라고 역설했다.

청나라의 침입으로 중원에 대통과 도통이 모두 단절된 시기에 송자는 조선조에서 천하대의를 밝혀 대통의 재건을 역설하고, 천 하문명을 지켜 도통을 수호하여 이 땅에 도학을 크게 진작했으니 이것을 유학사에서는 높이 평가하여 특별히 동도(東道)라고 명명 한다. 따라서 동도는 중국의 유학이 단절된 것을 조선왕조의 유학 이 그 도통을 우리 동방의 나라로 옮겨와서 계승발전 시켰음을 뜻한다. 이것은 일찍이 역사에 유례가 없는 일이었기 때문에 세계 의 철학사상 대단히 획기적인 일로서 조선왕조의 유학이 세계철 학의 중심적 위치를 점유한 역사를 말하는 것이요, 중국유학의 도 통이 처음으로 해외로 건너간 사상사적 의미를 가진 것이다.

그리하여 중암(重菴) 김평묵(金平默, 1819~1888)은 말하기를 "대개 인류의 역사 이래로 도통이 천하에 전함에는 세 번 끊어짐 이 있었다. 상고에는 도통이 위에 있어서 좋은 정치가 일어났는데

---

12) 所謂修政事以攘夷狄者, 孔子作春秋以明大一統之義於天下後世, 凡有血氣之類, 莫不知中 國之當尊, 夷狄之可醜矣, 朱子又推人倫極天理以明雪恥之義 …… 君父之讐不與共戴天者 …… 殿下蓄憾積怨, 忍痛含怨, 卑辭之中忿怒愈蘊, 金幣之中薪膽愈切. <宋子大全 卷5 己 丑封事>

13) 春秋以至綱目一主於大一統, 蓋大統不明則人道乖亂, 人道乖亂則國隨以亡, 我國自丙 丁以後, 人心漸晦, 以僞爲眞, 以僭爲正者 多矣. <宋子大全 卷5 丁酉封事>

복희(伏犧)로부터 주공(周公)에 이르기 까지가 이것이요, 중고에
는 도통이 아래에 있어서 진유(眞儒)가 나왔는데 공·맹으로부터
정·주에 이르기까지가 이것이며, 하대(下代)에는 위아래에 도통
이 없어지고 도통이 외국에 있었으니 곧 송자가 그 사람이다."14)
라고 단언하였다. 송자에 의하여 사문(斯文)이 東來하여 조선이
근세유교의 종주국이 되었던 사실은 이미 뚜렷한 역사적 사실이
라고 할 것이다.

3. 사문을 부흥한 조선조의 의리정신

도통을 계승한 조선조의 유학은 효종 원년(1650)부터 천하정의
의 주체로 등장하여 대단한 활력으로 약진한다. 개인의 수신공부
(修身功夫)를 천하 도덕의 문제와 연결하고, 국내의 정치현실을
국제적 시각에서 해결하려는 고도의 문명사조가 크게 일어났다.
중국유학의 지류로서 면면히 이어왔던 학풍이 천하유도(天下儒
道)의 본류로 변하면서 학문적 자신감과 도덕적 긍지가 충만했다.
송자학이 한번 일어나자 이를 존신한 학자들은 질직홍의(質直
弘毅)한 기상과 실천역행(實踐力行)하는 정신을 갖추어 그 재능
과 도량이 모두 천하를 경영할 만하고 그 기풍과 절조(節操)는
모두 세상을 감동시킬 만한바 비록 어렵고 괴로운 일이 있다고

---

14) 蓋自有生民以來, 道之託於天下有三載焉, 上古道在於上而善治興焉, 自庖犧至周公
是也, 中古道在下而眞儒作焉, 自孔孟至程朱是也, 下代上下無道而道在於外國 則宋
子其人也. <華西集 附錄卷8行狀>

하여도 절대로 그 배운 바를 저버리지 아니하였다. 언제나 민중의 대변자가 되어 천하의 도덕을 스스로 책임지고 의논함에는 바른 말을 서슴없이 하며 시비와 선악을 뚜렷이 나누어 사람들로 하여금 부끄러움을 알게 하였다.

학술사상적(學術思想的) 관심도 그동안 우주론적 이기(理氣)의 문제에서 인생론적 선악의 문제로 일대 전환을 가져왔다. 아무리 금수 같은 이적이 날뛰는 오랑캐들의 세상이 되었다고 해도 인류의 착한 마음은 변질될 수 없다는 사실을 철학적으로 논증하면서 송자학을 수호하려는 철학운동이 크게 일어났다. 권수암(遂庵)의 문인인 강문8학사(江門八學士)에 의하여 장엄하게 전개되었던 호락논쟁(湖洛論爭)이 바로 이것이다.

문명인과 야만인, 선인과 악인의 본질을 규명하기 위한 논쟁의 주제는 금수(禽獸)에게 인의예지신(仁義禮智信)의 5상(五常)이 있느냐 없느냐의 문제와 인간의 심체(心體)가 본래 선하냐 아니면 선악이 다 있느냐의 문제로 집중되었다. 이 논쟁에 있어서 호파(湖派)인 한남당(韓南塘), 윤병계(尹屛溪), 최매봉(崔梅峰), 채봉암(蔡鳳巖)은 인간의 본성과 금수의 본성은 같지 않을 뿐만 아니라 사람의 심체에도 선과 악이 다 있다는 '인물성부동론(物性不同論)'과 '심체유선악설(心體有善惡說)'을 주장하여 호로(胡虜)의 이적금수(夷狄禽獸)와 같은 악종과는 도저히 상종할 수 없음을 증명했고, 낙파(洛派)인 이외암(李巍巖), 현관봉(玄冠峰), 이도암(李陶庵), 김삼연(金三淵)은 인간의 본성과 금수의 본성은 서로 같으며 사람의 심체도 본래 선하다는 '인물성상동론(人物性相同論)'과 심체본선설(心體本善說)을 주장하여 이적금수도 본래 인의예지신의 5성을 가지고 있고 심체도 선하지만 기품이 편벽(偏僻)되고 재질이 탁박(濁駁)하여 정의가 일어남에 사악으로 쉽게 흐르므로 호로(胡虜)는 상종하기가 쉽지 않다고 논증했다. 이러한 인간론은 이후 우리 민족이 북로(北虜)인 원(元)·청(淸)과 남만(南蠻)인 왜(倭)와 양이(洋夷)인 구(歐)·미(美)에 대한 철학적 시각으로 정립되면서 민족의 자긍심을 높이는 주체사상의 준거 틀이 되었으며 마침내 지고지선(至高至善)의 인류문명은 우리가 끝까지 지켜야 된다는 확신을 심어주었던 것이다.

동방예의지국으로서 천하문명의 중심이 된 문화사적 특질은 청나라의 저질문화를 단호히 배척하고, 인문주의에 철저한 학술, 도덕, 예악, 제도, 문장을 독자적으로 완벽하게 수호해서 발전시켰다는 점이다. 먼저 인물사적으로 많은 국제적인 대학자를 배출하였고, 또한 이 시대에 가장 많은 유현(儒賢)을 문묘에 종사하였으며 다음 교육사적으로는 곳곳에 서원 및 서당을 세워서 사설교육이 크게 번창하는 문풍을 떨쳤다는 사실이다. 중외의 명소에는 반드시 서원이 있었고, 원근의 마을마다 빠짐없이 서당이 있었으니 모두 「소학」을 학습하는 수신을 가장 중요한 과목으로 인식했던 것이다.

이러한 학풍 속에서 태학생(太學生)의 건의에 의하여 문묘(文廟)에 종사(從祀)한 선유는 다음과 같다. 숙종 8년(1682)에 문성공 이이(文成公 李珥), 문간공 성혼(文簡公 成渾)을 문묘에 종사하고 숙종 43년(1717)에 문원공 김장생(文元公 金長生)을 문묘에 종사하였으며, 영조 32년(1756)에 문정공 송시열(文正公 宋時烈), 문정공 송준길(文正公 宋浚吉)을 문묘에 종사하고, 영조 40년(1764)에 문순공 박세채(文純公 朴世采)를 문묘에 종사하였으며, 정조 20년(1796)에 문정공 김인후(文正公 金麟厚)를 문묘에 종사하고, 고종 20년(1883)에 문열공 조헌(文烈公 趙憲), 문경공 김집(文敬公 金集)을 문묘에 종사하였다. 이와 같이 많은 유현(儒賢)을 문묘에 종사한 것은 청나라가 근(近) 300년 동안에 한 사람의 유현도 문묘에 종사하지 못했던 상황과 비교하면 조선조의 유교가 천지간에 얼마나 떳떳하고 정의감에 충만한 것인가를 여실히 증명하는 것이다.

이러한 학문과 도덕적인 자신감은 정치문화에 있어서도 대대적으로 문명운동을 일으켜서 영조와 정조시대의 빛나는 문화를 창조하였으니 탕평책과 대동법을 실시하고 규장각을 설치하였으며 특히 「태학지(太學志)」와 「규장각지(奎章閣志)」를 편집, 간행하여 문명중심국가의 체제와 면모를 확연하게 갖추었던 것이다.

경향의 풍속문화에 있어서도 호로(胡虜)에 접근하는 것을 추악하고 비열한 작태로 질타하고, 조상의 정신을 높이 받들며 독립특행(獨立特行)하여 청나라의 만행을 기필코 응징하여 반드시 원수를 갚고, 명나라가 임진왜란에 구원병을 보내주었던 은덕을 반드시 보답하려는 의리사상이 산천에 가득했다. 임진왜란과 병자호란의 전승지(戰勝地)나 의병의 충절이 서린 곳에는 반드시 기념물을 세워서 그 공덕과 충의효열(忠義孝烈)을 크게 기리고, 작은 무덤가에 비석을 세움에도 반드시 명나라가 멸망한 지 몇 년이라는 간지(干支)를 써서 민족혼을 새겼다.

가장 특기할 사실로는 송자의 뜻에 의하여 가평의 조종암(朝宗巖)에다가 여러 선비들이 힘을 합해서 숙종 10년(1684)에 불굴의 독립투지를 새긴 것이다. 여기에 새긴 명나라의 마지막 황제로 자결하여 사직과 함께 순국한 의종황제(毅宗皇帝)의 어필인 "사무사 (思無邪)"는 청음 김상헌이 심양의 옥중에 있을 때에 구하여 온 것이며, "만절필동 재조번방(萬折必東 再造藩邦)"은 선조대왕의 어필이고, "일모도원 지통재심(日暮途遠 至痛在心)"은 효종대왕 의 어필인데 모두 국난에 절의를 지켜 순국하는 대의와 은덕을 보 답해야 되는 도리와 복수심에 불타는 장엄한 웅지를 되새기기 위 한 내용이었고, 또 의종이 순국하고 명나라가 멸망한 지 60년이 되는 숙종 29년(1703)에는 사림의 힘으로 화양동에 만동묘(萬東 廟)를 세워서 임진왜란에 구원군을 보내주었던 신종황제와, 나라 가 망할 때 자결하여 깨끗이 죽은 의종을 봉향하고 제사를 지내서 망국의 넋을 위로하였으니 이것은 청나라의 죄악을 하늘에 고발하 는 일대 거사이며, 또한 그 다음해인 갑신년(1704)에는 조정에서 도 창덕궁의 금원(禁苑)에 대보단(大報壇)을 창건하여 임진왜란과 정유재란 등 전후 7년간에 걸쳐 모두 386,700여 명의[15] 대군을 파병하여 구원케 하면서 양은(糧銀) 5,832,000여 냥, 교역미두은 (交易米豆銀) 3백만 냥, 제장상은(諸將賞銀)3천 냥과 산동량(山 東糧) 20만 곡(斛)을 비롯하여 실용본색량미(實用本色糧米) 수10 만 곡을 아낌없이 쓰며[16] 적극 도와주었던 명나라의 신종을 제향 하여 은덕을 보답함으로써 문화민족의 도리를 끝까지 지켰던 것이 다. 본래 동서남북에 접경한 똑같은 이웃 나라이지만 야만국은 침 략만 일삼고 문명국은 도와주었기 때문에 문명의 보존만이 국가를 지키는 최고의 가치임을 확신했던 뚜렷한 징표라고 할 것이다.

---

15) 「壬辰倭亂史」 戰史編纂委員會刊에는 將270여 명, 軍人166,700여 명, 四方徵募兵 220,000여 명, 계 386,700여 명이라고 하였다.
16) 「燃藜室記述」 李肯翊著, 參照.

이 시대에 있어서 송자학의 역사의식은 공자의 존주의식(尊周意識)에 기초해서 복명사상(復明思想)으로 집중했으나 북벌준비의 국가기밀을 청나라에 밀고한 김자점 같은 민족반역도배(民族叛逆徒輩)의 출현과 이어 효종대왕의 승하(1659)로 일단 북벌계획이 좌절하게 되었고, 이후로는 청나라에 승복하고 저들을 배워서 국력을 기르자는 북학파(北學派)의 현실론이 대두하면서 아예 청나라에서 실학을 수입하여 종속이론을 강화하고, 서학(西學)을 도입하여 인심을 분열시킴에 이르러서는 사세(事勢)가 점점 반전되어 갔고, 마침내 외척의 세도정치에 밀려난 송자학도(宋子學徒)는 산림(山林)으로 들어가서 고고하게 고풍을 지켰으니 조정에는 모두 벼슬을 추구하는 환신(宦臣)들뿐이요, 도덕을 추구하는 유신(儒臣)은 한 사람도 없는 지경에 이르자 끝내 대원군의 집정기에는 전국의 서원까지 훼철(毁撤)하여 버리는 운명에 떨어졌지만 그래도 도학자들은 굽힘없이 허리끈을 졸라매고 「詩經」의 비풍(匪風)과 하천장(下泉章)을 노래했다.

"바람도 없고
수레도 달리지 않지만
서울 가는 길 바라보니
마음도 애달파라

바람도 나부끼지 않고
수레도 뛰지 않지만
서울 가는 길 바라보니
마음이 쓰라리네!

그 누가 고기를 삶으려는가?
가마솥을 씻어 주리
그 누가 서녘으로 가려는가?
좋은 소식 전해 주소서"17)

"차가워라, 흐르는 샘물이여!
저 강아지풀 뿌리 적시도다
감개하여 일어나 탄식하고
저 멀리 서울을 생각하네

차가워라, 흐르는 샘물이여!
저 쑥 뿌리 적시도다
감개하여 일어나 탄식하고
저 멀리 서울을 생각하네

차가워라, 흐르는 샘물이여!
저 톱풀 뿌리 적시도다
감개하여 일어나 탄식하고
저 멀리 서울을 생각하네

파릇파릇 기장 싹
장맛비에 자라도다
나라마다 임금 있지만
천지가 수고 하셨도다"18)

이것은 모두 암흑시대에 현실과 타협하지 않고 주역(周易)박괘
(剝卦)의 상9석과불식(上九碩果不食)의 장엄한 지조를 지키면서
복괘(復卦)의 초9불원복(初九不遠復)이 출현하기를 기다리는 간

---

17) 「詩經」 匪風, 새 시대를 위한 詩經 參照.
18) 「詩經」 下泉, 새 시대를 위한 詩經 參照.

절한 소원을 담은 한(恨)의 노래이다. 조선이 청나라를 정벌하기에는 힘에 벅찬 까닭에 은근히 중국에서 반청혁명(反淸革命)이 일어나면 도와주겠다는 의지의 표출이 바로 풍천(風泉)의 탄식에 비긴 것이다. 그렇게도 오래도록 청나라가 지배하는 암흑세계를 해방하기 위해서는 중국혁명 이외에 다른 길이 없다는 확고한 시대관을 가지고 산림에 들어가 이 원한의 시를 노래했던 것이다.

이러한 혁명사상은 중국의 신해혁명(辛亥革命, 1911)으로 성취되었으나 이어 일본 제국주의의 발흥으로 또다시 동양사회는 일본의 침략을 당하였으니 송자의 배청사상(排淸思想)은 바로 의병의 항일투쟁의 정신으로 승화발전했다. 류의암(柳毅菴, 1842～1915)과 최면암(崔勉菴, 1833～1906) 김석정(金石井, 1851～1910)의 항일의병전쟁이 바로 그것인즉, 일제도 태평양전쟁으로 패망하였다.

도덕문화의 힘으로 역사의 정통성을 수호하고, 천하대통일로 국가의 주체성을 확립하려는 조선조의 도학정신은 근세 300년 동안 인문주의적 지성을 고도로 계발하여 의례, 제도, 문장에 있어서 천하의 보편적인 규범을 완연히 갖춤으로써 유교의 도덕, 학문, 예악, 풍류를 현대에 전해주는 역할을 한 것이다. 이것은 세계 속의 한국문화의 가장 위대한 업적이며 근세유교의 종주국으로서의 사명을 완수한 것이니 곧 송자학이 도통을 동래(東來)케 해서 성인의 도를 계승발전시킨 공적이다.

19부

조선조 성리학의 논리적 연구

― 호락양가설의 비교 ―

차례

제1장 서론

제2장 성리학 근본문제
제1절 주염계의 태극도설
제2절 주자의 이기론
제3절 퇴계의 심성정론
제4절 이율곡의 인심도심설

제3장 호락논쟁의 기원
제1절 한남당과 호파의 주장
　　　　1) 인물성부동론
　　　　2) 심체본선악설
제2절 이외암과 낙파의 주장
　　　　1) 인물성상동론
　　　　2) 심체본선설
제3절 호락양가설의 비교

제4장 결론

제1장 서론

인간의 이성이 싹이 트고 지혜가 발달하여 사고(思考)의 기능을 갖기 시작하면서 최고 최대의 문제는 진리란 무엇인가 하는 것이다.

현상의 시공적 상대세계는 여하(如何)히 존재하며 하고(何故)로 생성하는가 하는 의문은 비시공적 절대의 원리를 추구하도록 우리의 이성을 충동하고 인생의 자기 가치 실현의 욕구가 또한 진리의 인식을 요구한다.

일찍이 동양에서는 이러한 최고의 유일한 진리를 '도(道)'라고 불렀다.

공부자(孔夫子)는 아침에 도를 인식하면 저녁에 죽어도 좋다(朝聞道 夕死矣).(論語)라고 하였고 노자(老子)도 '만물과 섞여서 이루어 있으면서도 천지보다 먼저 생겼고 적요(寂寥)하여 독립하고 고치지 않으며 두루 행하여도 위태롭지 않다. 가히 천하의 어머니라고 할 수 있는데 나는 그 이름을 모르겠다. 글자로 쓰면 '도'라고 하고 억지로 이름을 붙이면 대(大)라고 하겠다(有物混成, 先天地生, 寂兮寥兮, 獨立而不改, 周行而不殆, 可以爲天下母, 吾不知其名, 字之曰道, 强爲之名曰大.)'(道德經 25章)고 하여 다 같이 도를 최고의 원리라고 한다. 그러나 같은 '도(道)'자로 표현한다 할지라도 그것을 인식하는 방법과 태도에 따라 내포하는 의미가 달라져서 학파의 분립이 나타나게 된다.

노자는 도법자연(道法自然)이라고 하여 자연지도(自然之道)를 말하였다. 따라서 무위(無爲)와 허정(虛靜)을 최고의 덕목으로 할 뿐만 아니라 불언(不言)·무념(無念)·무사(無思)·절학기지(絶學棄知)를 주장하며 모든 형식과 규정을 부정하여 버린다.

그러므로 공부자는 도를 말할 때에 다른 제가의 도와 구별하여 '오도(吾道)'라고 하였다.

이 공부자(孔夫子)의 도는 그대로 유교의 진리가 되고 동양사상의 주류가 되어왔다.

도는 크게 천도(天道)·인도(人道)·지도(地道)로 구분되는데 공부자의 도는 천지인 3재(天地人 三才)를 일관할 뿐만 아니라 특히 인도를 밝힘으로서 인간의 도리를 높이 생각하는 인간중심의 진리를 논하였다.

따라서 공부자의 중심사상은 '인(仁)', 즉 '인(人)'에 집약되는 것이며 인으로서 인간의 가치를 기준 삼는 바이다.

그러므로 유학자는 인의 실현을 최대 과제로 하는 것이요. 인(仁)을 하는 방법을 꾸준히 찾아 정진하는 것이다.

대체로 위인(爲仁)의 방법은 안자에게 말한 극기복례(克己復禮)를 제일로 들 수 있겠고 또한 충서(忠恕)도 공부자의 심절(深切) 말씀이라는 것은 누구나 다 이해하고 있는 바이다. 결국 극기는 내적 심성 문제니 충(忠)이요 복례는 외적 정감 문제로 서(恕)라고 하겠다.

공부자는 극기와 복례·충과 서(恕)를 동시에 말하여 원만한 중용의 조화를 얻었으나 이후 제자들이 논리체계의 분석으로 소주(所主)와 소중(所重)에 따라 추구하는 바가 나누어지게 되었다.

극기를 주로 중시하는 학자는 약아이례(約我以禮)를 주제로 하여 향내적(向內的) 덕성수양(德性修養)에 치중하게 되고 복례를 주로 중시하는 학자는 박학이문(博學以文)을 주제로 하여 향외적(向外的) 학문수업에 치중하게 되었다.

외적 사물의 박학(博學)을 입덕지문(入德之問)으로 생각하는 자하(子夏)·자유(子游)는 지와 례를 기본으로 하여 경험적 귀납적으로 상달하는 방법을 주장한다.

자하는 말하되 널리 배우고 뜻을 돈독히 하며 절실히 물어 몸에 가까운 것부터 생각해 간다면 인이 그 가운데 있을 것이다.(子夏曰博學而篤志, 切問而近思, 仁在其中矣.)(子張)라고 하는 것이며 이러한 학풍은 순자에 와서 더욱 구체화하여 한대(漢代) 훈고학을 이루게 되었다.

순자는 그의 권학편과 예론편에서 사법지화(師法之化)와 예의지도(禮義之道)를 말하고 인생의 실제행위에서 인위적 노력을 가하여 치평(治平)하려는 것으로 실학의 관점인 것이다.

내적 자기반성으로 성명(性命)의 구조를 파악하여 명명덕(明明德)을 입도지문(入道之門)으로 생각하는 안자(顔子)·증자(曾子)는 인과 의를 근원으로 하여 논리적 연역적으로 하달하는 방법을 주로 한다.

증자(曾子)는 일삼성(日三省)으로 충(忠)·신(信)·습(習)(學而)을 말하며, 자사(子思)는 천명(天命)·성(性)·도(道)·교(敎)를 중용에서 논하고 맹자는 인의(仁義)·존심양성(存心養性)을 말하여 인생의 최고원리 인식과 자기완성으로부터 치국평천하의 요(要)를 밝혀 나아가는 것으로 이러한 학풍은 송대(宋代)에 이르러 성리학을 형성하게 하였다. 구체적으로 성리학이란 인성과 천리가 어떻게 명(命, 천명) 지어지고 있는가를 밝히는 학(學)이라 하겠다.

인간행위의 정당근거는 내재적 본성의 당연성에 있는 것이며 내재적 당연성 근거는 형이상적 천리와 상통하는 것으로 천리인 명에 어긋난 인성은 당연성이 없는 것이요 인간에 배치되는 인간의 행위는 정당성이 없는 것이다. 그러므로 성리학에서는 형이상학적 리(理)가 가장 중요한 문제이며 실학에서는 형이하적인 기(氣)가 더욱 중요한 과제가 된다고 대체로 말하는 것이다. 그런데 일반적으로 이기(理氣)의 개념을 혼동하고 있으나 중국철학사에서 볼 때에 이의 개념은 크게 6개조로 분류한다. 향항대(香港大) 당군의(唐君毅) 교수는 『中國哲學思想史中'理'之六義』를 논하는 것을 보면 아래와 같다.

1. 文理之理
2. 名理之理
3. 空理之理
4. 性理之理
5. 事理之理
6. 物理之理

① 문리지리(文理之理)는 선진(先秦)시대의 인륜 인문의 이(理)를 말하는 것이요. ②는 위진(魏晉)시대의 현학자들의 논리상 또는 철학본체론상의 이(理)이며 ③은 수당(隋唐)의 불학가(佛學家)들의 초월적 이(理)를 말하는 것이다. ④의 성리지리(性理之理)는 말할 것도 없이 송명(宋明)시대의 형이상학적 통천지리(通天之理)이며 ⑤는 왕선산(王船山) 이후 청대에 이르기까지 고증학자들의

역사사건지리(歷史事件之理)를 이름이며 ⑥ 물리지리(物理之理)는 현대의 서방사상에 영향을 받은 후 일어난 객관대상적 존재사물 지리(存在事物之理)를 말하는 것이라고 한다.

이상과 같은 당 교수의 분류는 대단히 명석하고 확실한 관찰로 서 동일한 '이(理)'자에 대한 개념이 시대를 따라 여하히 변천되 었는가를 잘 알 수 있다.

그러나 이와 같은 6개 조항의 이의 개념이 서로 관계없이 발달 하였다고 보아서는 아니 되는 것이요 다만 소주(所主)와 소중(所 重)에 차이가 있을지라도 역사상 일련의 변화 속에 있는 것이다. 그중에서도 문리지리와 성리지리는 공증사맹(孔曾思孟)을 통하여 송대 주정장주(周程張朱)에 일사(一絲)로 내려와서 발전된 사상 으로 그 근본 이(理)의 개념은 조금도 서로 손상됨이 없는 것이라 고 하겠다.

다만 인생관에서 중요시되었던 문리의 理가 송대에 와서는 우 주론적인 이(理)로 발전되어 그 의미 내용이 지극히 풍부하고 깊 어졌다고 하겠다.

제2장 성리학의 근본문제

성리학에서 해결되지 않으면 안 될 가장 큰 문제는 '인간이 우 주 내에 어떻게 존재하여 있는가?' 하는 것이다.

당초 동양선진(東洋先秦)에서는 서양 고대 철인(哲人)들처럼 우주의 원질(arche)이 무엇(what)이냐고 사고하는 것이 아니라 우주 내에서 인생이 어떻게(how) 살아야 하겠는가 하고 사고하였던 것이다. 따라서 서양에서는 우주론만 발달되었으나 동양에서는 우주론과 함께 인생론적 철학이 발달하여 왔다고 하겠다.

사람이 어떻게 살 것인가 하는 문제에서 인간본성의 성리가 문제된다. 그리고 인간의 내재적인 성리로 말미암아 천리에까지 이르러 상통함으로써 이상적인 인생의 길을 갈 수 있게 되므로 결국 성리학에서는 성리(性理)와 천리(天理)를 가장 큰 문제로 한다.

성리문제는 인간의 내적 존재구조의 원리문제로서 '인심, 도심설', '심성정론' 등의 문제가 생기는 것이요 천리문제는 우주의 형이상학적 존재구조의 원리문제로서 '태극론', '이기설' 등의 문제가 일어나게 된다.

그러므로 성리학이란 인심도심(人心道心)이나 심성정(心性情)이 어떻게 태극과 이기와 관계되어지는가 하는 것을 밝히는 학문이요 이러한 학문은 지행(知行)을 분란(分難)시키지 않는, 즉 지(知)에서 행(行)으로 미쳐 가고 또 행(行)에서 지(知)로 들어가는 지행병립(知行竝立)의 학문이다. 따라서 행을 강조한 만큼 성(性)과 경(敬)을 아주 높이 평가할 뿐만 아니라 성을 천도(天道) 또는 성지덕(性之德)으로 보게 되었다. 따라서 유교가 성리학과 실학의 병행 즉 중화를 최고덕(最高德)으로 한다는 것은 '내성외실(內誠外實)'로 다 표현할 수 있다고 할 것이다.

과거의 유교사상을 '내성외왕(「內聖外王)'의 도라고 표현하였으니 주체적 성(誠)이 객체적 실(實)과 일관하고 있다는 것을 유교에서는 깊이 밝힌다.

성의(誠意)가 문제요 성지(誠之)가 기본이며 사성(思誠)이 중요한 것이라고 대학 중용 맹자에서 거듭 말하고 있다.

왜냐하면 생생 발전하는 이법(理法)을 부정하고 역천비명(逆天非命)의 태도로 세계에 나아갈 때에 인간에게 돌아오는 결과는 실용이나 생영이 아니라 허(虛)와 사망(死亡)이 돌아오게 될 뿐만 아니라 만사가 비리역리하(非理逆理下)에서 성기성물(成己成物)하는 실례가 없는 법이기 때문에 근본원리를 밝혀서 확고하게 세워 따라 나아감으로써 살길이 열린다고 하는 것이다. (本立而道生)

또 성의성지사성(誠意誠之思誠)을 함으로서 성자체(誠自體)에 이르도록 하는 것이다. 이 성(誠)에 들어가지 아니하고는 실(實)을 이루기 어려운 것이요 만일 이루었다고 할지라도 참다운 실이 못 되는 것이다. 성이란 도인데 도는 통함이다. 그런데 통함이 없이는 생성이나 발육이 일어나지 않고 생성이나 발육이 없이는 실이란 맺어지지 않기 때문이다. 그러므로 성자(誠者)는 자성(自成)이요 물(物)의 종시(終始)라고 할 뿐만 아니라 불성(不誠)이면 무물(無物)이라고까지 분명히 말하는 것이다. 지성(至誠)은 무식(無息) → 구(久) → 징(徵) → 유원(悠遠) → 박후(博厚) → 고명(高明)으로 발전하여서 복물(覆物), 재물(載物), 성물(成物)하는 천지무강(天地無疆)과 배(配)하여 천도(天道)[성(誠)]에 참여하게 하는 것이다.

우주의 유일원리는 형이상의 이치로써 사람의 눈에 비록 인식 되어지지 않는다 할지라도 없다고 할 수는 없는 것이다.

불현이창(不現而章), 부동이변(不動而變), 무위이성(無爲而成) 하는 절대원리가 있음은 우리가 세계에 창(章), 변(變), 성(成)의 나타난 현실을 봄으로써 불현(不現), 부동(不動), 무위(無爲)의 은처(隱處)를 인증하게 되는 것이다. 따라서 천지지도(天地之道)는 최고원리로서 명물이물명(命物而勿命)하는 것이며 '다(多)'의 세계를 '일(一)'의 원리로 관련짓는 것이다. 그래서 그 천지지도는 성(誠)과 마찬가지로 박야(博也), 후야(厚也), 고야(高也), 명야(明也), 유야(悠也), 구야(久也)한 것이라고 중용에서 말하는 것이다. 다시 말하면 성은 도의 본연 내용이다. 도가 도다운 소이는 성을 내용으로 하기 때문이다. 그러므로 성을 '도지리(道之理), 성지덕(性之德)'이라고 하게 되는 것이다.

여기서 말하는 성은 윤리학적 심리학적인 성이 아니라 우주의 본질로서 철학적, 논리학적인 개념인 것이다.

주역계사(周易繫辭)에 '一陰一陽之謂道, 繼之者善, 成之者性'이라 하였는데 1음1양(一陰一陽)은 성(誠)이며 계(繼)가 명(命)이며 성(成)은 성(性)인 것이다. 성도(誠道), 명선(命善), 성성(成性)의 원리를 밝히는 것은 인간의 윤리성의 당위법칙만을 위하여서가 아니요. 우주의 존재구조를 밝혀 그 자연법칙이 어떻게 인간 내에 명(命) 지어 있는가를 밝히기 위해서이다.

인간의 본성이 어떻게 이루어지며 어떻게 작용하느냐 하는 것은 인성론의 문제요 성도(誠道), 명선(命善)은 천리의 우주론적 문제이다.

이와 같은 문제는 송대와 우리나라 조선조의 성리학자에 의하여 깊이, 그리고 철저하게 구명(究明)되었고 그 가운데서도 주염계(周濂溪)의 태극도설(太極圖說), 주자의 이기론(理氣論), 퇴계의 심성정론(心性情論) 율곡의 인심도심설(人心道心說)이 가장 철저할 뿐만 아니라 또한 독특한 점이 있으므로 종래의 성리학을 이해하는 데 이 네 가지 문제에서 착수함이 입덕지요문(入德之要

門)이라고 하겠다. 여기서 연구의 목적으로 할 것은 역사적이고 연원적 문제도 중요하겠거니와 더욱 중요한 것은 철학적 논리적 문제가 근본성리학을 이해하는 데 더욱 중요하겠기에 이 문제를 더욱 중요하게 연구하겠다.

제1절 주염계의 태극도설

주돈이(周敦頤)의 자(字)는 무숙(茂叔)이요 호는 염계(濂溪)이며 호남성(湖南省) 도주인(道州人)이다. 본명은 돈실(敦實)인데 송 영종(英宗)의 구휘(舊諱)를 피해서 돈이(敦頤)로 고쳤다.

34세에 사관(仕官)하여 57세 희녕(熙寧) 6년(1073)에 졸(卒)하였다. 그의 저서로는 태극도설(太極圖說) 통서(通書) 문집 등이 있는데 그중에도 태극도설은 송대 성리학의 연원이 되었다고 할 수 있다. 태극도설에 대한 연구는 대체로 두 가지 방면으로 나누어서 생각할 수 있는데 하나는 태극도의 연원과 주염계의 사상(思想) 형성의 배경 및 태극도 가운데 명제에 대한 개념의 변화 등을 논구하는 역사성 문제와 태극도 자체의 순수논리성을 논구하는 철학적 문제가 있다고 하겠다. 그러나 그 두 방면이 서로 별개의 것이 아니요 서로 밀접하게 관계하고 있음은 말할 것도 없는 것이나 연구하는 관점은 분명히 하여야 될 것이다. 여기서는 논리적 연구의 길을 택한다.

주자(周子)는 주역계사(周易繫辭)에 있는 '易有太極, 是生兩儀, 兩儀生四象, 四象生八卦, 八卦定吉凶」의 易生成論을 図說로 發展시켜서 「無極而太極, 太極動而生陽 動極而靜, 靜而生陰

…… 五行一陰陽也, 陰陽一太極也, 太極本無極也 …….'라고
하였다. 여기서 가장 큰 문제가 되는 것은 말할 것도 없이 무극이
태극(無極而太極)이다. 우주의 궁극유일자(窮極唯一者)로서 무시
무종(無始無終), 부동부정(不動不靜)하며 비무비유(非無非有)하는
절대 근원자를 말하고 있는 것이다.

태극도설은 허구와 가공(假空)의 이론은 아닌 것이요, '생생이
변화무궁(生生而變化無窮)'하는 만물의 세계를 높은 철학적 직관
으로 탐구한 실상인 것이다.

주자의 태극도설의 본질은 통체지리(統體之理), 생생지도(生生
之道)를 설명하려는 데 있고 따라서 무극이태극(無極而太極)은
생명의 근원자를 의미하고 있다.

일체 사물이 하나의 공동보편의 도리에 의해서 생화(生化)하게
되는데 그것이 없으면 일체만유가 사멸하여 허무하게 되는 것으
로 존재가 즉 생성이요 생성이 곧 존재인 생생지도(生生之道)를
무극이태극(無極而太極)이라고 규정하는 것이다.

무(無)나 태일(太一), 인연이나 형식인(形式因), 질료인(質料因)
등에는 생명의 개념을 온전히 내포하고 있지 못하고 있으나 주자
의 태극도설에는 생생지이(生生之理)의 개념을 함유하고 있으며
이러한 점이 유학의 강점인 것이다. 따라서 태극을 이야기야(理也
氣也)라고 규정하는데 열중(熱中)해서는 근본의미를 망각할 위험
이 있으며 그러한 문제보다는 극(極)·중(中)·성(誠)을 밝히는
것이 기본문제가 아닌가 싶다.

이와 같은 이론은 주자의 통서(通書)를 볼 때에 더욱 명백하게 이해
할 수 있다.

'寂然不動者誠也,　感而遂通者神也,　動而未形有無之間者幾也.'(誠第四)

'誠者, 聖人之本, 大哉乾元, 萬物資始, 誠之源也. 乾道變化各正性命, 誠斯立焉. 純粹至善者也. 故曰 一陰一陽之謂道, 繼之者善也, 成之者性也. 元亨誠之通, 利貞誠之復, 大哉 易也 性命之源乎.'(誠上第一)

'誠・靜無而動有'(誠下第二)

이상과 같은 주자(周子)의 성의 개념은 중용의 '성자 천지도야(誠者 天之道也)'의 사상과 일치되는 것으로서 만물이 자시(資始)하는 소이연지리(所以然之理)로서 '무극이태극자성야(無極而太極者誠也)'를 의미하는 것이 아닐 수 없다.

무극이태극(無極而太極)이 즉 성(誠)이므로 화생만물(化生萬物)이 가능하며 선악지분(善惡之分)이 가능한 것이다. 이와 같이 무극이태극(無極而太極)이 성이라는 것을 알고 그 성(誠)이 기(幾)와 신(神)의 경계를 넘어서서 적연부동처(寂然不動處)에 있는 것을 이해한다면 태극을 이야(理也) 또는 기야(氣也)라 하는 문제는 스스로 해결되는 것이다.

태극은 음극과 양극을 2이1(二而一) 1이2(一而二)로 묘합하고 있는 것이요. 동정(動靜)을 같이 가지고 있는데 이것은 체용(體用)을 동시에 가지고 있는 것이다.

무극이태극은 일체만물의 보편적인 도로서 극체계(極體系)와 중의 원리와 성의 이론을 아우르는 통체지리(統體之理)를 말하는 것으로 노불제자백가(老佛諸子百家)의 사상과 구별되는 것이다.

따라서 주자의 중요한 학설은 태극도설이요 중요한 사상은 성(誠)이라 하겠다. 주자의 성을 철학적 이론으로 이해하지 못하고 인성론적 윤리성의 의미로 받아들이는 데 그친다면 태극도설의 깊은 뜻을 이해하지 못한다고 하겠다.

더욱이 화생만물 선악지분(善惡之分)을 이기(理氣)로만 밝히려고 한다면 이기의 본연의 의미마저 곡해하게 될 것이다.

무극지진(無極之眞)과 25지정(二五之精)이 묘합이응결(妙合而凝結)될 때의 진(眞)은 이(理)요 정(精)은 기(氣)라고 할 수 있다고 해서 바로 태극은 이야(理也)라고 말하여 버린다면 주자(周子)의 본의가 아닐 것이다. 그 이유는 그렇게 이를 형이상적, 기를 형이하적으로 규정하여 놓았다면 왜 '이생기(理生氣)'라고 말하지 않았을까 하는 것과 관계가 있다.

그러므로 주자의 본의는 이기가 모두 형이상의 무성무취(無聲無臭)한 것으로 무극이태극 속에 구유(具有)하고 있는 것, 즉 성으로서 천도이며 이 성의 천도가 인도에 미쳐 중정(中正)과 인의(仁義)의 인도(人道)를 세울 수 있는 원천이 되는 것이라고 하겠다.

왜 인간이 중정인의이주정(中正仁義而主靜)할 수 있느냐 하면 주자(周子)는 무극지진(無極之眞)과 25지정(二五之精)이 묘합이응결(妙合而凝結)하여서 화생만물(化生萬物)하는 것인데 인간은 수진(秀眞)과 영정(靈精)을 얻었기 때문이라고 한다.

이것은 형이하적 현상의 설명으로서 이기(理氣)의 청탁수박(淸濁粹駁)에 따라 인물이 성인과 범인의 차가 있음을 말하였다.

제2절 주자의 이기론

주자(周子)의 태극도설을 비롯해서 2정자(二程子) 장자(張子)를 거쳐 송대 성리학을 최고로 집대성한 학자는 남송의 주자(朱子)라 하겠다. 주자는 우주의 존재와 생성에 대한 태극문제를 리기론으로 철저하게 리론화하였다.

주자(朱子)는 일찍이 형이상자(形而上者)는 형(形)도 없고 영(影)도 없는데 이것을 '이(理)'라고 하고 형이하자(形而下者)는 정(情)이 있고 상(象)이 있는데 이것을 '기(氣)'라고 하였다. 이것은 역(易)에 있는 형이상자를 도라고 하고 또 형이하자를 기(器)라고 한다는 말에서 근거한다고 할 것이요 도(道)를 이(理)로 기(器)를 기(氣)로 표현한 것이다. 이(理)는 현상 만물의 존재를 있게 한 소이연지(所以然之), 즉 원인으로 생각하는 것이며 기는 현상일체 만물(現象一體萬物)의 형체를 말하는 것이라고 한다. 따라서 주자(朱子)의 이기론(理氣論)을 연구하는 데 존재론적 관점과 생성론적 관점을 동등하게 고찰하여야 할 것이다.

왜냐하면 유교의 우주원리는 생명력을 수반하는데 이기론의 존재론적 고찰은 공간성의 분석적 개념만을 내포하고, 생성론적 연구는 시간성의 종합적 개념만을 함유하게 되어 우주론의 전체적인 논리가 명석하지 못하기 때문이다.

그런데 주자는 존재론적 이기론으로부터 생성론적 이기론으로 완성하였음을 볼 수가 있는데 여기서도 편의를 따라서 존재론적 논리를 먼저 구명하겠다.

주자(朱子)는 처음에 주자(周子)의 태극도를 해설하면서 '태극리야(太極理也)'라고 해석한다. 그러므로 모든 만물은 소구지리(所具之理)를 가지고 있으며 이러한 이(理)에 따라 자체를 실현하는 것이라고 한다.

즉 예를 들어 여기에 꽃병이 있다고 할 것 같으면 꽃병의 이가 있고 등불은 등불의 도리가 반드시 있다고 한다.

「花瓶便有花瓶的道理, 書燈便有書燈的道理, 水之潤下, 火之炎上, 金之從革, 木之曲直, 土之宜稼穡, 都有性, 都有理, 人若用之 順這理始得, 若把金削做木用, 木來鎔做金用, 便無此理.」(語類九十六)

「事事物物, 皆有個極, 君之仁, 臣之敬, 便是極 此是一事一物之極, 總天地萬物之理, 便是太極.」(語類九十八)

현상 일체만유의 모든 것을 격물궁리(格物窮理)하여 볼 때에 처음에는 분석적으로 모든 것이 서로 같지 않아서 구별되기 때문에 그 부동지리(不同之理)가 있음을 알 수 있는 것이다.

그러나 소이(小異)를 버리고 대동(大同)을 추상(抽象)하여 궁극적 원리에 미쳐서는 하나의 통체지리(統體之理)를 직관할 수 있다는 것이다.

따라서 이 통체지리는 곧 태극이라는 것이요 뿐만 아니라 물물(物物)마다 각각의 내면에 지니고 있는 형식구조도 모두 하나의 태극이라고 한다.

그러므로 주자의 존재론적 관점에서의 이기는 형이상학적 태극으로서의 이와 형이하학적 음양으로서의 기로 규정지을 수 있는 것이라 하겠다.

이러한 이기의 존재론적 분석은 당군의(唐君毅) 교수의 분석법에서와 같이 네 가지 개념으로 분석할 수가 있다.

1. 理全氣偏, 理常氣變 問題
2. 理一而氣多 問題
3. 理無情意 無計度 無造作 氣有造作 問題
4. 理無形爲形而上者 氣有象爲形而下者 問題(唐君毅著 太極 問題疏抉 p42~43)

① 이동기편(理同氣偏) 이상기변(理常氣變)문제는 주자의 이동기이(理同氣異)의 설(說)로서 1원지리(一原之理)를 즉 태극으로 보는 것이니 시공을 초월하여 무시무종(無始無終) 일관하여 변함이 없이 우주의 존재근거가 되는 것이며 기는 형이하적 유상유형(有象有形)한 것으로 현 존재의 형체와 질을 말한다. 따라서 모든 형상은 서로 다르며 한 순간도 동일하게 존재하는 일이 없어서 현실에 있는 것도 영원히 있는 것이 아니고 지금 없다고 하여 장차도 없는 것이 아닌 것이므로 이는 완전하고 불변의 진리이며 기는 편국(偏局)이 있고 또 항상 변화의 선상(線上)에 있다는 것이다.

② 이1이기다(理一而氣多)는 주자의 이1분수(理一分殊)의 론으로 통체지리(統體之理)는 1통지리(一通之理)로서 일체의 만리(萬理)를 통일하여 구유하고 있다. 그런데 기는 생생변화(生生變化)하여 천상만물(千象萬物)을 이루고 있으므로 이러한 현상만물은 형식지리(形式之理)를 가지고 있지 않으면 안 된다.

왜냐하면 사물은 스스로 기(氣)만으로 생성할 수 있는 것이 아니요 형식인과 내용인이 있어야 되는데 기는 내용인만 되는 것이기 때문이다.

따라서 1물1물(一物一物)마다 하나의 형식지리를 가지고 있는데 이것을 분수지리(分殊之理)라고 한다. 그러나 분수지리라고 하여 1통지리(一統之理)의 한 편락(片落)에 불과한 것이 아니다. 그것 역시 완전한 태극을 가지고 있으므로 이리(異理)가 아닌 동리(同理)이다. 다만 분수지리에 말미암는 기가 천종만별(千種萬別)이므로 이것을 이1이기다(理一而氣多)라고 하였다.

③ 理無情意 …… 氣有此造作의 문제는 태극이 天帝的 主宰者의 有意的絶對神이 아님을 밝히는 것이다.

'疑此氣是傍道理行, 及此氣之聚而理亦此統體之理之在焉. 蓋氣能計度造作. 理則無情意 無計度 無造作.'(語類 卷一)

④ 理無形而氣有象는 形而下的 世界는 形而上的 原理 속에서 存在한다는 뜻이요 太極을 理로 보고 陰陽 五行化生萬物을 氣로 보는 것이다.

이상과 같이 주자의 존재론적 설명은 그것을 존재론적인 관점에서만 합리적인 이론이다.

이기를 분명히 두 개의 것으로 볼 뿐만 아니라 기(氣)보다는 이(理)를 더욱 강조하여 성선설(性善說)의 근거를 분명하게 한 주자(朱子)의 이론을 선진사상(先秦思想)과도 어긋남이 없다고 하겠다. 다음에는 생성론적 관점으로 고찰하여 보겠다.

주자(朱子)는 물론 이기(理氣)를 가지고 태극의 동정(動靜)을 설명하는데 그의 존재론적 이기의 원리가 전적으로 생성론에도 부합되지는 않는 것 같다.

이기설의 생성론적 문제로서 해결되어야 할 중요한 점은 이기의 관계와 동정문제로 다음과 같은 것이 있다고 하겠다.

① 理不離氣

② 理氣不相雜

③ 理先氣後

④ 理氣動靜

이와 기는 서로 떨어진 두 개가 아니라는 논리는 태극의 생성 과정에 있어서 '유생어무(有生於無)'의 결과이기 때문이다.

태극을 이(理)로, 음양을 기(氣)로 본다면 태극도설에서 태극동이생양(太極動而生陽)이라고 하였은즉 이생기(理生氣)도 가능하게 되어 서화담이 말한 것처럼 기는 시종이 있는 물건이 되어서 태극도설의 '음양(陰陽)이 하나의 태극(太極)'이라는 이론과 관련하여 볼 때 이(理) 또한 유시유종(有始有終)한 물건이 되므로 만화(萬化)의 근본이 될 수 없게 된다.

그러므로 주자(朱子)도 후에 「離此氣則理無掛搭處」라고 하여 이기불상리설(理氣不相離說)을 말하였다. 따라서 여기에서 말한 기는 음양으로서의 기가 아니요 태극이 이와 더불어 함유하고 있는 담일청허(湛一淸虛)한 기이다.

②의 이기불상잡(理氣不相雜)은 ①에서 비록 이기가 2개물(二個物)이 아니라고 할지라도 완전히 1개(一個)의 물(物)도 또한 아니라는 것이다.

주자(朱子)가 항상 리여기결시2물(理與氣決是二物)을 말함과 더불어 재물상간즉2물혼륜(在物上看則二物渾淪)이라고 말하여 서로 모순되게 말하였다고 하나 그것은 앞에서 존재론적 방면으로 보는 바와 같이 완전히 동일체일 수는 없게 되기 때문이라고 하겠다.

역시 생성론상으로 생생지물(生生之物)을 볼 때 이기(理氣)는 절대로 별개물(別個物)은 아니나 존재론적 관점에서는 서로 혼잡되어 있을 수도 없다고 하는 바이다.

③ 이선기후(理先氣後)문제도 ①에서 추리된 문제인데 이기가 ②의 문제에서와 같이 비록 2개물(二個物)이라고 할지라도 이기중(理氣中)에 어느 것이 근본이냐 하는 선후의 문제가 나온다.

주자는 근원을 따진다면 이(理)가 선(先)이요 기(氣)가 후(後)라고 하였다. '必欲推其所從來 則須說先有是理, 未有天地之先 畢竟是先有此理.'(語類 卷一) 그러나 이와 같이 이선기후설(理先氣後說)을 말하였을지라도 이것은 태극의 경계를 이야기 하는 것이기 때문에 시간적 공간적 선후의 개념은 아닌 것이다.

주자도 이선기후라는 말은 오늘은 이가 있고 명일(明日)은 기가 있다는 말은 아니라고 하였다.

④ 이기동정(理氣動靜)의 문제는 즉 태극도와 설의 태극 음양의 동정문제이다. 태극은 이기(理氣)를 불상잡(不相雜)으로 함유하고 있는데 태극의 동은 리지동(理之動)이냐 기지동(氣之動)이냐 하는 문제이다. 이것은 운동력이 어디에 있느냐 하는 문제이다. 주자(朱子)는 어류98(語類九十八)에서 '太極有動靜, 動亦太極之動, 靜亦太極之靜, 但 動靜非太極耳, 太極者 本然之妙也. 動靜者 所乘之本幾也.'라고 하여 동정(動靜)이 곧 태극은 아니지만 태극에 동정이 있다고 말한다.

여기에서 주자는 동정의 관계를 분석하기를 '太極自是涵動靜之理 却不可以動靜分體用 蓋靜卽太極之體 動卽太極之用也.'(語類 九十四)이라고 하고 또 '靜則此理存 動則此理行'이라고도

하는 것은 태극의 동정이 리지동 리지정을 말한 것이라고 본다.

이러한 리지동정(理之動靜)을 말하였다 하여도 이것은 태극경계의 동이무동(動而無動) 정이무정(靜而無靜)의 경계임을 알아야 하겠다.

따라서 현상으로 나타난 화생만물의 동정은 이지동정(理之動靜)이 아니고 분명히 유형상체(有形象體)의 기지동(氣之動)임을 알 수 있는데 이것은 동정지소이연지리(動靜之所以然之理)가 원리로서 있음을 알면 족한 것이다. 그러므로 주자도 '1리지행어기(一理之行於氣)'라고 하였다.

여기서 만물자시(萬物資始)한 현상에서는 동정자기야(動靜者氣也), 소이동정자리야(所以動靜者理也)를 알고 주자(朱子)가 생생화화지리(生生化化之理)를 밝히는 데 많은 고심을 하였음을 인정하여야 하겠다.

제3절 이퇴계의 심성정론

송대의 태극도설이나 이기론 등의 우주론적 이론이 우리나라 조선왕조에 미쳐서는 성리철학의 전성기를 가져왔다.

그 가운데서도 태극리기(太極理氣)의 우주론적 연구는 서화담의 기1원론(氣一元論) 같은 독창적 발전을 가져오게 하였다.

그러나 조선왕조 성리학의 특이성은 송대 우주론적 논리적 이론을 직접 인성론적(人性論的)이며 윤리적 원리에 적용하여 논리를 전개하는 데 있다고 할 것이다.

퇴계는 이름이 황(滉)이요 자가 경호(景浩)인데 주자(朱子)의 학설을 그대로 본받은 학자로서 그의 모든 주장은 주자의 학설에 근거하여 말하였던 것이다.

인성론의 문제는 심성정을 이기(理氣)와 어떻게 관계를 짓느냐 하는 것이다. 우선 퇴계는 이(理)가 없는 기(氣)도 없고 기(氣)가 없는 이(理)도 없다고 하여 주자(朱子)의 이기불상리설(理氣不相離說)을 인정한다. 그러나 나아가 지적하여 말하면 같지 않으니 둘 사이에는 분별이 없을 수 없다고 하는 것이다. '固未有無理之氣 亦未有無氣之理 然而所就而言之不同 則不容無別.'(退溪集 卷十六)이라고 하여 주자(朱子) 이기설의 존재론적 이론에 더욱 중점을 두고 있다.

이와 같은 이기2분적(理氣二分的) 견해를 주장함과 동시에 태극은 리라고 하는 주리적(主理的) 이1원론(理一元論)을 주장하고 있다.

즉 공자는 계선성성론(繼善成性論)이 있고 주자(周子)는 무극태극설(無極太極說)이 있다. 이것은 대개 이기가 상순(相循)하는 가운데서 척발(剔撥)하야 홀로 이(理)만을 말한 것이요, 공자가 상근상원(相近相遠)의 성(性)을 말하고 맹자가 이목구비(耳目口鼻)의 성(性)을 말한 것은 이것이 다 이기(理氣)가 서로 이루어진 가운데서도 편지(偏指)하여 홀로 기를 말하는 것이라고 하여 이(理)는 태극으로서 전선(全善)한 것으로 보고 기(氣)는 형이하적 요소로서 편색선악(偏塞 善惡)을 모두 함유하고 있는 것으로 본다.

그래서 맹자의 4단[인의예지(仁義禮智)의 실마리]과 7정[희로애구애악욕(喜怒哀懼愛惡欲)]을 말하는데 있어서 4단은 개선야(皆善也)어니와 7정은 선악미정야(善惡未定也)라고 하였는데 한 걸

음 더 나아가 4단리발기수지(四端理發氣隨之)요 7정기발리승지설
(七情氣發理乘之說)을 주장하여 이도 발하고 기도 발하는 호발설
(互發說)을 주장하였다.

그리고 이와 같이 말한 것은 인성의 본원를 말하는 것이요 체
용론(體用論)에 있어서 체의 존재구조를 말하는 것이다.

인간의 성정에 있어서 성(性)은 체(體)요 정(情)은 용(用)인데
체(體)인 성(性)의 경계에 있어서 '발(發)'이란 시공상의 발이 아
니요 형이상적 논리전개상의 발(發)임을 인정하여야 한다. 퇴계는
4단7정이 다 같이 실제발용(實際發用)에 있어서 정(情)임을 말한
다. '夫四端七情也, 何以有四七之異名耶. 槪喩所謂所就以言之
者, 不同是也.'(退溪集 卷十六)

이와 같은 4단7정이 정임에는 틀림이 없지만 순선(純善)의 4단
을 이발(理發)이라고 하지 않을 것 같으면 수신설(修身說)에 있어
서 개과천선의 길이 막히게 되기 때문이라 할 것이다.

그러므로 인성에 있어서도 본연지성(本然之性)과 기질지성(氣質
之性)으로 구분하지 않을 수 없는 것이다. 4단7정이 모두 정(情)
인데 2정이 있으면 체(體)도 2성(二性)이 있지 않으면 안 된다.
이(理)는 → 본연지성 → 4단으로 발하고 기(氣)는 → 기질지성(氣
質之性) → 7정으로 발하게 된다고 한다.

또한 여기에서 더 나아가 인심도심설(人心道心說)에도 이러한
사상을 적용하여 인심은 7정이요 도심은 4단이라고 하였다.

「人心・七情是也. 四端・道心是也. 非有兩箇道理也.」(退溪集 卷
三十六)

이와 같이 4단을 이발(理發)이라 하고 7정을 기발이라 하였으

므로 태극을 이(理)라고 말하는 퇴계의 학설에서는 모든 개체는 각기 태극원리의 실현을 최고덕성으로 하는 것이기 때문에 인간은 인의예지의 4단을 실현하는 것을 최고덕성으로 또 목적으로 수신(修身)하여야 한다는 것이다. 이러한 인식하에 퇴계의 가장 중요한 이론은 심통성정설(心統性情說)이다.

그의 성학십도중(聖學十圖中)에 심통성정도를 보면 '이와 기', '본연지성과 기질지성', '4단과 7정', '인심과 도심' 등으로 상대분석적 논리로 설명하고 있는데 이와 같은 2원적 분석의 결과가 생기는 문제는 우주론에 있어서 무엇이냐 하는 것이다. 즉 본연의 성(性)과 기질의 성(性) 또 성(性)과 정(情)을 하나로 함유하고 있는 것이 있어야 하는데 퇴계는 이것을 '심(心)'이라고 하였다. 따라서 퇴계는 심을 가장 높은 차원에 있다고 보았고 심은 성정을 통합하고 있다는 심통성정론(心統性情論)을 주장하였다. 이기(理氣)를 합하고 성정(性情)을 통일하여 일(一)이면서 만화(萬化)의 근원이 되는 것이 심(心)인데 허령지각(虛靈知覺)하여 인의예지신(仁義禮智信)의 본연성과 청탁수박(淸濁粹駁)으로 인하여 생기는 기질지성(氣質之性)을 다 가지고 있는 것이다. 이것이 발하면 정(情)이 되는 것이나 이(理)가 발하여 기(氣)가 따르면 4단(四端)이 되고 기(氣)가 발하여 이가 승(乘)하면 7정(七情)이 된다고 하였다.

그래서 심성정의 관계는 심(心)의 체(體)가 성(性)이요 심(心)의 용(用)은 정(情)이라고 보고 심은 성정을 통섭하는 까닭에 인간의 수신공부(修身工夫)는 경(敬)으로 주하여 기질을 버리고 본연을 따라야 한다고 하였다.

이상 퇴계의 이기본연기질(理氣本然氣質) 등의 2분적 철학체계는 태극의 이(理)와 인성의 본연지성에만 최고의 가치를 부여하여 이1원론(理一元論)을 주장하는 바가 되었다.

이러한 퇴계의 사상은 모든 인간으로 하여금 성현을 법받게 하고 자기의 몸을 수양하는 이론으로는 매우 명쾌한 이론이라고 하겠다. 따라서 퇴계는 그의 학설을 몸소 실천하였다는 데 더욱 고귀한 점이 있다고 할 것이다.

제4절 이율곡의 인심도심설

이율곡의 명(名)은 이(珥)이고 자는 숙헌(叔獻)이며 율곡은 호이다. 중종 31년(1536)에 강릉에서 출생하여 선조 17년(1584)에 서울에서 졸(卒)하시니 연 49세요 퇴계보다 약 30년 후인(後人)이다.

율곡의 우주론과 인성론은 존재론적 관점에 역점을 둔 퇴계와는 달리 주자의 생성론적 관점에 중점을 두고 서화담의 고차적인 기1원론과 퇴계의 이1원론(理一元論)을 종합하여 생성론의 이론을 전개함에 있어 2원적 1원론을 말한다.

그는 우주론에 있어서 이(理)와 기(氣)의 관계를 규정함에 이는 기의 주재(主宰)요 기는 이가 승(乘)한 것이다. 이가 없으면 기가 근거할 바가 없고 기가 없으면 이가 의착(依着)할 곳이 없는 것이다. 이미 2물(二物)이 아니면서 또한 1물(一物)도 아닌 묘합(妙合)하는 가운데 있다고 하였다.

「夫理者, 氣之主宰也, 氣者, 理之所乘也. 非理則氣無根柢, 非氣則理無所依著. 旣非二物 又非一物. 故一而二, 非二物. 故二而一, 非一物者何謂也. 理氣雖相離不得而妙合之中, 理自理,氣自氣, 不相挾雜. 故非一物也. 非二物者何謂也. 雖曰理自理氣自氣而渾淪無間, 無先後無離合 不見其爲二物, 故非二物也. 是故動靜無端 陰陽無始, 理無始, 故氣亦無始.」(栗谷全書 卷十)

이와 같이 이기(理氣)가 둘이면서 하나요 하나이면서 둘이라고 하는 묘합지중(妙合之中)에 있지만 이(理)는 하나일 뿐이라 본래 편정통색청탁수박(偏正通塞淸濁粹駁)의 차이가 없는 것인데 승(乘)하는 기(氣)가 승강비양(升降飛揚)하여 일찍이 그치지 아니하며 잡유참치(雜糅參差)하여 이에 천지만물을 생하는 까닭에 혹정편색통청탁수박(或正偏塞通淸濁粹駁)이 생기는 것이고 비록 이(理)가 일(一)이나 이미 기(氣)를 승(乘)하면 그 나뉨이 만 가지로 될 수 있으므로 천지에 있어서는 천지의 이(理)가 되고 만물에 있어서는 만물의 이(理)가 되며 오인(吾人)에 있어서는 우리 인간의 이가 된다. 그런즉 참치부제(參差不齊)한 것은 기(氣)의 하는 바라고 하였다.

이(理)는 전일(全一)할 뿐인데 모든 차별상(差別狀)과 이질상(異質象)은 기의 운사(運事)라고 보는 것으로 율곡은 이러한 사상에서 '이통기국(理通氣局)'설을 주장하였다.

즉 이(理)는 무형하고 기(氣)는 유형한데 형체도 없고 동정(動靜)도 없으면서 유형유위(有形有爲)한 것의 주가 되는 것이요 유형유위한 것의 그릇이 되는 것은 기(氣)인 것이니 이(理)는 상통하고 기(氣)는 국한될 뿐만 아니라 무형무위(無形無爲)한 이(理)는 발할 수 없는 것이다. 그러므로 율곡은 퇴계의 호발설을 부정하고 기가 발하여 이가 승(乘)하는 길만이 있을 뿐이라고 하며 공자가 말한 '인능홍도(人能弘道)'요 '비도홍인(非道弘人)'이라고 한 것이 이것을 뒷받침하고 있다고 생각하는 것이다.

'苟論其大槪則理無形而氣有形. 故理通氣局, 理無爲而氣有爲. 故氣發而理乘, 無形無爲而爲有形有爲之主者, 理也. 有形有爲而爲無形無爲之器者, 氣也. 此是窮理氣之大端也.'(栗谷全書 卷二十 聖學輯要)

발동하는 원리는 이(理)이지만 발동하는 것은 기(氣)뿐임으로 퇴계의 호발설을 잘못이라고 함과 동시에 퇴계가 내면 본성에서 나오는 것을 도심이라 하고 외적 감응에서 작용되어 나오는 것을 인심이라고 한 것에 반대하여 그는 인심이나 도심이 모두 내면본성에서 나온 것이요 그 발동되는 것은 외적 감응에 말미암는 것이라고 하였다.

인간의 마음속에 인심[사심(私心)]과 도심[공심(公心)]의 두 개의 본체가 있는 것이 아니니 심(心)은 1심(一心)이 있을 뿐이요 2심(二心)이 있는 것은 아니다. 주자(朱子)가 말한 혹원혹생(或原或生)이 다 같이 심(心)의 발(發)이요 또 심(心)은 즉 기(氣)인 까닭에 혹원혹생(或原或生)이 모두 기(氣)의 발(發)인 것이 아닌 것이 없다. 마음속에 가지고 있는 바의 이(理)는 곧 성이니 심이 발할 때에 성이 불발(不發)하는 이치가 없은즉 이것은 이(理)의 승(乘)이 분명한 것이고 다만 혹원(或原)이나 혹생(或生)은 각각 이기의 중요한 바를 지적하여 말한 것에 불과할 뿐이라고 한다.

무릇 심지체(心之體)는 성(性)이요 심지용(心之用)은 정(情)인데 성정이외에 따로 심이 있는 것이 아니므로 '성발위정(性發爲情)', '심발위의(心發爲意)'와 같은 말이 있다고 해서 2체2용(二體二用)이 있는 것을 말하는 것이 절대로 아니며 심(心)의 체(體)

는 성(性), 심(心)의 용(用)은 정(情)이라고 하는 것만을 인정할 뿐이다.

그러므로 선악이 갈라지는 소이는 이발기발(理發氣發)로서 갈라지는 것이 아니요 심이 발해서 중절(中節)이 되었는가, 과불급(過不及)의 치우침이 있게 되었는가에서 선악이 갈라진다고 하였다. 그러면 성자체(性自體)는 어떠하냐 하면 성은 인의예지신(仁義禮智信)의 5성(五性)이 있을 뿐이요 5성 이외에 별다른 성이 있지는 않다.

그리고 정(情)도 또한 7정뿐인 것이며 따지고 보면 4단도 또한 7정 속에 포함되어 있는 것이라고 하였다.

순선(純善)의 5성에서 여하히 7정의 선악이 생기는가, 더욱이 악의 근거는 어디에 있느냐 하는 문제는 또다시 기에 근원이 있음을 말한다.

정(情)의 선악이 어찌 성에서 발하는 것이 아닐까마는 성의 적연부동(寂然不動)시에는 그 악도 본래는 비악(非惡)인 것이라고 한다.

따라서 인심과 도심이 본래부터 구별되어 있는 것이 아니요 심(心)이 감발(感發)해서 정공(正公)을 얻은 것을 도심이라 하고 편사(偏私)하게 된 것을 인심이라고 할 뿐이며 또한 인심도심과 4단7정이 다른 것이 아니며 4단7정도 동일한 본성에서 감발하여 나온 것으로 4단은 천리지공을 얻은 것을 말한 것이니 7정의 개념 속에 내포되는 것이라고 하였다.

그러므로 4단과 7정을 상대적으로 논함은 잘못이요 이 모든 것의 근원은 하나요 그 하나는 심(心)이며 심은 즉 기(氣)라고 하였다.

그러면 성(性)은 이(理)요 심(心)은 기(氣)라고 하는 결론에 도달하게 되는데 심(心)의 체(體)가 성(性)이라고 하는 만큼 참치부제(參差不齊)하는 기로서 여하히 전선(全善)의 성(性)과 합일하는 체로서의 심이 순선(純善)일 수가 있을까 하는 의문이 없을 수 없다.

여기에 대하여 율곡은 성(性)에 본연지성(本然之性)과 기질지성(氣質之性)이 있다고 하는 것처럼 기에도 본연지기(本然之氣)와 비본연지기(非本然之氣)가 있다고 하였다.

율곡은 답성호원서(答成浩源書)에서 기국(氣局)이라고 할 때의 기는 형태와 자취가 있고 본말이 있으며 선후가 있는데 본연의 기는 담일청허(湛一淸虛)할 뿐이다. 오직 이러한 기가 승강비양(升降飛揚)함을 일찍이 쉬지 않음으로써 여러 가지 차별이 있어 만상의 변화가 생기는 것이다. 이렇게 기가 유행(流行)할 때에 그 본연을 잃지 않은 것도 있고 그 본연을 잃어버린 것도 있는데 이미 그 본연을 잃어버린 것은 이미 그 본연지기(本然之氣)는 아닌 것이다. 편자(偏者)는 편기(偏氣)로 전기(全氣)가 아니며 청자(淸者)는 청기(淸氣)요 탁기(濁氣)가 아니다. 이런 기는 담일청허(湛一淸虛)한 본연의 기가 아니고 하나의 사물에 국한된 기이다. 라고 하여 심체로서의 기는 기국의 기가 아니라 담일청허한 본연지기이고 이러한 본연지기는 윤리적 선악분리(善惡分離)의 이전 형이상적 무시무종(無始無終)의 기임을 말한 것이라고 하겠다.

그러면 인심도심과 4단7정이 하나라고 하였으니 인간의 수신(修身)하는 하수처(下手處)가 어디에 있어서 악을 버리고 선의 길로 가겠는가? 하는 문제에서 그는 맹자의 양기론(養氣論)을 같이 썼다.

사람들로 하여금 그 기를 잘 검속하여 기의 본연으로 돌아가도록 하는 것이 가장 중요한 것이라 생각하였다.

이것은 즉 기질변화론인데 기의 본연은 맹자가 말한 호연지기이며 호연지기가 천지에 가득 차게 되면 즉 본선(本善)한 이(理)가 조금도 가려지지 않고 직접 발현될 수 있다고 하였다.

퇴계처럼 기질을 버리고 본연성(本然性)으로만 돌아가려고 노력하는 것이 아니라 율곡은 먼저 기질을 변화시켜 담일청허한 기로 만들면 본연지성은 스스로 가림이 없게 되므로 호연지기를 기르는 데 노력하라고 하였다.

제3장 호락(湖洛)논쟁의 기원

조선조의 가장 심오하고 명석한 성리학설은 서화담의 생성론적 기1원론(氣一元論)과 이퇴계의 존재론적 이1원론(理一元論)과 이상의 두 가지의 설을 2이1(二而一) 1이2(一而二)로 묘합하여 전개한 이율곡의 이기2원적(理氣二元的) 1원론(一元論) 등을 들 수 있다.

그런데 우주가 선천에서 후천으로 생성하는 것은 담일청허한 1기의 용사(用事)이며 그 1기는 불멸이요, 또 증감도 없고 이는 기를 주재(主宰)하지만 외적이 아니요 1기(一氣) 내에서의 일이라고 하여 1기(一氣)가 우주에 가득히 있을 뿐이라고 하는 주기적(主

氣的) 1원론이나 퇴계의 이기호발(理氣互發)이나 이선기후(理先氣後)를 주장하는 주리적(主理的) 1원론은 그 후학자들이 대대로 전승하여 오면서도 약간의 분파적 이설(異說)로 이해되는 일이 없는 것은 아니나 그래도 근본원리에 있어서까지 반대적인 해석으로 논쟁하는 일은 없었다.

대개 학설에 있어서 1원론은 설명도 쉽고 이해도 간단하게 되는 것이나 2원론은 좀 더 복잡할 뿐만 아니라 하나와 하나의 관계를 이해하는 데는 더욱 어려움이 있는 것이다.

이러한 까닭에 율곡의 이기2원론적 1원론은 1리(一理)와 1기(一氣)를 한층 차원이 높은 '일(一)'로서 통합하는 학설이므로 그 논리가 매우 까다롭고 쉽게 각득(覺得)할 수 없어 여러 학자들 사이에 논란이 있을 뿐만 아니라 서기 1709년 권상하[수암(遂庵)] 문인 강문8학사(門人 江門八學士)에 이르러 금수5상문제(禽獸五常問題)와 미발기질선악문제(未發氣質善惡問題)로 인하여 양가(兩家)로 갈라져 서로 율곡의 학설을 인용, 해석하여 우리나라 사상사상 일찍이 볼 수 없었던 격렬한 논쟁을 일으켰던 것이다.

권수암은 송시렬(우암)의 수제자요 우암은 사계 김장생의 수제자이며 사계는 율곡의 수제자이니 율곡의 사상이 그의 수제자 4대에 내려와서 학설이 구체화되고 이론이 체계화됨에 따라 스스로 나타나게 되었다고 볼 수 있을 것이다.

율곡의 수제자 김사계(金沙溪: 명종 3년생 인조 9년 졸, 1548~1631)는 전적으로 율곡의 사상을 계승하여 퇴계의 「이동(理動)」, 「이발(理發)」, 「이자유용(理自有用)」 등의 설을 적극 부정하고 퇴계의 호발설은 본래 권양촌(權陽村)의 입학도설에서 근원한 것이라고 그 소유래(所由來)를 밝혔으며 그리고 정이 발하는 것은 기가 발하는 것이요 소이발자(所以發者)는 이(理)라고·하는 율곡의 설은 깨칠 수 없는 진리라고 주장하였다.

이러한 사상은 또 그대로 송우암에게 전하여 내려 왔다.

송우암(宋尤庵: 선조 40년생, 숙종 15년 졸, 1607～1689)은 율곡학파 가운데 대단히 고명한 학자로서 율곡의 사상을 밝히는 데 많은 연구를 하였다. 그는 이기론에 있어서 퇴계의 이발(理發)이라는 한마디가 크게 잘못된 것이라고 지적하고 율곡보다도 한층 강력하게 기발(氣發)만이 있음을 밝혔는데 즉 이는 정(情)이 없고 운용조작이 없는 것인데 이 이가 기의 속에 있는 까닭으로 기가 능히 운용작위(運用作爲)할 때에 이(理)가 따라서 부(賦)하는 것이라고 하였다.

'退溪理發一句大誤. 理是無情無運用造作之物. 理在氣中故氣能運用作爲而理亦賦焉'(宋子의 朱子言論同異考)

그러므로 4단7정이 모두 기발이리승지(氣發而理乘之)만이 있을 뿐이다. 퇴계는 주자(朱子)도 '4단리지발7정기지발(四端理之發七情氣之發)'이라고 말하였다고 하나 그것은 주자(朱子)의 본의와 다르므로 기록하는 사람의 실수일 것이라고 하였다.

「退溪所主 只是朱子所謂 四端理之發 七情氣之發而 安知朱子之說 或出於記者之語也」(宋子大全 卷百三十 雜著)

이어서 4단7정은 다 같이 정(情)이요 기발이리승지(氣發而理乘之)이므로 모두 선악이 없을 수 없다고 하였다. 이와 같이 4단에도 선악이 없을 수 없다고 하면서 고봉(기대승), 율곡, 우계(성혼)가 모두 4단은 순선(純善)하다고 하는 것은 주자가 4단도 역시 불선(不善)이 있다고 하는 것을 알지 못하였기 때문이라고 하여 율곡보다도 한층 더 발전된 논리를 전개하였다.

'退溪 高峯 栗谷 牛溪皆以四端爲純善 朱子以爲四端亦有不善者 未知四先生皆未見此說乎 四端何以亦有不善乎 四端亦氣發而理乘之故也 發之之時 其氣淸明 則理亦純善 其氣紛雜 則理亦爲之所拾而然也' (同上)

이상과 같이 성리학의 논리를 전개함에 있어서 우암은 율곡보다도 더욱 분석적이었고 율곡의 학설이 주자(朱子)와 일치함을 밝히려고 노력하였다.

우암의 수제자 수암 권상하는 율곡과 우암의 학통에 대하여 말하기를 우암은 그 학문에 있어서 주자(朱子)와 율곡을 제일로 하였으며 말끝마다 반드시 주자(朱子)와 율곡을 이야기하고 그 언행과 진퇴의 범절을 또한 주율(朱栗)의 문법에 준하였기 때문에 주자(朱子)의 도는 율곡에 이르러서 다시 밝아졌고 율곡의 사업은 우암에 이르러 더욱 넓어졌다. 율곡은 하늘이 해와 달을 열어 놓은 것과 같다면 우암은 땅이 바닷물을 지고 있는 것과 같다고 하였다.

'朱子之道 至栗谷而復明 栗谷之業 至先生而益廣 栗谷如天開日月 先生如地負海涵'(遂庵撰尤庵墓表)

권수암(權遂菴)은 명(名)이 상하(尙夏)요 수암(遂菴)은 호(號)이며 또는 한수재(寒水齋)라고도 하였다. 인조 19년에 나서 경종 원년(1641 ～ 1721)에 졸하였고 청풍황강(한수리)에서 거처(居處)하였으며 우의정으로도 있었다.

수암의 학문은 물론 율곡(栗谷)→ 사계(沙溪) → 우암(尤庵)의 도통을 이어받았는데 선생들보다도 한층 더 새로운 사물에다 이론을 전개한 것을 볼 수 있다.

그는 한수재집 권21 잡저(寒水齋集 卷二十一 雜著) 「47호발변(四七互發辨)」에서 이기론에 대하여 말하였는데

① 율곡선생의 발(發)하는 것은 기(氣)요 발하는 원리는 이(理)라고 하는 말을 깊이 음미하면 호발지설(互發之說)이 잘못임을 알 수 있다.

② 맹자의 측은지심은 인(仁)의 단(端)이라고 하는 등의 말은 율곡이 기(氣)는 즉 심(心)이라고 하는바 발한 것은 즉 심지용(心之用)으로서 측은(惻隱)이요 발하는 원리인 이(理)는 즉 심지체(心之體)로서 인(仁)이다. 맹자의 말이 그와 같이 분명한데 어찌된 연고로 4단을 오로지 이발(理發)이라고 하겠느냐?

③ 중용에 말하기를 희로애락이 발하기 전을 중(中)이라고 하고 중지발(中之發)이 즉 7정이 되는 것이라면 7정도 이(理)에서 발한 것이 된다. 자사(子思)가 이미 그렇게 말하였는데 어찌된 연고로 기의 발이라고 말할까? 그것은 대개 성(性)이 발해서 정이 된다고 하는 말은 불역지설(不易之說)이나 기가 아니면 또한 어찌 능히 발할 수 있겠느냐?

④ 7정은 4단 가운데 포함되어 있다.(七情之包在四端中)

⑤ 인심은 형기지사(形氣之私)에서 생긴다고 할 때의 '기(氣)'자는 이목구비를 지적하여 말한 것이고 7정이 기에서 발한다고 할 때의 '기(氣)'자는 심을 지적하여 말한 것이다.

글자는 비록 같으나 지적하는 바는 아주 다른 것이다. 옛날 선

현들의 항상 하는 말을 따르면 인심 도심이 이와 같은데 4단7정만이 독특히 이와 같지 않겠는가 하였다.

여기의 ①, ②, ③은 율곡의 학설을 강조한 말이라 하겠고 ④, ⑤는 특별한 신이론(新理論)이다. 종래에는 7정 속에 4단을 포섭하고 있다고 보았는데 수암(遂菴)은 반대로 4단 속에 포함하고 있다고 하였다. 이것은 성정이 발동한 용(用)의 입장에서 보면 7정 속에 4단이 포섭되는 것이고 성의 미발본연(未發本然)을 보면 4단 속에 7정이 함유되는 것이므로 수암은 본연처(本然處)를 보고 말한 것이라 하겠다.

⑤에서는 기(氣)를 인심의 이목구비지기(耳目口鼻之氣)와 7정의 심지기(心之氣)로 구분하였는데 이것은 외감(外感)에서 생기는 인심과 미발지중(未發之中) 즉 내발(內發)에서 직접 나오는 7정을 같은 기(氣)의 발(發)로 볼 수 없고 더욱이 이기(理氣)할 때의 기(氣)와 형기(形氣)할 때의 기(氣)를 분명히 구별하여야 된다는 것이다.

이와 같이 수암에 이르러서는 이기론(理氣論)과 리발기발(理發氣發) 문제 그리고 심성정론(心性情論)과 인심도심설(人心道心說) 등의 서자(徐子)와 이자(李子) 이후 중대논쟁 문제들이 거의 남김없이 이론체계화(理論體系化)되어 확고부동한 지위를 얻게 되었든 것이다.

따라서 이후의 학자들에게는 4단7정 문제나 인심도심 문제는 신선한 문제가 아니다. 그래서 수암 문하의 학자들은 4단7정론을 발전시켜 금수5상(禽獸五常) 문제를 연구하고 인심도심(人心道心) 문제를 발전시켜 미발기질선악(未發氣質善惡) 문제를 연구하게 되었다.

수암의 문하에는 수많은 제자들이 있었는데 그 가운데 소위 강문8학사(江門八學士)인 韓元震(南塘) 李柬(巍巖) 尹鳳九(屛溪) 蔡之洪(鳳巖) 李頤根(華巖) 玄尙璧(冠峯) 崔徵厚(梅峯) 成晩徵(秋潭) 등이 가장 뛰어났는데 새로운 금수5상 문제와 미발기질선악 문제를 가지고 연구하다가 韓南塘과 李巍巖의 의견이 서로 갈라졌다.

금수5상 문제란 인물성편전(人物性偏全) 문제요 더 구체적인 것은 인물성동이(人物性同異)의 문제인데 한남당은 인물의 본성이 다르다고 주장하고 이외암은 이와 반대로 인물성이 동일하다고 주장하였다.

미발기질선악(未發氣質善惡) 문제는 심체(心體)가 본선이냐 선악이다 있느냐? 하는 문제인데 한남당은 심체(心體)에는 본래 선악이 있다고 하고 이외암은 심체는 본래 선하다고 주장하는 것이다.

이 두 학자의 서로 상반되는 이론은 점점 발전하여 추종하는 학자들이 양분하게 되었는데 학파를 이루어 한국 사상 가장 큰 논쟁이 되었고 학술상으로도 한국 독창적 논제였으며 임진왜란과 병자호란 이후로 오랑캐의 잔인무도한 침략에 대항하여 복수설치(復讐雪恥)의 논리를 정립하고 민족 주체성을 확립함에 중대가치가 있는 사상으로서 오늘날 우리들의 인생론과 우주론 확립에 근본적 명제가 되겠음으로 이를 고찰하는 바다.

제1절 한남당과 호파의 주장

한원진(韓元震)은 자(字)가 덕소(德昭) 호(號)는 남당(南塘)이며 원진(元震)은 명(名)인데 숙종 8년에 나서 영조 26년에 졸(1682 ~ 1751)하니 연(年)이 69세였다. 21세에 황강(黃江) 문하에 들어가 강문8학사 가운데 으뜸가는 제자가 되었다.

그는 결성 남당(結城 南塘)(지금 충남 홍성군 서부면)에서 살았고 그의 인물성부동론(人物性不同論)과 심체유선악설(心體有善惡說)을 인정하고 신종(信從)하는 윤봉구(尹鳳九), 최징후(崔徵厚), 채지홍(蔡之洪) 등이 모두 충청도 지방에 살았으므로 이를 호학(湖學) 또는 호파(湖派)라고 하였다.

윤봉구는 자(子)가 서응(瑞應)이요 호는 병계(屛溪) 또는 구암(久庵)이며 봉구(鳳九)는 그의 명(名)이다.

숙종 계해(癸亥)에 나서 영조 정해(丁亥)에 졸하니 연(年)이 85세였으며 강문8학사의 한 사람이다.

호파의 대표자 남당의 사상이 병계의 이론적 설명으로 더욱 확고해졌음을 볼 수가 있는 것이다.

1) 인물성부동론

인간의 본연한 성품과 인간이외의 금수초목(禽獸草木)의 본연한 성품이 서로 같으냐 아니면 다르냐 하는 문제는 성리학에서 대단히 중요한 과제였으나 선진유학 이래 송대(宋代)에 와서도 대강만을 논했을 뿐 명확하게 분석하지 않았으므로 정설로 규정되어 있지 못했다.

그런데 남당은 인간과 동물의 본성은 동일할 수 없다고 논증하였다.

대체로 천명은 형기(形器)를 초월하여 일컫는 것이요 5상은 기질을 인하여 이름하는 것이니 인류가 금수와 다른 것은 그 형상의 다름에 있지 않고 성품의 차이에 있는 것이라고 입언(立言)하여 논리를 전개한다.

그는 '성(性)은 기질을 인해서 되는 것을 이르는 것이니 이(理)가 기(氣) 가운데 들어가 있음으로써 성(性)이라고 부르는 것이다.'라고 했다. 그러한 즉 인(人)과 물(物)의 성(性)은 절대로 같지 않다. 이제 만물이 각각 천명(天命)의 전체를 구유(具有)하여 있다고 하면 옳지만, 만물이 모두 5상(五常, 인의예지신(仁義禮智信))의 전덕(全德)을 구비하여 있다고 말한다면 옳지 못한 것이다. 대개 천명(天命)은 형기(形器)를 초월하여 칭하는 것이고 5상(五常)은 기질을 인하여 말하는 것이므로 천명은 즉 태극이요 태극은 즉 음양5행의 이(理)이다. 만물의 이는 다 태극인데 태극은 일찍이 기질(氣質)을 인하여 정체가 있는 것이 아니고 사상(事象)에 따라서 정하여진 이름이 있지도 않다. 이런 까닭에 형기를 초월했다고 말하는 것이다.

그러므로 목(木)의 이(理)는 인(仁)이라 하고 의(義)라 하지 못하며 금(金)의 이(理)는 의(義)라 하고 인(仁)이라 하지 못하니 인의예지신(仁義禮智信)의 5자(五者)는 물(物)에 인연해서 체가 고정되어 있고 일에 따라서 이름이 고정되는 것이다. 이렇기 때문에 기질(氣質)을 인(因)해서 명(名)하게 된다고 하는 것이다.

형기를 초월하였기 때문에 물이 구유(具有)하는 바가 전체 아님이 없고 기질을 인하여 이름이 지어지게 되기 때문에 기(氣)가 편(偏)하게 되면 이(理)도 역시 편(偏)이 있게 된다. 이래서 태극은 만물이 구유한 바가 동일하다고 하고 5상은 물마다 모두 구비할 수 없다고 하는 것이다.

태극(天命) 5상이 비록 2리(二理)는 아니나 이름하여 지목하는 바가 아주 다르니 비유하면 산을 볼 때 옆으로 보면 영(嶺)이요 바로 보면 봉(峰)이나 산이 둘인 것이 아닌 것과 같은 것이다.

또 성(性)이 있으면 반듯이 정(情)이 있는 것이고 체(體)가 있으면 용(用)이 반듯이 있다. 이제 만일 만물이 모두 5상지성(五常之性)을 구유하고 있으면서도 발용(發用)이 불가능하다면 이것은 성은 있어도 정은 없으며 체는 있어도 용이 없는 것이 된다. 어찌 천하에 정이 없는 성이 있고 용이 없는 체가 있겠느냐고 하였다.

'凡言性者 皆因氣質而名之 性是理墮其中以後名之 則人與物之性 安能同乎, 今謂萬物各具天命之全體 則可, 謂皆具五常之全德 則不可 盖天命者 超形器而稱之 五常者 因氣質而名之, 何者 天命卽太極也 太極卽陰陽五行之理也 萬物之理 皆謂之太極 太極未嘗因物而定體 隨事而定名,…… 故氣之所偏 理亦有偏 此其太極則 萬物同具 謂五常則物不能皆具也, …… 且有性則必有情 有體則必有用 今若謂萬物皆具 五常之性而不能發用 則是有有性而無情 有體而無用者矣. 天下顧安有無情之性 無用之體哉'(南塘集卷八 與崔成仲別紙)

이와 같이 남당은 성을 규정함에 있어 태극리야(太極理也)에서 성즉리야(性卽理也)라고 하는 존재론적인 입장에서 보는 것이 아니고 성이 생성하는 소이(所以)의 내용적 관점에서 이해하는 까닭에 형이상에서 말하는 태극지리(太極之理)와 형이하에서 나타나는 성과를 엄밀히 분석하는 것이며 한걸음 더 나가 태극지리(太極之理)와 음양지리(陰陽之理)가 서로 다르다고 하여 이(理)까지도 분석하여 차이가 있음을 밝혔다. 즉 태극지리(太極之理)는 하나의 원리로서 모두 동일하지만 25지리(二五之理)는 형체가 다른 만큼 이(理)도 서로 같지 않다는 것이다.

따라서 순수한 이(理)만을 가지고 말하면 인(人)과 물(物)의 성(性)이 전일(全一)하지만 기(氣)로써 말하면 인성(人性)은 전일하나 물성(物性)은 전일할 수 없다. 그런 까닭에 주자(朱子)가 만물의 하나의 원본을 논하면 이(理)는 같고 기(氣)는 다르며 만물의 서로 다른 형체를 관찰하면 기(氣)는 오히려 비슷하고 이(理)는 절대로 같지 않다고 말하였고 율곡도 말하기를 천지의 본연성은 인(人)과 물(物)이 하나이나 만물에 있어서는 성(性)의 전덕(全德)을 모두 받을 수가 없는 것이다.

대개 이의 측면에서 보면 이(理)가 동일하지 않음이 없지만 기의 측면에서 보면 오히려 이는 절대로 같지 않으니 실(實)인즉 같다고 하는 것은 다르다고 하는 것의 밖에 있는 것이 아니요 이(異)는 동(同)과 떨어져 있는 것이 아니라고 하였다.

'以理言之則 人物之性無不全矣, 以氣言之則 人性全而物性不能全矣, 故朱子曰 論萬物之一原則理同而氣異 觀萬物之異體則氣猶相近而理絶不同 栗谷曰 天地之性人與物一也 又曰萬物則性不能全德 蓋就理上看則 理無不同 就氣上看則理絶不同而 實則同者不外於異者 異者不離於同者矣'(南塘集 其答崔成仲書)

이상과 같이 말한 것을 분석하여 보면 남당의 사상은 다음과 같다.

① 태극지리는 전선(全善)하지만 형이하적 기질지리(氣質之理)
   는 편악(偏惡)이 없을 수 없다.

② 성은 이와 기가 합성하여서 이름 지어진 것이니 기의 청탁
   수박(淸濁粹駁)에 따라서 이가 변하고 따라서 성도 편전선
   악(偏全善惡)의 차이가 없을 수 없다.

③ 따라서 만물이 비록 5행지기(五行之氣)를 고루 받았다 할지
   라도 물(物)은 그 받은 것이 혼탁하므로 그 이(理) 역시 혼
   탁지리(昏濁之理)가 되어 인간과 같이 수연(粹然)한 5성(五
   性)을 가지고 있지 못한다.

이제 윤병계는 이러한 논리에서 더욱 발전하여 한국유학사상
가장 풍부한 철학용어로써 조리를 체계 세우고 내용을 원만하게
하였다.

병계는 남당의 기질지리(氣質之理)의 이론을 연장하여 인간의
범주 가운데 서로 성인(聖人)과 중인(衆人)의 성품에 차이가 있다
고 하였다.

성인의 성품은 25(二五)를 균수(均受)하여서 청명순수(淸明純
粹)하지만 중인의 성품은 25가 불균하므로 강유혼명(剛柔昏明)이
각자 부동(不同)하다고 하였다.

더욱이 이(理)와 기(氣)가 합성하여야 비로소 성(性)이 있을 수
있으므로 본연지성(本然之性)을 부정하고 형이상적 1원지리(一原
之理)는 이동지리(理同之理)로서 동일한 것이나 형이하적 물물지
리(物物之理)는 이체지리(異體之理)로서 부동(不同)하며 성(性)과
이(理)의 관계를 규정하는 데 있어서 이(理)는 이통지리며 성은

기국상리(氣局上理)라고 하였다.

그러나 기국상리는 본래 리통지리(理通之理)와 같은데 생성하여서 된 개념내용이 다르다고 하였다.

따라서 인지리(人之理)가 곧 물지리(物之理)라고 말하는 것은 옳지만 인지성(人之性)이 곧 물지성(物之性)과 동일하다고 하는 것은 잘못이라고 하였다.

'一原之理同氣異者 槪言理氣之本體也 異體之氣猶近而理不同者 從成性後言之也 …… 朱子言纔說性時 便時此理已隨在形氣中者也 栗谷以爲理在氣中者 謂之性 若不在氣中當謂之理 不當謂之性 以此論之 不論本然氣質 旣曰性則其爲理之在形氣者也'(屛溪集 答洪章海書)

병계의 인물성부동론을 요약하면

① 인과 물(物)의 성이 다를 뿐 아니라 같은 인류 속에서도 성인과 중인의 성품에 차별이 있다.

② 성은 이와 기가 합성하여 이루어진 것임으로 본연지성이라 말할 수 없다.

③ 태극지리와 형기지리는 구별하여야 한다.

  1. 太極之理 → 一原之理 → 理同之理 → 理通之理는 동일하지만

  2. 形器之理 → 物物之理 → 異體之理 → 氣局上理는 만물이 모두 부동(不同)하다.

④ 인지리와 물지리는 동일하다고 할 수 있지만 인지성이 물지성과 동일하지는 않다.

이상에서 볼 때에 남당과 병계는 이(理)와 성(性)의 개념을 명

확히 구분하고 본연지성이 곧 본연지리가 아님을 논증하여 인간과 물의 차이는 그 형상의 차이에 있는 것이 아니라 성품의 차이에 있다고 하였다.

왜냐하면 천명(天命, 이(理))은 형기(形氣, 기(氣))를 초월하여 칭하는 것이요 5상(五常, 성(性))은 기질(氣質, 기(氣))을 인하여 명명하는 것이기 때문이라고 말한다.

2) 심체유선악설

호파의 남당과 병계는 인심(人心)과 도심(道心)이 양종(兩種)이 아니라고 하는 율곡의 사상과 그들의 '인물성부동론'을 확대 전개하여 기질(氣質)이 미발(未發)하여 있을 때에 선악에 함께 있다고 주장하였다.

'미발기질(未發氣質)'이란 심(心)의 체(體)인데 심의 용(用)은 정(情)으로서 선악이 모두 있다고 하지만 심의 체가 선악이 같이 있다고 하는 것은 심의 체를 성으로 보는 관점에서 본다면 일견 맹자의 성선설(性善說)과 배치되는 것처럼 보인다.

그러나 남당의 이론은 인물성부동론에서 이미 성을 규정할 때 독리(獨理)로 보는 것이 아니고 천명(天命, 이(理))과 기질이 합성해서 이루어진 것이라고 하였고 기질이란 비록 미발시(未發時)라고 하더라도 청탁(清濁)이 부제(不齊)한 것이므로 미발기질(未發氣質)은 선악을 혼유(混有)하고 있는 것이라고 분명하게 논리를 전개한다.

마음의 미발은 비록 담연허명(湛然虛明)한 것이지만 그 기품의 본색이 청탁수박(清濁粹駁)한 것은 일찍이 스스로 그 가운데 있

는 것이다. 이제 그 청탁수박한 것만을 가지고 말할 것 같으면 선
악이 함께 있다고 하는 것이 옳다. 또한 그 기질의 청탁수박한 것
과 겸하여 있는 것을 말할지라도 이는 그 가운데 있는 것이니까
또한 청탁수박한 이(理)인 것이요 말하자면 기질지성이다. 이제
그 기질지성을 가지고 말할 것 같으면 그 성에 선악이 역시 있다
고 하는 것이 옳다고 하였다.

「心之未發 雖皆湛然虛明 而其稟本色之淸濁粹駁者 未嘗不自
在矣. 自其淸濁粹駁者而言之則 謂之心有善惡可也. 兼其氣質淸
濁粹駁者而言之 則理在乎其中者 亦只得爲淸濁粹駁之理 而所
謂氣質之性也 自其爲氣質之性者而言之 則謂之性有善惡 亦可
也」(南塘集卷七 上師門書 庚寅)

사람의 선정(善情)과 악정(惡情)은 다 같이 심지용(心之用)인데
만일 미발기질(未發氣質), 즉 심(心)의 체(體, 성(性))가 본선(本
善)하다면 현실 인간의 선정은 선심체에서 근원된다고 할 수 있
으나 악정은 어디로부터 나오는 것이며 그러면 악정은 무체유용
(無體有用)인가 아니면 심체가 이종(二種)인가? 하는 문제가 있
게 된다.

남당은 마음이 둘이라면 성(性)도 둘이 있게 된다는 오류를 지
적하고 성은 오직 하나요 따라서 마음도 하나다. 그러나 선악의 2
정(二情)이 있는 것은 하나의 심체에 선악이 갖추어 있는 것이
틀림없는 것이라고 하였다.

그는 '미발기질변도설(未發氣質辨図說)'에서 이외암의 본연지
심과 기질지심이 있다는 것을 반박하는 말에서 '虛靈不昧 具於
方寸之中者'를 1심(一心)이라고 하여 본연지심(本然之心)이라 하

고 '血氣淸濁 充於百體之中者'를 또 1심(一心)이라 하여 기질지심(氣質之心)이라고 이름 한다면 이것은 마음이 양체(兩體)가 있는 것이 아니냐? 본연지심은 하나의 이(理)를 갖추어 본연지성이 되고 기질지심이 또 하나의 이를 갖추어 기질지성이 된다면 이것은 성이 양체(兩體)가 있다고 하는 것이다.

성이 본연지성과 기질지성의 2성(二性)이 있다고 하는 것은 너무 심한 이야기다.

더욱이 성인의 마음은 일각도 혼미(昏迷)한 때가 없다고 하면 이것은 성인은 원래 기질지성은 없고 다만 본연의 1성(一性)만 있는 것이고 중인(衆人)은 양성(兩性)이 있다는 말이 되는데 나는 일찍이 들어보지 못한 말이라고 반박하였다.

윤병계는 맹자, 주자, 율곡의 학설을 인용하여 남당의 설을 보강하였는데 만일 사람이 본연지심과 기질지심이 있어서 본연지심은 순선한 것이라 한다면 맹자는 무슨 까닭으로 '성선(性善)'만을 이야기 하고 '심선(心善)'을 말하지 않았으며 정자(程子)·주자(朱子)는 무슨 연고로 '청탁기품 부제지론(淸濁氣稟 不齊之論)'을 말하여 심본선(心本善)의 설과 상반되게 하였겠느냐고 말하였고 마음을 규정하기를 심(心)은 기(氣)다. 그 이(理)는 성(性)이고, 그 발(發)은 정(情)이다. 심과 성과 정은 각각 지명한 바가 있으며 계통적으로 말할 것 같으면 심은 성과 정을 포섭하고 있는 것이다.

'心是氣也 其理則性也 其發則情也 分而言之 心與性與情也 各有所指 統而言之 擧心而性情包在矣'(屛溪集 問陶庵書)

그는 이어서 맹자가 인의(仁義)의 양심을 말하는 바나 장자(張

子)가 성과 지각이 합하여 심이라는 이름이 있다고 하는 것은 심성정을 통합 또는 분리하여 말한 차이점이 있는 것이라고 하면서 이제 분리해서 단지 '기지심(氣之心)'을 지적하여 말한다면 그 기의 청탁에 따라 성인과 범인의 사이에도 같은 점과 같지 않은 점이 없을 수 없다고 하였다.

병계의 '심시기(心是氣)'라고 하는 사상은 심체유선악설(心體有善惡說)을 강조할 뿐만 아니라 개체 인간에게 천종만별(千種萬別)의 마음이 있음을 설명하게 되었다.

그는 대개 기(氣)는 가지런하지 않으므로 원래 25품부(二五稟賦)의 시초에는 청탁수박이 천만 가지로 부동(不同)한데 성인은 25(二五)를 균정히 받아 순청순미(純淸純美)하여서 그 마음이 청명순수하고 중인(衆人)은 25를 균정하게 받지 못하여 청탁이 상잡(相雜)하여 있다. 이런 까닭에 그 마음의 강유혼명(剛柔昏明)이 각자가 같지 않다고 하였다.

그러면 성인(聖人)과 중인(衆人)의 차별이 본래 일정불변적인 것이냐 하면 그런 것은 아니라고 한다.

왜냐하면 마음이 기의 청탁수박의 차이에 따라 차등은 있으나 마음이란 기의 정상(精爽)한 것임에는 동일한 것이고 이 정상지기(精爽之氣)는 본래 '자활화(自活化)'한 것으로 간신폐비(肝腎肺脾)의 기와 같이 일편에 고정되어서 변화할 수 없는 기와는 다른 것이다.

따라서 기질을 변화시킬 수 있다고 하였다.

즉 그는 상성(上聖)은 순수청명(純粹淸明)한 마음이기 때문에 그 하고 싶은 대로 하더라도 천리(天理)가 직수(直遂)하여 법도에 어긋남이 없다. 그런데 중인(衆人)은 반드시 징치(澄治)의 공(工)을 가함으로써 탁예(濁穢)를 점소(漸消)시키고 청명을 날로 밝혀야만 그 성(性)을 회복(回復)한다.

대개 중인(衆人)의 상잡(相雜)한 마음은 비록 성인의 정수에는 미치지 못하지만 만약, 그 정(精)을 잘 살피고 그 방정(方正)함을 잘 바로잡으면 '탁화위청(濁化爲淸)하고 박(駁)이 변화해서 수(粹)가 되며 유(柔)가 능히 강(强)으로 되고 혼(昏)이 능히 명(明)하게 되어 기질(氣質)을 변화할 수 있다고 하였다.

병계(屛溪)는 또 말하기를,

'是以上聖純粹淸明 從其所欲而天理直遂 不踰規焉 下此一等則 必加澄治之工 使濁滓漸消 淸明日昇而復其性焉 蓋衆人相雜之心 雖不及衆人之精粹 惟其精爽之故 本自活化 不如肝腎肺脾之氣一於偏而不可變矣 若能察之精 而揉之有方 則濁化爲淸 駁變爲粹 柔而能强 昏而能明 所謂變化氣質 於此可言矣(屛溪集)

이상 호파(湖派)의 심체유선악설(心體有善惡說)의 요점(要點)을 간추려 보면 다음과 같다.

① 인심(人心)과 도심(道心)은 2심(二心)이 아니요 1체(一體)이다
② 미발기질(未發氣質)은 심지체(心之體)로서 즉 심시기(心是氣)인 것이며 따라서 기(氣)에 청탁수박(淸濁粹駁)이 있으므로 심체(心體)도 선악(善惡)이 구유(具有)하여 있다.
③ 심(心)을 본연지심(本然之心)과 기질지심(氣質之心)으로 나누어 심2체론(心二體論)을 말하는 것은 잘못이다.
④ 성인(聖人)과 중인(衆人)의 마음도 순수(純粹) 청탁수박(淸濁粹

駁)의 차이가 있어서 동일(同一)하지 않다.

⑤ 심체(心體)에 선악(善惡)이 구유(具有)해 있으나 징치지공
(澄治之工)을 가하면 정상(精爽)의 기질(氣質)로 변화시켜
순수지선(純粹至善)한 심체(心體)로 변화시킬 수 있다.

상기(上記) ②항의 문제가 가장 중요한 학설로서 이것은 인물성부
동론(人物性不同論)을 연역(演繹)하여 전개한 논리로 심체유선악설을
주장하는 근거이다.

제2절 이외암과 낙파의 주장

이외암(李巍巖)은, 명(名)은 간(柬)이요 외암(巍巖)은 그의 호
(號)며 자(字)는 공거(公擧)인데 숙종 3년에 나서 영조 3년(167
7~1727)에 졸하였다.

외암은 온양 외암(巍巖)에 (현 충남 아산군 송악면)에 살았었는
데 남당과 '인물성동이(人物性同異)문제'와 '심체선악설(心體善惡
說)'을 가지고 서로 논쟁할 때에 그의 '인물성상동론(人物性相同
論)'과 '심체본선설(心體本善說)'을 따르는 학자들이 대부분 경기
지방에 있었기 때문에 낙파(洛派) 또는 낙론(洛論)이라고 하였다.

외암 외에 낙론을 주장한 사람은 강문8학사의 1인인 관봉(冠峯) 현
상벽(玄尙璧)과 농암(農巖) 김창협(金昌協)의 문인인 도암(陶菴) 이재
(李縡) 그리고 농암의 아우인 삼연(三淵) 김창흡(金昌翕) 등이 가장
유명하다.

김농암(金農巖)은 우암의 문인으로 일찍이 권수암(權遂菴)과도
인물의 성에 대하여 이야기한 바도 있다. 그때 권수암(權遂菴)이

어기이즉무불전 논기성즉유편전(語其理則無不全 論其性則有偏全)이라고 말하였을 때에 모두 인물의 본성에 편전이 있다는 논설로 기울어 졌었다.

그런데 그의 문하생 외암과 도암이 이러한 논리에 이견을 내세워 인물성은 본래 동일하다는 설을 주장하였다.

금수도 인물과 마찬가지로 5상(인의예지신(仁義禮智信))의 성은 다 품득(禀得)하였고 인물이 함께 5행의 이(理)를 균수(均受)하였는데 그 기품을 이야기할 때에 편전의 분수가 있다는 것은 가하나 5상을 하나는 있고 하나는 없다고 하는 것은 불가하다고 하였다. 따라서 인물의 성의 차는 기에 있지 이(理)에 있는 것이 아니라고 하였고 심체는 성(性)인 만큼 성즉리(性卽理)의 원리에 의하여 본래 선하다고 주장하였다.

1) 인물성상동론

외암의 인물성상동론(人物性相同論)은 중용의 '천명지위성(天命之謂性)' 장구 주자주(章句 朱子註)에 근거하고 있다.

외암은 명(命)과 성(性)을 본래적으로 구분하지 않는다. 성을 떠나서 명이 있을 수 없으며 명을 떠나서 성이 있을 수 없다. 다만 1물(一物)이요 따라서 1원(一原)이라고 말하는 것이다.

그러므로 중용에서 말하기를 인간과 물이 생하면서 그 이(理)를 각각 얻어서 5상(五常)의 덕을 잘 따른다고 하였고 대학에서는 인과 물의 생함에 반듯이 이 리를 얻어서 인의예지(仁義禮智)의 성(性)을 잘 세워 따른다고 하였다. 이상 두 말이 주자가 근본적으로 1원을 가지고 이야기한 것인지는 알 수 없으나 본령(本領)

인즉 이렇고 근거하는 바는 이렇다고 하였다.

'性外無命 命外無性, 只一物 故謂之一原也. 然則中庸所謂
人物之生 各得其理爲健順五常之德, 大學所謂人物之生 必得是
理 爲健順仁義禮智之性, 是二說者 或朱子之見 本亦在是一原
而言歟 鄙見之得失未知而本領則在是 所據則在是矣.'(巍巖集卷
七 答韓德昭書)

남당이 천명(天命)은 형이상적인 것이요 5상(五常)은 형이하적
인 것으로 획연(劃然)이 구분한 것을 반대하고 주자의 '명(命)으
로 말하면 원형리정(元亨利貞)이요 성으로 말하면 인의예지(仁義
禮智)이다.'라고 하는 말과 자사(子思)의 '천명지위성(天命之謂
性)'이라고 하는 말을 잘 연구하면 나머지 말을 기대하지 않아도
손바닥의 무늬를 보는 것처럼 분명한 것이라고 하였다.

또 성(性)과 명(命)이 과연 2물(二物)이라면 성명(性命)의 이외
에 또 태극이 있는 것이 아니냐?

그리고 인의예지가 본연인가 기질인가. 만일 본연이라면 본연의
밖에 또 천명과 태극이 있느냐? 만일 본연이 아니라면 인의예지
의 이외에 본연이라고 하는 것이 있느냐? 그렇다면 그 본연은 과
연 무엇인가?

내(巍巖)가 보기에는 천명 5상 태극 본연이 이름은 비록 많지
만 이 이(理)에 따라 지목한 다른 이름에 불과한 것이요. 처음에
는 피차(彼此), 본말(本末), 편전(偏全), 대소(大小)의 차이가 없는
것이라고 하였다.

그는 이만이 동일할 뿐만 아니라 유생지초(有生之初)에는 기도
균일하게 받았다고 태극생성론(太極生成論)을 가져다가 설명하고

있다.

"대개 말하는 바 건순5상지득(健順五常之得)이라고 하는 것은 즉 음양5행의 이(理)이다.

25(二五)를 구비한 뒤에 조화가 이루어지고 만물이 생육하는 것이다. 인물의 생성함에 이미 이 기(氣)를 고루 받았다면 또한 이 이(理)도 고루 받았음이 분명하다.

만일 기를 품득할 때에 양은 얻고 음은 얻지 못하였다고 하거나 5행 가운데 1행(一行)은 얻고 1행(一行)은 얻지 못하였다고 한다면 이론상 의심하지 않을 수 없는 것이다. 물론 이(理)는 1원이지만 기는 부제(不齊)한 것이라 25(二五)의 정통(正通)을 얻은 것은 인간이 되고 편색(偏塞)을 얻은 것은 물(物)이 되는 것은 자연의 세(勢)이며 사람은 사람의 이(理)를 얻고 물(物)은 물(物)의 이(理)를 얻는 데 이것은 각득(各得)이라고 말하는 것이다. 이러한 각득의 가운데서 정(正)·편(偏)·통(通)·색(塞)이 같지 않다고 하는 것은 옳지만 사람은 유독 전부를 얻었는데 물은 반만 얻었고 반은 얻지 못하였다고 한다면 옳지 않다. 그러므로 물(物)이 5상의 수연(粹然)하지 못한 것을 얻었다고 하면 옳지만 5상(五常)이 없다고 하면 옳지 않다.

5상(五常)에 수박(粹駁)이 있는 것은 기품이 그런 것이고 기품이 그렇다고 할지라도 다만 본연을 지적할 것 같으면 그 수연한 것이 어찌 일찍이 인물의 구별이 있겠느냐?"(巍巖集 卷四 上遂菴先生書)'라고 하였는데 즉 이것은 본연과 기질을 구분하고 본연의 순수성이 동일할 뿐만 아니라 유생지초(有生之初)에 품득하는 기(氣)까지도 균일하게 받았다고 하였다.

그런데 기(氣)에는 청탁수박(淸濁粹駁)이 부제(不齊)하여서 인물의 차이가 생기게 되는 것이요 그 이전의 25(二五)의 기(氣)는 균일하게 받은 것이라고 다음과 같이 증명하였다.

"본연으로 말하면 성(性)과 명(命)이 진실로 인(人)과 물(物)에 차이가 없는데 기질로 말하면 청탁수박의 분별이 있다. 편색지중(偏塞之中)에 또 혹통전색(或通全塞)의 분별이 있는데 이것이 인물이체(人物異體)의 천종만차(千種萬差)가 생기는 것이다. 이런 까닭으로 견지성(犬之性)은 우지성(牛之性)이 아니라고 하며 척(蹠)의 성품은 순(舜)의 성품이 아니라고 하는 것이나 본연을 가지고 이야기 하면 척의 성이 순의 성과 다름이 없으며 물의 성이 곧 인간의 성인 것이다. 그래서 율곡이 이통(理通)이라 하고 주자가 이동(理同)이라고 하였으며 이것은 기질을 말한 것이 아니고 본연을 말한 것이며 율곡의 기국(氣局), 주자의 성부동(性不同)이라고 말한 것은 본연이 아니라 기질을 말한 것이다."라고 하였다.

외암도 기질성을 인정은 하지만 일반적으로 성(性)이라 할 때에 그 성(性)은 명(命)과 같은 것이며 따라서 성즉리(性卽理)를 내세우고 성즉리의 성은 인의예지이며 이것은 인물이 모두 동일하다고 하는 것으로 그의 인물성상동론의 요점을 요약하면 다음과 같다.

① 이와 기는 구별해서 논해야 된다는 것.

② 천명, 5상, 태극, 본연성은 동일한 것으로 성이 즉 이(理)이라는 것.

③ 인물이 다 같이 1원지리(一原之理)의 천명(天命)과 25지기(二五之氣)를 균득(均得)하였다는 것.

④ 따라서 본연성의 인의예지(仁義禮智)는 인물이 공히 동일하며

⑤ 인물의 차이는 기질의 청탁부제(淸濁不齊)에 근거되어 생긴
   다는 것.

이재(李縡)는 자(字)가 희치(熙致)요 호(號)는 도암(陶庵)이며
재(縡)는 그의 명(名)이다. 숙종 경신에 나서 영조 22년에 졸(卒)
하니 연(年)이 67세이었다.

그는 천지지간에 이(理)가 있고 기(氣)가 있는데 비록 서로 분
리되지 않고 서로 잡(雜)되어 있지도 않지만 기(氣)가 이(理)를
이기면 난(亂)하고 이(理)가 기(氣)를 이기면 치(治)한다고 생각하
였으며 성현의 천언만어(千言萬語)가 결국 '이위기주(理爲氣主)'
넉 자에 불과한 것이라고 하였다. 그러므로 맹자의 공은 '도성선
(道性善)' 1언(一言)이 제일 큰 것인데 이것은 대개 기질 가운데
에서 '성(性)'자를 괄출(括出)하여 사람으로 하여금 중인과 요순
의 사이에 본래 2성이 없음을 알게 하려는 데 있는 것이다. 이제
고명(高明)의 이론으로 보면 전적으로 기를 위주로 하여 지정지결
(至淨至潔)한 이(理)로 하여금 전연(全然)이 기(氣)의 와중(窩中)
에 타재(墮在)하여 버리게 하니 이것은 인신심상(人身心上)에 무
슨 보익(補益)이 있느냐? 진실로 이와 같이 하면 맹자가 간신히
하나의 '성(性)'자를 언급한 본뜻이 지금에 와서는 다시 암매(暗
昧)하게 되는 것이라고 하여 윤리적 또는 공리적 관점에서 이위
기주사상(理爲氣主思想)이 요청됨을 설명하였다.

현상벽(玄尙璧)은 자(字)가 언명(彦明)이요 호(號)는 관봉(冠峯)
인데 그는 덕소(德昭)가 5상(五常)의 일체(一切)를 잡기성(雜氣
性)이라고 규정하였다고 반박하고 다음과 같이 말하였다.

무릇 성(性)이라고 하는 것은 이(理)와 기(氣)가 합성한 것이고 이(理)가 기(氣) 속에 있는 연후에 성(性)이라고 한다. 만약에 형질 속에 있지 않을 것 같으면 이(理)라고 하여야지 성(性)이라고 하는 것은 부당하다. 그러나 다만 형질의 가운데서 단순히 그 이(理)만을 지적하여 말하면 이것은 본연지성(本然之性)이요 기(氣)와 잡(雜)되어 있는 것이 아니다.

본연지성(本然之性)이나 기질지성(氣質之性)이나 그 실은 1성(一性)인데 그 주장하는 바가 같지 않다. 그러므로 주자가 말하기를 천명의 성(性)은 기품(氣稟)과 잡(雜)되지 않은 것을 말한다고 하였고 율곡(栗谷) 선생이 말한바 '자사(子思), 장자(張子)는 그 본연성을 말하였다'고 하였던 것이다. 이러한 점에서 볼 때에 5상(五常)도 본연(本然)이요 태극도 본연으로서 비록 이기(理氣)가 합성하여 성(性)이 되었다 할지라도 성(性)을 본연지성(本然之性)과 기질지성(氣質之性)으로 구별하여 지적하는 것은 하등의 잘못된 것이 없다고 하였다.

또 덕소(德昭)는 우리 인간의 지극히 귀한 성(性)을 금수의 다른 동물과 같이 강등하였다고 낙파(洛派)를 공격하지만 나(冠峯)는 덕소(德昭)가 사람이 만물에서 귀하다는 점이 이(理)인지 기(氣)인지 모르겠다. 다만 대학혹문(大學或問)에서 말하기를 그 이(理)로써 말하면 만물은 1원(一原)이요 진실로 인물은 귀천의 차이가 없다고 하였고 그 기(氣)로써 말하면 정통한 것을 얻으면 사람이 되고 편색(偏塞)한 것을 얻으면 물이 되어 혹귀혹천(或貴或賤)하여 가지런하지 못한다고 하였다.

태극도설주(太極図說註)에서도 말하기를 인물이 생함에 태극의 도가 아님이 없다. 그래서 음양5행(陰陽五行)의 기질이 교운(交

運)하여 사람의 품득하는 바가 수(秀)를 얻은 까닭에 그 마음이 가장 영명(靈明)하다고 하였다. 이러한 몇 가지 학설을 보건대 사람이 금수와 다르고 더욱 귀하고 영(靈)함은 진실로 기지수(氣之秀)와 기지정통(氣之正通)에 있는 것이지 천명지성(天命之性)에 있는 것이 아니라고 하였다.

관봉은 호파의 이론을 한편에 치우친 것이라고 말하면서 낙론(洛論)이 정당함을 강조하고 있는데 즉, '대개 양가(兩家)의 설이 각각 주장하는 바가 있고 근거가 없는 것은 아니나 인물의 유생지초(有生之初)를 좇아서 말하면 이(理)는 같고 기(氣)는 다르니 중용의 천명지위성(天命之謂性)이 이것이요. 인물의 유생지후(有生之後)를 좇아서 말하면 기(氣)는 같고 이(理)는 다른 것이니 맹자의 생지위성(生之謂性)이 이것이다.

그런 까닭으로 중용혹문(中庸或問)에 말하기를 인간과 물에 있어서 비록 기품은 다르나 그 이치는 일찍이 같지 않음이 없다고 하였고 생지위성(生之謂性)의 주(註)에 말하기를 기(氣)로 말하면 지각운동이 인(人)과 물(物)이 다름이 없으며 이(理)로 말할 것 같으면 인의예지(仁義禮智)의 품이 어찌 물(物)이 전일(全一)하게 얻었겠느냐'라고 하였다.

또 서산 진씨(西山 眞氏)가 천명지위성장(天命之謂性章)에서 말하기를 주자가 고자(告子)의 생지위성장(生之謂性章)에서 인물의 다름을 심하게 말하고 이 장(章)에서는 인물을 겸(兼)하여 말하였는데 생지위성(生之謂性)은 기(氣)로서 말한 것이요 천명지성(天命之性)은 이(理)로서 말한 것이다.

기(氣)로 이야기하면 인물의 소품(所稟)이 다르고 이(理)로 이야기하면 천(天)의 명(命)하는 바가 1(一)일 뿐이니 이 장(章)에서 인물을 겸(兼)하여 말하였다는 것을 어찌 의심할 수 있겠느냐고 하였고, 또 운봉(雲峰) 호씨(胡氏)가 '생지위성(生之謂性)'장(章)에서 논하기를 대학(大學) 중용(中庸) 수장(首章)을 혹문(或問)에서 모두 인물의 생(生)함이 이(理)는 같고 기(氣)는 다르다고 하였는데 여기에서는 왜 기(氣)는 같고 이(理)가 다르다고 하였을까? 이에 주자의 '만물의 일원(一原)을 관찰하면 이동이기이(理同而氣異)이며 만물의 이체를 관찰하면 기(氣)는 오히려 상근(相近)하고 이(理)는 절대로 동일하지 않다.'는 설을 인용하여 중용 맹자와 같지 않음을 증명하였다.

끝으로 주자의 설(說)은 정미(精微)한 것으로 주자가 이미 양성(兩性)의 동이(同異)를 발명하였고 서산(西山) 운봉(雲峯)이 믿고 찬탄하니 이것은 천고의 단안이라고 하였다.

'蓋兩者之說 各有所主 不無可據 從人物有生之初而言 則理同而氣異 中庸天命之謂性是也. 從人物有生之後而言 則氣同而理異, 孟子生之謂性是也 …… 遂引朱子所謂 觀萬物之一原 則理同而氣異 觀萬物之異體 則氣猶相近而 理絶不同之說 …… 愚恐此可爲千古之斷案也'(冠峯集 卷七)

이상과 같이 관봉(冠峯)은 논리적으로 선현과 선대의 논설을 인용하여 낙론(洛論)의 합리성을 설파하고 호론(湖論)의 부당성을 논박하였다. 이도암(李陶庵)과 현관봉(玄冠峯)의 학설 요지는 다음과 같다.

① 윤리성에서 보더라도 이(理)는 기(氣)의 주(主)가 되어야 한다는 것.

② 성(性)이 이(理)와 기(氣)가 합성된 뒤에 된 것이라 할지라도 본연의 성은 이(理)를 지적하여 말하는 것이 옳다는 것.

③ 본연지성(本然之性)과 기질지성(氣質之性)은 실은 1성(一性)이지만 분명히 구별하여서 말하여야 옳다는 것.

④ 사람이 금수보다 귀한 것은 이(理)에 있지 않고 기의 편색(偏塞)에 있다는 것.

⑤ 따라서 본연지성은 같고 기질지성은 다르다는 것.

⑥ 1원(一原)을 보면 이동이기이(理同而氣異)요 현상을 관찰하면 기동이이이(氣同而理異)라는 것.

이상에서 볼 때에 외암(巍巖)과 도암(陶庵), 관봉(冠峯)은 형이하에서도 이(理)와 기(氣)는 분별하여 말해야 되고 이(理), 명(命), 성(性)은 동일하며 금수도 인간과 마찬가지로 인의예지신(仁義禮智信) 5상을 고르게 받았으며 본연지성과 기질지성의 양성으로 구별해야 하며 인물의 차는 기에 있다고 주장한 것이다.

2) 심체본선설

외암(巍巖)은 천하에 어찌 천명이면서 5상이 아닌 것이 있으며 5상이면서 천명이 아닌 것이 있겠느냐? 태극의 동정(動靜)이 있는 것은 이것이 즉 천명의 유행인데 원형리정(元亨利貞)이 어찌 천명의 전체가 아니겠느냐? 하여 인물성상동론(人物性相同論)을 주장해서 남당의 인물성부동론(人物性不同論)을 반대하였는데 이제 남당(南塘)의 심체유선악설(心體有善惡說)을 반대하여 심체본선설(心體本善說)을 주장하였다.

외암(巍巖)은 비록 천하에 지극히 악한 기질이라 할지라도 과

연 적연 미발한 사정팔당시(四亭八當時)에는 심체가 진실로 순수하고 선하다. 그러므로 그 성리도 사정팔당시에 천(天)의 대본(大本)이 된 것이라고 하였다.

'雖天下至惡之氣質 而果能有寂然未發 四亭八當之時 則其心體固已純乎善矣. 故其性理 亦四亭八當 爲天之大本'(巍巖集 卷四 上遂菴先生書)

그는 미발기질(未發氣質)은 담연허명(湛然虛明)한 만큼 심(心)의 체(體) 즉 성으로서 순선(純善)하지 않을 수 없다고 하는 것이다.

도암(陶庵)은 심(心)이 기(氣)임에는 틀림이 없지만 반듯이 성(性)과 기(氣)가 합성하여야만 완비한 것이다. 그러므로 옛날부터 심(心)을 말할 때에는 반듯이 기(氣)만을 가지고 단정하지 않았다. 만일 다만 기만을 지적하여 말한다면 이(理)는 하나요 기(氣)는 둘이다.

성인(聖人)과 중인(衆人)의 마음이 동일하지 않은 바는 있지만 이것은 성에 본연 기질의 차이가 있음을 논하는 것과 같은 것이다.

기(氣)의 됨됨이 비록 청탁수박(淸濁粹駁)의 동일하지 않은 것은 있지만 그 근본은 담일(湛一)할 뿐이며 심(心)은 기(氣)의 정상(精爽)한 것이요 또 이와 합한 것을 이르는 것이니 전적으로 하나의 '기(氣)'자에만 나타내는 것은 옳지 않다. 그런 까닭에 그 본체의 담연(湛然)한 것은 성인(聖人)과 중인(衆人)이 동일하다.

이와 같이 도암(陶庵)은 심(心)이 기(氣)에 속한 것은 인정하며 심이 이(理), 성(性)과 기(氣)의 합성이라는 것도 말하면서 본연은 이선(理善)→ 기선(氣善) → 심선(心善)이라는 이론을 전개하였다.

'心固氣也 然必合性與氣言之 其義乃備 故從古言心 未嘗專以氣斷之

······ 故其本體之湛然則聖人衆人一也'(陶庵集卷十 答尹屛溪書)

그는 또 심은 진실로 기(氣)에 속하지만 반듯이 성(性)과 합하여서 말해야지 '기(氣)'자만 가지고 말해서는 안 될 뿐만 아니라 자고로 지허지명(至虛至明)하고 신묘해서 측량할 수 없는 곳은 일찍이 성인(聖人), 중인(中人)을 분별해서 말한 일이 없으니 그것은 우연한 일이 아니다.

이제 분석하여 말하면 심(心)은 기(氣)요(심시기야(心是氣也)) 기는 부제(不齊)하다. 품부(稟賦)의 관점에서 말하면 성인 중인이 어찌 1제(一齊)의 이(理)이겠느냐? 그래서 이 기(氣)를 이(理)와 상대하여 말하면 2(二)이지만 그 본은 1(一)일뿐이다. 중인(中人)이 품득(稟得)한 바가 비록 청탁수박이 고루지 못하나 그 탁박한 가운데에 본체의 담연함이 일찍이 없을 때가 없으며 더욱이 기의 됨됨이 변동불궁(變動不窮)하여 형질이 일정하게 국한되어 있지 않고 바꾸어지는 것이므로 탁박한 가운데도 본연의 담연함이 있는 것이다.

또 심은 성을 떠나서 있는 것이 아니니 미발시(未發時)의 담연지체(湛然之體)는 성인 중인이 이미 동일하고 만일에 중인은 본연지심(本然之心)이 없다고 하면 불가하다고 하였다. 다만 탁박한 기를 품부 받아서 중인(衆人)의 심이 되었을 뿐이니 참으로 징치의 노력만 가하면 탁(濁)한 것이 청(淸)하게 될 수 있고 박(駁)한 것이 수(粹)하게 될 수 있는 것인데 그렇지 못하는 이유는 품질에 구속되고 물욕에 폐색되어 담일지체(湛一之體)가 아직 노정(露呈) 되지 않았기 때문이니 변화기질의 공부만 더하면 미발시(未發時)의 순선(純善)함을 가히 나타낼 수 있는 것이라고 하였다.

이와 같은 낙파(洛派)의 심체본선설(心體本善說)은 인물성상동론(人物性相同論)에 기초를 두고 대학의 명덕과 중용의 미발(未發) 등의 사상에서 연원하였는데 대체로 낙파(洛派)의 심체본선설의 요지는 다음과 같다.

① 천명과 5상은 동일한 것이고 심(心)의 체(體)는 성(性)이고 성은 5상이므로 심체는 본선이다.

② 심은 기에 속하지만 성(性), 다시 말해 이(理)와 기(氣)가 합하여 이루어진 것이다.

③ 기가 미발시(未發時)에는 담연허명(湛然虛明)하고 심(心)은 기(氣)의 정상(精爽)인 만큼 본체(本體)에서는 기(氣)도 선(善)하다.

④ 본연(本然)의 심체(心體)는 성인(聖人), 중인(衆人)이 모두 동일하다.

⑤ 심(心)과 성(性)은 떠날 수가 없다.

⑥ 징치(澄治)의 역(力)만 가(加)하면 탁박(濁駁)한 기질을 변화시킬 수 있다.

이와 같이 낙파(洛派)는 이(理), 성(性), 심(心)이 본체는 동일하다고 이론을 전개함으로써 인물성상동론(人物性相同論)에서 나가 성범상동설(聖凡相同說)을 주장하였다.

제3절 호락양가설의 비교

인간의 사고(思考)는 무제약적(無制約的) 영역에 있어서 무한히 자유스러운 것이고 따라서 2치적(二値的) 내지 다치적(多値

的) 사고(思考)가 가능할 뿐만 아니라 어떠한 하나의 진리는 그와 정반대도 진리라고 하는 모순논리도 성립되는 사유력(思惟力)을 가지고 있다.

그러나 인간의 사고작용은 무한히 자유스러운 것이면서도 고래(古來)로 인류의 사고의 원리는 어떠한 한계성을 벗어나지 못하고 있기도 하다.

아마 그러한 가장 큰 이유의 하나는 결국 인간은 현실을 벗어날 수 없는 형체적 생물의 세계를 초월할 수 없기 때문인 것 같다.

그래서 태초 이래 사람의 생각은 두 가지 원리로 구별되는데 하나는 경험을 토대로 한 귀납(歸納)의 원리요 다른 하나는 논리를 체계로 한 연역(演繹)의 원리이다.

인류의 역사는 이 두 가지 원리를 가지고 발달하였는데 대개 논리를 무시하고 경험만을 중요시한 때에는 현실에 집착하게 되었고, 경험을 무시하고 이론만을 중요시한 때에는 공허하게 되었다.

그러나 유교에서는 이론적인 지식과 현실의 행위가 상호보익(相互補益)하는 중용의 도를 모색하는 만큼 항상 극단으로 흐르는 과불급(過不及)을 싫어한다.

이러한 관점에서 볼 때에 호락논쟁(湖洛論爭)은 임진왜란과 병자호란 이후에 반외세 자주화운동과 결합하였고 또 그 사용 문구가 과격한 것을 볼 때에 일종의 극단에 흘러버린 것처럼 보이기도 한다.

그러나 양가(兩家)가 논쟁하는 문제가 유학의 발달사상(發達史上) 반듯이 해결하여야만 될 인성론적 문제이고, 이러한 문제에 대한 연구가 우리나라에서 크게 제기되었다는 것은 한국학술상 가치 있는 것이다. 이것에 대한 깊은 이론은 세계적 자랑이 아닐 수 없고 또한 한국민족사상(韓國民族思想)을 밝히는 데 중요한 자료가 되는 것이니 오늘날 우리는 호락논쟁의 가치를 재평가하여야 될 것이다.

호론(湖論)과 낙론(洛論)은 다 같이 주자와 율곡의 이론을 적극적으로 긍정할 뿐만 아니라 계승하고 발전시키려는 관점에 서있는 것이다.

그러나 양가(兩家)의 주장은 표면적으로 볼 때에 그 어구(語句)나 문세(文勢)가 대단히 과격하여 상호불가타협적(相互不可妥協的) 이론처럼 보인다.

이러한 현상은 말단적인 문제를 너무 깊이 논리적으로 추구하는 데 열중한 나머지 전체적인 이해를 하려는 데 소홀했고 특히 선진철학과 비교하여 보면 언어문자에 집착하여 있는 느낌이 없지도 않다.

공자는 철상철하(徹上徹下)하고 박문약례(博文約禮)로 천지인(天地人)을 관통하는 진리를 설파하였다.

그런데 호락양가(湖洛兩家)가 나누어지는 소이연(所以然)은 호파(湖派)는 경험적이고 귀납적(歸納的)인 방법의 종기추리(從氣推理)의 길을 중요시하고, 낙파(洛派)는 논리적 연역적(演繹的)인 방법의 종리추기(從理推氣)를 하였다는 데 있다고 하겠다.

그러므로 호파(湖派)는 현상사물의 경험적 추구를 한 까닭에 기동이이이(氣同而理異)를 주장하게 되었고 낙파(洛派)는 본체원리의 논리적 추구이므로 이동이기이(理同而氣異)를 주장하게 되었다.

그러나 사실에 있어서 기동이이이(氣同而理異)나 이동이기이

(理同而氣異)가 상반되는 논리가 아니요 관찰하는 주견의 상이점에 불과하다고 볼 것이다.

양가(兩家) 학자가 공히 그러한 주견의 상이에 불과한 이론임을 은연중 시인하면서도 소주(所主)와 소중(所重)을 고집하므로 인해서 논쟁은 해결을 볼 수가 없었다.

더욱이 양가의 이론을 각각 주시할 때에 양가가 모두 그의 이론에서 모순을 발견할 수 없는 것은 사용 언어문자는 다르나 내포하는 개념이 상동하기 때문에 그렇게 된다고 하겠다.

그러나 엄격하게 철학적으로 논리를 사실과 더불어 분석하여 보면 낙파(洛派)는 이(理)와 성(性)의 개념구별이 명확하지 못하다.

성(性)은 이기(理氣)가 합성된 뒤에 생기는 것이요 이(理)라고 할 때에도 기(氣)와 떨어져 있는 것을 생각할 수는 없으나 그래도 불가잡(不可雜)의 독리(獨理)를 이르는 것이다.

그렇다면 인물이 동일한 이(理)를 받았다고 할지라도 불가잡(不可雜)이라는 말만 고집해서 태극(太極), 천명(天命), 5상(五常)이 모두 같다고 주장할 수는 없는 것이다.

물론 그들은 본연을 가지고 이야기하는 것이나 그것은 인물유생지초(人物有生之初)의 형이상적 경계로서 이(理)의 경계이지 현상만물세계의 성(性)의 영역이 아니다.

그러므로 인물의 이(理)가 같다고 하여야지 인물의 성이 같다고 하는 것은 불가하다고 하겠다.

이러한 점에 있어서는 호파(湖派)의 이론(理論)이 정당하다고 하겠고 특히 이를 이통지리(理通之理)라고 하고 성(性)을 기국지리(氣局之理)라고 구분하는 윤병계(尹屛溪)의 이론은 명석(明析)

하다고 하겠다.

따라서 인지리즉물지리 인지성비물지성(人之理卽物之理 人之性非物之性)이라고 하는 호파(湖派)의 이론이 주자와 율곡의 본의라고 할 것이다.

그러나 호파의 심체유선악설(心體有善惡說)은 선현의 뜻에 어긋난다고 할 것이요 또 사실과도 합치되지 않다고 하겠다.

심(心)의 척도는 고금동서의 차별이 없는 것이요 인의예지는 시공을 초월하여 인간의 진리로 인정받고 있는 까닭은 심체동일본선설(心體同一本善說)을 입증한 것이라 하겠다.

낙파(洛派)는 미발(未發), 이발(已發)의 시간적 관점에서 보는 것인데 심(心)의 체(體)라고 하면 아무리 심(心)이 기(氣)라고 하더라도 성이 분명하다.

더욱이 인심(人心) 도심(道心)이라고 할 때에 그것은 인간의 심(心)을 가지고 이야기하는 것이니 인간의 심체(心體)는 성(性)이요, 용(用)은 정(情)인 것이다.

그렇다면 심체를 논할 때에 기의 청탁(淸濁)만을 가지고 논할 수는 없는 것이다.

반듯이 성(性)이 없으면 심(心)이 있을 곳이 없는 것이니 기의 청탁(淸濁)이 있는 곳에 반듯이 심(心)이 있는 것이 아니다.

모름지기 5상(五常)을 구유(具有)한 성(性)에 선악이 혼유(混有)하여 있다고 할 수는 없다.

심체(心體)는 성(性)이요 미발(未發)인 성(性)은 선악(善惡) 이전이며 중(中)이요 성(性)일 뿐이다.

따라서 심체(心體)의 본선(本善)할 때의 선은 선악의 상대적인 선이 아니요 '계지자선(繼之者善)'할 때의 선이다.

이러한 점에서 보면 심체본선(心體本善)을 말하는 낙파(洛派)의 이론이 유교사상의 본지(本旨)를 얻었다고 하겠다.

그러나 호락논쟁(湖洛論爭)은 언어의 제약성(制約性)에서 오는 용어의 개념규정의 차이에서 일어난 것이지 의미 내용의 차이에서 일어난 것으로 볼 수 없는 점이 있다.

우리가 한층 차원을 높게 가지고 범위를 넓게 보면 양가설(兩家說)은 2이1(二而一), 1이2(一而二)의 관계에 있는 것이며 어디까지나 기호학파(畿湖學派) 내(內)의 논설(論說)임을 알 수 있다.

이러한 인물성부동론(人物性不動論)은 불교의 만물공유불성(萬物共有佛性)의 사상에도 불구하고 오늘날까지 우리 민족의 주류사상이 되어오고 있다고 할 것이다.

제4장 결론

조선왕조의 성리학은 태극이기(太極理氣) 생성문제에서 둘로 갈라져 이기호발(理氣互發)을 말하는 퇴계의 학설을 따르는 남인(南人) 중심의 영남학파(嶺南學派)는 내려가서 주리파(主理派)로 변해서 발전하였고, 기발(氣發)만을 말하는 율곡의 학설을 따르는 서인(西人) 중심의 기호학파(畿湖學派)는 한남당(韓南塘)과 이외암(李巍巖)에 이르러 호락논쟁으로 갈라지게 되어 호파(湖派)는 퇴계 문하의 주리파(主理派)에 반대되는 주기파(主氣派)로 발전하였고 낙파는 율곡의 학설을 확실히 신봉하면서도 주기설(主氣

說)의 호파에는 반대할 뿐만 아니라 주리파의 이론에도 반대하는 독립의 학설을 주장하여 마치 주기론과 주리론의 중간절충학파와 같은 인상을 받게 되었다.

그러나 호론과 낙론은 다 같이 주자와 율곡의 이론을 적극적으로 긍정할 뿐만 아니라 계승, 발전시키려는 학통에 서 있는 것이다.

그렇다고 해도 호락 양가의 주장은 표면적으로 볼 때에 그 어구나 문세가 대단히 과격하여서 서로 불가타협적인 이론처럼 보인 것이다.

이러한 현상은 말단적인 문제를 너무 깊이 논리적으로 추구하는 데 열중한 나머지 전체적인 이해를 하는 데 소홀한 느낌이 있고 특히 선진철학과 비교하여 보면 언어문자에 집착하여 있는 감이 없지도 않다.

공자는 철상철하(徹上徹下)하였고 박문약례(博文約禮)로 천지인을 관통하는 진리였다. 다시 말하면 연역(演繹)과 귀납(歸納)의 전체 조화의 진리를 말하였던 것이다.

그런데 호락양가가 나누어지는 소이연은 앞에 말한 본론에서 내린 소결론을 가지고 비교하여 보면 곧 알 수 있는 것이다.

이제 인물성동이론(人物性同異論)만을 가지고 호락 양가의 주장을 살펴보겠다.

호파의 인물성부동론(人物性不同論)을 주장하는 근거를 보면

(1) 태극지리(太極之理)는 전선(全善)하나 형이하적 기질의 이(理)는 편악(偏惡)이 있다.

(2) 성(性)은 이(理)와 기(氣)가 합성(合成)된 것이니 기(氣)의 청탁수박에 따라 이(理)가 변하고 따라서 성(性)은 편전선

악(偏全善惡)의 차이가 있게 된다.

(3) 만물이 비록 5행의 기를 고루 받았다 할지라도 물은 그 받는 것이 혼탁지리(昏濁之理)가 되어 인간과 같이 수연한 5성을 가질 수 없다.

(4) 인지리(人之理)와 물지리(物之理)는 동일하지만 인지성(人之性)과 물지성(物之性)은 같지 않다.

즉 태극지리(太極之理)와 형기지리(形器之理)는 구별해야 하는데 태극지리(太極之理) - 1원지리(一原之理) - 아동지리(理同之理) - 이통지리(理通之理)는 같지만 형기지리(形器之理)(즉 성(性)임) - 물물지리(物物之理) - 이체지리(異體之理) - 기국상리(氣局上理)는 만물이 모두 부동(不同)하다는 것 등으로 사람과 다른 동물과의 본성은 같지 않다고 입론(立論)하였다.

이제 다음 낙파의 인물성상동론(人物性相同論)의 주장근거를 살펴보면

(1) 천명(天命), 5상(五常), 태극본연지성(太極本然之性)은 동일한 것으로 성(性)은 즉 이(理)이다.

(2) 인(人)과 물(物)이 다 같이 1원지리(一原之理)의 천명과 25지기(二五之氣)를 균득(均得)하였다.

(3) 성(性)이 이(理)와 기(氣)가 합성되어서 된 것이라 할지라도 본연지성은 이(理)를 지적하여 말하는 것이 옳다.

(4) 본연지성(本然之性)과 기질지성(氣質之性)은 실은 1성(一性)이지만 필히 구별하여야 한다. 왜냐하면 본연(本然)의 성(性)은 같고 기질(氣質)의 성(性)은 다르기 때문이다.

(5) 사람이 동물보다 고귀한 것은 이(理)에 있지 않고 기(氣)의

편전통색(偏全通塞)의 차이에 있는 것이다.

(6) 1원(一原)을 보면 이동이기(理同而氣異)이요 현상을 관찰하면 기동이이이(氣同而理異)이다.

이상과 같은 이론 근거를 가지고 낙파는 사람과 만물이 본연지성의 인의예지는 다 같이 가지고 있는 것이라고 입론하였다.

이상의 두 파의 입론을 비교하여 보아 알 수 있는 것은 호파는 경험적이고 귀납적인 사고방법에 의하여 종기추리(從氣推理)의 논리전개임을 볼 수 있다. 즉 성은 이와 기가 합성하여 이루어진 것이지만 기가 불균하므로 성도 동일하지 않다고 하는 것으로 알 수 있다.

이에 대하여 낙파는 논리적이고 연역적인 사고방법에 의하여 종리추기의 이론 전개임을 볼 수 있다. 즉 성은 비록 이(理)와 기(氣)가 합성하여 이루어진 것이지만 이(理)가 동일하므로 기(氣)가 불균하 할지라도 본연지성은 인물이 동일하다는 것을 주장하는 것인데 이것은 이(理)에 중점을 두고 있는 것임을 알 수 있는 것이다.

이와 같은 주안점의 차이에서 호파는 현상사물의 경험적인 추구를 한 까닭에 기동이리이(氣同而理異)를 주장하게 되었고(여기 이(理)는 형기지리(形器之理)를 말한 것이다.) 낙파는 본체원리의 논리적인 추구를 하였던 까닭에 리동이기이(理同而氣異)를 주장하게 되었다고 하겠다.

그러나 사실에 있어서 호론(湖論)의 기동이이이(氣同而理異)나 낙론의 리동이기이(理同而氣異)가 상반되는 논리가 아니요 관찰하는 관점의 상이(相異)에 불과하다고 보겠다.

양파(兩派)가 다 같이 그러한 관점의 상이(相異)에 불과하다는 이론임을 은연중 시인하면서도 소주(所主)와 소중(所重)을 고집하므로 인해서 논쟁은 해결을 볼 수가 없었던 것 같다.

더욱이 양가의 이론을 각각 주시할 때에 양가가 모두 그의 학설에서 모순을 발견할 수 없는 것은 그들이 사용하는 언어문자의 표현은 다르나 내포하는 개념이 상동하기 때문에 그렇게 된다고 하겠다.

그러나 엄격하게 인물성동이(人物性同異) 문제만을 가지고 선진유학사상과 주자 율곡의 사상에 근거해서 철학적으로 논리를 세우고 사실에 토대하여 분석하여 보면 낙파는 이와 성의 개념구별이 명확하지 못하다. 성(性)은 이기(理氣)가 합성된 뒤에 이르는 것이요 이(理)라고 할 때에도 기(氣)와 분리되어 있는 것을 생각할 수는 없으나 그래도 불가잡(不可雜)의 독리(獨理)를 이르는 것이다. 그렇다면 인물이 동일한 이(理)를 받았다고 할지라도 불가리(不可離)라는 말만 고집해서 태극(太極), 천명(天命), 5상(五常)이 모두 같다고 주장할 수는 없다고 할 것이다. 물론 낙파는 본연을 가지고 이야기하는 것이나 그것은 인물유생지초(人物有生之初)의 형이상적 경계로서 이(理)의 경계이자 현상 만물세계의 성(性)의 영역이 아니다. 그래서 인물의 이(理)가 같다고 하여야지 인물의 성(性)이 같다고 하는 것은 불가하다고 하겠다. 이점에 있어서 호파의 이론이 정당하다고 하겠고 특히 이를 이통지리(理通之理)라고 하고 성(性)을 기국지리라고 구분하는 윤병계(尹屏溪)의 이론은 명석하다고 하겠다.

인물이 다 같이 5행의 이(理)를 균수(均受)하여 금수도 인간과 마찬가지로 5상(五常)의 인의예지신(仁義禮智信)을 본성으로 가졌다고 하는 낙론(洛論)은 중용의 천명지위성(天命之謂性) 장구(章句)의 주자주(朱子註) '人物因各得其所賦之理 以爲健順五常之德 ……'에 연원하고 있으나 이 말은 전적으로 인물성상동(人物性相同)을 말하는 것이 아니다. 여기서 주의할 것은 각득(各得)의 '각(各)'에 주의하여야 한다. 전적으로 동득(同得)이라고 한 것이 아니요 차별 또는 구별을 의미하는 각득(各得)이라고 했음을 알아야 된다.

그렇다면 천명(天命)은 형기(形氣)를 초월하여 일컫은 것이요 5상(五常)은 기질(氣質)을 인하여 이름하는 것이니 인류가 금수와 다른 것은 그 형상의 이(異)에 있지 않고 성품의 차이에 있다고 하는 호파의 학설이 타당하다고 하겠다.

즉 '人之理卽物之理 人之性非物之性'이라고 하는 호론이 주자와 율곡의 본의라고 할 것이며 선진유교사상도 유물유칙(有物有則)이라고 하는 차별관을 가지고 내려왔고 주자도 물각유태극(物各有太極)이라고 하여 태극 천명을 말할 때에는 '각(各)'자를 씀을 알고 보면 사람과 다른 동물본성은 같지 않다고 하는 호파의 이론이 정론이라 하겠다.

무릇 성(性)이 발(發)해서 정(情)이 되는 것인데 금수가 모두 인의예지(仁義禮智)의 성을 가졌다면 인간과 금수와의 차이는 형체의 모양만이 차이가 있게 되는 것이다.

인간의 심(心)이 선(善)한가, 악(惡)한가, 또는 선악(善惡)이 모두 있는가, 비선비악(非善非惡)인가, 하는 문제는 인간이 윤리도덕과 예악형정(禮樂刑政) 등의 현실에 부딪칠 때에 해결하지 않으면 안 될 기본적인 과제였다.

그럼에도 불구하고 마음에 대하여 이야기하는 것은 너무나도 어렵고 난해한 것이어서 의견의 일치를 보는 학설이란 얻어 보기 어렵다.

대체로 사람이 가지고 있는 마음이란 무형무상(無形無狀)하고 출입무시(出入無時)하며 천변만화(千變萬化)한 것이라 전심후심(前心後心)이 계기하는 순간순간에 있어 어느 것이 나의 마음이라고 지적하여 말할 수도 없는 것이다.

그러므로 자기 자신의 마음만을 아는 데 그치는 것이 아니고 일반적이요 본질적인 마음을 분석하며 설명하는 학설은 이미 그 속에 논쟁의 씨를 가지고 있는 것이라 하겠으나 호락논쟁에서 이 문제를 대담하게 입론하였다는 것은 한국유학사상 한층 가치 있는 일이라 하겠다.

동양사상에서 심(心)에 대한 이야기는 순임금이 말한 인심(人心)과 도심(道心)의 경계에서부터 기원하고 있다.

그 뒤 마음에 대한 공부는 유학에서 대단히 중요한 위치를 가지게 되었는데 즉 공자가 말한 '지천(知天)'(하늘을 아는 것)을 하기 위하여서는 먼저 이 심(心)을 통하지 않으면 안 된다고 맹자가 다음과 같이 말한 것을 볼 수 있다.

'盡其心 則知其性, 知其性 則知天矣. 存其心養其性 所以事天也.'

맹자가 심(心), 성(性), 천(天)의 관계를 이와 같이 말하고 또 마음의 4단은 선하다는 것을 가지고 성선설을 말하면서도 심선설(心善說)을 말하지 않았기 때문에 후유(後儒)들은 미발기질선악(未發

氣質善惡)문제를 놓고 따지지 않으면 안 되게 되었다. 그런데 5욕
7정(五欲七情)은 심(心)의 발용(發用)인 정의 경계로서 또 현실적
으로 선악이 모두 나타나 있다는 데는 이론(異論)이 없다.

다만 마음의 본체가 선(善)하냐, 악(惡)하냐 하는 것은 다음 호
락양론을 보겠거니와 간단히 말하기가 어려운 것이다. 앞에서 살
핀 호파의 심체유선악설(心體有善惡說)을 주장하는 근거를 종합
하여 보면 한남당(韓南塘)과 윤병계((尹屛溪))는 심(心)이 미발한
상태에서는 물론 담연허정(湛然虛靜)한 것이지만 그 기품의 본색
이 청탁수박(淸濁粹駁)한 것은 일찍이 스스로 그 가운데 있기 때
문에 이제 청탁수박(淸濁粹駁)한 것을 가지고 말하면 선과 악이
같이 있다고 하면서

① 인심(人心)과 도심(道心)은 2심(二心)이 아니고 1심(一心)이다.

② 미발기질(未發氣質)은 심(心)의 체(體)로서 즉 심시기(心是
氣)인 것이며 따라서 기(氣)의 청탁수박(淸濁粹駁)이 있으
므로 심체(心體)도 선악(善惡)이 구유(具有)하고 있다.

③ 심(心)을 본연(本然)의 심(心)과 기질(氣質)의 심(心)으로 나누어
심2론(心二論)을 말하는 것은 잘못이다.

④ 심체(心體)에 선악(善惡)이 구유(具有)하고 있으나 이기치기
(以氣治氣)로 징치(澄治)의 공(工)을 가하면 정상의 기질로
변화시킬 수 있다.

그런데 이와 반대로 낙파(洛派)는 심체(心體)는 본래 선(善)할
뿐이라고 주장하고 있다.

이제 이외암(李巍巖), 이재(李宰) 등의 이론을 종합하여 보면 다
음과 같다.

① 천명과 5상은 동일한 것이고 심의 체는 성이요 성은 5상이
   므로 심체는 본래 선하다.

② 심(心)은 기(氣)에 속하지만 성(性, 이(理))과 기가 합하여서
   이루어진 것이다.

③ 기(氣)가 미발시(未發時)에는 담연허명(湛然虛明)하고 심(心)
   은 기의 정상(精爽)인 만큼 본성에서는 기(氣)도 선(善)하다.

④ 심(心)과 성(性)은 떠날 수가 없다.

⑤ 징치의 힘만 가하면 탁박(濁駁)한 기질을 변화시킬 수 있다.

이상의 양론을 한 마디로 비교하여 보면 호파(湖派)에 있어 마
음은 즉 기질(氣質)이요, 기질(氣質)은 청탁(淸濁)이 부제(不齊)하
므로 심(心)의 본체는 선악(善惡)이 다 있다는 것이요, 낙파(洛派)
는 기의 정상(精爽)한 것이 심이 되었은즉 미발지(未發地)에는 선
할 뿐이고 다만 사려(思慮)해서 발용(發用)하면 선(善)과 악(惡)이
나타난다는 것이다.

이렇게 보면 양설(兩說)이 다 옳은 것처럼 보일 수도 있으나
호파의 심체유선악설(心體有善惡說)은 몇 가지 시인하지 못할 점
이 있다.

먼저 호파는 시간성을 소홀히 본 것 같다. 심체라고 할 때에는
희로애락이 발용(發用)하기 전의 즉 미발처(未發處)인 것이다.

따라서 미발시(未發時)는 선악구분(善惡區分) 이전의 상태로서
상대적 선악을 통합하는 절대선(絶對善)의 영역이라고 본다.

낙파(洛派)는 미발(未發) 이발(已發)의 시간적 상황에서 보는
것인데 심(心)의 체(體)라고 하면 성(性)과 직접 관계가 있다.

'진기심 즉지기성(盡其心 則知其性)'이라는 말이나 존심양성

(存心養性)이라는 말은 심(心)과 성의 관계가 어떠한 것인가를 알게 하는 것이다. 일반적으로 즉 주자, 율곡의 이론이 심체(心體)는 성(性)이요 심용(心用)은 정(情)이라고 말하는 것은 성(性)·심(心)·정(情)의 관계를 말하여 주는 것이다.

그러므로 심체를 논할 때에 기의 청탁(淸濁)만을 가지고 말할 수는 없는 것이다. 모름지기 성(性)이 없으면 심(心)이 있을 곳이 없는 것이요 기(氣)의 청탁(淸濁)이 있는 곳에 반드시 심(心)이 있는 것이 아니다.

그러므로 5상을 구유(具有)한 성(性)에 선악(善惡)이 혼유(混有)하여 있다고 할 수는 없고 따라서 심체(心體)는 선(善)하지 않을 수 없게 된다.

또는 심체(心體)가 본선(本善)하다고 할 때의 선(善)은 선악(善惡)의 상대적인 선(善)이 아니고 '계지자선(繼之者善)'이라고 할 때의 절대선(絶對善)이다.

이러한 점에서 보면 심의 본체는 선하다고 하는 낙파의 이론이 유교사상의 본지(本旨)를 얻었다고 하겠다.

다음에 인심과 도심의 개념을 살펴보아야 하는데 이것을 보통 말할 때에 동위개념으로 많이 쓰이고 있다. 그러나 동위반대어로 쓰이는 표면상의 관찰만을 가지고는 미진하다. 도심(道心)은 인간의 본심으로 상대가 없이 독립 절대적으로 발용(發用)하는 마음을 말하고 인심(人心)은 대외적인 감동을 받아서 일어나는 마음인 것이다.

그러므로 여기서 말한 인심(人心)은 심체(心體)와 관계있는 것이 아니고 심용(心用)으로서 선악을 다 가지고 있는 것을 말함을 이해한다면 낙파의 이론이 정당함을 알게 된다.

끝으로 가장 중요하고 의미 깊은 것은 맹자가 양성(養性)을 주장했을 뿐만 아니라 양심(養心)도 주장하였다는 점이다.

孟子曰 養心莫善於寡欲 ……(盡心下)

만일 심체가 선악이 혼합되어 있는 것이라면 양심을 할 필요가 없는 것이며 양심을 해서는 오히려 악(惡)이 성행할 우려가 있게 되는 것이다. 그런데도 맹자가 양심을 하라고 했을 리는 없는 것이 아니겠는가?

맹자가 양심을 주장하게 되었던 본지(本旨)는 반드시 심리(心理)가 본선(本善)하기 때문인 것이다.

씨앗이 아무리 귀해도 곡식의 씨앗이 아니면 심어서 기를 필요가 없는 것이 아니겠는가?

이상으로 선현들의 사상을 가지고 종합적으로 비교하여 볼 때에 심체는 본선하다는 낙파의 이론이 유교의 정통사상이라고 하겠다.

그러나 호락논쟁에서 우리가 끊임없이 주의하여야 될 것은 논쟁의 주제가 대단히 중대하고 깊은 것이어서 표면적 관찰로서는 이해하기가 어려울 뿐만 아니라 잘못 비판할 여지가 많다는 것이다. 또 개념을 분명하게 밝혀야 하는데 사실에 있어서 호락논쟁은 용어의 개념규정의 차이에서 일어난 것이므로 내용 의미의 차이를 잘 살핀다면 양설(兩說)이 다 옳은 결론을 가지고 있음도 알아야겠다.

그러나 이론의 전개와 논리의 귀결이 어떻게 합리적 정당성을 얻었느냐를 분석하여 볼 때에 이기4단7정(理氣四端七情) 문제인

금수5상(禽獸五常) 문제에서 인(人)과 물(物)의 성은 서로 다르다고 하는 호론(湖論)이 옳다고 하겠고 인심도심(人心道心) 문제인 미발기질유선악(未發氣質有善惡) 문제에서는 사람의 심체(心體)는 본래 선하다고 하는 낙파(洛派)의 이론이 옳다고 하지 않을 수 없겠다.

이로써 조선왕조의 성리학은 우리에게 인간은 만물의 영장(靈長)으로 본래 착한 인간성과 허령(虛靈)한 지각(知覺)이 있어서 스스로 진실세계를 경영하는 주체가 될 수 있음을 논리적으로 명확히 증명한 인생관을 세계에서 가장 먼저 가지게 되었다.

20부

화서 이항로 선생 학풍

  학문을 함께 하였어도 학행(學行)이 같지는 아니하고, 학행이 같다고 하여도 학풍이 동일하지는 아니다. 학문의 깊이에 따라 학행의 높이가 다르고 학행의 높이에 따라 학풍의 흐름이 다른지라 도학군자가 홀로 임간(林間) 바위틈에서 독서를 하여도 학문이 바르고 학행이 뛰어나면 마침내 그 학풍은 사방에 흘러 사람의 마음을 감격케 하고 영웅을 격려하여 천하를 문명하게 하는 것이다. 조선조말 화서(華西) 이항로(李恒老) 선생의 학문과 덕행을 살펴 공맹을 조술(祖述)하고 정주(程朱)를 헌장(憲章)하는 도학의 미지(微旨)를 밝히며, 우주를 원리로 하고 인성을 본의로 하는 절의의 정신을 드러내 우리나라 건국 30년을 맞이하는 이때에 선정(先正)의 위덕을 기리고 후세의 선비들로 하여금 나아갈 떳떳한 길을 밝힌다.

1. 생애

선생은 정조대왕 16년(서기 1792) 2월 13일 경기도 양근군(현 양평군) 벽계리에서 탄생하였으니 성은 이(李)씨요 휘(諱)는 항로(恒老)인데 초휘(初諱)는 광로(光老)였으나 철묘사친(哲廟私親)의 휘(諱)를 피하여 고쳤다.

자는 이술(而述)이요 본관은 벽진(碧珍)이며 대대로 사는 벽계리가 청화산의 서쪽에 있으므로 학자들이 화서(華西) 선생이라 일컬었다.

고(考)는 처사인 휘회장(諱晦章)이니 호가 우록헌(友鹿軒)이요 증이조 참판이며 비(妣)는 전의(全義) 이씨로 증정부인(贈貞夫人)이다.

선생은 나면서부터 자질이 비범하여 3세에 천자문을 통하고 5, 6세 때에는 단중함이 성인과 같아 집안 대소제사에 참례(參禮)하였고 17사략(史略)을 수학할 새 천황지황변(天皇地皇辨)을 지으매 우록공(友鹿公)이 원기(遠器)됨을 알고 주자의 백록서원학규(白鹿書院學規)를 좌측에 붙여 놓고 아침저녁으로 보고 외우게 함과 동시에 당시 문장과 행실이 있는 선비들을 초청하여 술상을 놓고 경사(經史)를 담론하면서 선생으로 하여금 옆에서 시중들게 하며 듣도록 하였다.

9세가 되었을 때 하루는 설하남공(雪下南公)이 와서 문득 말하기를 천지간의 만사는 다만 하나의 기(氣)일 따름이라 한데 선생이 앞에 나아가 말하기를 두렵건대 하나의 이(理)뿐일까 합니다,

하니 남공이 웃으면서 말하기를 네가 미칠 바 아니다. 천지에 가득한 것은 기(氣)일 따름이니 다시 무엇이 있겠는가, 하니 선생이 마침내 말하기를 공께서 계속 기만을 주장하시면 장래 어른 앞에서 반드시 사람을 때리는 이를 길에서 만남이 있을 것이니 그때엔 어떻게 금지시키겠습니까, 라고 하였다. 이에 주리(主理)의 소견이 이때로부터 싹텄음을 알 수 있다.

17세 때에 가친의 명으로 반시(泮試)에 나아가기 위하여 서울에 도착하니 고관이 사람을 보내 자기의 아들과 더불어 놀면 금년에 합격할 수 있다고 요청하니 이곳은 선비가 거닐 곳이 아니라고 하여 즉일로 돌아와 버렸다.

다음해에 한성시(漢城試)에 합격하였으나 돌아와 학문에만 열중하여 널리 군서(群書)를 탐구하였는바 오로지 자기를 위하는 학문에 힘써 4서(四書)를 위주로 하되 한결같이 주자집주(朱子集註)에 의거하여 장구(章句)를 반복연구하고서 주자의 학문이 참으로 군성(群聖)을 계승하고 백가를 절충한 것을 알아 20여 세에 주자대전(朱子大全)을 전공하여 미언대의(微言大義)를 깨치고 이어 송자대전(宋子大全)을 읽어 낙민(洛閩) 전체와 춘추대용(春秋大用)을 보고서 시종조리가 참으로 주자 이후의 정종(正宗)이 됨을 깨달아 주자 다음으로 흠숭복습(欽崇服習)하여 일찍이 말하기를 '주자를 종주(宗主)로 하지 아니하면 공자의 문정(門庭)을 들어가지 못하고 송자를 헌장(憲章)하지 아니하면 주자의 통서(統緖)를 얻을 수 없다.」라고 하였다.

25세에 우록공이 돌아가시고 26세에 모부인이 돌아가시니 홀로 가정을 어거함에 근면 검소예비(儉素豫備)의 세 가지 법도를 세워 다스리고 항상 4서3경을 윤독하고 때로는 산사에 들어가 글을 읽었는데 중용은 수만독(數萬讀)을 하였다.

30세가 되었을 땐 천주교의 전래와 홍경래의 난 및 외척의 세도 등 혼란 속에서 이상을 실현할 수 없음을 깨닫고 덕을 감추고 난을 피하기로 뜻을 세워서 헌묘(憲廟) 6년에 대신 조인영이 경행지사(經行之士)로 천거하여 휘경원참봉을 제수받았으나 나아가지 아니하고 날로 제생(諸生)과 더불어 도학을 강론하고 의리를 창명하야 항상 북로(北虜)가 우리의 의관을 훼열(毁裂)하고 서귀(西鬼)가 우리의 심술을 고혹케 하니 마땅히 정신입각(挺身立脚)하고 명심장목(明心張目)하야 성현(聖賢)의 교육과 부조(父祖)의 사업을 추락하지 말라고 하였다.

그런 까닭에 선생이 45세 때에는 양교(洋教)의 화를 논하는 글을 지었고 61세 때에는 문인 류중교(門人 柳重教)를 시켜 송원화동사합편강목(宋元華東史合編綱目)을 편수케 하여 고려의 연표를 함께 적어 조국의 주체성을 찾고 송나라는 연표(年表)를 대서(大書)하여 제(帝)라 일컬어 주었으나 원나라는 주(主)라 하여 낮추고 연표도 적게 써서 존화양이(尊華攘夷)의 뜻을 보였다.

고종 3년 병인(1866), 선생 75세 때 8월에 양박(洋舶)이 한강에 들어오니 도하(都下)가 놀래어 피난하면서 소문이 와전되어 적봉(賊鋒)이 이미 도성을 침범하였다고 하니 병구(病軀)를 이끌고 달려가 임금께 위문하려 하였다.

이때에 선생은 세여(歲餘)를 앓고 있는지라 어려운 일이라고 주위에서 말리니 선생께서 말씀하시기를 나는 죽촌(竹村) 선생에게 들으니 '선비가 일명(一命) 이상이면 평일에는 마땅히 퇴양(退

讓)하는 것이 의리요. 국가가 어려운데 이르면 마땅히 달려가 문안하는 것이 의리라고 하였다.' 하물며 나는 나라에서 후은(厚恩)을 받고 또한 교관(郊關) 100 리안에 살면서 어찌 집안에 뒹굴며 임금의 위급함을 돌아보지 아니할 것인가, 라고 하였다. 이어서 선(船)이 물러간 것을 듣고 중지하였으나 9월에 좌상 김병학의 청으로 특별히 승정원동부승지를 배수하였다.

이때에 양적(洋賊)이 강도를 범하니 조정에서는 개문청화(開門請和)하자는 설도 있고 파천가남(播遷可南)하자는 설도 있으매 선생을 이에 임명한지라 선생께서 입경하여 궐하에서 상소사직하면서 말하기를 '이제 국론이 교전(交戰)으로 양분되었으나 양적을 공격하자는 사람은 국가 주변사람의 설이요 양적과 화친하자는 사람은 적국 주변사람의 설입니다. 이쪽을 말미암으면 국가의 풍속을 보전할 것이요 저쪽을 따르면 금수의 경지에 떨어질 것이니 성지를 굳건히 간직하면 세신(世臣)과 초야의 충의한 선비가 용기백배할 터인즉 언로를 광개(廣開)하고 무장(武將)을 선발하야 8도에 호소사(号召使)를 보내 충의기절한 사람을 수습하여 싸우면 고구려가 수양제를 이긴 일처럼 불가능한 일이 아니라고 하였다.

이어 희정당에서 숙사입시(肅謝入侍)하였고 공조참판을 배수하여 경연에 입시의 명이 있으매 재소사직(再疏辭職)하였으나 오히려 도총부부총관을 제수받으며 10월에는 동의금(同義禁)을 제수하였으나 적이 물러갔다는 보고를 듣고 소(疏)를 남기고 고향으로 돌아왔다.

선생이 입궐한 날로부터 유소환산(遺疏還山)한 날까지 26일간 조정에 머물러 있었으나 이것은 양적과 대치 중에 있었으므로 부득이 국가위난한 때에 힘을 합치기 위함이지 절대로 작록(爵祿)에 연연함이 아니었다.

이듬해에 문인이 아언(雅言)을 편집하고 무진년(1868) 3월 18일 정침(正寢)에서 고종(考終)하시니 수가 77세이요 문인 100여 사람이 모여 사림장(士林葬)을 거행하고 정산(鼎山)에 안장하였다.

계유년에 문인 김평묵이 행장을 엮어 완성하고 갑술년에 문인 김평묵, 류중교가 아언(雅言)을 간행하며 기해년에 문인 이원근 류중악이 전집을 간행하며 나라에서 시(諡)를 문경(文敬)이라 내리고 선생이 졸하신 지 100년 뒤인 1968년 양평 유림 장기덕이 발의하여 선생의 고향에 노산사(蘆山祠)를 건립하고 주자 송자와 더불어 선생의 진상을 모셨고 1974년 유림 조룡승(曹龍承)이 서울에서 문집을 복사중간(複寫重刊)하였다.

2. 학풍

임금 사랑하기를 아버지 사랑하듯 하며 국가 걱정하기를 집안 걱정하듯 하는 유도의 학풍은 주역(周易)의 의리사상과 춘추의 대의정신에서 비롯된 것으로 군자의 도리요 선비의 의무인바 공맹정주(孔孟程朱)의 정의(精義)며, 포은, 정암, 율곡, 우암의 혈성(血誠)이다.

화서 선생은 일찍이 이와 같은 사문(斯文)의 미지(微旨)를 깨달아 태극의 원리와 존왕천패(尊王賤覇)의 정신을 철저하게 연구함으로서 의리를 받들고 인륜을 지키는 도학을 일월처럼 밝혀 마침내 임금을 받들고 나라를 지키는 사기를 드높였다.

사림의 기개는 국가의 원기로서 청렴정직한 인격에서 이룩된다.

청렴정직한 인격을 이루기 위해서는 먼저 시비선악(是非善惡)에 밝아야 하는 까닭에 반드시 사욕을 제거하고 본성을 회복하는 수신이 필요한 것이다.

주자는 거경(居敬)과 궁리(窮理)로써 학문의 길을 세웠고, 송자는 집의(集義)와 양기(養氣)로써 공부(功夫)의 길을 밝혔는바 화서선생은 명리(明理)와 양기로써 수양의 길을 열었다.

따라서 그 학풍이 독서에 의한 격물치지를 중시하고 정직을 바탕으로 한 성의정심을 고귀하게 여김으로 마침내 의리에 분명하여 의혹이 없고 불의를 배격함에 용감하여 두려움이 없는 호연한 기상이 있다.

언제나 천리를 밝히고 인륜을 바로 잡으며 지치(至治)를 이루고자 하여 어디서나 사욕을 막고 천리를 보존하며 인륜을 높이고 이적금수(夷狄禽獸)를 배척하며 군자를 친하고 소인을 멀리하는 바 천리를 보존하는 것은 도덕을 밝히는 원리요 인류를 높이는 것은 윤리를 바로 잡는 원리며 군자를 친하는 것은 정치를 이룩하는 원리이니 도덕은 성인으로부터 나오고 윤리는 인류로부터 일어나며 정치는 군자로부터 이룩되는 까닭에 주역(周易)의 의리와 춘추의 대의가 주자와 송자의 근본사상이 되고 또한 화서선생의 기본정신이 된 바이다.

선생은 양기설에서 말하기를 성인의 천언만어가 다만 천리를 밝히고 정기를 기름에 있을 뿐이라 하고 이것을 체득함에는 의혹과 공구(恐懼)가 없어야 함을 호연장의의(浩然章疑義)에서 다음과 같이 밝혔다.

지언공부(知言功夫)는 의혹(疑惑)을 쳐부수는 요체(要諦)요 양기공부(養氣功夫)는 공구(恐懼)를 치료하는 약석(藥石)이니 이 두 가지 병통을 모두 제거하면 마음이 부동(不動)하기를 기약하지 아니하여도 자연히 움직이지 아니한다고 하여 주체성을 확립하는 길을 가르치고 이어 주체성을 함양하기 위하여서는 현상의 만물 속에서 도체(道體)를 인식하여야 됨을 봉강질서(鳳岡疾書)에서 다음과 같이 말하였다.

"형이상의 원리를 도(道)라 하고 형이하의 작용을 기(氣)라 하는데 마음에도 도와 기의 나눔이 있으니 도심과 인심이 이것이요, 성(性)에도 도와 기의 나눔이 있으니 본연성과 기질성이요. 정(情)에도 도와 기의 나눔이 있으니 천리와 인욕이 이것이다. 정밀하면 두 가지의 틈을 살펴 섞지 아니할 것이요. 전일(專一)하면 본심의 바름을 지켜 떠나지 아니할 터이니 이것은 요순(堯舜) 이래 성현이 서로 전해준 밀지묘결(密旨妙訣)이라"고 하였다.

마음은 한 몸을 주재하고 태극은 우주를 주재하는바 따라서 태극의 원리를 밝혀 자연의 질서를 인식하고 마음의 작용을 깨달아 당연의 분수를 지각하는 까닭에 태극의 위치를 알지 못하면 우주관이 천박하고 마음의 기능을 알지 못하면 인생관이 비루(卑陋)하여 학자가 성경장중(誠敬莊重)할 줄을 모름과 동시에 진덕수업(進德修業)할 수도 없는 것이다.

그러므로 태극의 위치를 밝히는 것은 성인의 고심처(苦心處)요, 현인의 각고물(刻苦物)인바 화서 선생은 용문잡지(龍門雜識)에서 말하기를 태극의 위치는 지존(至尊), 지신(至神), 지성(至誠), 지명(至明)의 경지라고 하여 천성불언지묘(千聖不言之妙)를 밝혔으니 가히 조선조 500년의 영기가 여기에서 꽃피었다고 할 것이다.

태극의 이(理)를 지존의 절대성과 지신의 주재력과 지성의 진실성과 지명의 지각력으로 규정한 것은 선생의 심오한 궁리에 의하여 밝혀진 것으로 인간개체에도 저와 같이 존엄(尊嚴), 신묘(神妙), 성실(誠實), 명각(明覺)한 본심이 있어서 한 몸을 주재하는 까닭에 사람은 먼저 대체를 세우고 천리를 지각하여야 됨을 가르치고 이와 같은 경지에 도달하기 위하여서는 격물치지와 극기복례의 공부를 더해 진심진리(盡心盡理)하여야만 되는 것이요 만일 편벽사망(偏僻邪妄)한 것을 마음으로 알고 이치로 안다면 스스로 금수가 되면서도 깨닫지 못한다고 하였다.

즉 양기(養氣)를 하지 않으면 명리(明理)가 안 됨으로 마땅히 기질을 순후하게 변화시켜 순일무잡(純一無雜)하게 될 때에 심체(心體)가 드러나 여천지합일(與天地合一)할 수 있음을 말하였다.

이상과 같은 명리양기(明理養氣)의 학문은 선비로 하여금 진리를 확신하고 의리에 용감한 기풍을 이룩하여 학문적으로는 성현의 도통을 호위하고 이단을 배척하며 사회적으로는 인류의 문화를 보존하고 이적금수를 축출(逐出)하며 정치적으로는 국가의 정통을 수호하고 외적을 공격하였다.

선생은 특히 주자의 복수구국(復讐救國) 사상과 송자의 설치북벌(雪恥北伐) 정신을 이어받아 말하기를 중원은 이미 북로(北虜)의 호(胡)가 지배하여 왕도가 없어진 지 오래되었다. 이제 오직 조선에만 선왕의 전통문화를 보존하고 있으므로 우리나라에만 인류가 남아있다고 하여 자존의식을 고취하였다.

따라서 우리 민족의 순박한 인간성과 높은 문화를 보존하기 위하여 간교한 왜적과 금수 같은 양이(洋夷)의 무력침공을 전쟁으로 대항할 것을 강력히 주장하였으니 이러한 위정척사(衛正斥邪)의 정신은 바로 그 문인에 깊이 들어가 조선조 말의 왜적강탈의 시기에 한일조약의 폐기 상소와 의병항쟁으로 나타나 민족의 정기를 드날렸다.

문인 중암(重菴) 김평묵(金平默) 선생과 성재(省齋) 류중교(柳重敎) 선생은 조약폐기를 강렬히 주장하다가 유배를 갔고, 면암(勉菴) 최익현(崔益鉉) 선생은 호남에서, 의암(毅菴) 유인석(柳麟錫) 선생은 영동에서 8도의 의병을 일으켜 왜군에 항쟁하였으며 양헌수(梁憲洙) 장군은 정족산성에서 불군(佛軍)을 격파하였고 진암(震菴) 박문일(朴文一) 선생은 평안도 태천에서 이 정신을 고무시켰으니 이후의 배일광복운동(排日光復運動)은 거의 모두가 화서 선생의 연원(淵源)에서 나왔던 것이다.

아! 군자가 있는 곳은 신성하고 지나간 곳은 조화(造化)한다고 하였으니 선정(先正)을 두고 하는 말이 어찌 아니랴!

민족영웅 석정 김동식 장군의 독립사상

1. 충효절의(忠孝節義)의 가계(家系)

서기 1907년 8월 28일부터 지리산(智異山)을 중심으로 혁혁하게 항일 독립전쟁을 전개하여 승리로 이끌고 1910년 12월 27일 장렬하게 순절(殉節)한 민족영웅 김동식(金東植) 장군은 조선왕조 철종 5년(1854) 1월 14일 경기도 안성군 읍내면 석정리(石井里)에서 태어났다. 본관은 경주이고 호는 석정(石井)이며 자는 천식(千植)이요 이명은 수신(修臣)이다. 시조는 알지(閼智)로 신라 경순왕 제4자 대안군(大安君) 은열(殷說)의 후예인데 중시조는 태자태사(太子太師) 인관(仁琯)이고 고려 말 충신 상촌(桑村) 김자수(金自粹) 공의 18대손이다. 고조는 휘(諱)가 노영(魯榮)이고 자가 문언(文彦)이며, 증조는 휘가 찬희(瓚喜)요 자가 여승(汝勝)이고, 조는 휘가 상준(商俊)이요 자가 준명(俊明)이다. 아버지는 휘가 윤제(允濟)요 자는 윤걸(允杰)이고, 어머니는 김해 김씨이다.

김동식 장군은 어려서부터 기골이 장대하고 성품이 순결하여 사랑을 받았으며 상촌공(桑村公)이 일으킨 충효절의(忠孝節義)의 가풍 속에 학문을 함에 정주학(程朱學)을 위주로 하고 송자(宋子)의 춘추정신(春秋精神)을 흠모하여 일찍이 과거공부를 포기하고 도학(道學)에 정진하기로 뜻을 세우니 주변사람들이 크게 기대하였다. 약관에 관례를 행하고 결혼을 하였는데 부인 진주 강씨에게 사랑과 공경을 다하였으며 21세(1874)에 아들 봉환(鳳煥)을 낳았다.

25세(1878) 되던 해 7월 21일 아버지의 상을 다함에 그 슬픔과 예절을 다하여 출입을 삼가면서 3년의 복을 입었는데 아버지의 복을 벗기도 전에 어머니 김씨가 또 작고하였다. 그리하여 전후 4년간 오로지 예법 책만 읽으면서 근신하며 굴건제복(屈巾祭服)을 벗지 않고 안방에 들어가지 않으며 죄인으로 자처하여 하늘을 보지 않으니, 고을 사람들이 효자라고 칭찬하며 산림학자로 존경하였다. 항상 4서3경(四書三經)과 소학(小學), 주자가례(朱子家禮) 그리고 율곡 선생의 격몽요결을 돌아가며 읽으니, 원근에서 배우려는 이가 찾아와 서당에 제자가 가득하였다.

집안에 약간의 농지가 있었으므로 이것을 경작하여 의식을 자급하였으며, 대단히 청빈하게 살면서도 제사나 손님을 대접함에 지극히 예절을 갖추어 공경하여 양반가문의 명예를 지키려고 노력했다.

시대가 크게 변하여 양이(洋夷)가 침범하고 일제가 날뛰는 어지러운 시국이 되었으나 김동식 장군은 조금도 흔들림이 없이 공자의 가르침만이 인간이 가야 할 바른 길임을 설파하면서 끝까지 단발령을 거부하고 외래상품을 배척하며 동방예의지국의 전통문화를 고수하였다.

장군이 43세 되던 해, 조정에서 임금을 황제라 칭하며 국호를 대한제국으로 고치고, 광무(光武) 원년(1897)이라는 연호를 세우면서 영은문(迎恩門)을 헐고 청나라 연호를 폐지하며, 삼전도에 있던 병자호란의 치욕적인 항복비를 철거하여 청나라의 종속에서 벗어났다. 이에 장군은 불의와 불법은 반드시 패망하고 역사는 정의의 편이라고 하면서 크게 기뻐하였다.

46세에 손자를 보았는데, 새 나라를 건설하는 기초가 되라는 뜻으로 기원(基元)라고 이름을 지어서 앞날을 축복하였다.

2. 춘추대의(春秋大義)의 학통

김동식 장군은 춘추대의(春秋大義)를 숭상하는 산림학자양반(山林學者兩班) 출신이다. 충효절의를 생명처럼 소중히 지키면서 인류문명을 선양하고 국가의 정체성을 사수하는 산림학자양반의 춘추대의학통은 병자호란 이후에 새롭게 일어난 조선유학의 정통 학풍이다.

병자호란(1627)으로 나라의 기운이 꺾이자 인조(仁祖)는 결국 청(淸)나라에 항복하고 말았다. 이때 주화파(主和派)는 국가유지를 명목으로 조정에 들어가 벼슬을 하였으나, 척화파(斥和派)는 오랑캐에 종속한 정권에서 벼슬을 하는 것은 치욕이라고 생각하여 벼슬을 단념하고 초야의 산림 속에 숨어 학문에만 전념하였다.

오로지 청나라를 멸하고 명(明)나라를 광복해서 나라의 원수를 갚고 삼전도에서 항복했던 치욕을 씻을 방법을 강구하던 효종은, 즉위(1650)하자 초야에 은둔한 김장생, 김집, 송시열, 송준길 등을 대거 등용하여 북벌(北伐)의 큰 계획을 세웠다. 하지만 이 계획은 김자점의 밀고로 무산되었으며, 계획에 참가했던 신하들은 모두 해임되어 산림으로 돌아갔다.

효종은 이에 굴하지 않고 10년 뒤에 다시 송시열을 등용하여 북벌사업을 추진하였으나 뜻밖에 승하, 그 웅대한 뜻과 거대한 사업은 산림학자의 짐으로 남게 되었다.

이에 다시 초야로 돌아온 사림은, 임금과 아버지의 원수는 갚지 않을 수 없고 효종대왕의 뜻은 받들지 않을 수 없다는 신념으로 충효절의의 학문을 갈고 닦았다. 그리하여 세상 사람들이 그들을 "있는 힘을 다하여 임금과 어버이를 섬기고 마음을 다하여 충성과 효도를 지향하는 양반(竭力勤事君親曰兩이요 盡心切志忠孝曰班이라)"이라고 일컬었으니, 이는 조선에만 있던 독창적인 개념이었다.

대저 양반의 일반적 개념은 문관과 무관을 통칭한 관료계급을 지칭하는 말이다. 그러나 조선왕조는 문반과 무반의 특권신분을 법으로 타파하고 모든 관료에 있어서 4품 이상을 대부(大夫), 5품 이하를 사(士)로 부르도록 국법으로 정하니 사회적 관심이 양반보다도 사대부로 옮겨가게 되었다.

그러므로 고려시대의 관료양반은 특권신분을 누리는 귀족계급을 지칭하는 것으로 상민(常民)과 구별하는 용어였지만, 조선왕조 후기의 양반은 초야에 살면서 첫째, 도학(道學)을 숭상하고 둘째, 청렴(淸廉)한 지조를 지키며 오랑캐를 물리치고, 문명세계를 건설하기 위하여 멸청복명(滅淸復明), 복수설치(復讐雪恥)를 도모하는 반외세 자주세력이었으니 오랑캐에게 협력하는 호로(胡虜 또는 胡奴)와 구별하는 용어이다. 따라서 관학(官學)의 스승을 교수, 학사(學士), 박사라고 지칭하고 그 제자를 학생(學生)·유학(幼學)이라고 호칭하였으나, 이와 구별하기 위하여 사학(私學)의 스승을 산림학자 또는 양반이라 부르고 그 제자를 유생(儒生)이라고 일컬어 특별히 존경하였던 것이다.

조선의 산림학자양반과 유생의 기개는 천하의 정의를 자임하여 춘추대의(春秋大義)를 설파하고 유교의 도통(道統)이 동방으로 건너왔다는 사문동래(斯文東來)의 소중화(小中華)사상으로 충만하여 동방예의지국(東方禮義之國)을 건설하였다.

공자(孔子)가 엮은 춘추대의(春秋大義)의 가장 큰 조목은 첫째 왕도정치(王道政治)를 높이고 패도정치(覇道政治)를 천하게 보는 존왕천패(尊王賤覇)이고, 둘째 선진국의 문명을 중심으로 하고 후진국의 야만(野蠻)을 종속으로 서술하는 내하외이(內夏外夷)이며, 셋째 충의효열(忠義孝烈)을 표창하고 난신적자(亂臣賊子)를 징계하는 포선폄악(褒善貶惡)이다. 이것은 모두 인도주의에 기초하여 사회정의를 자임하고 부도덕한 정치와 야만적인 정복전쟁과 반인륜적인 폭력을 물리치고 응징하는 노력이다.

맹자(孟子)는 공자의 춘추정신(春秋精神)을 계승하여 인의예지(仁義禮智)를 역설하고 인류를 해치는 이단사설(異端邪說)을 깨끗이 물리쳤으며, 정자(程子)는 『역전(易傳)』과 『춘추전(春秋傳)』을 지어서 술수와 지력(智力)으로 다스렸던 진(秦)·한(漢)·당(唐)의 타락한 정치사를 고발하고 의리학(義理學)을 고취했으며, 주자(朱子)는 『자치통감강목(資治通鑑綱目)』을 엮어서 천하대통(天下大統)을 뚜렷하게 밝히고 외적의 침략에 비타협적 복수론(復讐論)을 주장하였다.

송자(宋子)는 청(淸)나라가 명(明)나라를 멸망시키고 전통문화를 말살하는 도통단절(道統斷絶)의 위기에 분연히 일어나 천하정의(天下正義)를 자임하여 공자의 춘추대의를 선양하고 주자의 강목정신을 고취하면서 효종(孝宗)에게 북벌(北伐)을 권하여 청(淸)나라를 멸망시켜서 복수설치(復讐雪恥)함과 동시에 명(明)나라를 광복(光復)시켜서 천하문명을 다시 복원할 것을 주장했다.

이러한 춘추대의의 학통을 계승한 학자들은 질직홍의(質直弘

毅)한 기상과 실천력행(實踐力行)하는 정신을 갖추어 그 재능과 도량이 모두 천하를 경영할 만하고 그 기풍과 절조(節操)는 모두 세상을 감동시킬 만하였는바 비록 어렵고 괴로운 일이 있다고 하여도 절대로 그 배운 바를 저버리지 아니하였다. 언제나 민중의 대변자가 되어 천하의 도덕을 스스로 책임지고 의논함에는 바른 말을 서슴없이 하며 시비(是非)와 선악(善惡)을 뚜렷이 나누어 사람들로 하여금 부끄러움을 알게 하였다.

김동식 장군은 이러한 산림학자양반의 국풍(國風)과 가풍(家風)을 이어받아 향리에 서당을 열어서 훈장을 자임하여 서민자제를 교육하였을 뿐만 아니라, 사창(社倉)과 대동계(大同契)를 조직하여 대중과 더불어 살면서 가정윤리를 강조하고 국가기강의 쇄신을 역설하였다.

국가가 어지러운 때에 부귀하게 사는 것은 부끄러운 일이므로 사치와 방탕을 엄금하고 검소 질박한 생활 속에서 단아한 선비의 행실이나 고결한 군자의 품격을 갖추려고 노력하였으니, 관혼상제(冠婚喪祭)를 엄중히 받들어 예법이 아니면 보지 않고 예법이 아니면 듣지 않고 예법이 아니면 말하지 않고 예법이 아니면 움직이지 아니하였다.

3. 반제반침략(反帝反侵略)의 독립사상

병인양요(1866)에 양헌수 장군이 강화도 정족산성에서 프랑스 극동함대를 격파하고 이어 신미양요(1871)에 어재연 장군 등이 강화도 광성보에서 미국 함대와 사투를 전개하여 미국 태평양함대를 구축한 영광시대에 소년기를 보낸 김동식 장군은 어려서부터 민족자주독립 의식이 대단히 강하였다.

특히 효종대왕과 송시열 선생이 은밀하게 계획한 북벌사업의 일환으로 숙종이 축조했던 북한산성, 남한산성, 수원성, 그리고 강화도의 정족산성과 광성보, 초지진, 덕진진 등의 요새가 국가를 수호하는 보루임을 인식하고 문무의 겸비를 주장하였다. 그리하여 소년시절부터 예악(禮樂)뿐만 아니라 사어(射御)를 익히고 또한 서수(書數)를 배우는 데도 게을리하지 않았다.

갑오년(1894)에 동학농민전쟁이 일어나서 척양(斥洋) 척왜(斥倭)를 주장하고 6월에 이 땅에서 청일전쟁이 일어나며 다음해 을미년에는 8도 의병대장 유인석(柳麟錫) 장군이 의병을 일으켜 국모를 시해한 원수를 토벌하는 국내외의 불안한 정세하에서, 예절과 음악에만 전념하는 것은 나라를 지키는 대비책이 아니므로 스스로 병법을 익히고 지리를 연구하였는데, 특히 『6도3략(六韜三略)』과 『손오병법(孫吳兵法)』, 『소서(素書)』, 『심서(心書)』, 『삼국지연의』 등을 정밀하게 연구하였다.

그 가운데에서도 『6도3략』을 자세히 연구하였으니, 장론(將論), 선장(選將), 장위(將威), 여군(勵軍), 군세(軍勢), 기병(奇兵), 군용(軍用), 삼진(三陣), 질전(疾戰), 군략(軍略), 동정(動靜), 절도(絶道), 약지(略地), 임전(林戰), 돌전(突戰), 적강(敵强), 소중(少衆), 분험(分險), 분합(分合), 연사(練士), 교전(敎戰)편과 상략(上略), 중략(中略), 하략(下略)을 모두 달통하여 요점을 제자들에게 가르치고 실습까지 하였다.

그리고 황석공(黃石公)의 『소서(素書)』를 제자들에게 집중적으로 가르쳤는데, 그 가운데 가장 강조하여 거듭 암송케 했다.

그리고 중봉(重峰) 조헌(趙憲) 선생이 왜란(倭亂)에 대비하여 매월 제자와 가솔들에게 피난행군을 실시했던 것을 본받아 가족을 이끌고 피난하는 행군을 연습하고, 제자를 이끌고 깊은 칠장산(七長山) 속에 들어가 생식하는 법을 가르쳤다.

갑진년(1904)에 러일전쟁이 일어나고 다음해에 을사늑약이 체결되어 병오년(1906) 3월에 민종식(閔宗植) 의병대장이 홍주에서 거병하고 4월에 면암(勉菴) 최익현(崔益鉉) 의병대장이 호남에서 의병을 일으키므로 가세하려고 하였으나, 곧 자파하였기에 이에 미치지는 못하였다.

나라의 독립이 자주국가로 발전하지 못하고 일제의 통감정치로 전락하니, 이는 문화적 역량이 부족해서가 아니라 국방력이 허약해서 주권을 지키지 못한 데 그 이유가 있었다. 때문에 이러한 난세에는 모든 지식인이 떨치고 일어나서 국토수호의 사명을 완수해야 된다고 생각한 김동식 장군은, 출신신분이나 문벌을 가리지 않고 뜻이 있는 지사와 국가의 장래를 밤낮으로 걱정하였다.

그리하여 군자금을 마련하기 위해 전답을 팔고 집을 줄여서 자금을 만들어 약간의 총검을 구입하여 비밀리에 제자들에게 총기의 사용법을 익히고 무예를 단련시켰다.

특히 김동식 장군은 제자들에게 태껸 등의 호신술을 정밀하게 가르쳤으니, 정의는 불의에 져서는 안 되는 것이므로 끝까지 살아서 최후의 승리를 쟁취하려면 반드시 남보다 백배 공부를 하여야 된다고 역설하였다.

그리고 문(文)은 정도를 밝히는 것이요 무(武)는 기도(奇道)를 쓰는 것이니 군사비밀은 쥐도 새도 모르게 하고 윤리와 도덕은 천하가 알도록 자세히 설파하여야 된다고 누누이 강조하면서 이 시대에 나라의 독립을 쟁취하기 위해서는 결국 무장투쟁이 마지막 수단임을 고금의 역사로 변증하였다.

4. 지리산 민군(民軍)의 영웅적 승리

김동식 장군은 을사5늑약(乙巳五勒約)으로 이토 히로부미가 자칭통감이 되어 역적 이완용을 총리대신으로 만들어 헤이그 밀사사건이 일어나자 6월에 정미7늑약(丁未七勒約)을 조작하여 군대를 해산하고 즉각 고종황제를 퇴위시켜 순종을 세워서 연호까지 융희(隆熙)로 바꾸니 이에 나라가 완전히 망했고 정부가 매국노 역적임을 선언하며 광무 11년(1907) 8월 28일 안성에서 아들 김봉환(金鳳煥)과 여러 제자를 주축으로 의병을 일으켜 항일독립전쟁을 전개하였는데 처음부터 전투부대를 편성하여 선두에서 직접 지휘하며 적극적으로 공세를 펴서 일본군을 토벌하여 지리산에 거점을 확보하고 해방지역을 관할하였는데 당시 일본군(日本軍)의 기록을 보면 다음과 같이 장엄하게 항일전쟁을 전개하였다.

"1907년 9월 상순 광주(光州)부근에서 곡성(谷城), 담양(潭陽), 창평(昌平), 옥과(玉果)에 걸쳐 민심이 험악해지기 시작했다. 10월에 이르자 드디어 한 부대의 의병은 순창우체국을 습격 약탈하고 15일에는 약 200명의 의병이 동복(同福)순사주재소를 습격하였으며 19일에는 구례(求禮), 영광(靈光)의 헌병분견소가 습격당했는데 이 폭도의 수괴(首魁)는 김동식(金東植), 고광순(高光洵) 등으로 전라남북도에 있어서 의병의 선구자(先驅者)였다."(朝鮮駐屯軍司令部 편 '朝鮮暴徒討伐誌' 제4편 제2장 4. 전라남북도 및 그 부근에 있어서의 토벌: '독립운동사자료집' 3)

"9월 전라도에서 봉기하였던 김동식(金東植), 고광순(高光洵)의 부대는 1907년 10월 경상남도로 진출하여 거창(居昌), 안의(安義) 부근에서 기세를 올리고 있었다. 진주(晋州) 경무고문의 격파가 여의치 않아 진해만(鎭海灣) 중포병대대(重砲兵大隊)를 산청(山淸), 안의(安義) 방면으로 파견하고 남원(南原)수비대를 안의(安義) 방면으로 급행시켜 그와 책응케 했다."(上同書 제4편 제3장 3. 경상남도 및 그 부근에서의 토벌)

"진안(鎭安) 부근에 의병 약 300명이 집결해 있다는 보고에 접한 전주(全州) 수비대는 20일 특무조장 이하 30명을 파견하여 해당 지역을 조사하였으나 발견하지 못하고 다시 용담(龍潭), 삼가(三街), 고산(高山) 부근을 수색하다가 22일 심원암(深院庵) 부근에 의병집합의 보고를 받고 동지로 향하여 전진 중 의병 약 100명과 만나 이를 공격 그 15명을 사살하고 남방으로 궤주시켰다. 이 폭도의 수괴(首魁)는 김동식(金東植) 이석용(李錫庸)인데 그 출몰은현(出沒隱現)이 대단히 교묘하였으니 그들이 어느 지역을 토벌하려고 할 때에는 미리 그 시일을 약속하고 일제히 집결하여 토벌하고 군사작전이 끝나면 다시 집합할 장소와 시일을 정한 다음 몇 사람씩 분산하여 양민(良民)으로 가장하였기 때문에 일본군의 예봉(銳鋒)을 벗어나는 것을 상례로 하고 있었다."(上同書 제4편

"작년 10월 경상남도 지리산 부근을 근거로 한 수괴(首魁) 김동식(金東植), 고광순(高光洵)이 인솔하는 의병은 진주(晉州)파견대에 의하여 그 소굴을 전복당하고 고광순 이하 약간을 잃어 일시 그 지방은 정온상태로 돌아갔다. 그러나 금년에 들어서자 김동식(金東植) 의병대장은 의연 지리산 부근에 잠복하여 교묘하게 그 종적을 감추면서 은근히 그 세력부식에 노력하고 있었고 또 의병대장 기삼연(奇三衍)은 전라남도 함평(咸平), 담양(潭陽) 부근에서 활동을 개시 그 세력이 만만치 않았다.(上同書 제5편 제2장 6. 경상남도 및 전라남도에 있어서의 토벌)

1908년 봄에 이르러 호영양남민군(湖嶺兩南民軍)의 선구자 김동식(金東植) 장군은 호남창의회맹소 도통령 김용구(金容球) 그리고 전북의병대장 이석용(李錫庸) 및 호남지역 의병장 김태원(金泰元), 심남일(沈南一), 전해산(全海山), 강무경(姜武京), 안진사(安進士), 이학사(李學士) 등의 용감무쌍한 부대와 연합하여 지리산에 병영을 세우고 장벽을 설치하여 방책(防柵)을 만들며 지리산 뱀사골 달궁에 병기창을 세워 화승총을 뇌관식으로 개조해서 총과 탄약 그리고 양곡을 비축하여 영구지책(永久之策)을 강구함으로써 그 전력을 극대화하여 이 지역에서 대대적인 일본군토벌작전을 전개하여 일본인을 모두 구축하는 전과를 올렸으니 이것은 호영양남의 산림학자양반과 전체 민중의 전폭적인 지원을 받으며 이룩한 영웅적 승리로서 김동식 장군의 덕의와 지략과 신망으로 이룩한 결정체임과 동시에 우리 2천만 동포가 스스로의 힘으로 자주독립을 쟁취하여 자유·평등·해방을 성취하는 역사의 기념탑이었다. 이에 일본군은 보복 살육전을 개시하면서 다음과 같이 기술하였다.

"그들의 행동은 극히 교묘하여 백주에 양민(良民)을 가장하고 공공연히 군청소개지를 배회하면서 관서의 동정을 정찰하고 만약 호기(好機)를 잡으면 곧 자객적(刺客的) 행동을 감행하여 총기, 탄약, 재화를 약탈하고 혹은 허(虛)를 틈타 저격, 내습을 하는 등 그 은현출몰(隱現出沒)은 미리 헤아릴 수가 없었다.

또 순사주재소는 거의 전부가 습격을 당하였고 양민(良民)을 위협하여 조세(租稅)를 횡령하고 재류 일본인 및 그 사역(使役)하에 있는 조선인은 대개 폭도의 독수(毒手)에 목숨을 잃어 다년간의 사업경영을 포기하고 그 근거지로 퇴각하여야 하게끔 되었으므로 농업이 번성하였던 전라 양도는 이제 바야흐로 황무지화가 되었다.

그뿐 아니라 대대로 내려오던 그 고장의 본토인 양민(良民)도 의병의 위압에 눌려 그들에게 가담하여 교통의 방해가 빈번하였으므로 첩보의 소통이 방해되어 군대의 행동도 극히 곤란을 느껴 일야(日夜)로 그들을 소탕하는 데 노력을 하였으나 그 효과는 현저하지 못했으니 이 역시 여간 부득한 일이었다. 그리고 의병은 2월 이후 화승총(火繩銃)의 개조에 고심하여 4월 초순경에는 거의 대부분 뇌관식(雷管式)으로 개조하였다."(上同書, 제5편 제3장 전라남북 양도에서의 토벌)

당시 일본군의 막강한 정예부대가 우리나라에 들어와 대항하였으니 침략군 사령관인 일본육군대장 하세가와 요시미치(長谷川好

道)는 6사단장 니시지마(西島) 중장, 13사단장 오카자키(岡崎) 중장, 동부수비관구사령관 마루이(丸井) 소장, 남부수비관구사령관 요다(依田) 소장, 또 남부수비대사령관 도조(東條) 소장과 함께 일본군 6사단, 13사단, 보병 제3여단 등의 휘하에 보병13연대, 14연대, 17연대, 23연대, 27연대, 29연대, 47연대, 50연대, 51연대, 52연대, 55연대, 60연대와 기병 17연대 그리고 헌병대사령관 아카시 겐지로(明石元二郎) 소장이 거느린 일본헌병 5,000명과 경무국장 마쓰이 시게루(松井茂)가 거느린 각 지역의 일본인 경찰 5,000명이 합세하였음에도 연전연패(連戰連敗)하니 일본정부는 실패에 대한 책임을 물어 자칭통감(自稱統監) 이토 히로부미를 면직하고 부통감 소네 아라스케(曾彌荒助)로 대체하여 추가병력을 지원해서 1909년 8월부터 소위 남한 대토벌작전이라는 극악무도한 보복살육전을 획책하였으니 그들은 먼저 친일파(親日派)와 일진회원을 동원하여 또다시 한국인으로 정탐군(偵探軍), 변장대(變裝隊) 그리고 헌병보조원, 경찰밀정 등등 수만 명을 편성하여 조종하였는데 일본군은 그 사실을 다음과 같이 기록하였다.

"8월 하순 남부수비관구 사령관 와타나베(渡邊) 소장은 전라남북도에 대하여 기병 17연대와 임시파견대 보병 제1연대, 제2연대 그리고 6사단 병력으로 포위 습격하고 헌병과 경찰관은 이에 협력하면서 9월 1일부터 약 40일간의 예정으로 행동을 개시하였다. 연안의 경비는 일본 해군에서 한국의 서해안경비를 위하여 특별히 파견된 제11함정대 및 전라남북도 양도지방 경무관에게 배속시킨 석유발동기함제 10척 및 소증기선 및 매환(梅丸)으로 하였다.

포위지구는 하동(河東), 구례(求禮), 갈담(葛潭), 태인(泰仁), 부안(扶安)을 연결하는 선의 서남방 전라북도로 하고 이 구역을 다시 3기(期)로 구분하여 상기 선에서 보성(寶城), 능주(綾州), 영광(靈光)을 연결하는 선에 이르는 지역을 제1기로 하고 그 서남해안선에 이르는 지역을 제2기로 하고 연안 도서를 제3기로 하였다.

파견 보병 제1, 제2연대는 8월 하순 각기 준비를 갖추고 포위선상에 집중하여 9월 1일부터 행동을 개시하였다. 즉 제1연대는 오수역(獒樹驛), 건천(乾天), 나주(羅州) 및 영산강(榮山江)을 인접하는 선에서 서북지구로, 제2연대는 그 동남지구에서 각 대대별로 분담지구를 정하고 각 대대는 다시 각 중대별로 분담 지구를 배당하여 수색 점거에 종사하였다 −중략− 제2차 포위작전에 있어서는 다시 수색 점거방법을 엄밀하게 실시하였다. 즉 각 중대는 장교, 준사관 또는 하사를 대장(隊長)으로 하는 많은 촌락습격대를 편성하여 경비선 내에 전후좌우 각 방면으로 기습하고 촌락의 수색 점거에 있어서는 먼저 그 촌락의 주위를 포위하여 경계병을 배치하고 면동장(面洞長)을 초치하여 미리 조사하여 둔 남자들의 명부 또는 민적(民籍) 등에 의거하여 남자를 대조점호(對照點呼)하여 의심스러운 자는 체포하고, 또는 면장이나 동장 이하 각인(各人)을 장소를 달리하여 심문해서 그 결과에 의하여 의병(義兵)을 포박하는 등의 방법을 취하였다.

또 수색은 극히 엄밀하게 실행하여 준령 심곡에 이르기까지 척후 혹은 정탐부대를 파견하고 특히 신중한 고려를 하여 주간에 수색한 동일 촌락을 야간에 다시 급습하여 재차 수색해서 의병(義兵)이 우리 행동을 예상하지 못하도록 불규칙한 습격을 실시하였다.

그리고 또 의병(義兵)의 복장으로 위장하여 투입한 변장대(變裝隊)를 앞세워 세운 기공(奇功)과 밀정의 공적이 극히 커서 그 얻은 정황에 따라 그 후 체포 작전 등에 공헌한 바가 적지 않았다. 전라 양도에 있는 지방관헌은 극히 열성적인 원조를 하여 도로의 개수, 물자의 조달, 숙영지 준비 등 군대행동에 다대한 편의를 주었을 뿐만 아니라 관찰사 이하 각 지방을 순시하여 군수 이하를 독려하고 또 친히 인민을 설득 유세하여 소탕작전에 극력 협조하였다."(上同書 제6편 제1장 6. 전라남북도에 있어서의 토벌)

이에 지리산을 거점으로 호영양남민군(湖嶺兩南民軍)을 총지휘한 김동식(金東植) 장군은 역전의 용사를 독려하여 만난을 무릅쓰고 독립전선을 사수하였는데 9월 내내 밤낮을 가리지 않고 연일 일본군과 혈투를 전개하여 일본군의 작전을 저지하면서 심대한 타격을 주었다. 그러나 또한 호남민군(湖南民軍)의 피해도 적지 않아 60여 명에 이르는 용감무쌍한 우리 의병장이 5,000여 명의 의병과 함께 장렬하게 전사하거나 포로가 되었으니 1909년 9월 26일 무안군 발다면(發多面) 전투에서 김동식(金東植) 장군의 외아들인 김봉환(金鳳煥) 의병장도 포로가 되었다.

호남의 독립전쟁은 일찍이 전쟁사에 유례를 찾을 수 없는 치열한 혈전이었으니 일본군이 지나간 곳은 마치 태풍이 휩쓸듯이 폐허의 잔해만 남았으나 호남민군(湖南民軍)은 그칠 줄 모르는 활화산(活火山)처럼 다시 불기둥을 뿜으며 솟구쳐서 탁월한 전략전술로 침략군을 요격하며 격멸하니 그 사상자의 수를 헤아릴 수 없었다.

전라남북도에 2개월간 불꽃 튀는 독립전쟁으로 초연이 가득한 속에 10월 26일 이범윤(李範允) 장군이 간도(間島)에서 일으킨 대한독립군의 좌익장(左翼將) 안중근(安重根) 중장(中將)이 하얼빈에서 아시아의 평화를 파괴한 대죄인(大罪人) 이토 히로부미(伊藤博文)를 총살했다는 희소식으로 사기충천한 호남민군(湖南民軍)은 더욱 장렬하게 일본군을 토벌했고 일본군도 병력을 증파하여 각 지역의 경비를 더욱 삼엄하게 하였다.

10월의 호남전쟁에서도 연일연전하여 많은 전공을 세웠으나 불행하게도 그동안 일본군 500여 명을 사살하여 혁혁한 공을 세웠던 심남일(沈南一) 장군과 그 전군장(前軍將) 강무경(姜武景) 의병장이 1천여 명의 의병과 함께 일본군에게 포위당하여 10월 9일 능주(綾州)전쟁에서 포로가 되었고, 또 29일에는 나주(羅州)전쟁에서는 호남의병장으로 용맹을 날리며 500여 명의 일본군을 도륙했던 전해산(全海山) 장군이 부하 모천년(牟千年) 의병장, 이강년(李康年)의병장과 1,000여 명의 의병과 함께 포위되어 포로가 되었다. 그리고 강진(康津)전투에서 의병 3,000명이 전사하고 또 각 지역의 전투에서 의병장 60여 명과 2,000명의 의병이 전사하거나 포로가 되었다.

이리하여 9~10월 두 달 사이에 대한독립만세를 외치고 장렬하게 전사하거나 포로가 된 호남민군의 수가 1만을 헤아렸으니 호남의 인구도 반으로 줄었으며 풀과 나무도 모두 시들어버린 쓸쓸한 가을 벌판에 호남민군의 전력 역시 반으로 줄었다.

5. 장렬한 순절(殉節)

　그러나 김동식(金東植) 장군은 호남창의대장 문태수 장군과 전북의병대장 이석용 장군과 연합하여 지리산의 본영을 굳게 지키고 재기를 도모하여 흩어진 부대의 재편성에 노력하였다.

　일본군은 더욱 잔인무도한 살육전을 전개하여 일본군 피살자의 수에 상응하는 전과를 올리기 위해 엉뚱하게도 의병이 활동한 지역의 무고한 양민(良民)을 닥치는 대로 무수하게 살해하고 방화하면서 보복살육을 일삼았다. 이 때문에 13도민군은 주민의 피해를 고려하여 촌락이 전혀 없는 광야나 산속에서만 일본군을 토벌하여야 되는 어려운 상황에 봉착하였다.

　더욱이 1910년 4월부터는 항일독립전쟁의 주도세력인 유림(儒林)세력을 말살하기 위한 술책으로 일본군경은 전국에 걸쳐 산림학자양반(山林學者兩班) 10만 명과 유생(儒生) 110만 명의 명단을 작성하여 특별감시하면서 수시로 수색하고 탄압하여 범죄인처럼 취급하며 일반인으로부터 고립시키고 집단행동을 하지 못하게 만드니 의병의 세력이 극도로 제한을 받게 되었음에도 13도민군은 시종여일 용감무쌍하게 타격전을 전개하므로 일본은 대군(大軍)을 파병했어도 혼전만 거듭하는 전황을 크게 고민하다가 통감 소네 아라스케(曾彌荒助)의 무능으로 결론을 내리고 즉각 해임한 다음 일본 육군대신 데라우치 마사다케(寺內正毅)를 통감으로 임명하고 부통감은 야마가타 이사부로(山縣伊三郞)로 경질하며 일본군 2사단을 추가로 증파하였다.

　장장 3년 동안 불철주야 산과 들을 누비며 일본의 학대에 시달

리는 우리 민중의 고통을 목격하고 또 찬란한 우리 문화가 여지
없이 붕괴되는 참상을 목도하면서 오로지 독립전쟁의 승리만이
민족의 새로운 운명을 개척하여 영광스러운 역사를 재창조하는
길임을 확신하였기 때문에 항상 민군의 사기는 충천하였다. 옳지
못한 길은 천금이 생겨도 가서는 안 되고 옳은 길이면 생명을 돌
아보지 않고 가야만 된다는 정의로운 진리로 몸과 마음을 갈고
닦은 13도민군의 장병은 이미 정의의 화신이요 나라의 수호신이
며 독립전선의 영웅이었다.

일본에 대한 원한이 많을수록 조국에 대한 애국심은 뜨거워지
고 일본군에 대한 적개심이 커질수록 동포에 대한 동정심은 깊어
져서 차마 눈을 뜨고 퇴락하여 적막한 촌락을 지나갈 수 없었다.
이미 나라가 망하였으니 그 누가 고단하고 빈약한 서민대중을 보호
할까! 이제는 오직 우리 민군의 승전보만을 애타게 기다리며 한 가닥
희망을 가지고 이 땅에 남아 있는 1천 5백만 동포를 생각할 때에 시
각을 다투어 일본군을 토벌하지 않을 수 없었다.

그리하여 13도민군은 용왕분투 하였으니 민토(民討)가 아니고
천토(天討)였으며 한국독립전쟁이 아니고 아시아의 독립전쟁이었
다. 항일독립전쟁의 영웅 김동식(金東植) 장군은 지리산에 집결한
호영양남민군에게 훈시하기를 "우리는 지금 사악한 세력을 타도
하기 위하여 정의의 총칼을 든 것인즉 우리 민군(民軍)은 천하정
의(天下正義)의 상징이다. 그러므로 우리의 사명은 신성하고 그
책무가 막중하니 각자 자애(自愛) 자중(自重)하여 아름다운 명예
를 끝까지 더럽히지 말라."고 거듭 당부하였다.

그러나 역적 이완용(李完用)과 자칭통감 데라우치 마사다케(寺
內正毅)가 마침내 한일합방협정(韓日合邦協定)이라는 것을 조인
하고 1910년 8월 29일 일본의 군주(君主) 메이지(明治)가 소위
합방조서(合邦詔書)를 발표하여 대한독립(大韓獨立)의 희망을 무
참히 꺾어버리니 많은 의병장이 피폐할 대로 피폐한 이 땅을 떠
나 만주 등 해외로 망명하여 독립의 기회를 기다렸으며 양심적
지식인들은 실망하여 삶을 포기하고 방랑객이 되었다.

이때 매천(梅泉) 황현(黃玹)은 조선왕조가 외척의 세도정치(勢
道政治)와 개방망국(開放亡國)에 이르는 역사를 1876년부터
1910년까지 44년간 편년체로 엮어 『매천야록(梅泉野錄)』을 편찬
하면서 13도민군의 독립전쟁일지를 기록하다가 9월 6일 합방소식
을 전해 듣고 다음과 같은 시를 쓰고 자결하였다.

"새와 짐승이 슬피 울고 바다와 산도 찡그리니, 무궁화 세계가
이미 멸망했도다. 가을 등불에 책을 덮고 옛날 역사 생각하니, 세
상에 지식인 되기 어렵도다."

이러한 비극적 현실에서 13도 민군이 취할 수 있는 길이란 최
후의 1인까지, 최후의 1각까지 혼신의 힘을 다하여 독립전쟁을 계
속하는 의로운 투쟁뿐이었기에 호영양남민군의 영도자 석정(石井)
김동식(金東植) 장군은 흰눈이 내리는 12월까지 일본의 간악한
도적행위를 성토하며 전 국민이 총궐기하여 끝까지 싸울 것을 호
소하다가 의기가 꺾인 장병을 독려하고 실의(失意)에 빠진 인민을
격려하기 위하여 1910년 12월 27일 마지막으로 훈시하여 '주역'
(周易)의 곤복(坤復)의 논리를 설파하고 머리를 바위에 쳐서 장렬
하게 자결하여 끝까지 지리산(智異山)을 지키는 수호신이 되었으

니 그 훈시는 다음과 같다.

"맹자(孟子)가 말하기를 인간은 스스로 업신여긴 다음에 남이 모독하고 나라는 스스로 분란을 일으킨 다음에 남이 침략한다고 하였으니, 이 순간 우리는 이 말씀을 되새겨서 끝까지 우리만은 한국이 멸망했다는 생각을 털끝만치라도 가져서는 안 된다. 끝까지 나라를 되찾겠다는 정신만 가지고 있다면 한국은 독립을 되찾을 것인즉 그대들은 와신상담(臥薪嘗膽)의 고사를 모르는가!

천지(天地)의 음양운수(陰陽運數)는 돌고 돌아서 소인(小人)의 음기(陰氣)가 극성할 때도 있고 대인(大人)의 양기(陽氣)가 극성할 때도 있는 것인데 소인들의 음산한 세력이 극성할 때에 바로 대인군자(大人君子)의 양강(陽剛)한 싹이 나오는 순간이다. 그러므로 『주역(周易)』에서 박괘(剝卦)의 다음에 곤괘(坤卦)가 오고 또 곤괘(坤卦)의 다음에 복괘(復卦)가 온다고 설파했으니 사시(四時)의 변화하는 절기로 비유하면 박괘(剝卦)는 9월로서 아래의 다섯 음효(陰爻)가 위에 있는 하나의 양효(陽爻)를 박삭하는 현상이고 곤괘(坤卦)는 10월이니 순음(純陰)의 음기가 득세하는 현상이며 복괘(復卦)는 11월 동지(冬至)달이니 아래에서 일양(一陽)이 발동하여 위로 다섯 음효(陰爻)를 축출하기 시작하는 현상이다.

그러므로 공자(孔子)는 박괘(剝卦)에서 소인배들의 세력이 극성한다고 경계하였고 복괘(復卦)에서는 천지(天地)의 마음을 보라고 격려하였는데 주자(朱子)는 또 서암도간시(瑞巖道間詩)에서 박곤(剝坤)의 시기에 절의(節義)를 지키라고 노래하였으니

'바람이 높고 나뭇잎이 떨어진 늦가을에, 날은 저물어 나뭇가지에 단풍잎도 드물거늘, 오직 푸르고 푸른 골짜기 속에 나무가 있

어, 세모의 혹한에 마음과 일이 서로 어그러지지 않는구나.'라고 하였으며 역시 곤복(坤復)의 시기에 희망을 가지라고 주자(朱子)는 또 강매시(江梅詩)를 노래했으니

'큰 눈이 내려 하늘과 땅을 닫았고, 극성한 음기(陰氣)가 아득히 차가운 물가에 퍼졌으니, 그 누가 강남(江南)의 봄소식을 믿으리오만, 이미 명년(明年)의 봄은 시작되었도다.'라고 하였다.

이러한 진리는 영원히 변함이 없어 장차 천도(天道)가 변하고 인간의 양심(良心)이 되살아난다면 사악(邪惡)한 일본은 반드시 멸망하고 우리 한국이 독립하여 아시아의 아름다운 윤리도덕이 회생할 것임을 확신하여 여러 장병은 항상 자애자중(自愛自重)하며 하소연 할 데도 없는 우리 민족을 보호하고 협동해서 춘추정신(春秋精神)으로 기어코 원수를 갚아 오늘의 치욕을 씻도록 크게 도모하라. 우리의 투쟁사는 하늘이 보고 있고 또 지하에 있는 독립전쟁의 영령들이 지켜보고 있다는 것을 명심하라."

나라를 빼앗긴 겨울 산속에서 항일독립전쟁의 영웅 김동식(金東植) 장군의 자결은 독립군 장병의 비통이고 나라를 잃은 민중의 경악이었다. 장군의 휘하 장병들은 전북의병대장 이석용(李錫庸) 장군과 상의하여 태극기로 관을 덮어서 엄숙한 장례식을 거행하고 지리산 줄기에 은밀하게 안장하여 호국의 신으로 받들며 독립전쟁의 필승을 맹세하였으니 나라가 멸망하는 위기를 당하여 산림학자양반으로서 분연히 궐기해서 장장 3년 5개월 동안이나 불철주야 무장 항전을 적극적으로 전개하여 승리로 이끌다가 끝내 장렬하게 순절한 김동식 장군의 기상은 항일독립사상의 극치

로써 역사에 길이 빛나는 민족의 얼이라고 할 것이다.

6. 1907~1910 독립전쟁의 역사적 의의

19세기 말로부터 20세기 초에 이르는 서구열강(西歐列强)의 침
략정책에 편승한 일본의 군주(君主) 명치(明治)와 군국주의(軍國
主義) 세력은 1902년 1월에 체결한 영일공수동맹과 1905년 7월
에 미국과 일본이 맺은 가쓰라-태프트 밀약(密約)에 고무되어
1905년 11월 17일에 일본이 일방적으로 발표한 을사5늑약(乙巳
五勒約)과 1907년 7월에 발표한 정미7늑약(丁未七勒約) 및 그
비밀부수각서(秘密附隨覺書)로 대한제국(大韓帝國)의 주권(主權)
을 약탈(掠奪)하는 만행(蠻行)을 저질렀다.

아시아가 몰락하는 이때에 우리나라의 최익현(崔益鉉) 의병대장(義
兵大將)은 국가신의론(國家信義論)을 주장하면서 대마도(對馬島)에
서 아사(餓死)하였으며 일본의 유림(儒林) 서판풍(西坂豊)은 평화공
존론(平和共存論)을 주장하고 또 중국의 유림(儒林) 반종례(潘宗禮)
는 한(韓)·청(淸)·일(日)의 삼국협력론(三國協力論)을 주장하면서
모두 우리나라에 와서 일본군경의 철수를 호소하며 차례로 보신각(普
信閣)에 올라가 투신 자결하였다.

동양의 평화를 길이 보장하여 동방예의문화(東方禮義文化)를
수호하려는 우리나라의 산림학자양반(山林學者兩班)은 분연히 궐
기하여 해산군인(解散軍人)과 힘을 합쳐 총 30만 의병(義兵)이
전국 방방곡곡에서 대일항전(對日抗戰)을 선포하고 연일연전 하
니 일본 통감부는 즉각 서당(書堂) 폐쇄령을 발표했다.

10만의 산림학자양반(山林學者兩班)과 110만의 유생(儒生)의 열렬한 지원 아래 1907년부터 1910년까지 장장 3개성상(三個星霜)에 걸쳐 대한독립을 위하여 결사항전을 했던 많은 의병(義兵) 가운데 가장 혁혁한 공적을 세우며 왜군(倭軍)의 주력부대와 영웅적으로 싸웠던 유림(儒林) 의병대장은 13도민군원수부(十三道民軍元首府)의 총대장 이인영(李麟榮), 군사장(軍師長) 허위(許蔿), 호서창의대장(湖西倡義大將) 이강년(李康秊) 장군과 지리산(智異山)을 중심으로 호영양남민군(湖嶺兩南民軍)을 총지휘한 석정(石井) 김동식(金東植) 장군이 유명하였다.

1905년 을사5늑약을 강제발표한 뒤로 1910년 경술국치(庚戌國恥)까지 5년간 13도에서 우리 민군(民軍)이 항일독립전쟁에서 보여 주었던 위대한 투쟁은 우리나라 5,000년 민족사에서 일찍이 보지 못했던 빛나는 항쟁사였고 세계에서도 그 유례가 없는 조직적 무장투쟁이었다. 임진왜란(壬辰倭亂) 때의 의병(義兵)은 정부의 지원을 받아 관군(官軍)과 합세하면서 명(明)나라의 지원이 있었지만 구한말(舊韓末) 13도민군(十三道民軍)은 관군(官軍)이 이미 강제해산을 당했고 또한 정부도 일본의 앞잡이가 되어서 오히려 민군(民軍)을 적대시했으며 더욱이 외국으로부터도 아무런 지원이 없었고 또한 많은 친일파와 일진회원이 들끓은 가운데 오직 유림(儒林)과 민중만의 은밀한 지원과 협조에 의지하여 장구한 투쟁을 계속했던 것이니 납세를 거부하고 토지대장을 불태우며 일본 통감부를 소탕하여 이완용 괴뢰정권을 전복하려고 도모할 뿐만 아니라 미곡 수출을 반대하고 외래상품불매운동을 전개하며 일제의 토지 침탈 및 그 지주 경영을 반대하여 일본인 대농장과 일본인 지주의 소작료 징수원을 처단하고 나아가 일본인 관리는 물론 일진회원과 친일파 관리를 단죄하여 민족의 정기를 높이 선양함으로써 우리나라 독립투쟁의 이정표를 세웠다고 할 것이다.

불타는 애국심과 정확한 시국인식에 기초하여 반제(反帝) 반침략(反侵略)을 주장하며 현대무기로 무장한 일본군과 전면전을 전개하여 백전백승하였으니 아직 우리 독립군이 사방에 건재했던 1911년도에 일본군의 통계에 나타난 것을 보아도 13도민군이 일본군과 전투한 연병력이 14만 명이 넘고 우리 민군의 토벌 횟수가 3,000여 회였으며 일본군이 확인한 우리 민군의 전사자만도 17,779명이라고 밝혔다. 일본군의 피해도 이에 못지않았으므로 이를 보복하려고 일본은 포로가 된 우리 민군의 장수를 모두 내란죄로 얽어 사형시켰으며 그들이 노획한 총 만해도 1만 정에 육박한다고 하였으니 당시 양총 1정을 사는 데 소 한 마리가 소요된 것을 생각하면 실로 민주, 민권, 민생을 쟁취하기 위하여 민족영웅들이 불타는 『춘추(春秋)』 정신을 드날려 민족의 역량을 총동원한 독립전쟁으로 재평가해야 마땅하다.

22부

민족통일론

1. 머리말

겨레는 화합하여 번창하고, 나라는 통일하여 발전한다. 반쪽으로 갈라진 민족에게 가장 시급한 임무는 동포애를 발휘하여 온 겨레가 화합하는 길을 만들어 내는 것이요, 양쪽으로 갈라진 나라에 최선의 가치는 나라를 걱정하는 생각을 가지고, 발전적으로 통일국가를 세우는 일이다.

민족은 공동생활의 역사를 통하여 스스로 튼튼한 생명력을 확보하고, 끈끈한 친화력을 배양함으로써 무궁하게 번영하는 기틀을 다지게 되는 것이다. 그러나 만일 각기 갈라서서 반목하게 되면, 그 내부적 갈등은 시간이 흐를수록 차차 굳어져서 마침내 이질화되고 만다. 그러므로 장기적인 민족분열은 그 동질성의 파괴라는 위험을 초래하는 까닭에 대단히 경계하지 않으면 안 된다. 또 국가는 정치사회의 안정을 통하여 비로소 확고한 신뢰를 획득하고, 강력한 추진력을 확보하여 무한히 발전하는 기회를 창출하게 된다. 그런데 만일 각기 나뉘어져 대립하게 되면, 그 내부적 혼란은 시간이 흐를수록 점점 가속되어 필연적으로 고립되고 절박한 운명으로 전락하고 말게 된다. 그러므로 장기적인 국가 분단은 그 국력을 부질없이 낭비하는 어리석음을 범하게 되므로 깊이 반성하지 않으면 안 된다.

이산민족의 영예는 없고, 분단국가의 안정은 없다. 한겨레가 하나로 대동단결하고, 한나라가 하나로 통일하는 것은 바로 민족의 영광을 되찾고, 나라의 안정을 영원히 보장하는 위대한 사업이다.

그러므로 갈라진 민족에게 있어서 결합은 절대명제인 것이며, 분열된 나라에 있어서 통일은 지상과제인 것이다.

따라서 오랜 공동생활의 역사를 가진 민족은 반드시 다시 결합하고, 자체적으로 안정을 추구하는 나라는 반드시 다시 통일하게 된다. 이는 그 민족역사의 저력이요, 국가자체의 역량이다. 스스로 역사의식을 가지고, 스스로 애써 흩어진 민족을 다시 결합하려는 뜨거운 민족애는 분단조국에 있어서 절대적 사명이며, 분열된 나라를 다시 통일하는 우국심은 인민에게 있어서 지상의 소명이다.

우리 한겨레는 5천년의 유구한 전통을 가지고 있는 단일민족국가로서, 근세 천년동안 통일사회를 형성하여 정치·경제·사회·문화·풍속 등의 동질성을 이룩하고, 자체적으로 동방의 위대한 문화를 창조하여 빛나는 도덕예의를 지켜왔던 것이다.

그러나 불행하게도 금세기 초에 열강의 제국주의에 고무된 일제가 무력으로 이웃나라의 신의를 저버리고, 식민통치를 강행한 결과, 항일투쟁 과정에서 민족지도자의 상반된 투쟁방법이 제기되었으며, 을유광복으로 인한 미·소양군의 진주에 의하여 38선이 그어짐으로써 국토는 남북으로 분단되고, 이어 각각 남북정부를 세움에 이르러서는 끝내 나라가 갈라지고, 민족이 분열하는 처참한 지경에 이르게 되었다.

민족지도자의 대의를 망각한 소승적 사고로 말미암아 민족이 각기 그 이념을 달리하게 되고, 미·소·중·일의 정의를 저버린 패권주의적 세력 확장으로 인하여 나라가 그 체제를 달리하게 됨으로부터 남북간에 이념의 대립과 체제의 대결을 초래하게 되어 민족광복의 역사적 시기를 맞이한 자리가 오히려 어처구니없는 싸움터로 변하고 말았다.

우리의 이러한 안타까운 현실은 그 분단이 단순한 국토분단에 그친 것이 아니라, 그 이념과 체제까지 서로 모순되고 대립하는 적대적 관계에 돌입하였다는 점이다. 일찍이 우리 역사에 그 유례를 찾아볼 수 없는 이 처참하고 심각한 어려움을 극복함에 있어서도 남북 당국자는 최선의 슬기로 대처하지 못하고, 비극적 수단인 6·25 동란이라는 무력통일의 수단을 선택함으로써, 그 적대감을 증폭시켰을 뿐만 아니라, 미·소·중의 대리전 양상을 초래함으로써 무의미하고 또 아무런 소득도 없이 이 민족에 커다란 상처만 입히고, 폐허만 남게 되었다.

이와 같이 최악의 상태로 40여 년 동안 서로 대치하고 있는 상황에서, 그 이념과 체제는 이미 양극으로 완전히 갈라져서 얼음과 숯처럼 서로 용납되지 못하고, 그 적대감과 증오심은 하늘을 함께 이지 않으려는 원수로 여겨 무서운 냉전의 상태가 지속되었다. 미·소·중·일은 이러한 우리의 위험을 은밀히 조종하고, 이러한 비극적인 상황 아래서 우리를 비웃고 있었다.

민족의 내부적인 역사인식의 부족과 국가의 외부적인 안정구조의 파괴가 전혀 개선되지 아니한 상황에서 민족과 국가의 통일은 전혀 기대할 수 없는 까닭에, 남과 북의 우리 겨레는 허탈한 부끄러움을 안고 하염없이 살고 있으니, 이제는 비록 최선의 슬기로운 통일론이 나온다고 해도 그 실현성이 매우 희박한 상태에 이르렀다.

남북이 상호 불신하는 적대감정을 어떻게 해소할 것이며, 사상과 체제의 차이를 무슨 힘으로 극복할 것인가? 또 미·소·중·일의 패권주의 신식민지 세력의 굴레로부터 언제 해방될 것이며,

완전한 자주·민주·평화·통일의 힘을 어디에서 확보할 것인가?

우리는 미·소 냉전체제 아래에서 오랜 분단구조의 희생물이 되어 차마 사람으로서 볼 수 없는 끔찍한 사건을 끊임없이 보아오면서 외부의 힘에 의한 통일의 기대는 완전히 무너졌으며, 오직 민족의 자각을 통한 자체적 통일 역량의 축적만이 통일을 궁극적으로 실현하는 방법임을 익히 알았기 때문에, 끝내 통일에 대한 연구를 포기할 수 없는 것이다.

더욱이 우리에게 있어서 통일은 민족의 번영과 국가의 안정을 달성한다는 최선의 이상을 실현하는 궁극적 목표인 까닭에, 슬기롭고 확실한 방안이 필요하고, 철저하고 완전한 방법이 요구된다.

통일의 목표를 실현하는 방법에 따라서 통일의 목적을 달성하는 구체적 과정이 달라지므로, 우리는 최선의 방법을 선택해야만 최대의 목표를 해결할 수 있는 방안을 획득하는 것이다.

따라서 나는 동양사에 이미 나타난 역대의 통일사례를 기초로 여러 유교인의 통일사상을 참고하면서, 실현가능한 다양한 통일론을 체계화하여 간결하게 정리함으로써, 우리 민족으로 하여금 통일에 대한 안목을 한층 높이고, 또한 이상적인 통일론을 창출하는데 조금이나마 기여코자 한다.

2. 통일의 시기

통일은 모든 생명체의 원상(原象)으로써 한나라 한겨레가 분단을 극복하고 통일을 완성함에 있어 특정한 시기가 따로 있을 수는 없다. 민족의 결합은 빠르면 빠를수록 상처가 적은 법이며, 국가의 통일은 빠르면 빠를수록 회복이 쉬운 것이다.

그러므로 우리는 국토의 허리가 끊어져 두 동강이 난 상황 앞에 한갓 때를 기다릴 수 있는 여유가 없으므로, 오로지 통일이란 목표달성을 위하여 민족을 해방하고 국가를 구원하는 슬기로운 지혜를 모으는 일을 등한히 할 수 없다.

그러므로 국내외에 제반여건이 성숙한 시기를 선택하는 안목은 대단히 중요한 것이며, 또 적당한 기회를 애써 창출하려는 노력은 더욱 중요하기 때문에 나는 통일의 시기라는 명제를 설정하여 주밀한 계획 아래 순리로 가는 길을 밝혀보고자 한다.

통일은 앞당길수록 좋다고 하는 말은 통일을 성공적으로 달성하였을 때를 전제하는 말이요, 만일 빨리 하려고 서둘렀다가 실패한다면, 오히려 그 갈등과 모순만 심화시킴으로써 타협의 여지를 없애버리는 것이다. 만약 또 조급하게 앞당기려고 불법수단인 무력을 동원하여 전쟁을 일으켰다 실패한다면, 막대한 인명과 재산만 잃고 극한적인 원수 사이로 벌어져 완전히 함께 살 수 없는 적대적 대결관계로 전락하여 버리게 되니, 이는 통일의 장벽을 높일 뿐만 아니라, 복수심까지 더하여 이 세상에 영원히 공존할 수 없는 관계에 이르게 될 것이다.

따라서 통일의 시기를 선택하는 것은 매우 중요한 일임에도 불구하고 불행하게도 우리의 선인들은 광복을 민족해방의 기회로 활용하지 못했을 뿐만 아니라, 통일의 기회도 슬기롭게 간파하지 못하고, 무모하게 6·25라는 전쟁을 일으킴으로써 돌이킬 수 없는 민족의 비극을 낳게 되었고, 서로 괴뢰라고 비방하면서 스스로

의 반성은 저버린 채, 심지어 통일문제를 집권자의 정권연장의 도구로 악용하고 있는 실정이었다.

이제 심각한 분단 상태에 있는 우리의 통일문제는 지극히 어렵고 복잡한 과제가 되었으니, 다시는 이러한 어리석은 과오를 범하지 않기 위하여 적절한 시기를 선택할 줄 아는 슬기가 필요하고, 또 대내외적으로 분위기를 조성하는 노력이 절실히 요구된다.

통일의 시기는 모름지기 통일역량을 충분히 확보한 시점과 일치하는 법이다. 민족 내부의 통일역량이 없이 통일과업을 강행하면 실패로 끝나기 쉽고, 자체의 통일역량이 없는 외부세력에 의한 통일은 또 다른 종속을 벗어나기 어렵게 된다. 따라서 가장 성공적인 통일을 성취하기 위해서는 남북이 각각 충분한 통일의 역량을 갖춘 다음에 통일과업을 착수하는 것이 순서라고 본다.

자주민주·평화통일이 가장 이상적인 길이요, 상호교류를 통한 평화공존이 차선책이요, 공격전쟁에 의한 무력통일이 최후수단이다. 자주민주적으로 평화통일을 실현하기 위해서는 남북민족의 통일역량을 충분히 갖추어야 할 것이고, 상호교류를 통한 평화공존을 위해서는 남북의 정치역량을 충분히 길러야 할 것이며, 공격전쟁에 의한 무력통일을 하기 위해서는 일방의 우월한 전쟁 수행능력 확보와 아울러 정당한 대의명분을 뚜렷이 해야 할 것이다.

통일역량이 없는 평화통일은 분단의 상처를 말끔히 치유하지 못함으로써 통일을 진보적 발전으로 전개시킬 수 없고, 정치역량이 없는 평화공존은 갈등과 마찰만 증폭시켜서 문제를 더욱 복잡하게 만들어 새로운 발전의 계기로 전환시킬 수 없으며, 우월한 전쟁역량이 없는 무력통일은 귀중한 국력만 소모시켜 쌍방이 함께 멸망하는 위기로 전락하여 불행의 역사를 자초하게 될 것이다.

그러므로 통일의 시기는 각각 그 목표를 충실히 달성할 수 있는 힘의 축적을 전제로 결정된다. 과거 우리들이 밟았던 비극적인 전철을 되풀이하지 않을 능력이 있어야, 새 시대의 밝은 미래를 기약할 수 있을 것이다.

준비가 없는 일은 잘될 수 없고, 우연한 일에는 반드시 탈이 생기는 법이다. 진정으로 통일에 대비한 준비가 철저하고, 통일의 힘을 튼튼하게 조성한다면, 통일의 시기는 그 가운데서 찾을 수 있을 것이므로 그 시기에 집착할 필요는 없을 것이다.

하물며 한겨레는 5천년의 단일민족의 혈통을 지금도 가지고 있으며, 우리나라는 천년이란 통일국가의 역사를 지녀왔다. 현재 남북에 이념과 체제의 차이가 있고, 군사와 외교의 다툼이 있으나, 쌍방이 서로 통일의 준비에 가지고 있는 역량을 다 하고, 통일의 시기에 연연하지 아니한다면, 오히려 빠른 기간 내에 원숙한 통일을 맞이할 수도 있을 것이다.

분분한 논의가 많은 떠들썩한 통일보다는 저절로 자연스럽게 이룩되는 통일을 기대한다면, 민족내부의 이념과 체제의 차이를 자체적으로 융화하는 새로운 사상과 체제를 개발하는 데 공동노력하고, 국가외부의 모순인 군사외교적 편파성을 극복하고, 주체적으로 문호를 개방하여 인류사회와 화평한 관계를 수립하는 데 상호 협조하는 서로의 준비과정이 앞서야 할 것이다.

남북이 서로 의구심을 해소하고 신뢰를 회복할 수 있도록 스스로 먼저 실행하는 통일 준비과정이 없이 갑작스럽게 통일의 시기를 정하고, 그 열기를 불러일으키는 것은 한갓 허황되게 국민을 현혹하여 사태의 본질을 흐리게 함으로써, 문제의 핵심을 근본적으로 해결할 수 없게 하는 위험한 방법이다. 이제 막연한 기대감이나 희생적 영웅심으로 통일을 보장하기에는 이미 40여 년이 지난 지금 때가 너무 늦었다고 느끼고 있는데, 아마도 갑작스런 통일은 졸속한 결과를 낳을 확률이 아주 높다고 본다.

민족은 영원하고, 나라는 신성하다. 영원하고 신성함을 결집하여 통일을 추진하는 직업은 지극히 엄숙하고 숭고한 일이므로, 철저하고 완벽한 준비를 갖출 때까지는 부단히 통일의 역량을 기르는 것이 중요하다. 만일 무모하게 나서는 것을 열렬한 애국심이나, 뜨거운 동포애로 여긴다면, 이것은 진정 남북 전체 민족의 생명과 재산을 소중하게 여기지 않고, 남북쌍방의 노력과 업적을 귀중히 여기지 않은 발상이라고 할 것이다.

금세기의 우리 민족은 고난의 역경 속에 시달린 삶이었으니, 더 이상의 고난은 이제 되풀이되어서는 안 되며, 또 나라는 비록 남북으로 나뉘어져 있지만, 역사상 일찍이 유례없는 발전과 번영을 성취하였으니, 다시 파괴하거나 정체되어서는 안 될 것이다. 이제는 지금의 안정을 지속적으로 유지하고, 더 큰 국가발전을 계속 추구해야 할 때이다.

따라서 이제는 통일이라는 목표를 지나치게 확대하여 국가민족의 번영이라는 삶의 목적을 너무 축소하는 것을 크게 경계해야 한다. 한겨레가 나뉘어졌으면, 반드시 결합하는 것은 필연적인 귀결이요, 한나라가 분열되었으면 기필코 통일되는 것은 지상명제이다. 슬기로운 지혜를 개발하며 손쉬운 길을 찾지 아니하고, 한갓 시간만을 헤아리는 것은 있을 수 없는 일이다.

통일은 민족웅비의 힘을 발휘하는 절호의 기회인데, 어찌 지난 날의 감상만을 앞세울 것이며, 통일은 국가발전의 새 역사를 재창조하는 긴요한 관건이거늘 어찌 무모한 논리를 전개할 것인가? 우리가 완벽한 준비를 통하여 나라를 통일하는 날, 국가민족의 현실적 모순을 극복할 수 있고, 나아가 세계의 제반 모순도 완전히 해소시켜 민족의 영광과 인류의 광명이 수반되는 새 질서를 창출하는 위대한 길을 찾아야 한다.

따라서 통일의 시기는 우리 민족의 노력하는 정도에 따라서 앞당겨질 수도 있고, 늦추어질 수도 있으나, 우리는 조속히 통일을 완수함으로써 금세기의 끝마침과 더불어 민족의 비극을 마감하고, 다가올 2천 년대를 민족발전의 획기적인 새 역사 건설의 기회로 삼아야 할 것이다.

3. 통일의 원칙

통일의 원칙은 현실적으로 몇 가지 중요한 사항을 전제로 한 기초 위에서 합의를 도출해 낼 수 있다. 그러므로 먼저 그 전체를 주체적으로 논의할 필요가 있다.

첫째는 분단원인에 대한 전제로서 국토분단의 원인은 무엇이며, 국가가 양분하게 된 동기는 무엇이며, 민족이 분열하게 된 까닭은 무엇인가? 그 역사적 사실을 어떠한 시각에서 규명하고, 그 책임을 어떻게 물을 것인가? 하는 문제들이다.

여기에 대한 명쾌한 규명이 없이는 화합의 논리를 제기하기가 매우 어려울 것이며, 진정 통일의 분위기를 조성할 수 없을 것이다. 그러므로 우리는 조급하게 통일의 원칙을 세우기에 앞서 먼저 분단구조를 파악하는 정확한 역사이해부터 합의하지 않으면, 문제를 근본적으로 해결할 수 없다는 점을 분명히 깨달아야 할 것이다.

이 문제는 우리가 실제로 경험한 사실인 까닭에 합의가 쉬울 수도 있으나, 또한 직접 겪은 일이기 때문에 잊혀지지 않고 있다. 국토분단의 직접원인은 미·소 양군의 남북주둔이므로, 그 책임을 모면할 수 없으나, 그 원인(遠因)은 일본제국주의의 국토강점에 있었던 까닭에, 그 사태의 본질적인 책임은 오히려 일본에 있다고 할 것이다.

국가양분의 동기는 좀 더 복잡한 문제로서 한국민의 의사를 외면한 미·소 공동위원회의 졸속협정과, 무책임한 결렬선언, 그리고 유엔 한국위원단의 이남단독선거 감시와 이북의 유엔한국위원단 배척과 유엔의 조급한 한국승인 및 이북의 단독정권수립에 있다. 그 혼란스러운 과정은 그야말로 이해득실과 시비선악이 혼재하여 정확한 내막을 규명하기 어려운 점이 있다.

그러나 전체적으로 흐름의 맥은 미·소가 우리나라를 태평양전쟁의 승전국으로 대우하지 않고, 패전국가로 간주하여 그들의 전리품으로 착각함으로써 한국의 정치역량을 인정하지 아니했다는 점이다. 미·소는 우리 민족의 의사에 반하여 자의적으로 남북의 정권수립을 지원하여, 즉시 승인하고는 서로 비방하면서 정부가 양립한 책임을 전가하는 데 급급하였다.

이러한 정권 분리현상은 전혀 우리 민족의 희망이 아니었던 까닭에, 김구를 비롯한 민족의 양심세력은 미·소의 세력을 배제하고, 남북합작의 길을 모색하였으니, 이것은 비록 남북의 정권은 분리되었으나, 우리의 민족감정은 하나라는 사실을 증명한 것이다.

민족의 심각한 분열은 6·25 동란에 의한 동족상잔의 불행에서 야기되었으니, 6·25 동란의 책임을 규명하는 일이 가장 어렵다고 할 것이다. 이 전쟁의 미지수는 전쟁발단의 불명료성에 있다. 남북의 신생정권은 아직 전쟁수행능력이 열악한 상태에 있었음에도, 개전 즉시 대량 살상전쟁으로 전환하여 남한에는 유엔 16개국이 즉각 참전하고, 북한에는 중·소가 전력으로 투입되어 한없는 파괴전투를 강행하였다는 점이다. 더욱이 휴전을 하고도 평화협정을 전혀 재촉함이 없이 판문점의 경비를 외국군대가 주둔해서 경비하는 기현상을 연출하고 있는 것이다.

과연 6·25 동란이 우리 민족의 조국통일의지에서 발생한 것인가? 아니면 강대국의 지배명분 마련을 위한 대리전쟁이었는가? 어떠한 경우라고 하여도 조국과 민족을 통일하기 위하여 처음부터 무력통일 방법을 선택한 결정은 비난을 받아 마땅하며, 또한 지나치게 외국 군대를 끌어들여 동족을 말살한 행위 역시 정당화될 수 없다. 만일 강대국의 지배명목 획득을 위한 대리전쟁이라면, 이는 천인공노할 역천난륜의 범죄가 아닐 수 없는 것이다.

우리 민족이 어떻게 하여 이처럼 분열하였는지를 소상하게 밝히지 않을 수 없다. 비단 지난 역사를 바로 잡는다는 의미에서 뿐만 아니라, 통일의 문제를 근본적으로 조명한다는 취지에서 이상의 문제에 대한 확실한 진실규명이 선결되어야 할 것이다.

둘째는 분단을 극복하는 통일방법의 전제이다. 앞에서 열거한 역사적 진상이 가려지면, 비교적 용이하게 민족적 합의는 이루어질 수 있을 것이라 본다. 과거의 진실을 밝힘으로써 분단을 극복하는 힘을 얻을 수 있기 때문이다. 일단 과거를 거울삼아 전쟁이라는 위험한 수단을 배제하면서 민족적 합의에 도달할 수 있는 길이 열리게 될 것이다.

통일의 방법을 합의함에는 물론 자주적·민주적·평화적인 방법을 선택하는 것이 가장 이상적인 길이라고 할 것이다. 그 구체적인 방안으로는, 남북의 국가를 완전히 해체하고, 새로운 통일국가를 세우는 방안이 있으며, 남북의 지역정부를 유지하는 상태에서 서로 통합하여 통일정부를 세우는 방안이 있으며, 일방의 정권이 타방의 정권을 수용 합병하여 통일정권을 세우는 방안이 있을 것이다.

새로운 통일국가를 건설하기 위해서는 남북이 다 같이 찬성하는 위대한 통일이념을 창조해야 될 것이며, 남북의 정부가 서로 장단점을 통합하여 연방정부를 세우기 위해서는 쌍방이 그 이념과 제도의 공통요소를 최대한 활용해야 할 것이요, 일방이 타방을 수용 합병하여 통일정권을 세우기 위해서는 일방이 타방을 능히 수용할 수 있는 월등한 힘을 가져야 할 것이다.

그러나 가장 중요한 문제는 어느 방안을 선택하든지 부정한 술수나, 불의한 책략이 개입되어서는 안 된다는 점이다. 술수나 책략은 반드시 그 정체가 드러나기 마련이고, 부정불의한 실체가 드러나면, 모든 협의가 수포로 돌아갈 위험성을 가지고 있기 때문이다. 결국 통일의 방법은 협상쌍방의 정직성을 바탕으로 하여 서로 신뢰하면 신뢰할수록 좋은 방법을 선택할 수 있을 것이다.

셋째는, 통일의 목적에 대한 전제이다. 통일의 궁극적 목적이 민족과 역사를 통일하여 발전시키고자 하는 것인가? 국가와 권력을 통일하여 현상을 안정시키고자 하는 것인가? 다만 사회와 이익을 통일하여 더 이상의 이질화를 방지하자는 것인가? 그 지향하는 목적을 분명히 정할 필요가 있다. 만일 그 목적이 분명하지 못하면, 반드시 끊임없는 목표수정의 반복현상에 휘말리어 한 가지 문제를 해결하면, 또 한 가지 문제가 파생되어 수습할 수 없는 혼란에 빠지게 될 것이다.

통일의 목적에 따라서 통일의 방법이 달라진다. 불투명한 목적을 놓고 방법을 논의하는 것은 무의미한 일이다. 따라서 단계적 목적을 설정하든지, 궁극적 목적을 확정하든지, 정확한 통일목적을 합의하는 것이 바로 통일의 원칙을 정하는 가장 중대한 전제가 된다.

이상의 문제를 합의하여 과거의 진실을 알고, 현실을 새롭게 개척하여, 미래를 약속할 수 있다면, 쌍방은 바야흐로 민족의 발전을 보장하는 통일의 원칙을 지켜야 할 것이다.

단일민족으로 통일국가를 건설하여 공동체 사회를 만드는 통일의 원칙은 대략 다섯 가지의 평등화 추진원칙으로 요약할 수 있을 것이다. 평등의식과 평등화 노력이 없이는 평화통일의 역사를 창조할 수 없다. 그러므로 쌍방은 상호평등주의 원칙을 지키되 거시적 안목으로 지상의 목적을 추구함에 노력하지 않으면 안 된다.

통일의 다섯 가지 평등원칙은 인간평등, 지역평등, 기회평등, 가치평등, 이익평등이다.

인간평등 원칙은 천부적 인권을 가지고 태어난 만인평등의 사상을 존중함은 물론이요, 사상과 생활의 차이를 자체적으로 극복하고, 상호 인간의 존엄성을 지키며, 동포애를 발휘하여 전 민족의 인간화 작업을 함께 추진하는 것이다.

지역평등 원칙은 전 국토를 동일생활 공영권으로 개발하여 균등하게 발전토록 함과 동시에, 완전한 지역자치를 보장함으로써 전 국토의 평준화 작업을 함께 추진하는 것이다.

기회평등 원칙은 공평한 사회제도를 마련하여 모든 사람이 자유롭고 평등한 가운데 충분히 능력을 발휘할 수 있는 기회를 균등하게 부여하는 것이다. 과학문명을 창조하고, 산업현대화를 실현하여 새 시대의 선진사회를 함께 건설하는 것이다.

가치평등 원칙은 나라의 기강과 사회의 윤리를 엄격하게 확립하여 옳은 것과 그른 것, 착한 것과 악한 것, 바른 것과 굽은 것, 그리고 공사(公私)를 명확히 함으로써 정의롭고 명랑한 사회기풍을 함께 조성하는 것이다.

이익평등 원칙은 통일의 이익이 전 국민에게 골고루 돌아가도록 균등하게 분배하고, 사회경제적 구조를 형평에 맞추어 이질적 차별상이 발생하지 않게 하여 전체가 공동발전토록 함께 노력하는 것이다. 이상 다섯 가지의 평등화 원칙을 기준으로 하여 통일목표를 협의해야만 합의에 도달할 수 있을 것이므로, 먼저 이에 대한 합의가 민족적 약속으로 성립되어야 할 것이다.

4. 통일의 주체

통일의 주체는 한겨레 전 민족의 구성원이 담당해야 한다. 누구도 이 통일주체의 권리를 양도하거나 박탈할 수 없으며, 통일에 대한 모든 합법성과 정당성은 한겨레 전 민족의 주체적 역할에서 나오게 될 것이다.

따라서 한겨레 전 민족의 의사는 처음부터 끝까지 통일의 주체적 역량으로 작용하는 권능을 가지며, 통일국가의 주권도 당연히 우리 전 국민에게 있고, 통일국가의 모든 권력도 당연히 우리 전 국민으로부터 나오는 것이다.

그러므로 한겨레 전 민족이 우리나라를 통일하는 주체라는 사실은 절대로 변할 수 없는 것이다. 모든 통일운동은 남북국민의 주체적 의사로부터 출발하지 않으면 안 되는 근거도 여기에 있다. 때문에 통일운동은 국민으로부터 점진적으로 일어나야 하며, 국민의 신임을 얻은 남북의 정부는 그 민의를 수용하여 통일작업을 추진하는 실무적 역할을 담당하는 것이 순서일 것이다.

왜냐하면, 이는 전체 민의를 집약할 수 있는 완벽한 조직과 합의한 내용을 구체적으로 실천할 수 있는 강력한 정치력을 가진 정부가 통일과업을 주관할 때, 비로소 확실한 통일의 실현성을 보장할 수 있기 때문이다.

무릇 정당·사회단체나, 또는 특수계층 및 종교집단 등의 통일운동은 민족계몽의 선도적 역할로서 존중되어야 하지만, 짐짓 통일의 주체로 자임하거나, 아예 통일과업을 추진하고 주관코자 해서는 통일논의가 무질서하게 될 위험성이 있다.

그리고 통일과업을 추진하는 별도의 기구를 설치하여 운영하는 방법도 고려할 수 있으나, 지극히 무기력하고 비능률적인 공론으로 전락할 소지가 너무 많다. 협의기구와 실천기구가 이원화 되었을 때, 그 협의사항을 실천하고 확인하는 과정이 복잡하게 전개됨으로써 책임의 소재가 명확치 못하게 된다.

또 위험한 발상의 하나는 통일과업을 추진하는 역할을 중립적인 제3국가에 위임하여 불편부당한 중개역할을 보장받으려는 행위와 강대국의 세력에 의지하여 그들의 외교적 결과로써 안일하게 통일의 선물을 얻으려는 태도일 것이다.

통일을 강대국가의 힘에 맡기는 것은 통일의 주체를 포기하는 것이다. 개화에 즈음하여 민족을 등지고 해방이 되어 나라를 저버리는 전철을 밟을 수는 없다. 이를 답습하는 것은 민족반역이요, 배반이다. 통일에 임하여 이보다 크게 경계해야 할 일이 없다고 본다.

국가민족의 통일을 외세에 의존하려는 태도는 곧 통일역량이 없다는 증거이다. 당초 통일역량이 없는 국가 민족이 오로지 외세에 의하여 통일을 실현한다면, 이는 또 외세의 간섭을 벗어날 힘도 분명 없다는 증거이다.

자력통일이 아닌 외세통일은 필연적으로 민족의 생존도 국가의 독립도 이루지 못한 파행적이고, 미봉적인 것으로 호도될 수밖에 없는 전혀 무의미하고 무가치한 일이라고 아니할 수 없다.

일단 주체와 객체가 바뀌면, 일의 근본동기와 최종목적도 여기에 따라 변질된다. 개인은 비록 남의 구제를 요청할 수 있지만, 국가는 절대로 외국의 구원을 요청하는 법이 없는 것이다. 그러므로 민족적 통일과업에 임하여 우리는 가급적 외세의 도움을 배제해야 할 것이며, 민족통일의 순수성을 짓밟는 외국의 무분별한 간섭을 저지해야 할 것이다.

이러한 우리의 소망을 이루기 위하여 남북의 정부는 적극적으로 민족통일의 역량확보에 총력을 기울여 강력한 민족주체성을 확립하고, 견고한 자주적 실천력을 개발하여야 한다. 주체가 허약하면 객체에 의지하고, 일을 처리하지 못하면 남에게 맡기게 되므로, 스스로 허약하다는 관념을 떨쳐버리고, 민족적 자부심을 가지고 추진하면 불가능한 일은 없을 것이다.

하물며 통일은 뭉치면 뭉칠수록 더욱 튼튼하고, 추진하면 추진할수록 점점 쉬워지는 역사(役事)이다. 어찌 허약할 것이며, 무엇이 두려울 것인가! 제 민족을 의심하고, 남의 나라를 믿는 것은 불신이요, 제 나라를 무시하고 남의 나라를 섬기는 것은 무책임이다.

남북의 6천만 겨레는 스스로를 자각하여 위대한 통일의 역군으로 자처하고, 시대적 사명을 슬기롭게 완수하여 이 땅에 영원한 평화와 행복이 정착할 수 있도록 불타는 열정과 부단한 실천력을 모두 발휘하는 중대한 시기임을 명심해야 한다.

일반적으로 민족전체의 주체가 확고하면, 통일기반이 조성되어 합의된 국가도 건설되고, 민족통일도 성취될 수 있을 것이다. 남북의 두 정부가 자주적 실천력이 확고하면, 두 정부를 연합하여 연방국가를 건립하는 국가통일을 성취할 수 있을 것이다. 각계 계층의 통일논리가 합리적 보편성을 획득하면, 바야흐로 고착된 현상의 적대적 관계를 청산하고, 평화를 정착하여 서로 교류하고 교역하는 관계로 발전할 수 있을 것이다.

기본적으로 통일의 주체는 앞날을 멀리 내다보는 예지와 투철한 우국정신을 서로 발휘하여 국가민족에 대한 공통의 인식에서 확립되어야 된다. 국가민족의 불행을 불식하려는 슬기로운 안목을 가지고, 통일에 접근하는 주체적 결단을 통하여 통일의 주체는 뚜렷한 역사적 가치를 찾을 수 있을 것이다.

5. 통일의 방법

통일의 방법은 우리나라의 경우, 가능한 모든 방법을 상정하여 보고, 그중에서 실현 가능성이 있는 것과 제일 이상적인 방법을 선택해야 될 것이다.

이제는 원칙적으로 전쟁통일을 피하고, 평화통일을 추구하는 노력에 민족의 슬기를 집중시켜야만 한다고 본다. 평화통일은 쌍방이 군사력을 동원하지 아니하고, 민족의 도덕적 양심을 바탕으로 한 정치적·경제적·외교적인 역량에 의한 통일을 말한다.

도덕적 양심은 현 상황에서 남북의 민족이 평화적으로 접근할 수 있는 가장 가까운 길이라고 할 것이다. 우리 민족은 역대로 도덕을 숭상하여 고대에는 신선국을 건설하였고, 중고에는 군자국을 건설하였고, 근세에는 예의국을 건설하였던 인륜적 도덕정신을 가지고 있을 뿐만 아니라, 민족성은 착하고 순결한 양심을 지킴에 목숨보다도 소중히 하여 사회적 불의나, 외교적 불신을 철두철미 배척하였다. 그러므로 양심에 살고 의리에 죽은 충신의사와 효자열녀의 얼과 넋이 가득하여 인도주의를 자랑하였던 것이다.

이와 같은 인도적 도덕정신과 양심의식은 우리 겨레의 천성으로써 변하지 않는 가치이다. 진정 평화적 통일의 뿌리를 여기에 근거하면 전체 민족이 인륜적으로 화합함으로써 상호 신뢰의 바탕이 이루어진다. 일단 인도적 바탕이 튼튼하면, 그 위에 상호 정치력을 발동할 수 있게 되고, 외교력을 이용할 수 있게 되어 통일의 길이 열리는 것이다.

평화통일을 추진함에 있어 가장 구체적인 핵심과제는 정치통일이다. 모름지기 정치적 기구의 통일이 없이는 궁극적으로 통일을 실현할 수 없기 때문이다. 따라서 남북은 실질적으로 완벽한 정치적 통일을 실현하기 위하여 당사자간의 직접협상을 할 수밖에 없다.

남북정부의 직접협상을 통한 국가통일의 방법도 또한 여러 가지로 논의할 수 있으니, 한 민족·한 나라·한 사회를 추구하여 선거를 통한 통일을 이룩하고, 쌍방의 정부를 해체하여 모든 권력을 새 정부에 넘겨주는 방법이 있고, 한 나라 두 정부를 추구하여 남북정부가 연합하여 중앙정부를 세워 새 나라를 만들고, 남북의 정부는 지방정부의 역할을 수행하는 연방제도나 연합체제를 채택하여 단계적 통일을 시도하는 방법이 있다. 두 나라·두 정부 양체제(兩體制)의 형식을 그대로 두고, 다만 한민족 공동체의 이질화·적대화를 방지하기 위하여 별도의 연락통제 기구를 설치하여 상호통일의 약속을 점진적으로 실천하는 방법도 있다.

일시에 통일하는 방법은 이상적이지만, 고도의 민족역량이 필요하고, 단계적으로 결합하는 통일방법은 현실적이지만, 강력한 신뢰를 기반으로 하는 정치역량이 필요하며, 점진적으로 접근하는 통일방법은 가장 손쉬운 방법이지만, 지극히 막연한 소극적 자세라고 할 것이다.

평화통일을 추진함에 있어 또 하나의 구체적이고 중대한 과제는 경제통일이다. 정치통일의 실제적 성과도 바야흐로 경제통일의 결과로서 나타나는 것이므로, 경제적 이익의 통일이야말로 그 성패의 갈림길이 되는 중요한 관건이라고 할 것이다.

남북의 현실적 경제구조는 본질적으로 그 체제를 달리하고 있다. 소유와 소득을 자유롭게 하는 자본주의 경제제도와 소득과 분배를 평등하게 하는 집단공산주의 경제제도로 첨예하게 대립하고 있는 상태이다. 이것은 일방의 경제제도를 타방에 직접 적용하기가 거의 불가능할 뿐만 아니라, 또한 타협을 통한 경제구조의 동질화 작업도 대단히 어려운 문제임을 뜻한다.

그러나 우리 민족이 통일과업에 직접 참여한다는 역사의식을 가지고 슬기롭게 내부적 변화를 추구한다면, 몇 가지 방안이 나올 수 있는 것이다.

우리 민족이 통일하여 새 나라를 세움에 자유와 평등을 동시에 실현할 수 있는 제3의 국가경제 형태를 창출하는 것이 한 가지 방안이다. 이것은 자본주의의 장점과 공산주의의 장점을 추출하여 생산의 능률화를 기하면서 분배의 평준화를 도모하는 것이 바람직하다.

남북이 전 국토를 적절한 비율로 나누어 국유·공유·사유화하는 데 합의하고, 산업도 적절히 분류하여 국유화·공유화·사유화를 각각 단행함으로써, 쌍방의 경제생활과 사회활동을 접근시킨다면, 서로 무리 없이 경제통일을 실현할 수 있을 것이다. 이러한 방법은 일시에 새 나라를 건설할 수 있는 혁명통일의 기초가 된다고 할 것이다.

다음은 양쪽의 경제체제를 그대로 유지하면서 중앙연방정부를 세우고, 중앙정부의 연합적 경제정책에 따라 쌍방의 경제구조를 단계적으로 통합하는 길이다. 이것은 평준화를 이룩한 다음에 결합하는 것이 아니라, 결합하여 평준화하는 것이다.

끝으로 정치적 통일을 목표로 하여 경제적 교류를 합의하는 것인데, 쌍방이 호혜평등의 원칙에 따라서 산업개발에 협력하고, 재화를 교류하며, 상품을 교역하는 경제통상 관계를 증진하는 방법이다. 이것은 비록 통일에 대한 확실한 보장이 없는 것이 결점이지만, 그래도 적대시하여 교류하지 않는 사이보다는 바람직한 상황발전이라고 할 것이다.

평화적 통일이 군사적 행위 없이 군사협상을 통하여 추진하는 방법까지 포함한다면, 남북의 군사회담을 개시하는 방법도 있다. 유엔과 미국·소련·중국이 우리나라의 전쟁방지를 보장하는 상호불가침을 성문화하고, 남북의 군사책임자가 직접 회담하여 적대적 대결구조를 청산하여 평화적인 통일의 계기를 마련하는 것이다.

무엇보다도 먼저 휴전협정을 평화협정으로 대체하여 무력대결의 민족불행을 방지하고, 전체 민족의 생명과 재산을 보호하는 민족적 군대로써 인류평화에 기여해야 할 것이다.

진정한 무예는 사람을 살상하지 않고 굴복시키는 것이며, 천하의 의군(義軍)은 싸우지 않고 승리하는 것이다. 만일 무적의 군사력이 있다면, 협상을 어찌 피할 것이며, 만일 신묘한 전략이 있다면, 어찌 무기를 쓸 필요가 있겠는가? 대화의 광장을 활용하여 의연한 자세로 대좌하여 인도적 결단으로 통일의 합의에 도달해야 할 것이다.

그러나 남북의 군사력이 서로 비슷하여 일방적 승리를 보장할 수 없을 때는 결단코 전쟁을 방지하기 위한 노력이 더욱 절실히 요구되는 것이므로 평화통일을 위한 군사회담의 가치는 지극히 중요한 것이다.

새로운 통일국가의 건설도 군사력의 통합을 전제로 가능한 것이고, 통일국가의 안전도 통합군대가 보장하는 것이다. 그렇다면 남북군대의 통합은 가장 대담하게 추진하고, 가장 치밀하게 추진하여야 될 사항으로서, 정치통일 작업과 병행하는 것이 바람직하다고 할 것이다.

남북의 군사책임자가 군사회담을 진행하면서 가장 경계할 일은 무자비하게 동포의 인명을 살상하면서 대량소모전쟁을 치렀던 6·25의 참상을 거울삼아, 다시는 그와 같은 전철을 반복하지 않도록 신중하고 진지한 자세를 끝까지 견지하는 인내가 필요하다. 무릇 시작이 좋아야 끝이 아름답고, 방법이 옳아야 결과가 좋은 법이다. 모름지기 우리 민족은 모든 지혜를 전부 모아서 가장 좋은 방법을 선택하여, 자손만대의 이상 국가를 건설하는 토대를 마련하도록 혼신의 노력을 다해야 되는 기회임을 깊이 자각할 때이다.

6. 통일의 성과

통일이 우리에게 어떠한 모습이어야 하는가? 바야흐로 이 문제는 바로 우리 민족의 앞날의 운명을 결정하는 중대한 과제가 아닐 수 없다. 20세기 초엽의 개방의 물결이 나라의 멸망을 초래하였고, 금세기 중엽의 광복이 우리 민족의 분단을 가져왔다면, 이제 금세기 말엽의 통일의 희망은 우리에게 무엇을 가져올 것인가?

역사적으로 우리에게 절실한 희망은 전 민족이 화합단결하여 대동세계의 조화와 질서를 정착시키는 것이라고 하겠다. 전 민족의 화합과 단결이 없이는 자주적 통일을 실현할 역량과 주체적 새 나라 질서를 정착할 기반이 튼튼하게 될 수 없을 것이다.

통일의 자체적 역량과 기반이 튼튼하지 못하면, 바람직한 통일의 성과를 기약할 수 없다. 민족의 유구한 발전과 국가의 백년대계를 위하여 앞으로의 통일은 전 민족이 대동단결하여 가장 이상적인 새 역사를 창조함으로써 지난날의 과오를 광정해야 할 것이다.

개방기에 우리 선인들은 개화파·보수파·혁명파로 분열된 까닭에, 외세에 대항하는 힘이 약화되어 마침내 나라가 멸망하였으며, 광복기에 우리들은 좌익과 우익으로 내부가 분열된 까닭에, 시대적 소명을 다하지 못하고, 마침내 동족상잔의 6·25 동란을 겪고 말았다. 이것은 민족이 처한 중대한 계기에 민족내부의 분열이 얼마나 불행한 결과를 초래하였는가를 여실히 보여주는 명백한 증거이다.

이제 또다시 통일이라는 민족사적 과제를 해결함에 있어서 소수 정파의 파당성을 드러내어 주체적 사명을 저버릴 것인가? 모든 일의 끝은 새로운 일의 시작이 되는 것이다. 통일이라는 분단의 종결은 새 나라의 운명을 결정하는 기초이니, 이제 자랑스러운 새 역사를 창조함에 있어 전 민족의 화합과 단결은 필수적 요건이라고 할 것이다.

소아(小我)를 버리고 대아(大我)의 웅지를 발휘하여 남북은 사상적 갈등과 체제적 모순 및 군사적 대립을 스스로 지양하고, 상호 적대적 경쟁관계를 청산하여 동포적 우호협력 관계로 발전시키는 획기적인 결단이 있을 때, 전 민족은 모든 갈등을 풀어 버리고, 서로 존중하며 지역적·사회적인 상호 불가분의 연대감을 형성하게 된다.

이러한 민족의 대동단결하는 통일역량을 통하여 우리는 비로소 민족적 과제인 자주적 결합과 민주적 발전을 기약할 수 있으니, 자주적 결합은 새 나라의 건설이며, 민주적 발전은 화합의 결정이라고 할 것이다.

자주적 화합의 실현과 민주적 발전의 성공은 통일의 최대 성과이다. 이를 위하여 부단한 자발적인 노력이 필요하다. 남북의 정부가 외세에 의존하지 않고, 주체적으로 민족의 진로를 결정할 때, 각각 실질적 종속성을 탈피하여 이상적 통일을 맞이할 수 있는 것이요, 남북의 동포가 퇴영적인 낡은 의식을 청산하고, 분파적인 갈등구조를 해소할 때, 민주적 발전을 완수할 수 있는 것이다.

통일이 명실상부하게 그 형식과 내용을 다 같이 갖추기 위해서는 남북이 물리적으로 결합하는 형식적 통일에 그쳐서는 안 되며, 반드시 그 삶의 질을 향상시키고, 그 문화의 수준을 높이는 질적 변화를 추구함으로써 통일의 진가를 찾게 되는 것이다.

통일의 성과가 크면 클수록 과거에 대한 집착이 적을 것이고, 통일의 성과가 적으면 적을수록 현실에 대한 불만이 많을 것이다. 통일의 완벽한 성공을 보장하기 위해서는 최선의 통일방법을 선택해야 한다. 그리하여 2천 년대 민족웅비의 굳건한 터전을 마련하는 통일이 되어야 한다.

이것은 통일의 궁극적 목적인 민족번영을 확실히 보장하는 통일이어야만 이상적인 결합의 길이 생긴다는 뜻이다. 남북의 동포가 통일적 우주관, 통일적 인생관, 통일적 정치관, 통일적 역사관을 구축하여 공동생활의 일반사회에서 역동적인 친화력을 발휘해야 하고, 나아가 통일의 정당성과 합리성을 자체적으로 획득할 뿐만 아니라, 또한 사회생활의 실제적 향상 발전이 따르지 않으면 안 된다.

통일정부의 상층을 구성하는 정치지도부의 인화단결은 정국의 안정기틀이요, 통일사회의 기본계층인 일반민중의 안녕질서는 국가기강 확립의 초석이다. 그러므로 진정한 통일의 성과는 민족애를 드높이고, 인도정신을 널리 밝히는 실천적 노력에서 나타난다고 할 것이다. 서로의 감정을 용해하여 한데 화합하고, 서로의 정신을 승화하고 한데 배합하여, 민족의 이상에 부합한 통일이어야 한다.

금세기에 있어 자본주의와 공산주의가 첨예하게 대립하는 동서 냉전 구조의 희생물로써 분단을 당했던 우리 민족이 자체적으로 그 사상과 체제의 모순을 극복하고, 화해통일 하는 것은 비단 우리나라의 국제적 지위의 향상을 가져올 뿐만 아니라, 오히려 동북 아세아의 안정도모와 세계평화 구축의 기초인 동서화해의 결정적 계기가 될 것이다.

7. 맺음말

일찍이 전국시대에 일곱 나라가 서로 싸우면서 패권을 다투는 혼란사회를 보고, 맹자는 인류의 평화와 행복을 위하여 천하는 반드시 통일되어야 한다고 주장하였다.

양양왕(梁襄王)이 묻기를 '천하는 어떻게 안정될까요?'라고 하니, 맹자가
대답하기를 '통일이 되어야 안정할 것입니다'라고 하였다. '누가 통일하리까?'
라고 하니, 대답하기를 '사람 죽이기를 좋아하지 아니하는 임금이 능히 통일
할 것입니다'라고 하였다. '누가 평화주의자의 주장을 따르리까?' 하니, 대답
하기를 '천하가 따르지 않을 수 없는 것이니, 임금은 저 벼의 싹을 아시나이
까? 7~8월 사이에 가물면 싹이 말라서 비틀어지다가, 하늘에서 뭉게구름이
일어나 주룩주룩 비가 쏟아지면, 싹이 꼿꼿하게 일어서나니, 이러한 현상을
그 누가 막으리오. 오늘날 천하의 관료가 사람 죽이기를 좋아하지 않는 이가
없으니, 만일 사람 죽이기를 좋아하지 아니하는 지도자가 있다면, 천하 사람
이 모두 목을 빼고 우러러 볼 것이니, 진실로 이와 같은 민심의 흐름은 마치
물이 아래로 쏟아지는 것과 같아서 질펀한 힘을 아무도 막을 수 없는 것입니
다'라고 하였다.『孟子』「梁惠王章句上」

인간의 도덕적 양심은 천하무적의 힘으로 나타날 수 있다는 것
이 공자와 맹자의 한결같은 주장인데, 이것은 무력이나 외교력,
또는 경제력을 앞세우는 것이 아니라, 사람답게 사는 인생의 본의
를 발견하는 것이 천하국가의 기본이 되어야 한다는 사상이다.
　모름지기 인심의 통일 없이 천하의 통일이 없고, 민생의 안정
없이 인류의 안정이 없는 것이다. 민의에 배치하고, 민생을 해치
는 일체의 행위는 진정한 통일방법이 아니라는 점이다.
　전국시대 각국이 추구하였던 통일론은 대략 전쟁통일론(손빈·
오기의 병법), 외교통일론(소진·장의의 합종연형책), 경제통일론
(이회·상앙의 변법), 사회통일론(이사·한비의 법술) 등이 있었는
데, 이들의 이론은 근본적으로는 국가를 위하여 중국통일을 목표

로 하였다고 해도, 일차적인 가치를 패권에 우선적으로 두었기 때문에, 백성의 의·식·주 생활에는 아주 소홀한 면이 없지 아니하였다.

그러므로 맹자는 이와 같은 무력적 패도권을 배격하였으니, '전쟁을 잘하는 사람은 최고형에 처하고, 제후와 연합하여 동맹하는 사람은 그 다음 형에 처하고, 농지를 개간하여 생산량을 책임 맡기는 사람은 그 다음 형벌에 처해야 한다'라고 하였다.(『孟子』「離婁章句上」)

진정한 통일은 개인적 야망을 극복한 도덕적 양심의 통일이다. 권력자의 이익독점을 방지하고, 민생의 안정을 위한 통일이며, 군주의 독단을 배격하고 공론을 기반으로 한 민본정치에로의 통일이다. 군주의 독재력을 강화하는 일체의 통일론은 공자와 맹자로부터 엄중한 비판을 면치 못하였던 것이다.

일반국민을 위한 주체적 통일만이 정치·경제·사회의 모순을 근본적으로 해결할 수 있다. 통일에 있어서 민족의 의사를 배제한 독재권력·독점경제력·비밀외교 협상·허구적 술수 등의 통일주도를 배제하지 않으면 아니 된다.

진(秦)나라는 도덕정치와 백성을 위한 통치를 요구하는 제반전적을 불태우고, 유생을 생매장(焚書坑儒)하면서 중앙집권체제로 천하를 제패하였지만, 결코 백성을 위한 정책은 아니었다.

분열에서 통일로 가는 길은 진보적 발전으로 열어야 뜻이 있는 것이요, 만일 퇴영적 후퇴로 떨어진다면, 통일의 가치는 극소화 될 것이다. 더욱이 수많은 동포의 희망을 저버리고 얻은 통일이라면 무슨 의미가 있을 것인가?

유교사상은 혈연관계를 모든 사람의 기본관계로 여기면서 만물의 궁극적 원리를 태극의 통일논리로 인식하고, 음양이 대립하는 현상을 5행(五行)의 여러 가지 본질속성과 갖은 색깔을 구비하는 화합의 논리로 극복하는 조화의 논리를 가지고 있으므로, 만물의 조화적 통일은 필연적인 사실로 받아들이는 까닭에, 유교인은 언제나 화합에 입각한 민족통일을 확신하고 있다.

통일을 확신하면서 정당한 방법을 끊임없이 모색하는 유교인의 통일정신은 이상적이면서도 그 통일노력은 진지하다. 따라서 불의와 이익을 멀리하고, 중정공평(中正公平)한 춘추대의를 밝혀 인류평화를 이룩하고, 민족을 해방하는 책임을 스스로 담당하고 있어야 한다.

이러한 유교정신이 살아있는 한 우리 민족의 슬기로운 화합통일은 아름다운 모습으로 반드시 실현될 것으로 믿는다. 1990.9. 『傳統과 現實』秀松梁大淵先生八秩紀念論叢.

23부

남북통일론에 대한 고찰

1. 머리말

자주·민주·통일의 민족소원을 유린하고 자유·평등·해방의
민중행복을 약탈하면서 출현한 38선[19]과 300만 명의 고귀한 생령을
살상하고, 1,000만 이산가족의 핏줄을 끊으면서 등장한 휴전선은
지난 46년간 온 겨레의 원한이 맺힌 통곡의 현장이었다.

원한의 38선을 허물고, 통곡의 휴전선을 걷어 내기 위하여 우
리 한겨레는 그동안 지극히 제한된 여건 속에서도 몇 갈래의 남
북통일안이 끊임없이 논의되어 왔는데 역사적으로 그러한 논의들
을 고찰함으로서 통일론에 대한 문제점과 해결점을 새롭게 확인
하고 보다 발전적인 통일론으로의 접근방법을 모색하고자 하는
바이다.

근래 우리 사월혁명연구소에서는 창립 이래로 조국통일론에 대

---

19) 38선 때문에 우리에게는 통일과 독립이 없고, 자주와 민주도 없다. 어찌 그뿐이랴, 대
중의 기아가 있고 가정의 이산이 있고 동족의 상잔까지 있게 되는 것이다.(단결로 독
립완수김구 주석 남북동포에 격 대한민국 30년<1948> 4월 21일)

하여 많은 연구발표가 있었다. 사월혁명동지들의 모든 연구발표가 통일문제를 근저로 하는 것이지만 특별히 통일을 표제로 하는 것만 살펴도 "민족통일운동의 전개" <하일민>[20] "통일논의의 현황과 전망"<이수인>[21] "평화와 통일에 대한 기독교의 윤리적 책임" <이삼열>[22] "연방제 통일안의 의미와 과제" <황건>[23] "사월혁명과 민족통일운동"<김낙중>[24] "4·19 시기 민통련과 오늘의 통일운동" <노중선>[25] 등의 투철한 내용과 정확한 논리에 기초한 수준 높은 연구업적이 있었던 것이다.

나는 이러한 연구업적을 종합하여 역사적인 맥락에서 다시 사상적으로 분류하고, 세대적으로 비교하며, 체계적으로 종합하여 통일론의 변천과정을 구체적으로 나누어 연구함으로써 문제를 새로운 시각으로 접근하여 질적 양적으로 향상 발전된 해결방안을 강구해 보고자 한다.

---

20) 하일민은 「민족통일의 전개」에서 1961년과 1988년 통일운동의 역사적 과정을 사건별로 소개하였다.(사월혁명회보 창간호 1988. 9)

21) 이수인은 「통일논의의 현황과 전망」에서 관변 측의 "선건설 후통일론과 재야 쪽의 선통일 후건설론"을 비교 검토하면서 남북이 다 같이 수용할 수 있는 통일론의 정립과 열강의 힘을 주동적으로 이용할 수 있는 역량을 가져야만 통일의 길이 열린다고 주장하였다.(사월혁명회보 제2호 1988. 10)

22) 이삼열은 「평화통일에 대한 기독교의 윤리적 책임」에서 "민족의 삶", "화해", "평화"와 같은 기독교 윤리를 바탕으로 통일운동을 전개하는 것이 현민중탄압구조의 사회현실에서 가장 바람직하다고 주장하였다.(사월혁명회보 제4호 1988. 12)

23) 황건은 「연방제 통일론의 의미와 과제」에서 연방론은 남북이 서로 상대방의 사상과 제도를 인정하는 것으로 통일요구와 분립욕구의 균형점 타협점을 찾는다는 점에서 완전한 통일로 볼 수 없다고 주장하였다.(사월혁명회보 제6호 1989. 2)

24) 김낙중은 「사월혁명과 민족통일운동」에서 4·19는 분명히 근대적인 민족국가를 세우고자 투쟁했던 일제하 민족독립운동의 연장선상에서 분단을 극복하고 통일민족국가를 세우려는 민중적인 민족통일운동의 시발로 이해하여야 된다고 정치·경제·사회적 측면에서 논술하였다.(사월혁명회보 제8호 1989. 4)

25) 노중선은 「4·19 시기 민통련과 오늘의 통일운동」에서 4·19 시기의 민통련은 전근대성과 식민성과 예속성과 군사기지성을 깨끗이 청산하고 자주 민주 평화통일의 조국을 건설하기 위하여 양비론적 시각을 가진 반면 오늘의 통일운동은 평화공존을 명분으로 하여 점진적 통일방법을 채택하고 있다고 분석하였다.(사월혁명회보 제12호 1990. 4)

대체로 남북이 분단하게 된 주원인은 사상과 체제의 차이와 세대와 세력의 대립, 그리고 미·소·중·일을 위시한 열강의 이해상충에 기인한 것으로 요약된다. 따라서 우리 민족이 자체적으로 통일을 이룩하기 위한 노력은 일차적으로 사상과 체제의 모순을 극복하고, 다음으로 세대와 세력의 갈등을 해소하여 내부적 통일을 기함과 동시에 열강의 이해를 조절하여 국제적 협력을 구하는 것으로 집중되었다.

그러나 지금까지 나온 남북통일론은 어느 한 가지도 국내외적인 지지와 합의를 얻어내지 못하였을 뿐만 아니라 어떤 것은 도리어 갈등과 혼란만을 더하여 결과적으로 통일을 한층 어렵게 만들었던 것도 있었다. 이에 그러한 내용들의 핵심을 고찰함으로써 제반 통일론의 본질을 명확하게 규명하고자 한다.

2. 사상적 통일론

미·소연합군이 일제를 패망시키고 남북으로 진주한 38선은 미국의 민주주의와 소련의 공산주의가 서로 대결하는 마당으로 변하여 우리 민족의 사상이 갈리는 운명선이 되었다. 남쪽에는 이승만 김성수 등을 주축으로 하여 미국식 자유민주주의를 표방하면서 북진통일을 주장하였고, 북쪽에는 김일성 박헌영 등을 주축으로 하여 소련식 인민민주주의를 표방하면서 남반부해방을 주장하였다. 이러한 가운데 김구, 김규식 등을 중심으로 하는 민족진영은 두 사상의 공존 또는 절충을 통하여 민족의 자주·민주 통일을 실현하고자 하였다.

김구는 남북협상을 통하여 통일정부수립을 역설하였으나 한쪽으로부터는 거부당하고, 또 한쪽으로부터는 배척당하여 저격을 당함으로써 남북의 사상논쟁은 더욱 가열되는 바, 끝내 6·25 동란을 일으켜 남북정권은 이것을 사상전쟁으로 이끌다가 3년 만에 아무런 소득도 없이 처참한 몰골로 휴전하였다.

이 시기의 사상논쟁의 특징은 사상의 통일을 진리에서 구하지 않고 힘에서 구했다는 점이다. 즉 사상의 일방적 승리만을 쟁취코자 서둘렀기 때문에 두 사상은 미·소 냉전체제에 편승하여 첨예하게 대립하면서 서로 괴뢰로 지목하는 불공대천의 원수관계로 돌입하였다.

사상이 이와 같이 일방적으로 절대시하게 됨으로써 민족을 지상으로 하는 실사구시론 자들의 주장은 회색분자 또는 용공분자로 탄압되었고 남북의 사상은 완전히 적대적 모순관계가 되어 오늘날까지 일관하고 있는 것이다. 따라서 그동안 남북정권의 제1차적 목표는 각각 그 사상의 이상을 독자적으로 실현하는 것이었으니 스스로 사상의 우월성을 현실로 입증하기 위하여 정치, 경제, 사회, 문화 등의 각 방면에서 총력경쟁하게 되었다.

한국은 4·19 혁명의 민주의식으로 태동한 민족평화통일운동의 거센 물결의 흐름으로 인하여 반공(멸공)통일의 전략을 기조에 깔고, 정략적으로 장면정권은 UN감시하에 선거통일을 제시하였고, 박정희 정권은 자주적 평화적 협상통일을 제시하였는데 전두환 정권도 이것을 답습하였다고 할 것이다. 북한의 김일성 정권은 남조선해방전략을 기조로 하면서 1960년 4·19 혁명에 자극을 받아

정략적으로 중립국감시하에 선거통일을 제시하였다가 자주·평화·민족대단결의 원칙하에 협상통일을 제시하였다.

현재까지도 남북정권은 각각 자기의 사상을 금과옥조로 고집하면서 전혀 변화의 조짐을 찾을 수 없는바, 최근에 발표한 노태우 정권의 한민족공동체통일안도 체제연합의 성격에 머물고 있으며, 기왕의 김일성 정권이 제시한 고려연방제안도 사상적 개혁이나 개방의 내용을 찾아볼 수 없는 것이다.

이와 같이 남북의 사상적 통일론은 지난 46년간 아무런 변화의 조짐도 없이 휴전선을 사이에 두고 양극으로 대치하고 있는 범접불가의 도그마로 남아있는 현실이다.

3. 새 세대 통일론

1960년 4월학생혁명의 주역이었던 통일세력인 새로운 젊은 세대는 남북분단과 6·25 전쟁의 주역이었던 반통일세력인 구세대의 반성할 줄 모르는 사상전쟁론에 회의를 품기 시작하였다.

첫째, 구세대는 조국분단의 장본이요, 동족상잔의 주동으로서 조국통일의 성업에 참여할 자격이 없다는 것

둘째, 구세대는 사상적으로 편협한 독단논리에 빠져서 외세에 의존하고 있으므로 민족통일의 대업에 참여할 능력이 없다는 것

셋째, 구세대는 가부장적 권위주의에 사로잡혀 독선적 방법으로 신화를 창조코자 하는 바 시대착오적인 발상을 단념하고, 민주통일의 새 역사를 창조하는 과업은 새 세대에게 넘겨주어야 된다는 것.

이러한 의식을 가진 사람들이 모여서 1960년 11월부터 민족통일전국학생연맹을 조직하고 남북의 구세대 사상가들을 모두 배척하는 양비론을 주장하였다. "조국분단의 모든 책임은 국제공산주의와 독점자본주의 및 그들의 추종자인 반민족적 사대주의자들의 냉전청부행위에 존재한다. ······ 학설과 학파의 차이를 막론하고 일체의 주의, 주장은 자유롭게 연구되어야 하고 토의되어야 한다."(서울대민통련 4·19 시국선언) "사월혁명을 계기로 하여 민족·대중세력은 매판관료세력을, 통일세력은 반통일세력을 압도하게 되었으며, 평화세력은 전쟁세력을 압도하게 되었다. ······ 우리의 앞에는 싸워서 전취할 건강한 조국의 얼굴이 정립되어 있다. 그것은 전근대성과 식민성과 예속성과 군사기지성을 깨끗이 청산한 자주 민주 평화 번영의 조국이다. 지상의 여하한 반동적 노력도 이 노도와 같은 분류를 제지할 힘을 소유하고 있지 않다."(민족통일전국학생연맹 공동선언문) "굴욕적인 조국분단의 유산을 상속받지 않기 위한 새 세대의 민족적 양심의 발로에서 본회담과 축제를 제안한다. ······ 정부는 북한의 새 세대를 공산당원이라고 보기 전에 우리 민족의 새 세대임을 시인하고 그들을 구제하고 선도할 아량을 보여라."(민족통일 전국학생연맹, 남북학생회담 및 통일축제 개최에 관한 원칙 및 우리의 요구)

이상과 같이 사월혁명세대의 새로운 역사인식은 통일론을 사상적 차원에서 인간적 차원으로 바꾸어 놓았으니 통일의 이념보다는 통일의 주체에 더욱 집착하는 것이었다. 그러므로 민통학련의 통일운동에서는 그 참신한 주체로서의 성격은 매우 선명한 반면에 사상적 측면에서는 양비론으로 일관하면서 독창적인 통일사상을 제시하지 못하고 단지 아시아·아프리카·중남미국가의 민족자주의 독립노선을 지지하는 정도에 머물렀던 것이다. 그러나 이 새 세대 통일론도 5·16군사쿠데타세력의 반공논리에 의하여 철저히 탄압받음으로써 완전히 봉쇄 격리당하고 말았으니 이후 통일론은 모두 독재의 전유물로 변질되었던 것이다. 특히 박정희 정권은 통일의 미명하에 통일주체대의원을 선출하여 관제 통일군을 만들어서 통일사상과 통일주체를 한손에 장악하고 장기집권의 도구로 이용하였다.

1987년 6월의 반독재투쟁을 성공으로 이끌었던 학생과 재야의 민주세력은 민주화투쟁의 성과를 바탕으로 하여 1988년 6월부터 민족, 민주, 민중 세력을 규합하고 자주적 평화통일운동을 전개하였다. 전대협에서는 남북학생회담을 추진하면서 국토종단순례대행진과 남북청년학생체육대회, 남북한이산가족 상호교류, 남북한청년학도의 상호교류문제, 서울올림픽을 남북한민족대화합과 평화의 대제전으로 치루는 문제 등을 제안하였다.

또한 전민련에서도 조국통일위원회를 설치하고 평화적 남북통일의 물고를 트기 위하여 노력하였는데 실제로 문익환은 방북하여 통일문제를 국내외에 크게 부각시키기도 하였다.

총체적으로 이 시기의 통일론은 학생과 재야의 양심세력에 의하여 정치적 차원으로 한정되었던 통일론을 국민운동적 차원으로 바꾸어 놓았다는 점이다. 따라서 부도덕한 정권에 의하여 선출되었던 통일주체대의원은 배척되어 마땅하고, 순수한 양심세력이 통일의 주역이어야 한다는 사실을 일깨웠다. 그러므로 이 양심세력의 통일론은 4·19 새 세대 통일론과 그 맥을 같이 한다고 할 것이나 사상적으로는 조금 다른 점이 있는 바, 4·19 새 세대는 대부분 분단세력의 구세대 사상을 모두 비판하는 양비론(兩非論)을 주장한 반면에 6월투쟁의 양심세력은 대체로 남북의 두 체제를 조절, 수용하는 양시론(兩是論)을 긍정하는 현실이다. 그러한 현상적 실증으로 전대협의 임수경은 평양축전에 참석하여 조국은 하나를 외치고, 태극기를 목에 걸고 판문점을 넘어온 상징적 의미에서 찾을 수 있을 것이다.

4. 체제적 통일론

사상적 통일론이 첨예하게 대립하여 합일점을 찾지 못하고, 세대간 통일론이 끝없이 대결하여 화합점을 찾지 못하자 변통적 방법으로 통일사상이나 통일주체에 대한 문제를 미결로 남겨둔 채 통일의 체제에 대한 구상이 나오게 되었다. 그러므로 이러한 체제 통일론은 남북의 기존 사상체제와 권력구조를 인정하는 현실적 바탕위에서 대립과 갈등을 해소하는 통일의 방법을 모색하는 것인즉 곧 지난날의 모든 과오와 허물을 진심으로 용서하고, 대오각성하여 화해로 가는 통일의 방법을 모색하는 것이다.

이것은 근본적으로 양시론이나 또는 백지상태에서 먼저 통일의 계기를 만들고, 그 다음에 사상이나 제도 및 권력을 선택 혹은 결정하자는 것인바 즉시 냉전상태의 분단체제를 극복하고 평화적인 방법으로 남북을 융합하자는 것이다.

체제적 통일론은 대단히 다양하게 여러 가지 형태로 꾸준히 제기되었는데 분단초기의 남북협상론을 비롯하여 남북총선거론 그리고 중립화론 통일론이[26] 있었고 70~80년대를 거치면서 지금까지 논의되고 있는 것으로 김대중의 공화국연방안[27] 김일성의 고려민주연방공화국안[28] 노태우의 한민족공동체통일방안[29] 문익환의 연방제3단계통일안[30] 등이 크게 논의되고 있는 내용이라고 할 것이다.

김낙중은 이와 같은 논의들을 대별하여 정치협상방식, 총선거방식, 복합국가방식으로 분류하고 그 특성들을 다음과 같이 세 가지로 설명하였다. "첫째의 정치협상이란 남·북 쌍방지역에 현존하는 주요 정치집단의 지도자들이 한자리에 모여 협상을 통해 결론을 내고 그 결정에 따라 통일국가를 건설하는 것이며, 둘째 총선거방식이란 남·북 쌍방지역을 통틀어 총선거를 실시하고 그 총선거에 선출된 대표들이 헌법을 만들고 정권을 창출하도록 하자는 것이다. 셋째 복합국가식 통일방안은 남·북 양 지역에 이미 존재하고 있는 국가적 실체를 인정하고 이 두 개 국가를 어떻게 기술적으로 연결 결합시킴으로써 통일국가를 완성하자는 것이다. (한반도 통일방안의 비교연구·민족통일 1990, 1·2월호)

---

26) 1960. 9. 30일 혁신정파들의 민족자주통일중앙협의회에서 자주·평화·민주의 3대원칙에 의한 통일을 실현하여 오스트리아식 중립 또는 영세중립안을 선택하자는 안을 발표하였으며 이어 10월 22일에는 맨스필드 미상원의원에 의하여 오스트리아식 중립화 통일방안이 제안되었다.
27) 공화국연방안은 제1단계 평화공존 제2단계 평화교류 제3단계 평화적 교류의 단계적 통일론으로 미·소·중·일의 교차승인을 주장한 것이 특징이다.
28) 고려민주연방공화국안은 1980년 10월에 북한에서 발표된 것으로 1민족 1국가 2체제를 주장한 것인데 중앙정부가 군사외교권을 가지는 연방국가 방식이다.
29) 한민족공동체 통일방안은 1988. 7. 7 선언과 9. 11 국회연설에서 제시한 것이다. 1민족 2국가를 그대로 인정하면서 국가연합 방식으로 사회문화 경제적 공동체를 만들자는 것이다.
30) 연방제3단계 통일안은 남북의 통일안을 종합하여 국가연합을 실현한 다음에 연방국가로 이행하자는 절충안이다.

이것은 한결같이 민족의 강렬한 통일의지를 집결하여 대표성이 있는 기관을 만들어서 난관에 봉착한 통일의 기본문제를 해결하도록 위임하는 것으로서 남북정권의 동의와 협조를 전제로 하는 논리라고 할 것이다. 그러므로 남북의 정권은 상황의 변화에 따라 수시로 체제연합 또는 연방국가론을 수정제의 하면서 체제적 통일론을 주도하여 왔던 것이다.

1민족 2국가 2체제에서 1민족 2국가 1체제로 만든 다음에 1민족 1국가 1체제로 통일을 완수한다고 하는 체제로부터의 통일론은 앞으로도 몇 번의 수정제안이 나와야만 통일의 기본문제를 정식 토론하는 단계에 이를 것이다.

5. 맺는말

지금까지 논의되었던 남북통일론은 실제로 한 가지도 올바르게 성취된 것이 없으므로 여기에 민족이 고민하는 것이다. 결국 46년간의 통일론이 언제나 원점에서 맴돌며 한걸음도 진척하지 못한 까닭은 사상의 골이 너무 깊고, 6·25의 상처가 너무 커서 서로 화해하고 신뢰할 수 있는 인간관계를 맺지 못함에 있는 것이다.

동포로서의 친밀감과 인간으로서의 신뢰의 기반을 가지고 통일 논의를 하기 위하여서는 통일을 위하여 통일의 보장 장치를 만들고, 평화를 위하여 평화의 보장조건을 갖추며, 실천을 위하여 합의된 내용의 실천 감시기능의 설치를 강구하여 통일의 방법적 문제를 철저하게 준비해야 될 것이다.

애매한 통일의 원칙31)에 모호한 통일의 주체32)가 복잡한 통일의 방법33)으로 어떻게 통일을 하겠는가? 진실한 원칙에 정직한 주체가 명확한 방법으로 추진하여야만 진선진미한 통일을 기약할 수 있을 것이다.

그렇다면 남북의 사상가들은 사상의 흐름을 깊이 깨닫고 한결 융통성 있는 자세로 임하여 제 사상을 하나로 융회관통할 수 있는 분명한 사상을 새로 정립하여야 되고, 남북의 새 세대는 시급히 대동단결하여 통일세력을 육성하여 도덕적으로 순수한 통일의 역군을 배출하여 통일사업에 진력하게 하여야 되며, 남북의 정치가는 시급히 통일의 기반을 조성하여 쉽고 간단하게 서로 접근할 수 있는 통일체제로 정책을 전환하여야 된다. 이러한 모든 노력들이 하나로 응집될 때 지금까지의 통일론들이 진실로 되살아나면서 자주 민주 평화통일에 실질적으로 이바지하게 될 것이다. (1990.12. 사월혁명회보)

---

31) 자주 민주 평화 통일이란 원칙들이 지극히 추상적인 개념으로 사용되고 있어서 심지어 어떤 것은 상치된 내용도 있다.
32) 남북의 분단세력이 현실적으로 통일논의를 독점 장악하여 주도하는 상황에서 진정한 통일세력으로의 신뢰를 획득하기 어려운 점이 있다.
33) 남북은 역사적으로 여러 가지 통일의 방법을 수시로 선택하였기 때문에 전쟁, 해방, 혁명, 화해, 협상, 종속 등의 허다한 수단과 방안이 혼재하여 어느 것이 진실인지 확인되지 않고 있다.

24부

4·19 혁명의 역사적 의의와 배경

1. 연합연속 혁명

4·19의 성격을 역사적으로 조명하는 시각은 대단히 다양하다. 그것은 4·19가 1960년 4월 19일 하루에 일어난 일이 아니고 1961년 5월 16일 일단의 군 장교들이 주도한 쿠데타에 의하여 좌절될 때까지 연속되었을 뿐만 아니라 참여력도 학생을 주축으로 하여 시민과 농민 그리고 민중이 연합하였기 때문에 그 시기를 한정하는 문제와 주체를 확인하는 작업이 매우 어렵기 때문이다. 그러나 지금까지 나온 4·19의 역사적 성격을 규명한 내용을 종합하여 분류하면 대략 다음과 같이 정리할 수 있다.

첫째, 4·19는 학생의거라는 주장과 나아가 학생혁명이라고 주장하는 논리이다. 이것은 비교적 초기에 제기되었던 논리로서 4·19를 1960년 4월로 한정하고 그 주체도 순수한 학생으로 제한하는 공통점을 가지면서 단지 그 내용과 형식만을 문제로 삼아 의거냐 혁명이냐로 시각을 달리할 따름이다. 의거라는 주장의 기본

논리는 4·19가 부정, 불의한 정권을 타도하였을 뿐이요, 그 주체들이 정권을 잡지는 아니 하였다는 사실에 기초하고, 혁명이라는 주장의 근거는 비록 학생들이 직접 정권을 잡지는 못했지만 그래도 민주제도를 회복하여 혁명과업을 추진하는 새 정권을 탄생시켰다는 사실에 기초한다. 의거는 본질에서 일탈한 형식을 개혁하는 것이고 혁명은 본질 자체를 개조하여 그 형식을 변혁하는 것이다. 따라서 4·19가 정권대체의 성격에 머물지 않고 인권해방 민주쟁취를 실현하여 정치사회적 체제를 개혁하며 자주통일운동을 전개한 사실에 기초할 때에 하나의 단순한 의거로 규정할 수 없는 점이 있다. 그러므로 시간이 흘러감에 따라 의거론은 점점 사라지고 혁명론으로 확고히 정착되어갔는데 1987년 6·29 민주화의 성과물을 바탕으로 하여 4·19의 역사적 의미에 대한 관심이 고양되면서 4·19혁명을 재조명하게 되었다. 그것은 4·19를 학생혁명이라는 좁은 시각으로는 원래의 모습을 찾을 수 없기 때문에 좀 더 넓은 시각으로 역사적 진실을 규명하는 작업이었다. 즉 4·19는 4월에 한정하는 것이 아니라 5·16 반동세력이 등장하는 순간까지 지속된 것이며 또한 학생만의 단독혁명이 아니라 시민과 민중이 연합하였다는 사실을 인정하여야 된다는 논리로 나타났다. 이러한 과정에서 현재 압축되고 있는 두 개의 논리는 바로 시민혁명론과 민중혁명론이다. 시민혁명론은 4·19가 시민의 참여 속에 성공한 것으로 일종의 정치혁명이지 사회혁명이 아니라는 주장이고, 민중혁명론은 4·19는 기층민중의 단결된 힘에 의하여 이룩한 사회 변혁의지의 분출이었기 때문에 민중혁명의 성격을 가진다는 주장이다.

그리하여 1988년 6월 18일 사월혁명연구소에서는 4·19를 학생 시민 민중의 연합혁명으로 규정하였다.(創立宣言文) 이것은 사월혁명의 역사적 성격을 접근하려는 4·19 주체의 노력이며 4·19는 4·19일 뿐이요 어떠한 기존의 틀에 집합시키기를 원치 않는 의지의 표출이었다. 4·19는 혁명을 성공하고도 그 혁명과 업을 오랫동안 완수하지 못한 역사적 현실에서 지금까지 미완의 혁명과업으로 남아있다. 자주 민주 통일의 사월혁명이념은 우리 민족의 새 역사를 건설하는 기본원칙이 되는 것으로 절대로 포기 할 수 없는 과제이다. 그리고 이미 그 당시에도 이러한 이념의 실 현을 위하여 1년여에 걸쳐서 투쟁하였고 군사독재 30년 동안에도 끊임없이 대항하였으며 앞으로 성공할 때까지 계속하여야 되는 혁명이기 때문에 연속혁명이라고 규정할 수 있는 것이다.

이제 사월혁명을 학생 시민 민중의 연합연속혁명으로 규정하고 그 역사적 의미를 분명히 하기 위하여 이승만 독재의 몰락상을 살피며 사월혁명의 이념을 찾아서 우리의 역사인식을 새롭게 하 고자 한다.

2. 이승만 독재의 민족파멸

이승만 독재의 몰락상은 민족파멸이라는 극단적 상황으로 집약 된다. 이승만 정권의 권력창출과정과 체제유지배경은 역사적으로 민족파멸의 기초 위에서 존립하고 있다. 그것은 민족사에 있어서 정치적 파멸이며, 경제적 파멸이며, 교육적 파멸이며, 국방적 파멸 이며, 사회적 파멸이다. 따라서 이승만 독재의 몰락상은 정권자체만의 몰락이 아니라 민족파멸이라는 엄청난 불행을 동반하는 무서운 비극이었다. 처음부터 이승만 정권의 창출과정은 우리 민족에게 있어서 지극히 한심한 것이었다. 1945년 8월 15일 일본이 태평양전쟁에서 무조건 항복하였다. 그럼에도 불구하고 미·소 연합군은 우리나라에 남북으로 진주하여 38선을 긋고 국토를 분점하였다. 이들은 우리와 아무런 합의도 없이 일방적으로 각각 남북에 군정을 선포하고 패전국가만도 못한 취급을 하면서 자의적으로 신탁통치안까지 발표하는 상황이었다. 건국 초기의 이러한 역경에 처하여 무책임하게도 이승만은 1948년 유엔 한국위원단의 내한에 힘입어 남한만의 총선거를 통한 단독정권을 창출하였다. 이것은 결국 미국의 자본주의에 편승하여 정권을 장악한 것으로 북쪽에서 소련의 국제공산주의에 편승한 김일성 정권이 탄생하여 국가가 분할되는 빌미를 제공한 것이다.

그러므로 이승만 정권은 단순한 국토의 분단을 기화로 하여 국가분열을 초래하게 만든 것으로 민족의 건국사명을 배신하면서 출현한 사생아적 실체인 것이다. 이러한 국가분열의 위기를 간파한 민족진영에서는 단독정부수립을 반대함과 동시에 또한 남북정권의 합작을 강력히 주장하였다. "38선 때문에 우리에게는 통일과 독립이 없고 자주와 민주도 없다. 어찌 그 뿐이랴 대중의 기아가 있고 동족의 상잔까지 있게 되는 것이다."(김구 주석 남북동포에 격, 1948)

그러나 이승만 정권은 민족의 통일염원을 외면하고 북진통일을 외치면서 북쪽의 남반부 해방세력과 정면충돌하였다. 그로 인하여 6·25 동란 3년간 무참히 살육전을 전개하여 남북동포가 완전히 분열하는 적대적 관계에 돌입하고 말았던 것이다. 국토의 분단이 국가의 분할에만 그치지 않고, 민족의 분열에까지 이르게 하는 극단적 상황으로 몰아넣었을 뿐만 아니라 미·영·중·소의 무력참전개입을 초래한 결과 외세에 의존하는 종속화가 심화됨으로써 민족문제가 국제문제와 착종하는 처절한 운명으로 전락시켜버렸다.

이승만 독재는 이처럼 민족의 운명을 암담하고 비참한 질곡으로 몰아넣고도 반성은커녕 오히려 1954년 4사5입의 마술로 헌법을 개정하여 장기집권을 노리고, 1960년 3월 15일에는 부정선거를 자행하여 장기집권을 획책하였던 것이다. 이러한 과정을 통하여 몰락해가는 이승만 독재는 민족을 속속들이 파멸시키는 조건 위에서 잔명을 보존하였으므로 그 부정과 불의가 국가사회전반에 걸쳐서 만연하여 온전한 분야가 거의 없는 지경에 이르렀던 것이다.

정치적으로는 1인 독재의 장기집권으로 인하여 민권은 완전히 박탈당하고 권력남용을 능사로 자행하여 반민특위 습격, 야당의원 탄압, 발췌개헌안 통과, 장면 저격, 언론 탄압, 정적제거, 부정선거 등등 이루 헤아릴 수 없는 정도이었다. 그래서 영국의 신문은 한국에서 민주주의를 기대하는 것은 쓰레기통에서 장미가 피기를 기대하는 것과 같다고 비웃었던 것이다.

경제적으로는 농업, 공업, 상업이 모두 황폐화하여 실업자를 대량생산함으로써 전 국민이 기아선상에서 허덕이었다. 거기다가 귀속재산의 부정불하, 원조물자의 횡령착복·국가재정의 정치자금유용, 금융특혜와 뇌물의 성행이 자심하였다. 오죽했으면 야당의 선거구호에 '못살겠다' '갈아보자'라는 말이 등장하였겠는가?

교육적으로 학원을 정치의 도구화하여 정치적 행사에 무한동원

하였고, 여러 곳에 이승만의 동상을 세워 신격화하였으며 학도호
국단을 조직하여 학원을 병영화 하였다. 학문내용에 있어서도 국
내현실에 적용할 수 없는 서구의 이론들만 방만하게 수입하여 민
족주체성을 상실하는 기형적인 형태로 변질되었다.

군사적으로는 유엔군에게 작전통제권을 완전히 넘겨줌으로서
국가의 주권을 자체적으로 수호하는 책임을 저버렸으며, 휴전회담
을 반대함으로써 한국의 대표권을 상실하였고 휴전선을 미군이 판문
점에서 감시하는 기형적 현실을 초래하였다. 또한 군대의 부정부패가
자심하여 국민 방위군사건, 거창양민학살사건, 군수품유출사건 등으로
얼룩진 현실에서 국민의 군대가 아니라 이승만의 사병화 해가는 처절
한 현실이었다.

사회적으로는 이승만 정권이 친일세력을 대거 등용함으로써 매
국이 애국을 탄압하고, 불의가 정의를 심판하는 기현상이 나타나
서 민심이 정치로부터 이탈하는 냉소와 자조적 분위기가 넘쳤다.
해방의 기쁨이 골고루 나눠지지 않았고 일부 정상모리배와 권력
주변에 있는 자들이 독점함으로써 빈부귀천상하가 크게 벌어져서
서민대중은 의지할 데가 없게 되었다.

이러한 것들이 이승만 독재구조의 몰락이었으니 결국 사월혁명
은 이승만 독재의 민족파멸에 대한 엄중한 심판이었다.

3. 사월혁명의 시대적 과업

백만 학도의 단결된 힘으로 일거에 이승만 독재를 타도하고 절

망적 상황에서 민족을 구원한 사월혁명의 이념은 자주, 민주, 통일이라는 시대적 과업을 완수하는 데 있었다.

4·19의 직접동기가 자유당의 3·15부정선거에 의한 장기집권 야욕을 분쇄함에 있었고, 또한 촉발의 계기가 4월 11일 마산부두에서 떠오른 김주열 열사의 참시와 동 18일 고대생이 청계천 4가에서 정치깡패들에 의해 피습당한 사건을 보고 분기탱천하여 열화같이 일어났기 때문에 지극히 자연스럽고 순수한 민심의 표출이었다. 따라서 사월혁명의 이념과 정신은 혁명이 진행하여 가면서 점점 뚜렷하게 구체화 하였다. 물론 4·19데모대열에서 외친 다양한 구호와 노래의 내용을 분석하면 "부정선거 다시하라", "독재정권 물러가라"가 단연 으뜸이었기에 어떤 사람들은 4·19의 본질이 부정선거를 반대하고 독재정권을 타도함에 있을 뿐이라고 주장하기도 한다.

그러나 이러한 주장은 대단히 피상적일 뿐이다. 모든 혁명은 구질서를 타파하는 과정과 신질서를 창출하는 과정이 있기 마련인데 4·19 당일엔 구질서를 타파하는 것이 선결문제이었기에 선거무효와 독재타도의 선행조건을 먼저 주장하였던 것이다. 따라서 4·19 이념의 진정한 실체는 이승만 독재를 타도한 다음부터 5·16군사 쿠데타에 의하여 좌절될 때까지의 혁명과업의 추진과정에서 찾지 않으면 안 된다.

각 대학의 학생들이 4·19 혁명을 성공한 직후 제일 먼저 착수한 것이 학원민주화운동이었다. 어용단체인 학도호국단을 해체하고 학생자치회를 결성함과 동시에 어용교수를 축출하여 학원을 완전히 민주화 하였다. 그리고 4·19이념에 의한 민족자각을 통하여 혁명과업추진력을 집중시키기 위하여 국민계몽운동을 직접 전개하면서 민족의 시대적 과업이 곧 자주 민주 통일에 있음을 힘차게 다음과 같이 고취하였다.

첫째, 자주운동은 새 생활운동과 외제상품배격운동으로 표출되었다. 일제의 민족문화 말살정책으로 전통민족문화가 완전히 몰락한 현실에서 양키문화의 범람은 민족의 자주정신을 결정적으로 파괴하는 데까지 이르고 말았다. 이에 학생들은 민족정신을 되찾기 위하여 자주정신을 고양하는 새 생활운동을 전개함과 동시에 경제적 자립의 터전을 마련하기 위하여 외래상품배격운동을 전개하고 또한 이를 바탕으로 국가의 독립을 쟁취하는 데 분투노력하였다.

둘째는 민주화 운동이었다. 학생들은 7 · 29선거를 통한 민주제도를 정착시키기 위하여 조기방학을 요구하고 조직적으로 전국을 돌면서 선거계몽운동을 전개하였다. 그리하여 부정타락한 선거풍토를 일신하여 지방자치제도를 정착시켰던 것이다. 또한 민권의 신장을 위하여 노동자, 농민 등 민중권익옹호투쟁을 광범위하게 전개하고 정치사회의 민주화에 진력하였다.

셋째는 민족통일운동을 전개하였다는 점이다. 학생들은 2학기에 들어서자 민족통일전국학생연맹을 결성하고 강력한 조직력으로 평화통일운동을 전개하였다. 그리하여 민주당정권이 추진한 한 · 미 경제협정을 반대하고 반공법과 데모규제법 등 2대 악법반대투쟁에 나섰을 뿐만 아니라 민족화합의 통일기반을 조성하기 위하여 남북학생회담을 준비하였다.

"우리는 민족의식과 민족적 양심에 입각하여 민족통일로 매진

한다."(서울대 민통련 발기문 1960. 11. 1.)

"자유 정의 진리의 이념이 자주 민주 통일을 이룩할 터전을 닦기로 결의한다."(학생자치연합회결의문 1961. 4. 4.)

"혁명의 구호처럼 민주주의가 온전히 소생하였는가, 부패가 근절되었는가 통일의 서광이 보이는가."(고대생 4. 18. 1주년 선언문)

"역사는 이미 민족의 적을 버린 지 오래다. 이제 남은 것은 결정적인 최종의 타격으로서 통일의 쟁취를 완결시키는 그것이다."(민족통일 전국학생연맹 공동선언문 1961. 5. 5.)

이상의 문건과 당시 학생들의 구호였던 '이 땅이 뉘 땅인데 오도 가도 못 하냐.', '가자 북으로 오라 남으로 만나자 판문점에서' '통일은 우리 손으로'라는 주장에서 사월혁명의 이념이 진정 무엇이었는가를 우리는 뚜렷이 확인할 수 있는 것이다.

4. 불멸의 역사정신

사월혁명은 우리 민족사에 있어서 갑오농민해방의 정신과 구한말 의병의 항일독립전쟁 그리고 기미 3·1 독립정신을 발전적으로 계승하여 새로운 세계사적 흐름에 발맞추어 자주 민주 통일국가를 건설하는 위대한 힘을 스스로 창출함으로써 불멸의 역사정신을 가진다. 역사상 처음으로 불의를 타도한 정의의 승리감은 우리 민족에게 지난날의 무수한 좌절감을 한껏 보상하고도 남았으니 민족에게 충만한 환희의 성취감을 주었고 스스로 단결하여 새 시대를 건설할 수 있다는 자신감을 주었다.

이러한 민족의 재발견 재인식은 민족의 잠재력을 일깨워 분출시킴으로써 새 나라 건설에 무한동력이 되는 것이며 민족의 생기요 민중의 활력이었다.

박정희 김종필 일당이 주도한 5·16 쿠데타는 바로 이 불멸의 역사정신을 박멸하고 돌출한 세력이다. 따라서 박정희 군사독재 18년과 전두환 군사독재 8년의 폭압으로 인하여 사월혁명은 거의 퇴색되고 매몰당하여 이제는 그 이념과 정신까지도 왜곡되어 있는 현실이다.

그러나 사월혁명과업의 완수는 금세기에 있어 우리 민족의 마지막 숙제이다. 지난 백년의 불행한 역사를 깨끗이 청산하고 21세기의 민족번영을 확실히 담보하는 길은 오직 자주 민주 통일을 자체적으로 실현하는 것뿐이다. 그러므로 이 시대에 살면서 역사에 한점의 부끄러움도 없고자 한다면 그것은 사월혁명을 조속히 완수하는 일이 아닐 수 없는 것이다.

양심세력은 1987년 6월 항쟁의 성과물을 바탕으로 학생 재야 민중이 강력하게 자주 민주 통일운동을 전개하고 있는바 이것은 사월혁명의 연장이요, 민족정신의 마지막 결정이다.

현 노태우 정권은 6·29 민주화 약속을 저버리고 불멸의 역사정신을 외면하면서 양심적 자주 민주 통일운동을 탄압으로 일관하고 있다. 더욱이 민정당, 공화당, 민주당이 야합하여 민자당이라는 거대여당을 만들어 권력상속을 노리고 있는바 이것은 시대의 역행이요, 민족의 반역이라고 할 것이다.

참으로 이 땅에서 군사문화를 깨끗이 청산하고 새로운 시대를 개척하여 자손만대에 번영을 누리게 할 의지와 정열이 있다면 그것은 위대한 사월혁명정신을 겸허하게 수용하는 일임을 깨달아야 될 것이다.

만일 이러한 사실을 외면하고 끝내 이승만, 박정희, 전두환의 전철을 다시 밟는다면 결국 역사의 불행만 되풀이하는 어리석은 민족으로 완전히 전락하고 말 것이다. 그것은 위험천만한 생각이다.(1991.4.18)

25부

세계 속의 한국문화 창조론

1. 한국문화창조의 대의

우리 동양문화연구소에서는 창립 이후 10여 년간을 동양전통문화의 연구와 보급에 힘써 왔는데 그간의 업적을 바탕으로 새 시대 우리나라의 문화창조에 주력하여 연구하던 중 우리나라 전통문화가 동기의 진솔, 방법의 선량, 결과의 우미와 같은 위대한 기본체계가 있음을 확인하고 이를 재창조하여 세계 속에 빛나는 한국문화를 건설하는 방향으로 설정하여야 된다고 주장하는 바이다.

사람은 물질적 경제생활의 경영자요 또한 정신적 문화생활의 창조자인 바 문화정신은 경제경영의 이념이 되고 물질경제는 문화창조의 저력이 된다. 그러므로 경제생활의 절박함을 인식하면서도 문화 창조의 중대함을 잊어버릴 수 없는바 국가의 부강과 민족의 문화가 아울러 이룩되는 길을 함께 모색하여야 된다고 생각한다.

오늘날 우리나라의 문화는 경술국치로 말미암아 전통문화가 단절되었고 을유광복 이후에는 정통문화의 형성 없이 학계의 분열과 종파의 난립 속에 인문과학, 자연과학, 사회과학에 통일되는 원리가 서지 못하고 단군교, 유교, 불교, 선교, 기독교, 천도교 등 제 종교 사이에 공통의 의식이 밝혀지지 못하므로 말미암아 비록 세계의 모든 사상 종교가 총집결하는 땅이 되기는 하였으나 국민 대동의 문화체계는 아직 창출하지 못함으로써 비단 안으로 의식주의 생활문화로부터 관혼상제의 사회문화와 정치, 교육, 토지, 성곽, 음악, 예술 등의 국가문화에 이르기까지 두루 인정미가 넘치는 합리적인 체제를 정립할 수 없었을 뿐만 아니라 또한 밖으로 세계문화발전에 물심양면으로 크게 기여하지 못하였다고 하겠다.

문화는 인류가 창조하는 가장 아름다운 모범이다. 따라서 모방문화는 창조문화보다 강건독실(剛健篤實)하지 못하고 저급문화는 고급문화보다 광휘가 오래가지 못한다. 고급문화를 창조하는 데는 먼저 천지의 공리(公理)를 정밀하게 밝혀서 명확한 우주론이 확립되고 나아가 인간의 선덕을 온전하게 밝혀서 진실한 인생론이 정립되어야만 인류의 아름다움을 다 발휘하는 가치 있는 문화를 창조할 수 있다.

궁극적으로 물리에 정통한 자연과학의 발달과 인심에 순응한 인문과학의 개발 위에 세도(世道)에 달통한 사회과학의 발전을 기약할 수 있으므로 학술의 완성 없이 고급문화를 건설할 수 없고 또한 현상의 사회는 종교의 교리가 신앙인의 관념이나 행동을 규제하므로 자생종교는 완벽한 교리체계의 확립이 필요하고, 외래종교는 토착화 과정에서 한국의 정통문화를 형성할 수 있는 공통요소를 추출하여 우리의 가정과 사회생활에 공존공영할 수 있는 문호를 개방하지 아니하면 한국적인 순수문화를 창출할 수 없게 될 것이다.

이에 우리는 전통문화의 본질을 찾아서 문화발전의 법칙을 해명하고 사람과 하늘 사이에 떳떳한 절대의 선덕과 사람과 사물관계에 마땅한 보편의 공리를 개발하여 민국시대의 한국문화를 건설하는 좌표로 설정하고자 하는 바이다.

2. 전통문화의 기본이념

전통문화의 본질은 자연사물의 실질적인 이용을 바탕으로 인간의 의리와 은혜로 맺어진 조직사회를 구축하여 인생의 충실한 삶을 이룩하는 데 있었다.

현실 가운데서 이상(理想)을 세우고 생활 속에서 가치를 찾아 보람 있는 인생을 개척하는 데는 먼저 진선미(眞善美)의 세 가지 덕목을 모두 갖추어야만 된다.

하나의 고상한 문화를 창조하는 데는 반드시 그 동기와 방법과 결과가, 참되고 착하며 아름다워야만 되므로 전통문화에서는 사람의 진실한 마음씨와 대지의 질박한 도량과 하늘의 아름다운 문채에서 문화의 기본이념을 정립하였다.

인간의 문화는 당연히 천문(天文)의 절도, 지리(地理)의 방정, 인사(人事)의 공명을 구비한 뒤에야 고명한 정신, 광대한 체계, 유구한 가치를 간직하므로 마침내 천지인물의 이치에 어긋나지 아니하는 문화 관념을 가지게 되었다. 그러므로 전통문화는 정덕 (正德), 이용, 후생을 본질로 삼고 도덕정치, 충효교육, 민생경제, 자주국방, 실용예술, 순후풍속 등을 이상으로 세웠는바 이는 5천 년 역사의 한결같은 소망이었다.

이와 같은 문화는 인간 활동의 총체적 업적인바 인간의 활동에 는 또한 동기의식과 방법준칙과 결과처리의 세 가지 선택계기가 있으니 동기의 진실, 방법의 선량, 결과의 미려(美麗)를 모두 갖 추어야만 이룩할 수 있다.

중국고대 국가에서는 실제로 시대마다 이 중에서 한 가지를 특 별히 중점적으로 강조하였는데 하(夏)나라에서는 인도(人道)의 충 직을 중시하였고, 은(殷)나라에서는 지도(地道)의 질박을 중시하였 으며, 주나라에서는 천도(天道)의 문채를 중시하였는바, 각각 그 풍 기의 변화와 인지의 개발에 따라 문화추향(文化趨向)이 달라진 까 닭만이 아니라 인간활동의 어느 한 부분에만 중요한 가치를 부여할 때 이것이 오래가면 반드시 말폐(末弊)가 생기게 되기 때문이다.

동기의식의 진실함을 강조하면 진실무망(眞實無妄)의 풍(風)과 강건불굴(剛健不屈)의 기(氣)가 있어 아름답지만 지나치면 비타 협, 무절제의 병폐가 따르고, 방법 준칙의 선량함을 강조하면 은 의돈독(恩義敦篤)의 풍과 질박조화(質朴調和)의 기가 있어 아름 답지만 지나치면 무분별 부조리의 병폐가 따르며, 결과처리의 미 려함을 강조하면 문채선명(文彩鮮明)의 풍과 절도명확의 기가 있 어 아름답지만 지나치면 사치허례의 병폐가 따른다. 결과적 사치 허례는 동기의 진실함이 결여했음이요, 방법적 무분별 부조리는 결과의 미려함이 결여했음이요, 동기적 비타협 무절제는 방법의 선량함이 결여했음이다. 이와 같은 문화의 병폐를 근절하고 항상 신선장엄(新鮮壯嚴)한 문화를 유지하기 위하여 우리나라에서도 전통적으로 문화의 이념을 홍익인간으로 세워 진선미의 통일적 완성에 두었으면서도 그 중점가치는 교대하여 시행하였다.

삼국시대에는 문채화려하고 절도분명한 아름다운 문화창조에 힘썼고, 고려조에는 진실충직하고 강건장엄한 문화창조에 힘을 썼고, 조선왕조에는 은의돈독하고 질박조화한 문화창조에 힘썼으니, 삼국시대는 결과중시문화요, 고려조는 동기중시문화요, 조선왕조는 방법중시문화라고 하겠다.

오늘날 우리나라는 조선왕조의 뒤를 이은 만큼 당연히 결과중시의 문화창조로 진항되어야 하겠지만 이에 앞서 유념하여야 할 것은 그 병폐인 사치와 허례를 미연에 방지하는 대책이 있어야 할 것인바, 결과가 동기를 합리화시킬 수 없는 것을 알아야 할 것이다.

3. 선덕(善德)의 실체작용

문화의 주체는 사람이니, 사람이 문화를 창조하는 것이다. 그러므로 어떠한 사람이 창조하였느냐가 그 문화의 수준이 된다.

사람은 착한 마음씨가 있다. 사람은 누구나 태어날 때 하늘로부터 받은 고유한 마음씨(心性)가 있어서 사람이 말미암아 살아가는 바이다.

마음(心)은 사람이 한 몸을 주체하는 원리로서 착한 마음씨(성리(性理))를 모두 갖추고 있으니 하늘이 한없이 커도 마음씨는 그 전부를 받은 까닭으로 사람의 본성도 그 실체가 넓고 막힘이 없어서 또한 한량이 없다. 오직 기질의 사심에 얽히고, 아는 것이 적은 데 막히면 본심을 가리고 다하지 못한 바가 있게 된다.

사람이 일용사물을 접함에 이치를 궁구하고 깊이 생각하여 남김없이 회통관철하면, 그 본연의 실체를 온전히 간직할 수 있는바 이렇게 되면 인간의 덕성과 하늘의 천리가 모두 그 가운데 있는 것이다.

나의 호연한 기는 곧 천지의 정기이며, 나의 중화(中和)한 마음은 곧 천지의 마음으로서 이는 절대보편적 선덕의 실체요, 자연절중한 선덕의 작용이다. 그러므로 사람이 생각을 성실히 하거나 행동을 계신(戒愼)하여 이 고유한 선덕을 온전히 발휘하지 않으면 고도의 문화사회를 건설할 수가 없다.

절대보편적인 선(善)의 실체는 실리의 성(誠)으로서 지(知), 인(仁), 용(勇)을 모두 갖추어 강건(剛健), 중정(中正), 순수(純粹)한 정온(精蘊)으로 천지의 공리에 밝지 아니함이 없으며, 천하의 만물을 사랑하지 아니함이 없으며, 천하의 만물을 포용하지 아니함이 없어서 안팎을 통합하고 물아를 함께 성취하는 진실무망하고 영원절대의 선이다.

만물이 모두 나에게 갖추어 있어도 기질이 탁박(濁駁)하고 학문이 천박하면 사려분별이 온전하지 못하여 공리(公理)와 사욕(私慾)을 분간하는 데 어두워져서 마침내 호오(好惡)의 감정이 그 기준을 상실하게 된다. 그러나 사람에게는 끝까지 소멸하지 아니한 한줄기 인간성이 있으니 마침내 측은자애(惻隱慈愛)의 정이 없을 수 없는 것이다. 이것이 또한 한줄기 선의 실마리이니 이를 붙잡아 확충하여 실사(實事)에서 때와 장소와 분수에 알맞게 조절하면 착한 인간미를 찾을 수 있다.

사랑의 감정에 충실하고 사랑의 의식에 정직하는 것이 바로 선의 작용이므로 부자(父子), 군신(君臣), 부부(夫婦), 장유(長幼), 붕우(朋友)의 모든 인간관계에서 이것을 바탕으로 하여야 된다. 효제충신(孝悌忠信)의 인간사가 본래 사랑을 원천으로 하는 까닭에 측은자애의 인정미(人情味)가 메마른 문화는 교만(驕慢), 추악(醜惡), 난포(亂暴)하고 만다.

선덕의 실체인 성(誠)이 아니면 덕성스럽고 기상 있고 체계 있는 불후한 문화를 건설할 수 없고, 선덕의 작용인 애(愛)가 아니면 인정이 넘치고 활발하고 분별 있는, 빛나는 문화를 건설할 수 없다.

4. 공리(公理)의 개념구조

문화는 천부의 자연자원을 이용하여 창조한다. 그러므로 문명이 그 척도가 된다. 사물에는 반드시 법칙이 있다. 현상의 세계는 본체의 진리가 갖추어 있으므로 사물의 표상은 곧 진리의 실현이다. 따라서 사물의 본질구조를 명확히 밝히지 못할 때 허망을 진실로 오인하고, 몽매를 명각(明覺)으로 착각하여, 사망(邪妄)에 빠지고, 맹신에 떨어져, 마침내 진리를 외면하며, 방종을 자행한다.

사물의 실리(實理)를 남김없이 추구하여 천하의 정리(正理)를 밝혀야만 자연사물을 바르게 이용하여 신비로운 문화를 건설할 수 있다. 이(理)란 형이상의 진실인 바, 저 이(理)의 절대적 보편

원리를 바른 명(命)이라고 하며, 이 리의 구체적 분수원리를 온전한 성이라고 하는 바, 사물개체가 현재성분의 자연률과 사명의 당위율을 따라 가는 것을 정해진 도라고 한다. 따라서 공리의 개념은 천지공통의 정리인 명(命)과 사물자체의 온전한 실리인 성(性)과 개체당위의 정리인 도(道)를 모두 통섭한다.

명에는 생성소멸의 수(數)가 있고, 성에는 인의예지(仁義禮智)의 상(常)이 있으며, 도에는 원형리정의 칙(則)이 있는 바 이 세 가지 개념 가운데 한 가지라도 빠지면 완전한 공리라고 할 수 없다.

첫째, 만물은 모두 각각 고유한 존재관계(본말(本末), 상하(上下), 내외(內外), 전후(前後), 좌우(左右))가 있는 바 이 구조 가운데서 존재하는 한 그 생성소멸의 한계를 전혀 벗어날 수 없는 까닭에 이를 명(命)이라고 하는 것이요, 동시에 이 관계를 두루 균제방정하게 끝까지 유지하는 것을 바른 명이라고 한다.

둘째, 만물은 모두 각각 본유한 생성능력(대소(大小), 다소(多少), 장단(長短), 경중(輕重), 강약(强弱))이 있는 바 이 원질로서 생존하는 한, 그 지각운동의 실존이 갖추어 있는데 이를 성(性)이라 하는 것이니, 이 실리를 모두 완전충실하게 존양하는 것을 온전한 성이라고 한다.

셋째, 만물은 모두 각각 자유로운 법칙이 있는바 크게 나누어 천도(天道)의 음양법칙(陰陽法則)과 지도의 강유법칙(剛柔法則)과 인도(人道)의 인의법칙(仁義法則)이 있다. 천지의 도는 진성지명(盡性至命)하는 자연의 도로서 동정(動靜), 변화(變化), 합산(合散), 영허(盈虛), 소식(消息)하는 순환변역의 법칙이 스스로 있는데 이것을 또한 천리라고도 하는 바이다. 그러나 인간사회의 도는 천리를 따를 뿐만 아니라 인심까지도 순응하여야 되는 까닭에 자연의 도를 바탕으로 공사(公私), 정사(正邪), 선악(善惡), 시비(是非), 이해(利害)의 일정불변의 법칙인 인도를 정립하여야 된다. 천도의 자연변화는 주야반복(晝夜反復), 한서교대(寒暑交代)처럼 비록 호오(好惡), 미추(美醜)는 있을지언정 서로 대대적인 연속계기(連續繼起)하는 단원 속에 있으므로 그 가치의 우열을 명확히 분별할 수는 없는 것이다. 그러나 인도(人道)의 당연법칙은 길흉화복이 전혀 상반하므로 그 가치가 또한 모순된다.

인(仁)과 불인(不仁), 의(義)와 불의(不義), 예(禮)와 비례(非禮), 지와 무지는 그 가치가 전혀 상반할 뿐만 아니라 현실사회의 발전에는 모순적으로 작용한다. 그러므로 때와 장소와 신분에 따라 반드시 정해진 길이 있는 까닭에 사람은 천도와 인도를 함께 밝혀야만 완전한 길을 찾을 수 있다.

자연과학은 만물의 상수(象數)를 연구하여 천하의 바른 명을 밝히고, 인문과학은 인간의 심성을 연구하여 인류의 온전한 성을 밝히며, 사회과학은 사업의 가치를 연구하여 사회의 정해진 도를 밝혀 전체적으로 공명정대한 공리를 완성하여야만 가장 고명하며 광대하며 유구한 문화이론을 수립할 수 있을 것이다.

5. 결어

문화는 궁극적으로 사람을 감동시키는 힘이 있어야 된다. 사람을 감동시키는 것은 여러 가지가 있으나 가장 크고 강력한 힘은 세 가지가 있다.

첫째가 선덕(善德)의 실체인 성(性)이요, 둘째가 공리(公理)에 철저한 명(明)이요, 셋째가 생활에 풍요로운 재(財)이다. 정성이 깃들고, 총명이 갖추어지며, 재화가 생기는 문화이어야만 인류최고의 문화가 될 수 있다.

우리는 새 시대를 맞이하여 눈앞에 불성실하거나 불합리하거나 비생산적인 요소가 있는 기존의 문화를 결연히 반대하고 성실하며 공명하며 가치 있는 정치문화, 교육문화, 농업문화, 공업문화, 상업문화를 창조하여 위대한 문화전통을 이어나가야만 눈앞에 있는 국토통일의 저력을 축적할 수 있고 마침내 세계문화에 빛나는 공헌을 할 수 있을 것이다.

이에 오늘의 이 강연회가 위대한 조국문화건설에 조금이라도 도움이 되고 88올림픽을 앞두고 한국문화를 세계에 선양하는 데 보탬이 있기를 삼가 앙망하는 바이다.(1983.5.7 세계속의 한국문화대강연회 主旨發表文)

26부

만세심학(萬世心學)의 도통(道統)

1. 도통심학(道統心學)의 근원탐구

하느님은 이세상의 만물을 창조하여 네철을 돌리면서 사람으로 하여금 하늘을 대신하여 세상을 경영하게 하였다. 그러므로 상고 시대부터 성왕(聖王)은 천하를 다스림에 있어서 하느님의 뜻을 받들어 천명(天命)을 받아 정치를 하였던 것이다. 그러나 하느님은 말이 없으니, 그렇다면 어떻게 하느님의 뜻을 확인하고 천명(天命)을 들을 수 있을까? 우리 유교(儒敎)에서는 하늘의 이치 곧 천리(天理)를 밝혀서 공명정대(公明正大)한 도덕(道德)과 두루 화합하는 윤리(倫理)를 통하여 하느님의 뜻을 확인하고 천명(天命)의 소리를 듣는 것이다.

이렇게 하느님의 뜻을 확인하고 천명의 소리를 듣는 것은 오로지 마음을 통하여 지각하고 감통(感通)하기 때문에 사람의 마음을 지극히 신명(神明)한 존재로 인식하여 육신(肉身)을 부리는 주인으로 받드는 것이다.

따라서 마음은 방촌(方寸)의 심군(心君)으로써 본래 인간의 의식(意識)과 감정(感情)과 생각 등의 정신적 작용의 총체인데 우리 유교(儒敎)에서는 주자(朱子)가 허령지각(虛靈知覺)이라고 정의해서 가장 신명(神明)한 기능을 가진 한 몸의 주재자(主宰者)로 받든다.

　그리하여 하늘을 대신하여 천하를 다스리는 천명(天命)을 받은 정치지도자는 모름지기 자기의 사사로운 마음으로 천하국가를 다스려서는 안되고 반드시 하느님의 뜻이 있는 바를 살펴서 인류의 보편적 모범기준을 따라야 된다. 이와 같이 천명(天命)을 받들어 인류의 보편적 모범기준을 따르는 내부의 심리(心理)구조를 분석하여 기능에 따라 살펴보면 첫째 타고난 영대(靈臺)가 밝아서 천심(天心)을 온전히 간직한 본심(本心)으로 천부적 본성에 기초하여 자기의 행동을 스스로 통제하고 선(善)과 악(惡)을 공정하게 판단하는 본마음이요, 둘째는 타고난 기질이 순수하여 이성(理性)에 밝아서 도덕과 윤리와 예절에 따라 한결같이 중용(中庸)을 지키는 도심(道心)이며, 셋째는 하늘땅처럼 공명정대(公明正大)한 기상을 길러 강건(剛健)하고 중정(中正)하고 순수함을 지키는 대인지심(大人之心)이고, 넷째는 언제 어디서나 도덕적 가치를 판단하여 바르고 착한 길을 선택하고, 사악한 것을 물리치는 한결같은 의식을 가진 양심(良心)이며, 다섯째는 인간의 감성적(感性的) 욕구로 충만한 생명욕, 물욕, 명예욕, 출세욕, 권력욕, 행복욕, 애정욕, 색욕, 식욕 등의 사리사욕에 전혀 물들지 않은 어린아이처럼 천진난만하고 명랑쾌활한 적자지심(赤子之心)이다

　이렇게 진실하고 착하고 아름다운 본심(本心)과 도심(道心)과 대인지심(大人之心)과 양심(良心)과 적자지심(赤子之心)은 하느

님의 뜻을 받들고 천명(天命)을 따르는데 대단히 유익하기 때문에 이러한 마음을 공부하는 것을 심학(心學)이라고 하며 이러한 유교의 심학은 하늘이 영원히 변하지 않은 것처럼 이 마음도 영원히 변함이 없기 때문에 만세심학(萬世心學)이라고 하였다. 따라서 영원히 변함이 없는 만세심학(萬世心學)을 계승하는 전통은 또한 도통심법(道統心法)이라고 하였으니, 대체로 우리 유교의 만세심학(萬世心學)은 요(堯), 순(舜)으로부터 기원하므로 마음과 마음으로 서로 전달하는 도통심법(道統心法)도 역시 요(堯)순(舜)으로부터 비롯하여 하(夏)나라 우(禹)임금과 은(殷)나라 탕(湯)임금과 주(周)나라 문왕과 무왕, 그리고 주공(周公)과 공자로 이어 왔다. 그 역사가 매우 길고 그 업적이 대단히 성대하여, 인류사에 길이 빛나는 인도주의, 인문주의, 인본주의 문화를 건설하였던 것이다. 이에 2제3왕(二帝三王)이 도통(道統)을 서로 전해준 심법(心法)을 차례로 탐구하여 사람이 하늘을 대신해서 천하국가를 떳떳하게 경영한 도덕적 기능을 살펴보겠습니다.

2. 요(堯)임금의 천심(天心)

먼저 요(堯)임금의 하늘같은 마음 곧 천심(天心)에 대하여 살펴보겠다. 요(堯)임금은 일찍이 인류역사에 있어서 인류의 문명을 최초에 개벽하여, 선사시대를 마감하고, 유사(有史)시대를 창조한 위대하고 거룩한 임금이다.

요(堯)는 중국 상고시대에 실재했던 거룩한 제왕(帝王)의 이름인데 씨(氏)가 당(唐)이므로 후세의 사가들이 인습적으로 왕호를 도당(陶唐)이라고 일컬어 제요도당씨(帝堯陶唐氏)라고 불렀다. 그리하여 공자는 서경(書經)을 편집하면서 가장 먼저 요임금의 전장(典章)을 기술하여, 요임금의 정치문화가 문명시대를 개척한 도덕문화의 기원임을 증명하였다.

공자는 서경(書經)의 가장 첫머리에서 요임금의 하늘같은 마음으로 다스린 빛나는 정치문화를 다음과 같이 서술하였다.

"어이쿠, 옛날의 요임금을 자세히 살피건대, 빛나는 공적을 본받을 만하니, 경건하시며, 밝으시며, 문채나시며, 생각하심이 자연스럽고 편안하시며, 어여쁘게 공손하시고 잘 사양하사, 아름다운 광택이 사방의 변두리에 미치시며, 하늘땅에 이르시니라."고 하여 요임금은 하늘땅과 같은 자연의 위대한 기상을 본받아, 공명정대(公明正大)한 마음과 관후장자(寬厚長者)의 도량으로, 중화(中和)의 덕(德)을 베풀어 하늘땅을 바로 세우고, 봄, 여름, 가을, 겨울의 네 철을 순조롭게 운행하여, 만물을 성대하게 생성해서 행복한 복지낙원을 건설하여, 하늘땅이 빛나고, 인물이 아름다운 영광시대를 창조하였음을 찬양하였다. 그리고 이어서 또 서술하시기를

"큰 덕을 잘 밝히어 친족과 외족과 처족이 친하게 하신대, 아홉 겨레가 이미 화목하거늘, 백성을 고루 반듯하고 맵시가 나게 하신대, 백성이 반듯하고 밝으며, 일만 나라를 협력하고 화합하게 하신대, 서민대중이 아, 변화하여 이에 온화하게 서로 어울리니라."고 하여 요임금은 인간의 도덕심을 개발하여 친족(親族)으로 5대가 화목하고, 또한 외족(外族)2대와 처족(妻族)2대와도 인척관계

를 형성하여, 인간의 윤리(倫理)를 밝히고, 예절을 지켜서, 집안을 가지런히 하여, 고루 잘살게 하고, 나아가 나라를 문명하게 건설하며, 세계만방이 평화로운 태평성대(太平聖代)를 노래하였음을 변증하였다.

그러나 요임금은 이와 같이 위대한 인류역사를 창조함에 위대한 도덕의 힘으로 인류를 감화시켜서 스스로 떨치고 일어나서 분발노력하게 하였을 뿐이고, 몸소 땀을 흘리며 솔선수범하거나 또는 큰소리를 치면서 상(賞)을 주어 유인하고, 벌(罰)을 주어 위협하는 일이, 전혀 없었던 것이다. 그러므로 요임금의 정치를 곤룡포를 입고, 용상에 앉아서, 아무것도 하지 않은 정치라고 하여 의상지치(衣裳之治), 남면지치(南面之治), 무위지치(無爲之治)라고 하였다.

이렇게 곤룡포를 입고 용상(龍床)에 앉아서 아무것도 하지 않고 있어도 일백 관료가 능동적으로 정치사업과 행정업무를 바르게 집행하고, 천하의 인민대중이 자율자치하며 집에서 효도하고 나라에 충성하며, 인류사회에 이바지하는 지극히 착한 지선(至善)의 세계에 머무르는 지치(至治)는 임금의 덕이 하늘의 덕과 같은 것을 뜻한다.

그러므로 공자는 논어(論語)의 태백(泰伯)편에서 요임금의 덕을 천덕(天德)이라고 마음과 같이 극찬하였다.

"크도다, 요임금이 정치를 주재함이여, 높고도 큰 것은 오직 하늘이 가장 크다고 하거늘 오직 요임금이 저 하늘을 본받으시니 넓고도 커서 인민이 이름을 지을 수 없도다. 넓고도 크도다, 그 공덕을 이루심이여, 빛나도다 그 정치제도여"라고 하여 요임금의 마음은 바로 천심(天心)이고 요임금의 덕(德)은 바로 천덕(天德)

임을 찬미해서 이 세상에 인간이 도달할 수 있는 최고의 정치지도력이었음을 뚜렷이 변증하였다. 이것은 마치 하늘은 말이 없어도 네 철은 돌아가고 만물은 생성변화하는 것처럼 거룩한 임금이 용상에 앉아 있음으로써 만사가 순조로운 것이니 요임금이 하늘의 절대적 권위를 체득한 결실이라고 할 것이다. 그리하여 요임금은 하늘이 달과 해를 바꾸는 것처럼 순(舜)임금에게 선양(禪讓)하면서 그 중(中)을 잘 잡으라고 경계하였으니 권력에 사심(私心)이 없는 모범을 보이신 아름다운 마음씨를 여기에서도 확인할 수 있다.

3. 순(舜)임금의 도심(道心)

다음으로 순(舜)임금의 명경지수(明鏡止水)처럼 깨끗한 도심(道心)에 대하여 살펴보겠다. 순(舜)임금은 요(堯)임금의 뒤를 이어 임금의 자리에 올라서 요(堯)임금의 천심(天心)으로 다스리는 정치사상을 계승하여 천덕왕도(天德王道)의 정치이념과 사회체제를 갖추어서 봉황이 춤추는 태평성대를 건설하였다.

순(舜)은 시각장애인이었던 고수(瞽瞍)의 아들로 어머니를 일찍 여의고 계모(繼母)밑에서 갖은 구박을 받으면서도 효자(孝子)로 소문이 나서 마침내 요임금이 발탁 등용하여 후계자로 삼았는데 정치사업을 크게 성공하므로 그 뒤를 이어 임금의 자리에 올랐으니 성은 요(姚)이고, 씨는 우(虞)이며, 이름이 순(舜)인데 후세의 사가들이 왕호를 제순유우씨(帝舜有虞氏)라고 하여 요순(堯舜)시대를 당우(唐虞)시대라고도 한다.

공자는 서경(書經)의 순전(舜典)에서 순임금의 깨끗한 도덕심으로 다스린 아름다운 정치문화를 다음과 같이 서술하였다.

"어이쿠, 지난날의 순임금을 자세히 살펴건대 거듭 빛남이 요임금에게 합치된다고 할 것이니 깊으시고 슬기로우시며, 따뜻하시고, 공손하시며, 어여쁘시고, 착실하시어, 깊숙이 감추어 나타내지 않은 덕이 위로 올라가서 하늘에 들리신대, 이에 천명(天命)을 받아 임금의 자리에 올으시니라."고 하여 순임금의 마음은 언제나 명경지수(明鏡止水)처럼 맑고 고요하며, 조금도 흐리거나 흔들림이 없어서, 날마다 무궁화 꽃이 싱싱하게 새로 피듯이, 아침에 떠오르는 태양처럼 명랑하고 쾌활하였음을 찬양하였다.

맹자(孟子)는 순임금을 동이(東夷)의 사람이라고 하였는데 20세에 효자로 소문이 났고, 30세에 요임금에게 발탁되어 요임금의 사위가 되었고, 이어 교육부장관과 내무부장관과 외무부장관 그리고 국방부장관을 거쳐 50세에 섭정을 하였고, 77세에 요임금이 붕(崩)하자 3년상을 거행하고, 80세에 요임금의 뒤를 이어 임금의 자리에 올라 역시 태평성대를 건설하였으며, 만년에 임금의 자리를 우(禹)에게 전하고 118세에 붕(崩)하시니, 백성이 요임금이 승하했을 때처럼 슬퍼하였다.

순임금은 우(禹)에게 임금의 자리를 선양(禪讓)하면서 요임금으로부터 받은 도통심법(道統心法)을 자세히 전수하였으니 다음과 같다.

"인심(人心)은 오직 위태하고 도심(道心)은 오직 은미하니 오직 정밀하게 선택하여 오직 한결같이 지켜야, 진실로 그 중용(中庸)

을 잡으리라.”(人心惟危 道心惟微 惟精惟一 允執厥中) <大禹謨>라고 하였다. 이 네 마디의 말씀이 바로 도덕심을 스스로 찾아 광명정대(光明正大)한 진리의 주체를 확립하여, 천하국가의 가장 위대한 정치적 모범과 교육적 사표가 되는 성학(聖學)의 근본임을 천명한 것이다.

인심(人心)이란 사람의 육체적 감각과 기질적 특성에서 생기는 마음으로, 사물에 즉각적으로 반응하면서, 기분을 타기 때문에 사람마다 각각 다를 뿐만 아니라, 또한 폭발력이 대단하여 한번 폭발하면 제어하기 어려운 까닭에, 항상 위태롭고 불안한 마음이다. 그러나 도심(道心)은 인간의 순수한 지각(知覺)과 천부적 본성(本性)을 말미암아 나타나는 마음이기 때문에, 사물에 합리적으로 감응하지만 이성(理性)의 내면에 깊숙이 존재하여, 대단히 은미(隱微)한 마음인 것이다. 마음의 기관은 본래 하나임에도 그 작용에 있어서 육체적 감각과 정신적 지각의 작동에 따라, 인심(人心)과 도심(道心)의 다름이 생기는 까닭에, 오직 정밀하게 살펴서 인심(人心)의 욕망을 절제하고, 도심(道心)의 지각(知覺)을 일깨워, 한결같이 도덕심을 지켜야만, 진실로 그 지나침이나 모자람이 없고, 또 기울거나 의지함이 없는, 중정공평(中正公平)한 중용(中庸)의 도를 집행할 수 있는 것이다. 모름지기 사람은 광명정대(光明正大)한 마음의 불을 밝혀서, 천하국가의 진실세계를 경영함에, 중정공평(中正公平)한 도덕을 지켜야만 하늘을 대신하여, 억조만민이 융성한 시대를 개척할 수 있는 것이다. 이상으로 요임금의 천심(天心)을 계승하여 인간의 도덕심을 발명한 순임금의 도심(道心)에 대하여 살펴보았다.

4. 우(禹)임금의 황극심(皇極心)

우(禹)임금의 크고 지극한 황극심(皇極心)에 대하여 살펴보겠다.

황극심(皇極心)은 편당이 없어 공평한 대인(大人)의 마음이다. 큰 사람은 전체를 위하여 헌신봉사하는 사람으로, 지극히 공변되고 사심(私心)이 없는, 공명정직(公明正直)한 천하국가의 지도자이다.

우(禹)는 곤(鯀)의 아들로 천하의 홍수를 다스리는 치수(治水) 사업을 성공함으로써, 순(舜)임금의 뒤를 이어 임금의 자리에 올랐으니, 성은 사(姒)이고, 우(禹)는 이름이며, 나라 이름을 하(夏)라고 하였는데, 치수(治水)사업을 추진할 때에 낙수(洛水)에서 신귀(神龜)를 얻어, 그 등에 있는 낙서(洛書)의 문양을 살펴서, 홍범9주(洪範九疇)의 정치강령을 정립해서, 요순(堯舜)의 천덕왕도(天德王道)정치를 아홉 분야의 범주(範疇)로 나누어, 사업추진의 요강을 체계적으로 정리하였다. 공자는 서경(書經)의 대우모(大禹謨)에서 우(禹)임금이 대인(大人)의 마음으로 다스린 위대한 정치문화를 다음과 같이 서술하였다.

"어이쿠, 지난날의 위대한 우임금을 살피건대, 문명한 교육을 천하에 베풀었다고 할 것이니, 경건히 순임금을 받들어 이어 받으시니라."고 하여 우임금의 정치이념은 요순의 덕치인정(德治仁政)임을 밝혔다.

우(禹)임금은 홍범(洪範)에서 정치의 대강령으로, 첫째 자연법칙을 준수할 것, 둘째 인민의 능력을 개발할 것, 셋째 행정체계를 세울 것, 넷째 사회에 통일질서를 세울 것, 다섯째 임금이 위대한 지도력을 확립할 것, 여섯째 사회도덕을 밝힐 것, 일곱째 사업은 확실하게 추진할 것, 여덟째 행정의 결과를 직접 확인할 것, 아홉째 인민의 복지를 증진하고 불행을 두려워할 것 등을 제시하였는데 그 가운데서도 다섯 번째의 임금이 위대한 지도력을 확립하는 황극심(皇極心)에 대하여, 가장 자상하게 서술해서, 그 중요성을 특히 강조하였다.

무릇 임금의 마음은 국민의 행복과 불행이 매달려 있는 것이니, 임금의 마음이 밝고 착하면, 정치가 아름다워 인민의 행복을 창출하는 것이고, 임금의 마음이 어둡고 사악하면, 정치가 어지러워 인민의 불행을 초래한다. 그러므로 모름지기 임금의 마음은 항상 전체국민을 지극히 사랑하여 봉사에 힘쓰고, 털끝만큼이라도 편당을 만들어 은밀하게 공작하는 술수를 써서는 안되며, 지선(至善)의 세계를 건설하기 위하여, 어진이를 공경하고, 사회적 약자를 보호하여, 정의사회를 건설하는데 힘써야 되는 것이다. 그러므로 우임금은 큰 사람이 전체인민을 위하여 지극히 헌신봉사하는 마음을 다음과 같이 설파하였다.

"치우침이 없고 기울어짐이 없어야 왕이 지킬 의무를 준수하며 좋아 함을 나타냄이 없어야 왕이 지킬 도덕을 준수하며 미워함을 나타냄이 없어야 왕이 지킬 노선을 준수하리라. 치우침이 없고 파당이 없으면 왕의 도덕이 넓고 크며, 파당이 없고 치우침이 없으면 왕의 도덕이 평탄하고 쉬우며, 뒤집음이 없고 측면으로 함이 없으면 왕의 도덕이 바르고 곧으리니 그 지극한 모범이 있는 것을 모아야 그 지극함이 있는데로 돌아가리라."고 하여 임금이 마

음을 저 푸른 하늘의 태양처럼 광명천지를 고루 비추어서 조금도
그늘지거나 어두운 곳이 없게 해야 전체 인민이 신임하여 따르는
것임을 재삼 강조하였다.

이와 같이 우임금의 황극심(皇極心)은 임금이 공명정대한 마음
으로 정치지도력을 확립하여, 인민대중의 행복을 보장하려고 헌신
노력하는 것이다.

그러므로 공자는 논어(論語)에서 우임금을 찬양하여 말하시기를
"우임금은 내가 헐뜯을 수 없도다, 평상시에 거친 음식을 먹고 살
되, 귀신에게 제사지냄에는 걸게 차리고, 평상시의 의복은 허름하
게 입고 일하되 제사지내는 옷은 화려하며 궁궐은 낮게 지으면서
도 농수로를 만드는 일에는 있는 힘을 다하시니 나는 우임금을
헐뜯을 수 없도다."라고 하여 임금으로써 하늘과 땅과 조상과 인
민을 위하여 헌신봉사하는 책임정신을 극찬하였다.

5. 탕(湯)임금의 충심(衷心)

탕(湯)임금의 바르고 착하고 성실한 충심(衷心)에 대하여 살펴
보겠다. 충심(衷心)의 충(衷)자는 옷의(衣) 속에 가운데 중(中)자
를 쓴 것으로 내면의 중심이 바르고 착하고 성실함을 뜻한다. 따
라서 속에서 진정으로 우러나오는 마음을 충심(衷心)이라 하고,
마음에서 우러나오는 참된 정을 충정(衷情)이라고 한다.

탕(湯)임금의 이름은 이(履)요 성은 자(子)씨인데 순(舜)임금시

대에 교육부장관을 역임했던 설(契)의 14세(世)손으로, 하(夏)나라 폭군 걸(桀)을 정벌하여, 역성혁명(易姓革命)을 하여, 상(商: 뒤에 殷으로 바꿈)나라를 세워서, 요(堯), 순(舜), 우(禹)의 정치도덕을 계승하여, 인민을 사랑하고, 문화를 숭상하며, 천하문명을 재건하니, 왕호를 탕(湯) 또는 성탕(成湯)이라고 하여, 높이 추앙하였다. 탕임금은 폭군 걸(桀)을 추방하고, 천자의 자리에 오르면서 새 나라를 건설하는 정치이념과 행정의 기본자세 및 정치사업의 책임정신 등을 밝히는 글이 서경(書經)의 탕고(湯誥)편에 있는데 번역하면 다음과 같다.

"탕임금이 말씀하시기를 아이고, 너희들 만방에 친애하는 군사여, 밝게 나 한 사람의 경계하는 가르침을 들을지어다, 오직 거룩한 하느님이 아래 인민에게 바르고 착하고 성실함을 내리시어, 순리로 따름에 항상된 본성이 있나니, 능히 그 꾀함을 안전하게 하여야 오직 임금이니라."고 하여 황천상제(皇天上帝)가 강충하민(降衷下民)하사 약유항성(若有恒性)이라고 설파하였다. 이것은 모든 사람은 태어날 때부터 하늘로부터 바르고, 착하고, 성실한 마음의 실체를 타고 났으므로, 이에 순리적으로 감응하면 항구불변의 인간본성이 나타나는 것이니, 사랑하고 공경하는 인류안녕의 길을 열어야만 임금이 될 수 있음을 천명한 것이다.

탕임금은 이와 같이 천부적(天賦的) 양심(良心)으로 한결같이 인간성을 함양(涵養)함에 또한 날마다 새롭게 씻는 노력공부를 계속하였다. 그리하여 탕임금은 세숫대야에 다음과 같은 좌우명을 새겼으니 말하기를 "진실로 새롭거든 날로날로 새롭게 하고, 또 날로 새롭게 하라."고 하였으니 원문으로 읽으면 '苟日新이어든

日日新하고 又 日新이니라'이다. 사람이 양심(良心)을 간직하는 것도 쉽지 않으려니와 또한 양심을 간직하여도 오래되면 타성이 생겨서 변색하고, 굴절되기 마련이지만 탕임금은 그렇게 변질하는 안일한 타성과 퇴색한 잔영을 크게 경계하여, 세수할 때마다 마음까지 함께 씻기 위하여, 좌우명을 새긴 것이다.

탕임금의 세수(洗手)대야는 손만 씻지 않고 마음까지 씻는 세심(洗心)대야를 겸한 것이다. 탕임금은 날마다 새롭게 씻은 양심(良心)으로 천명(天命)을 받들어 인민을 해방하고 도덕과 윤리와 예절을 다시 일으켜 문명세계를 건설하니 일찍이 중훼(仲虺)가 다음과 같이 찬양하였다.

"오직 탕잉금은 노래와 여색을 가까이 아니 하시며, 재화의 이익을 불리지 아니 하시며, 도덕이 성대하면 관직을 성대하게 하시고, 공적이 성대하면 표창을 성대하게 하시며, 인물을 등용하되 자기의 몸처럼 보살피시며, 허물을 고치심에 인색하지 아니하시며, 관대하게 용서하시고, 어질게 사랑하시어 억조만민에게 믿음이 크게 나타났도다."라고 중훼지고(仲虺之誥)에 기록되어 있다. 이것은 하(夏)나라의 폭군 걸(桀)이 다스리는 암흑시대에 모든 권력자들이 타락했지만 오직 탕임금만은 충심(衷心)으로 항성(恒性)을 크게 지켜 요, 순, 우의 도덕정치이념을 계승하여 천덕왕도(天德王道)를 추구하였기 때문에 마침내 천하 만민의 신임을 얻어 혁명의 주체가 되었음을 변증한 내용이다. 이상으로 탕임금의 바르고 착하고 성실한 충심(衷心)에 대하여 살펴보았다.

6. 문왕(文王)의 목목심(穆穆心)

문왕(文王)의 돈독하고 공손하여 깊이 감추고 나타내지 않은 그윽하고 그윽한 목목심(穆穆心)에 대하여 살펴보겠다.

문왕(文王)은 이름이 창(昌)이요 왕계(王季)의 아들이다. 문왕(文王)은 시호인데 그 시조는 기(棄)이며, 일찍이 순(舜)임금이 기(棄)를 농업장관으로 등용하여, 태(邰)나라에 봉하고 호(號)를 후직(后稷)이라 하며, 성을 희(姬)씨라고 하였다.

문왕의 할아버지 태왕(太王: 古公亶父)이 융적(戎狄)의 침략을 피하여, 기산(岐山) 아래로 옮겼는데, 문왕이 나라의 이름을 주(周)로 바꾸고, 요(堯), 순(舜), 우(禹), 탕(湯)의 정치도덕을 계승하여, 덕치인정(德治仁政)을 베풀어, 어버이에게 효도하고, 조상을 숭배하며, 노인을 공경하고, 어린이를 교육하며, 어진이를 존중하니, 천하의 민심을 크게 얻어, 당시 은(殷)나라 폭군 주(紂)가 문왕을 두려워하여, 유리옥(羑里獄)에 가두었으나 침착하게 대처하여 석방되었으며, 이어 서쪽을 정벌하는 책임을 맡아 크게 성공해서, 서백(西伯)이 되었으니 대학(大學)에서 다음과 같이 찬송하였다.

"시경(詩經)에서 말하되 '그윽하고 그윽하신 문왕(文王)이여, 아! 끊임없이 계속하고, 빛나고 공경함에 멈추도다'라고 하니 사람의 임금이 되어서는 인(仁)에 멈추시고, 사람의 신하가 되어서는 공경에 멈추시고, 사람의 아들이 되어서는 효도에 멈추시고, 사람의 아버지가 되어서는 자애(慈愛)에 멈추시고, 나라 사람과 더불어 사귐에는 신의(信義)에 멈추시다."고 하였다.

이것은 문왕이 현실적 직분을 수행함에 있어서 가장 이상적인 도덕에 철저하여 맡은 바 책임을 다 하였음을 변증한 것이다. 모름지기 때와 장소와 사람에 따라, 만남의 주제(主題)가 바뀌고 모임의 분수(分數)가 다르기 때문에 중점가치(重點價値)가 변화하는 현실을 모두 간파하여 그 때 그 때 상황에 따라 알맞게 대처하는 고도의 인문주의적 지성(知性)의 산물이다. 그러므로 대학(大學)에서는 바로 이어서 문왕(文王)의 학문으로 수양(修養)한 고도의 지성(知性)을 다음과 같이 기술하였다.

"시경(詩經)에 말하되, '저 기수(淇水)의 모퉁이를 바라보니, 푸른 대나무가 무성하여 아름답도다, 문채있는 군자여! 자른 듯하고, 갈은 듯하며, 쪼은 듯하고, 문지른 듯하도다. 섬세하고도 굳세며, 빛나고도 성대하니, 문채있는 군자여 마침내 잊을 수가 없도다.'라고 하니 '끊은 듯하고, 갈은 듯한 것은 학문으로 말미암은 것이고, 쪼은 듯하고, 문지른 듯한 것은 스스로 닦은 것이며, 섬세하고도 굳센 것은 두려울 정도이고, 빛나고도 약동하는 것은 거룩한 자태이니 문채 있는 군자여! 마침내 잊을 수가 없도다'라고 하는 것은 성대한 도덕의 지극히 착함을 인민이 잊을 수 없는 것을 말하니라."고 하여 문왕의 그윽하고 그윽한 마음은 모두 학문을 통한 인격수양으로 다듬어진 극치임을 찬양하였다.

문왕은 요(堯), 순(舜), 우(禹), 탕(湯)의 도덕과 윤리와 예절을 익히고, 천덕왕도(天德王道)의 정치철학을 배우며, 또한 나타내서 자랑하지 않은 불현지덕(不顯之德)을 길러, 돈독하고 공손한 마음으로 다스리며 백절불굴(百折不屈)하는 강인한 정신력으로 도끼처럼 단호하게 결단하는 용기가 있고, 만물의 이치를 깊이 꿰뚫어

보는 혜안으로 사물을 이용하여 강력한 추진력을 창출해서 현실
을 자유자재로 경영하며, 하늘을 본받아 스스로 힘써 그침이 없
고, 땅을 본받아 두터운 덕으로 만물을 포용하여, 군자에게는 성
현의 도덕과 가족의 윤리에 철저하도록 배려하고, 소인(小人)에게
는 인생의 안락과 경제적 이익을 보장하여, 길이 사람들로 하여금
잊을 수 없는 지혜와 사랑과 용기의 화신이 되었던 것이다.

그러므로 인류의 역사가 시작된 이래로 문왕에게 처음으로 글
월문(文)자의 시호(諡號)를 드렸으니 학문의 힘과 문화의 극치를
실증하고 있다. 이상으로 문왕의 그윽하고 그윽한 마음에 대하여
살펴보았다.

7. 무왕(武王)의 총명심

끝으로 무왕(武王)의 총명(聰明)한 마음에 대하여 살펴보겠다.

무왕(武王)은 이름이 발(發)인데 문왕(文王)의 아들이요, 성왕
(成王)의 아버지이며, 주(周)나라의 예절을 제정하고, 음악을 창작
했던 주공(周公)의 형이다. 무왕은 문왕의 덕치인정(德治仁政)을
이어 받아 은(殷)나라의 폭군 주(紂)가 달기(妲己)에 빠져 주자육
림(酒池肉林)과 포락지형(炮烙之刑)으로 인민을 학대하므로 직접
서쪽지방의 연합군을 일으켜 목야(牧野)의 전쟁에서 승리하여 은
(殷)나라를 멸하고, 인민을 해방하는 혁명을 성공하여, 주(周)나라
천자(天子)의 자리에 올라서 도덕과 윤리와 예절과 음악을 일으켜

찬란한 인류문명을 창조하였다.

이에 무왕은 정벌군을 출동하면서 연합군에게 다음과 같이 선포하였다. "오직 하늘과 땅은 만물의 부모요 오직 사람은 만물의 영장(靈長)이니, 진실로 총명한 사람이 천자(天子)가 되고, 천자가 인민의 부모가 되느니라"(惟天地가 萬物父母요, 惟人에 萬物之靈이니, 亶聰明이 作元后하고, 元后가 作民父母라)<書經, 泰誓上>라고 하였다.

하늘은 만물의 창조원리요, 진화의 자연법칙으로서 만물이 비롯하는 바탕이며, 땅은 만물의 생성원질이요, 진화의 원동력으로서 만물이 발생하는 바탕이므로 무왕은 하늘과 땅이 만물의 아버지와 어머니라고 천명한 것이다. 그리고 인간은 만물 가운데 가장 신령한 존재로써, 하느님을 대신하여 천하국가를 경영하는 주인이므로, 세상에서 가장 총명한 지각(知覺)을 가진 훌륭한 사람이, 천명(天命)과 민심(民心)을 얻어 천자(天子)가 되고, 또한 이렇게 신성(神聖)한 지도력을 가진 천자이어야 몸을 닦고, 어진이를 존중하고, 어버이를 친하며, 대신(大臣)을 공경하고, 뭇신하를 아끼며, 서민대중을 자식처럼 사랑하며, 일백기능공을 오게 하며, 먼 변방사람을 부드럽게 포용하며, 제후(諸侯)를 품어서 보살피는 도량이 있는 까닭에 인민대중의 부모가 된다고 하였다.

또한 무왕은 말하시기를 "하느님이 불쌍한 민중을 사랑하시어 민중이 하고자 하는 바를 하느님도 반드시 쫓는다."(天矜于民 民之所欲 天必從之)라고 선언함과 동시에 하늘은 민중을 통하여 보고 들음을 설파하였으니 말하시기를 "하늘의 보심은 우리 민중의 눈을 통하여 보시며, 하늘의 들으심은 우리 민중의 귀를 통하여 들으신다."(天視自我民視, 天聽自我民聽)<泰誓中>고 하여 하늘이 총명한 것은 만물의 영장인 우리 민중이 총명한 까닭임을 밝히고, 민중의 뜻을 수렴하는 공론(公論)에 따라 정치를 하였다.

인간은 천부적인 본성을 타고난 만물의 영장(靈長)이기 때문에 정치적, 경제적, 사회적, 문화적으로 사랑과 존경을 받지 못하면 마침내 자존심을 상실하여 의욕이 떨어져서 능력을 발휘하지 못하는 까닭에 모름지기 정치 지도자는 항상 총명한 마음을 끝까지 잃지 말아야 되는 것이다. 그래서 소공(召公: 奭)이 무왕에게 훈고(訓誥)하여 말하기를

"귀와 눈의 노예가 되지 아니하여야, 일백 가지의 법도를 오직 바르게 지키나니, 사람을 놀리면 덕(德)을 잃어버리고, 물건을 즐기면 뜻을 잃으므로, 뜻을 도(道)로써 편안히 하시며, 말을 도(道)로써 합치소서"(不役耳目이어야 百度惟貞이니 玩人喪德하고 玩物喪志하나니, 志以道寧하고 言以道接하소서)<書經 旅獒>라고 하여, 이미 총명한 예지로 천하를 안정시킨 무왕에게 혹시라도 귀와 눈의 유혹에 빠지지 말 것을 깨우쳤는데, 새벽부터 밤늦게까지 잠시나마 게을리하여, 자잘한 행실이라도 조심하지 않으면, 마침내 큰 덕(德)에 누(累)를 끼치기 때문이다. 귀와 눈은 사물을 인식하는 감각기관이고, 마음은 사물을 인식하는 주체이므로, 사물을 인식하는 감각기관이 마음을 유혹할 때에, 방심(放心)하거나 동심(動心)해서, 본심(本心)을 잃으면 지각(知覺)이 없고, 신명(神明)이 흐려져서, 편벽되고, 난폭해지는 것이다.

따라서 마음을 바르게 간직하여 총명한 기억력과 사유력과 판단력을 보존하는 경건한 자세로 일관하는 노력이 필요하다.

27부

유교(儒敎)의 생명관(生命觀)

1. 하늘이 점지한 고귀한 생명

자고로 유교는 일체 만물의 생명을 하늘이 점지한 신비로운 창조물로 인식하여 대단히 존중할 뿐만 아니라 또한 고귀한 가치를 스스로 간직하고 있는 것으로 인정하였다. 그리하여 하늘은 이름 없는 사람을 내지 않고, 땅은 쓸데없는 물건을 기르지 않는다.(天不生無名之人, 地不長無用之物)고 하였다.

하늘땅이 만물을 생성하는 원리는 우주를 대통일하는 태극(太極)의 이치로 양기(陽氣)와 음정(陰精)을 배합하고, 물과 불, 쇠와 나무 및 흙의 5행(五行)의 본질속성을 응집해서 생명체를 만들어 생기(生氣)를 불어넣어 마침내 이 세상에 생명이 탄생한 것이다.

따라서 이 세상의 모든 생명은 하느님이 만든 하느님의 것이고 절대로 생명체의 사유물이 아니며 각각의 생명체는 하느님의 뜻에 따라 생명의 존엄한 가치를 실현할 책무가 있는 것이다.

이에 하느님의 뜻을 구현하는 생명의 존엄한 가치를 구체적으로 요약하면 첫째 생명 자체를 건실하게 완성하는 것이고, 둘째는 생명체가 유기적 관계를 형성하여 집단적으로 발전하는 것이며, 셋째는 생명체의 아름다운 결실을 맺어 사회에 환원하여 크게 이바지하는 것이요, 넷째는 종자를 남겨서 혈통이 대대로 계계승승(繼繼承承) 이어가도록 재생력을 남기는 것이다. 이것을 주역(周易)에서는 원형리정(元亨利貞)이라고 하였으니 건원(乾元)은 만물의 생명이 비롯하는 바탕이고, 곤원(坤元)은 만물의 생명이 탄생하는 바탕임을 명확히 밝혔는데 이 말을 더욱 쉽게 풀어 말하면 아버지의 양기(陽氣)는 생명이 비롯하는 바탕이요, 어머니의 음정(陰精)은 생명이 탄생하는 바탕이니 곧 아버지는 하늘과 같고 어머니는 땅과 같은 생명의 시원이라는 뜻이다.

2. 사람의 수명은 하늘에 있다

천지를 창조하여 우주를 경영하는 지상유일의 조물주이신 황천상제(皇天上帝: 전체 하늘의 윗 하느님)는 만물의 두 가지 운명을 결정한다. 그 하나는 만물이 생로병사(生老病死)하는 수명(壽命)이요, 또 하나는 의식주(衣食住)가 넉넉한 부(富)와 지덕체(智德體)가 뛰어난 귀(貴)이다. 따라서 우리 유교에서는 사람의 수명은 하늘에 있다(人命在天)고 역설하고, 또한 부귀는 하늘에 있다(富貴在天)고 주장한다.

인간의 수명이 하늘에 있고, 인간의 부귀가 하늘에 있다면 하늘의 뜻에 따르는 것이 순천(順天)이다. 그러나 하늘의 뜻에 거슬리는 것은 역천(逆天)이다. 따라서 가난하고 천한 사람이 절개를 지키며 편안한 마음으로 도덕을 즐기며 안빈낙도(安貧樂道)하고, 부하고 귀한 사람이 예절을 좋아하고 세상과 인생을 즐겁게 생각하여 명랑하고 쾌활한 인생관을 가지고 호례락천(好禮樂天)하면 순천자(順天者)이고, 가난하고 천한 사람이 그 곤궁한 운명을 거부하고 모험하여 투기를 하거나 속임수로 술수를 부리면 역천자(逆天者)요, 최고 권력자가 장기집권을 노리는 독재와 거대한 재벌이 시장을 독점하는 정상모리배는 역천자이다.

모름지기 타고난 체질을 강인하게 기르고 섭생을 고르게 하며, 건전한 정신으로 도덕과 윤리와 예절을 지키면서 씩씩하게 살다가 인간의 행복을 누릴 만큼 누린 다음에 죽을 때가 되어 죽으면 순천자(順天者)이고, 염세 비관하면서 자기 몸을 학대하여 병들게 하거나 자포자기하여 자살까지 하는 것은 천명(天命)을 거역하는 패악(悖惡)이며, 또한 구차한 목숨으로 부질없이 살면서도 죽음을 징그럽게도 싫어하고, 오로지 생명만을 탐하여 끝끝내 죽지 않으려는 장생불사(長生不死)나 불생불멸(不生不滅)이나 부활영생(復活永生)은 모두 음양(陰陽)이 교대(交代)하고, 5행(五行)이 순환하는 신진대사의 자연법칙을 근본적으로 거부하는 역천(逆天)이다.

일찍이 맹자(孟子)는 말씀하시기를 "그 마음을 극진히 쓰는 사람은 그 본성을 아는 것이니 그 본성을 알면 하늘의 뜻을 아는 것이니라, 따라서 그 마음을 간직하여 그 본성을 기르는 것은 하늘을 섬기는 원리이다. 그리하여 일찍 죽고 오래 사는 문제에 흔들리지 아니하고 몸을 닦아 죽음을 기다리는 것이 자기 자신의 신명(身命)을 확립하는 길이니라."<孟子: 盡心上>라고 하여 생사를 초월해서 도덕적 사명을 완수하는 길을 갈파하였다.

3. 정명(正命)과 비정명(非正命)

맹자에 의거하면 인간은 생로병사(生老病死)의 수명에 대한 문제뿐만 아니라 길흉화복(吉凶禍福)의 부귀(富貴)와 빈천(貧賤)의 문제에 이르기까지 모두 천명(天命)이 아님이 없다고 하였으니 오직 그 바른 운명을 순리로 받아야 된다고 역설하였다. 그러므로 천명(天命)을 아는 사람은 위태로운 담장 밑에 서는 어리석은 모험을 해서는 안 되지만 그러나 또한 그 바른 길이라면 피하지 않고 있는 힘을 다하다가 죽는 것이 정명(正命)이요. 그 정도를 버리고 구차하게 살려고 도망쳤다가 잡혀서 형벌을 받아 죽는 것은 비정명(非正命)이라고 선언하였다.

정명(正命)은 자기의 도리를 지키다가 죽는 것이니 나라를 위하여 죽은 순국(殉國)과 자기의 직분을 수행하다가 죽은 순직(殉職)과 사회에 정의로운 일을 하다가 의롭게 죽은 것으로 이러한 거룩한 죽음은 마땅히 집에서 초상 치르며, 조문을 받고, 선영(先塋)의 묘역에 장사 지내고, 조상의 사당에 신주(神主)가 들어가는 것이다. 그러나 비정명(非正命)은 비명횡사(非命橫死)라고 하여 자살뿐만 아니라 물에 익사(溺死)했거나, 불에 타서 죽었거나 나무에 떨어져 죽었거나 무너진 담에 압사(壓死)했거나 불의의 사건

사고로 죽은 것이므로 예로부터 집에 그 시신을 들이지 않고, 조문객도 받아들이지 아니하며, 선영의 묘역 밖에다가 묻고, 조상의 사당에 그 신주가 들어가지 못하였으니 가치 없는 죽음으로 여긴 것이다.

4. 생명의 가치

천명(천명)에 순응하는 것을 지고지순의 가치로 인식하는 유교의 신명관(身命觀)은 지극히 아름답고 숭고한 인생관을 정립하여 인간은 만물의 영장(靈長)으로 하늘을 대신하여 천하를 경영하는 인본주의(人本主義)라는 위대한 철학을 확립하였다.

그리하여 공자(孔子)는 『효경(孝敬)』에서 일백 가지 행실의 근본이고, 일만 가지 착함의 근원인 효도의 방법을 밝혔으니 무릇 효도의 시작은 부모로부터 받은 신체와 머리털과 피부색을 감히 훼손하거나 상처내지 아니하는 것이요, 효도의 종극은 독립적인 인격을 확립하여 도덕 윤리를 실천하여 후세에 이름을 드날려 부모를 뚜렷하게 빛내는 것이라고 천명하였다. 이것은 불의에 빠지지 않도록 자기의 몸을 지키는 수신(守身)이 효도의 시작이요, 사회에 나아가 맡은바 일정한 직분을 수행하고 자기의 지위와 몸을 세우는 입신(立身)이 효도의 종극이라는 뜻이니 요약하면 자기자신의 몸을 지키고, 세우는 것이 인생의 궁극적 최고 명제이고, 생명의 가장 숭고한 본질적 가치라는 뜻이다.

그리하여 공자는 『주역(周易)』에서 밝은 지혜로 몸을 보존하는 명철보신(明哲保身)을 설파하고, 대학(大學)에서 악(惡)을 물리치고 선(善)을 북돋아서 마음과 행실을 바르게 닦아 수양하는 수신(修身)을 역설하였으며, 주자(朱子)는 『소학(小學)』을 편집하면서 자기 몸을 공경하는 경신(敬身)편을 넣었고, 율곡(栗谷)선생은 『격몽요결(擊蒙要訣)』을 엮으면서 몸가짐을 단정히 하는 지신(持身)장을 넣었으니 모두 몸가짐을 단정히 하여 천명(天命)을 받드는 것이 약동하는 생명의 최고 이념을 실현하는 길임을 변증한 것이다.

28부

春秋列國世系爵位表

國名	世　系	爵位	滅　亡
周	姬姓　黃帝苗裔后稷之後　武王伐紂而有天下	天子	至幽王爲犬戎所殺謂之西周　平王自鎬京遷洛陽謂之東周　赧王爲秦所滅
魯	姬姓　文王之子周公輔相成王，成王封周公之子伯禽於魯	候爵	至頃公讐爲楚所滅
齊	姜姓　太公望之後也　成王封其子呂伋於齊	候爵	田氏遂幷齊爲秦所滅
晋	姬姓　武王之子　唐叔虞所封之國	候爵	後韓魏趙三分國　共爲秦所滅
楚	芊姓　顓頊之後也　成王封熊繹於楚	子爵	爲秦所滅
鄭	姬姓　西周厲王之子　宣王之母弟桓公友所封之國	伯爵	爲韓所滅
衛	姬姓　文王之子　康叔所封之國	候爵	爲秦所滅
秦	嬴姓　自伯益佐堯舜有功　舜賜姓封邑　周穆之世封	伯爵	孝公徒都咸陽　始皇幷天下二世而亡
宋	子姓　契之後也　武王伐紂封微子啓以繼殷之祀	公爵	後至王偃稱王圖覇　齊魏楚共滅之
陳	嬀姓　舜之後武王封遏父之子滿於陳賜姓	候爵	爲楚所滅
蔡	姬姓　文王之子　叔度所封之國	候爵	爲楚所滅

國名	世　系	爵位	滅　亡
曹	姬姓　武王封弟振鐸	伯爵	爲宋所滅
吳	姬姓　周大王之子　太伯仲雍之後也	子爵	爲越句踐所滅
邾	曹姓　顓頊之後　武王封其苗裔	子爵	滅於魯楚
杞	姒姓　夏禹之苗裔　武王克殷求禹後 得東樓公而封	公爵	爲楚所滅
莒	嬴姓　少昊之後	子爵	爲楚所滅
滕	姬姓　文王之子叔繡之後	候爵	後貶稱子爵　爲齊宋所滅
薛	任姓　黃帝之後	候爵	齊桓黜之爲伯　自亡
許	姜姓　武王封文叔	男爵	爲楚所滅
雜諸國	燕姬姓　伯爵　召公奭之後, 虞姬姓　公爵　仲雍之後,	虢姬姓　公爵　王季之後 越姒姓　子爵　少康之後爲楚所滅	

29부

春秋年表

周	魯		五 霸
平王 49年 (BC722)~51年	隱公 元年~11年	有傳聞五世96年殺其恩	
桓王 元年 (BC719)~23年	桓公 元年~18年		
莊王 元年 (BC696)~15年	莊公 元年~32年		
僖王 元年 (BC681)~5年			
惠王 元年 (BC676)~25年	閔公 元年~2年		齊桓公(BC685~644)
襄王 元年 (BC651)~33年	僖公 元年~33年		宋襄公(BC650~637) 晉文公(BC636~628) 秦穆公(BC659~621) 楚莊公(BC613~591)
頃王 元年 (BC618)~6年	文公 元年~18年	有聞四世85年痛其禍	
匡王 元年 (BC612)~6年	宣公 元年~18年		※ 隱公名息姑 惠公之子 母聲子桓公之庶兄 桓公名軌 惠公之子 母仲子 隱公之弟
定王 元年 (BC606)~21年	成公 元年~18年		莊公名同 桓公子 母文姜 閔公名啟 莊公子 母叔姜 僖公名申 莊公子 閔公之兄 母成風
簡王 元年 (BC585)~14年	襄公 元年~31年		○文公名與 僖公子 母聲姜

周	魯		五　霸
靈王 元年 (BC571)~27年	昭公 元年~32年	有 見 三 世 微　61 其　年 辭	○宣公名倭·接 文公子 母敬嬴 ○成公名黑肱 宣公子 ○襄公名午 成公子 母定姒 ○昭公名裯 襄公子 母齊歸 ○定公名宋 襄公子 昭公之弟 ○哀公名蔣 定公子 蓋夫人定姒所生
景王 元年 (BC544)~25年	定公 元年~15年		
敬王 元年~39年 (BC481)	哀公 元年~14年		○襄公 22年 孔子 生 ○哀公 16年 孔子 卒

30부

王道政治의 體制

1. **起源**: 王道政治起於堯舜展於禹湯成於文武之至治政體也　非後世之郡縣覇權統治之所比矣亦非君主專制政治之所及也　封建者封土建國今之所謂地方自治制度也　王道政治者　大道公論政治也　孔孟程朱壹是皆以封建王道爲理想政體　其王制之大義則三統俱備焉　年號則天下共通奉天時而大一統也　國號則各國固有順地宜而正經界也　王號則君王自有應人心而致至治也.

2. **國制**: 天下有上國有大國有次國有小國有附庸之國　孟子曰民爲貴社稷次之君爲輕　是故得乎丘民爲天子得乎天子爲諸侯得乎諸侯爲大夫　上國者天下宗之之天子國也　諸侯國分以大小貴賤封公候伯子男之五等　天子之地方千里公候之地方百里　伯七十里　子男五十里　不能五十里者不合於天子　附於諸候曰附庸　天子之三公之田視公候天子之卿視伯　天子之大夫視子男　天子之元士視附庸諸候之於天子也比年一小聘　三年一大聘　五年一朝　天子五年一巡狩.

3. **機構**: 天子置三公九卿行八政 曰食曰貨曰祀曰司空曰司徒曰
司寇曰賓曰師 二十七大夫 八十一元士 各守職 大國三
卿皆命於天子 下大夫五人上士二十七人 次國三卿二卿
皆命於天子一卿命於其君 下大夫五人上士二十七人 小
國二卿皆命於其君 下大夫五人上士二十七人 凡四海之
內九州 州方千里 州建百里之國三十 七十里之國六十
五十里之國百有二十 凡二百一十國 名山大澤不以封其
餘以爲附庸間田 各國立都邑郡縣而置其大夫矣 自古國
事莫能兼職亦莫能癈闕矣.

4. **理念**: 聖王之所以開國設都而行政制度者爲民正德利用厚生也
子曰足食足兵民信之 足食者爲民生也 孟子所謂養生喪
死無憾然後可行王道是也 足兵者爲護民也 民信之者爲
愛民也 皆禦外而安民 修身而養民而己矣 其設施之先
後以視之則 産業國防敎育之順也 其政策之輕重以察之
則 敎育最重産業次之國防又其次之焉 古之聖王必先皇
建其有至極 非但爲政治之模範亦爲敎育之師表 故子曰
爲政以德 譬如北辰居其所而衆星共之 又曰道之以政齊
之以刑民免而無恥 道之以德齊之以禮有恥且格 是以明
王以孝治天下 所以明天理正人倫 重廉恥厚風俗乃至化
成天下也 此大同至治隆盛兆民之理念矣.

5. **産業**: 國有四民 士一農一工一商一 士類讀書學問之徒爲官爲
師而掌國家紀綱制度者也 農者農漁山林之生産者也 工
者器械土木之技術者也 商買相通交易之經營者也 四民
各守其專業以通工易事 有無相通則 生民之事畢矣 然

農者天下之大本 國無三年之穀則國非其國矣 故田制爲
大 山川魚鹽國家共有 井田則八家各私有也而不違農時
數罟不入洿池 斧斤以時入山林 宅邊樹之以桑 鷄狗彘
之畜無失其時 其稅制則有貢徹助 夏五十畝以貢法 殷
七十畝以助法 周百畝以徹法矣 孟子曰市廛而不征 關
譏而不征 耕者助而不稅 廛無夫里之布則是天吏之行政
法度也 龍子曰治地莫善於助莫不善於貢.

6. **法制**: 儀禮制度考文天下國家社會生活中不可以無一日 生民
之耳目手足所繫焉 法則民本以制故一 禮則責賢者備故
多 天子有天子之禮 諸侯有諸侯之禮 大夫有大夫之禮
士有士之禮 是故國君死社稷 卿大夫死民士死制之分各
存 盛王之世 法不上大夫 禮不下庶人 卽公卿大夫皆遵
國民之法也 庶人之冠婚喪祭皆從士禮者也 子曰天下有
道則禮樂征伐自天子出 天下無道禮樂征伐自諸侯出 自
諸侯出蓋十世希不失矣 自大夫出五世希不失矣 陪臣執
國命三世希不失矣 天下有道則政不在大夫 天下有道則
庶人不議 三代之禮各有所重 夏尙忠, 殷尙質, 周尙文
禮儀三百威儀三千於是夫子從周焉

9. **軍制**: 前漢刑法志曰殷周立司馬之官設六軍之衆萬二千五百人爲
軍 三代之兵制大槪兵農一致故農時歸家而耕 冬節則出兵
而射御也 天子養萬乘 諸侯千乘 大夫百乘 一乘者馬四匹
牛十二頭 甲士三人卒七十二人干戈備具矣 天子出兵征伐
聲討 諸侯擧兵戰爭平亂 其他侵入襲擊攻城圍地略奪是
不義無道不可行也.

10. **學制:** 孟子曰設爲庠序學校以敎之 庠者養也 校者敎也 序者射
也 夏曰校 殷曰序 周曰庠 學則三代共之 皆所以明人
倫也 朱子曰三代之隆其法寖備然後王宮國都以及閭巷
莫不有學 人生八歲則自王公以下至於庶人之子弟皆入
小學而敎之以灑掃應對進退之節禮樂射御書數之文 及
其十有五年則自天子之元子衆子以至公卿大夫元士之
適子與凡民之俊秀皆入大學而敎之以窮理正心修己治
人之道 古之敎者家有塾 黨有庠 術有序 國有學.

11. **外交:** 孟子曰天子適諸候曰巡狩 諸候朝天子曰述職 春省耕
而補不足 秋省歛而助不給 入其疆土地辟田野治 養老
尊賢俊傑在位則有慶慶以地 入其疆土地荒蕪遺老失賢
掊克在位則有讓 一不朝貶其爵再不朝則削地 三不朝則
六師移之 是故天子討而不伐 諸候伐而不討 諸候來曰
朝 大夫來曰聘 朝覲將以協近鄰結恩好安社稷息民人也
聘問也諸候與諸候之間會同告盟 皆所以講信修睦交隣
繼好矣 周禮太宗伯曰以凶禮哀邦國之憂 以賓禮親邦國
以軍禮同邦國 總以言之則天子非展義不巡狩 諸候非民
事不擧 卿非君命不越境矣(左莊27年)大易比卦傳曰地上
有水比先王以建萬國親諸候 使之各養其民而敎之禮義
也 是以此經以建候崇德爲首 設官分職爲次 皆所以皇
建其有極也.

31부

悅樂論

　　吾道自有快足之道　古之聖賢　必有所樂之事　舜有訴然而忘天下之憂　伊尹則幡然而樂天下之樂　孔子有自在之樂　顏淵則能堪其憂矣　凡人之生誰能無所樂　但聖凡所樂之實不同　大人遏人欲而存天理故自然好是懿德而樂道義　小人滅天理而肆人欲故必然好其食色而樂功利　乃所以其所樂判然兩途不合者也　舜之所樂惟在瞽瞍底豫而伊尹之所樂者惟在堯舜君民　孔子所樂者由於天地性命而顏淵之所樂者原於自身之道義也　所樂之事　雖異而所樂之實則同樂仁義而行之而已矣　夫大人有三樂　聖樂天　賢樂道　士樂志也樂天者　樂天之仁義也　與天無間渾然敦化　從容中道　自然合禮孟子所謂萬物皆備於我　與父母俱存兄弟無故一樂者也　樂道者樂人之仁義也　與人無間粲然光化　和順道義當然節中　孟子所謂反身而誠　與仰不愧於天俯不怍於人二樂者也　樂志者樂己之仁義也與志相從卓然自立勉强忠恕必然循理　孟子所謂强恕而行　與得天下英才而教育之三樂者也　濂溪先生曰聖希天　賢希聖　士希賢　伊尹顏淵大賢也　伊尹恥其君不爲堯舜一夫不得其所若撻于市　顏淵不遷怒　不貳過三月不違仁　志伊尹之所志　學顏淵之所學　過則聖

及則賢 不及則亦不失於令名 士之所以說樂者 亦不外此 學習而說明德 教育以樂修道 講習以兌輔仁 從天下之賢師而學習仁義則知日明而不惑 得天下之英才而教育仁義則仁月聞而不憂 來天下之士友而討論仁義則勇時剛而不懼 不惑不憂且不懼而非樂者無也 有惑而不好學故及其也絶望而之僥倖 有憂而不力行則及其也不安而之邪術 有懼而不知恥則及其也恐怖而之狂悖焉 此所謂不仁者不可以久處約不可以長處樂者也 蓋人先樂而後憂 樂出於情 憂起於思也 故樂以情遷 憂以思變 有情而樂之則 理順而氣和 無思而憂之則慾生而形枯 君子之憂樂一也 故和而不流 樂而不淫 小人之憂樂二也故流而不反 哀而傷性 和樂之心唯繫於道義中正之公 流哀之思唯起於功利得失之私 是故君子之憂樂也天下共之而小人之憂樂也一人私之 一國之善士苟無朝夕衣食之患而當有天下道德之憂也 故孟子曰天下有道則以道殉身 天下無道則以身殉道 朱子曰 范文正公少有大節 其於富貴貧賤毀譽歡戚一不動其心而慨然有志於天下 嘗自誦曰士當先天下之憂而憂後天下之樂而樂也, 此其準的也 修身之士雖有天下之憂 然且必有一身之樂矣 所謂一身之樂者無待於外 仁義禮智根於心 其生色也睟然見於面 盎於背 施於四體 四體不言而喩 雖大行不加焉雖窮居不損焉 樂天悅命知足安分故也 君子素其位而行 不願乎其外者也 性命之士樂天 道理之士樂道 教學之士樂志也.

●저자●

서정기(徐正淇)

4.19혁명 선봉 및 민족통일전국학생 성대조직위원장
한국유학연구회 유교사상 편집인, 동양문화연구소 연구실장, 성균관 전학(典學)
한국청년유도회 회장 : 예법(관례, 향음주례, 사상견례)부흥운동 전개
동양문화연구소 부소장 및 소장 - 세계 속의 한국학운동 전개
건국대학교 대학원 철학과 박사학위 심사위원
민중유교연합 의장 : 한글제사축문 보급운동 전개
성균관유교진흥대책위원회 위원장 : 도덕성 회복과 새사람운동 전개
성균관유교문화연구위원회 위원장, 태학지 번역분과 위원장,
민주평화통일 자문위원회 상임위원, 성균관 유교신보 편집인 겸 주간 역임,
삼경역주 성균훈로상 수상, 성균관 태학지 번역공로상 수상
현 동양문화연구소 소장, (사)한국예절교육협회 상임고문, 김동식 장군 기념사업회 상임고문

• 주요저서 •

『세계 속의 韓國文化』, 『세계 속의 韓國精神』, 『세계 속의 韓國儒敎』,
『세계 속의 韓國禮節』, 『세계 속의 韓國流風』, 『정통가정의례』, 『민중유교사상』,
『전기소설 공자』, 『새시대를 위한 대학·중용』, 『새시대를 위한 춘추』(상·중·하),
『새시대를 위한 시경』(상·하), 『새시대를 위한 서경』(상·하),
『새시대를 위한 주역』(상·하), 『새시대를 여는 길』, 『道德學의 根源探索』, 『도학통론』,
『성혼록』, 『김동식 장군』, 『아침햇살 영롱한 대나무 열매』,
『하늘로 날아라 못으로 뛰어라』
훈로 서정기 선생 『유교대전』 32권 외 다수

전자책 출판 www.kstudy.com

勳老 徐正淇先生 儒敎大全 卷9論

道德學의 근원탐색

초판인쇄 ㅣ 2009년 2월 4일
초판발행 ㅣ 2009년 2월 4일

지은이 ㅣ 서정기
펴낸이 ㅣ 채종준
펴낸곳 ㅣ 한국학술정보㈜
주 소 ㅣ 경기도 파주시 교하읍 문발리 513-5 파주출판문화정보산업단지
전 화 ㅣ 031) 908-3181(대표)
팩 스 ㅣ 031) 908-3189
홈페이지 ㅣ http://www.kstudy.com
E-mail ㅣ 출판사업부 publish@kstudy.com

등 록 ㅣ 제일산-115호.(2000. 6. 19)
가 격 ㅣ 37,000원

ISBN   978-89-534-0990-3 94150 (Paper Book)
       978-89-534-0991-0 98150 (e-Book)
       978-89-534-2428-9 94150 (Paper Book set)
       978-89-534-2459-3 98150 (e-Book set)